攻略

完全
制覇

東京

2023
2024

STARBUCKS COFFEE

MOOK

曼谷攻略
完全制霸
2023~2024

contents

本書所提供的各項可能變動性資訊，如交通、時間、價格(含票價)、地址、電話、網址，係以2023年4月前所收集的為準；特別提醒的是，COVID-19疫情期間這類資訊的變動幅度較大，正確內容請以當地即時標示的資訊為主。如果你在旅行中發現資訊已更動，或是有任何內文或地圖需要修正的地方，歡迎隨時指正和批評，你可以透過下列方式告訴我們：

寫信：台北市104中山區民生東路二段141號9樓MOOK編輯部收
傳真：02-25007796
E-mail：mook_service@hmg.com.tw
FB粉絲團：「MOOK墨刻出版」
www.facebook.com/travelmook

捷運｜地鐵｜水路
玩遍曼谷41個精

捷運席隆線 BTS Silom Line P.044
國立體育館站 National Stadium P.045 ➔ 暹邏站 Siam P.052 ➔
莎拉當站 Sala Daeng P.068 ➔ 鐘那席站 Chong Nonsi P.080 ➔
蘇叻沙克站 Surasak P.088 ➔ 沙潘塔克辛站 Saphan Taksin P.092 ➔
塔叻蒲站 Talat Phlu P.105

捷運金線 BTS Gold Line P.109
Charoen Nakhon站·Khlong San站 P.110

曼谷周邊 P.269
華欣 Hua Hin P.270 ➔ 芭達雅 Pattaya P.279 ➔
大城 Ayuttaya P.286

必知實用情報
暢遊曼谷全攻略！

泰國旅遊資訊 P.006➜
泰國美食圖鑑 P.010➜
泰國超市超商速查寶典 P.016➜
曼谷必去特色Café & Bar P.024➜
曼谷購物中心圖鑑 P.030➜
曼谷交通全攻略 P.036

後疫情時代的
曼谷新現象 P.022
#入境卡掰掰囉　#大麻合法化
#交通大圓環　#兔子卡實名制
#夜市大洗牌　#行動電源租借
#喝酒小提醒

一次串聯
華分區

捷運蘇坤蔚線 BTS Sukhumvit Line P.118
黎站 Ari P.119➜ 勝利紀念碑站 Victory Monument・帕亞泰站 Phaya Thai・
差裡威站 Ratchathewi P.127➜ 奇隆站 Chit Lom P.133➜ 菲隆奇站 Phloen Chit P.147➜
那站 Nana・阿索克站 Asok P.157➜ 澎蓬站 Phrom Phong P.173➜ 東羅站 Thong Lor・
卡邁站 Ekkamai P.185➜ 安努站 On Nut・班差站 Bang Chak・昌伊拉旺站 Chang Erawan P.200

地鐵藍線 MRT Blue Line P.206
南蔡站 Sanam Chai・山優站 Sam Yot P.207➜ 龍蓮寺站 Wat Mangkon・
藍蓬站 Hua Lamphong P.237➜ 山燕站 Sam Yan P.248➜ 倫披尼站 Lumphini P.251➜
差汶里站 Petchaburi・帕藍9站 Phra Ram 9・泰國文化中心站 Thailand Cultural Centre・
恭王站 Huai Khwang P.255➜ 樂拋站 Lat Phrao・塔宏猶清站 Phahon Yothin P.259➜
那甲公園站 Chatuchak Park・甘帕安碧站 Kamphaeng Phet P.262

曼谷攻略 完全制霸

2023~2024

contents

本書所提供的各項可能變動性資訊，如交通、時間、價格(含票價)、地址、電話、網址，係以2023年4月前所收集的為準；特別提醒的是，COVID-19疫情期間這類資訊的變動幅度較大，正確內容請以當地即時標示的資訊為主。如果你在旅行中發現資訊已更動，或是有任何內文或地圖需要修正的地方，歡迎隨時指正和批評。你可以透過下列方式告訴我們：

寫信：台北市104中山區民生東路二段141號9樓MOOK編輯部收
傳真：02-25007796
E-mail：mook_service@hmg.com.tw
FB粉絲團：「MOOK墨刻出版」
www.facebook.com/travelmook

全面普查的完整精確資訊。

中英文分區名稱。

頁碼

看一眼就知道的符號說明

地圖ICONS使用說明

◎景點	◯甜點
⑩綜合市集	✿酒吧
△百貨公司	⑪劇院
⑪購物	⑪飯店
⑪博物館	⑪政府機關
⑪書店	⚓碼頭
⑪麵食	⑪公車站
⑪美食	⑪火車站
◯咖啡館	♥國道
◯Spa美容	⑪機場快線
DIY體驗課程	✈機場

書中資訊ICONS使用說明

⚑ **地圖**：與本書地圖別冊對位，快速尋找景點或店家。

☎ **電話**：不小心東西忘在店裡面，可立刻去電詢問。

⌂ **地址**：若店家均位於同一棟大樓，僅列出大樓名稱與所在樓層。

⏱ **時間**：L.O.(Last Order指的是最後點餐時間)

✖ **休日**：如果該店家無休假日就不出現。

💲 **價格**：日文料理菜名和中文翻譯，輕鬆手指點餐。

💳 **信用卡**：標示可否刷卡

🚗 **交通**：在大區域範圍內詳細標明如何前往景點或店家的交通方式。

🌐 **網址**、 ❶ **FB**、 ⑪ **IG**、 ● **LINE**：出發前可上網認識有興趣的店家或景點。

① **注意事項**：各種與店家或景點相關不可不知的訊息。

① **出口**：地圖上出現車站實際出口名稱。

Bangkok
曼谷▶▶華欣

從曼谷往南方到華欣，沿途經過沙府(Samut Sakhon)、沙慕頌堪府(Songkhram)，可以一路玩到華欣，也可達華欣再安排附近的觀光活動，像是安上市場(Amphawa Floating Market)、沙朵水上市場(Damnoen Saduak Fl Market)、美功鐵道市場等，如果再加上拷汪宮(Khao Wang Palace)、愛與和(Mrigadayavan Palace)，不算停留數，至少要規畫3天的時間比較足夠。
泰文中「華欣Hua Hin」意指石的開端，綿延3公里的岩岸就是地名的由來。距離

曼谷周邊
Around Bangkok

Bangkok ▶▶ Hua Hin

從曼谷前往華欣

🚌 **機場巴士**
車程一般約3.5~4小時，假日可能5~6小時。
⌂ 曼谷機場1樓8號出口旁，下車處為新華欣巴士站(Pong Reuang Coach Bus Terminal)，近華欣機場。
⏱ 去程7:30、9:30、10:30、12:00、14:30、16:00、18:00；回程6:00、8:00、10:00、12:00、14:00、16:00、18:00
💲 325B
🌐 www.airporthuahinbus.com

🚐 **迷你小巴Minivan**
車程約4小時，人滿才出發，發車時間較不固定。
🚗 由曼谷北線巴士總站(Mo Chit Mai)、東線巴士總站(Ekkamai)、舊南線巴士總站(Sai Tai Gao)或南線巴士總站(Sai Tai Mai)都可乘車前往華欣。(各巴士站交通方式請見P.041)目前華欣的主要上落客站已改至新建迷你小巴車站(位於Soi 51)。
💲 約220B

🚂 **火車**
車程約5小時，從曼谷華藍蓬火車站(Hua Lampong)搭乘南線(Southern Line)。
⏱ 華欣為大站，一天約有12班。
💲 三等車廂44B，依車種及車廂而定。
🌐 www.railway.co.th

清楚列出鐵路及其他交通工具資訊。

列出交通相關出口周邊情報，找路不求人。

標示出景點所在的地圖頁碼及座標值，可迅速找出想去的地方。

編輯當下採訪心得與感受。

右頁邊欄上標出索引名稱，翻閱更輕鬆。

Hua Hin

200公里，一直是泰國皇室與貴族的避暑度假勝地。現在沿著海灘有許多度假住宿選擇，比較舒適的玩法是在華欣找一家濱海飯店入住，每天造訪一、兩個景點，晚上再去華欣夜市或飯店的餐廳大啖海鮮，就是很享受的假期了。

在地特產

椰子油、椰糖
安帕瓦(Amphawa)一帶是泰國有名的椰糖和椰子油的產區，手工煮製的椰糖適含清甜與、泡咖啡添風味，闘起來淡淡甜香、甜度高。椰子油同樣純度高，有的甚至可以生飲，據說可達排毒之效。

景點瓷器
泰國中部的華麗瓷器，表面以藏青、鮮紅、鵝黃等鮮艷顏色為底，再以金色或銀色勾勒，貴氣十足。在水上市場購買，可以找到比週末市集組織、比百貨公司優惠價還便宜的售價。

柚子
沙慕頌塔府(Samutsongkram)的柚子品質不輸泰國知名柚子產地佛統，汁多味甜又便宜。

螢火蟲小物
安帕瓦水上市場沿著河道有一區可以看螢火蟲的地方，在水上市場就有很多以螢火蟲為造型的商品，例如午休枕。

🌀 丹嫩沙朵水上市場
Damnoen Saduak Floating Market
📍別冊P.21,A1 🚌從舊南線巴士總站(Sai Tai Gao)或從曼谷南線巴士總站(Sai Tai Ma)搭迷你小巴(Minivan)前往Damnoen Saduak，車程約2小時；或從曼谷參加旅行社行程，價格依旅行社和行程不同 ⏰7:00~16:00(商家多從6點開始營業，9:00~10:30最熱鬧) 💰船資官方公定價一艘船1小時300~400B，當地船家、商家多漫天開價，建議比價、殺價

彩色果凍與輕輕冒浮的氣泡。古典卻又奇幻的酵啡應氣圍讓人念念不忘。

距離曼谷80公里的丹嫩沙朵水上市場是最早推廣圍觀水景點的水上市場，也是全球遊客熟知的地點。水上市場清晨就開市，由於充滿傳統異國風情，大受觀光客喜愛，許多商家會配合遊客而營業，所以建議先到吃早餐，9:00~10:00時抵達，這時遊客最多，商家也都全部開門，將泰國水上人家印象表露無遺。

每逢五六日才有的水上市集集，由於多是當地人消費，各種價格也比不高。

🙂 安帕瓦水上市場
Amphawa Floating Market
📍別冊P.23,C1 🚌從舊南線巴士總站(Sai Tai Gao)或從曼谷南線巴士總站(Sai Tai Ma)搭迷你小巴(Minivan)前往Amphawa；或從曼谷參加旅行社行程 ⏰週五至週日約11:00~20:00 💰船資1人約50~60B，包船約600B

來見識泰國傳統水上市集！

安帕瓦水上市場之所以可以維持傳統水上市集的樣貌，一個是因為當地發展速度慢，20年前才有陸路交通進出，366條自然水道就是在地人的聯外通路。總長約500~600公尺的水上市場，河道兩旁的木造建築已受泰國政府保護，不得任意改建，部份屋主則將內部整修為民宿或商家，每週五至日的傍晚水上市場是最熱鬧的時候，河道上有許多供應小吃的船家，岸上也有小夜市，供應各式在地美味、傳統工藝品或創意雜貨。

👁 拉瑪二世紀念公園
King Rama II Memorial Park
📍別冊P.23,C1 🚌位於安帕瓦水上市場旁 ⏰9:00~17:00 💰60B

拉瑪二世王出生於安帕瓦，園園就此地緣關係蓋了一座紀念公園，除了有大片綠地公園，仿國王出生時甲的傳統高腳屋建築，展示了拉瑪二世王鍾愛的音樂、戲曲相關文物，另設有一座安帕瓦歷史博物館(Amphawa Culture Heritage Museum)，以靜態圖文和模型，展示安帕瓦基本環境、地理、人文、飲食等資訊，讓人可以對安帕瓦這個地區有更多認識。

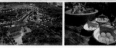

旅遊豆知識增廣見聞。

分別美食、購物、景點、住宿等機能，一眼就能夠找到旅遊需求。

列出此店家或景點的特色。

泰國旅遊資訊

簽證辦理

　　前往曼谷，可在行前於台灣申辦泰國簽證，也可在機場辦理落地簽。

➜ 觀光簽證

申請文件

◎6個月以上效期之護照正本

◎身分證正反影本(未滿18歲請附戶口名簿影本)

◎兩吋6個月內證照片1張

◎填妥觀光簽證申請表格(可上網下載：**https://tteo. thaiembassy.org/th/page/visa-forms**或現場索取)

簽證費用

單次觀光簽證費新台幣1,200元

停留期間

觀光簽證單次停留不超過60天、效期3個月。

辦理地點

泰國貿易經濟辦事處(請留意，非泰國觀光局台北辦事處)

⌂台北市大安區市民大道三段206號1樓

☏02-27731100

☀ 送件時間為週一至週五9：00~11：30，當日下午16：00~17：00可取件或於收據期限內取件。特別提醒，不論是台灣或泰國的國定假日，辦事處皆公休，請避開前往。

🌐https://tteo.thaiembassy.org/cn/index

➜ 落地簽證

　　抵達機場後，可循Visa On Arrival指標前往辦理落地簽，並現場取件。不過由於等待時間較長，需備妥的文件又較多，因此還是建議先在台灣辦妥簽證。

申請文件

◎含滯留泰國天數後仍達30天以上效期之護照正本。

◎自抵泰日起算，15天內回程機票。

◎近6個月內拍攝之4 X 6公分照片1張，若事先未備有照片，可在櫃檯旁攝影部拍攝。

◎在泰期間地址或飯店訂房資料

◎出示在泰期間足夠的生活費，個人為10,000B、家庭為20,000B。

◎申請表(可在櫃檯或所乘班機上索取)

簽證費用

2,000B

停留期間

有效期15天

線上申請落地簽證

目前泰國政府也開放線上申請落地簽證，不過僅限由蘇汪那蓬國際機場入境的旅客。旅客可事先至泰國移民局網站，點選「Online Application for Visa on Arrival」項目，逐項填寫表格欄位，申請成功後將取得簽證申請號碼(Transaction Reference Number, TRN)。攜帶列印出的TRN或申請表，至蘇汪那蓬機場後前往「Visa on Arrival」櫃台，出示TRN或申請表及申請必備文件，並完成繳費即可。
線上申請網址：https://extranet.immigration. go.th/voaonline/voaonline/VoaonlineAction. do

辦理地點

機場落地簽證「Visa on Arrival」櫃檯

❷只要有班機抵達皆有服務人員受理，當場取件。

飛航資訊

　　曼谷主要聯外機場是2006年啟用的蘇汪那蓬國際機場(Bangkok Suvarnabhumi International Airport, BKK)，目前從台北有長榮、華航(另可從高雄)、泰航等航空公司直飛曼谷，飛行時間約為3小時40分。

　　而舊有的廊曼機場(Don Muang Airport, DMK)主要提供國內線及國際線廉價航空起降，從台北有台灣虎航直飛廊曼機場，飛行時間約為4小時。

　　另外，目前由台北直飛清邁有長榮航空、亞航、泰航；由台北出發，經曼谷轉機往清邁的有華航、泰航等。

詳細航班資訊請洽各航空公司或上網查詢。

航空公司	電話	網址
中華航空(CI)	412-9000(手機+02)	www.china-airlines.com/tw/zh
長榮航空(BR)	02-25011999	www.evaair.com/zh-tw/index.html
泰國航空(TG)	02-87725111	www.thaiairways.com/zh_TW/index.page
台灣虎航(IT)	02-55992555	www.tigerairtw.com/zh-tw

入境免稅申報事項

　　旅客入境泰國可以攜帶行李物品其免稅範圍以合於本人使用，範圍如下：

◎個人或其專業使用之商品，總價值不超過100,000泰銖。

◎最多1公升酒類。

◎煙類包括雪茄、香煙、煙草，不管是抽的、嚼的，香煙不能超過1條(200支或10包)，雪茄、煙草不能超過250公克或總重量不得超過250公克。

◎攜帶外幣入境泰國，沒有金額限制，但出境金額不得超過20,000美元。另外，每人不得攜帶超過50,000泰銖出境。超過者需向海關申報。

當地旅遊資訊

➡面積

約513,120平方公里

➡人口

約7,000萬人

➡宗教

　　超過90%的人口信奉佛教，其次為伊斯蘭教、基督教、印度教等。

➡種族

　　由泰人、華人、馬來人、印度人、蒙人、波蘭人等多元種族集合而成的泰族。

注意喔！旅客入境泰國需帶2萬泰銖的等值貨幣

入境泰國海關會隨機抽查，每人須準備2萬泰銖、每個家庭4萬泰銖(等值貨幣即可)。這個消息常常讓大家誤以為是要抽查泰銖，不過其實只要攜帶等值貨幣就可以了，不論是台幣或其他外幣都行，所以應該不會太困擾。

➡語言

　　官方語言為泰語，但在中國城中，老一輩的華人移民仍通中文或福州、潮州話。觀光區域的飯店或餐廳能以英文溝通，小販或夜市大多也能以英語互動，但英語在當地仍非完全通行。

➡氣候

　　屬熱帶季風氣候，終年溫暖。年度氣溫在20~38℃之間，全年分為3~5月的夏季、6~10月的雨季和11月~翌年2月的涼季，一年當中最熱的季節為4月份。

➡時差

比台灣時間慢1小時

➜ 貨幣及匯率

貨幣

泰幣單位為泰銖(Baht)，泰銖Baht=B，本書即以B為貨幣表示單位。

1泰銖=100沙丹，紙鈔有1,000B、500B、100B、50B、20B；銅板有10B、5B、1B、50沙丹、25沙丹；但沙丹少見。

匯率

1泰銖約台幣0.9元(匯率隨時變動，僅供參考)

匯兌

在台灣，可在台灣銀行、盤谷銀行和兆豐國際銀行以台幣兌換泰銖，或是在桃園機場直接兌換。

抵達曼谷後，仍可於蘇汪那蓬機場以台幣兌換泰銖；到了市區後，飯店櫃檯、百貨和車站內銀行櫃檯，或路邊兌換外幣店面，也都可以換錢。其中像是Super Rich這類廣受遊客歡迎的外幣兌換店，可以直接以台幣兌換泰銖，而且匯率很不錯。

如果銀行金融卡有海外跨提功能，只要事先申請開卡且記得密碼，也可以於曼谷ATM直接領款。

➜ 電話

台灣直撥泰國

002-66-城市區域碼(曼谷02／清邁053／芭達雅038／大城035／華欣032／清萊053，跨國撥號時去0)-電話號碼

泰國直撥台灣

001-886-城市區域碼(跨國撥號時去0)-電話號碼

➜ 手機通訊

雖然現在的手機都可以在泰國漫遊，但前往泰國的遊客，大部分會選擇在機場辦一張泰國當地電信公司的SIM卡，如True Move、DTAC和AIS等，都在機場設有櫃檯，費率都不貴(有些還會不定時提供促銷優惠，甚至免費SIM卡)，部分則提供上網服務，之後在7-11、全家或電信公司據點都可以直接加值。

➜ 小費

在泰國一般有給小費的習慣，包括用餐、床頭小費、行李提領等一般約20B。按摩、Spa完後也要給小費，按照級，最便宜路邊按摩約20B、普通按摩約50B、高檔Spa約200B。

需特別注意的是，泰國人認為零錢是施捨乞丐的，因此小費不可低於紙鈔最小的面額20B，也不可以給硬幣。因此建議隨時準備一些20B紙鈔，以備不時之需。

➜ 電壓與插座

電壓為220V；台灣為110V，現在的筆電或相機充電器大部分已有電壓轉換功能，不需另外準備變壓器；若是習慣攜帶捲髮棒、吹風機等電器則需特別留意電壓。插座為不規則的三孔插座，台灣的雙平腳插頭一般可以使用。

➜ 營業時間

國營機關辦公時間約8:00~17:00，私人機構如百貨公司、購物商場大多10:00~21:00(或22:00)。

➜ 退稅

只要在同一店鋪同一日購物滿2,000B，即達退稅標準。請先確認購買商品、金額和消費店家適用退稅範圍，並在結帳時向店家索取黃色退稅申請單。

遊客離境時，即可在機場的VAT Refund櫃檯辦理退稅(有些在購物時的百貨或商店的專門服務台即可辦理)。

➜ 緊急協助專線

觀光警察：拿起電話直撥1155 (可說英、法、德語，24小時)

泰國觀光局旅遊服務中心(TAT)：1672

駐泰國台北經貿辦事處：+66-(0)2-1193555

駐泰國台北經貿辦事處——緊急聯絡電話：+66-(0)81-6664006

急難救助 LINE 帳號：Taiwan119

🌐 www.taiwanembassy.org/th/index.html

➡️ 習慣與禁忌

入境隨俗，對於當地傳統或不成文規矩還是要尊重，在曼谷旅遊最好留意以下事項：

◎ 女生參觀寺廟或在路上遇到和尚時，千萬不要碰到他們，請維持一些安全距離，避免影響和尚修行。

◎ 進入寺廟需脫鞋，衣著需整齊，勿過度暴露。

◎ 不要在公開場合評論泰國皇室成員，尤其是泰皇和皇后，泰國人對此相當敏感。

◎ 不要隨便摸小朋友的頭。

◎ 泰國車輛是右駕，和台灣相反，過馬路時，留意右、左車行方向。

◎ 在曼谷搭計程車時，即使是跳表收費，若車資顯示為65B，乘客拿70B給司機，一般來說，司機不找零會當小費收下，如果不喜歡這樣的收費方式，建議備妥零錢。

◎ 根據當地法令，泰國商店只能於每天11:00~14:00及17:00~24:00販賣酒精飲料，即便是便利商店或超市也一樣。遇到佛教節日時，政府也禁止賣酒。

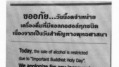

➡️ 旅行小技巧

◎ 不是每一位計程車、摩托車或嘟嘟車、雙條車司機都可以通英文或是看懂英文地圖上以英文拼出的泰文地名，如果預計前往的地點不是知名或熱門景點或店家、飯店，建議請飯店櫃檯先行幫忙寫下泰文地名或地址，可以減少很多溝通上的誤會；另外抵達飯店時，可先拿一張入住飯店名的名片，這樣可以幫助你回程搭車時，順利找到回家的路。

◎ 曼谷捷運或地鐵站沒有洗手間，搭車前請先提醒同行的老人家或小朋友。

◎ 部分景點的公共廁所仍需收費使用，可先備好3~5B的零錢。

◎ 在購買景點門票、搭計程車或路邊攤時，1,000大鈔常常會被拒絕找零，因此可多加利用便利商店或餐廳用餐的機會，讓自己身上多備些小鈔，方便旅途使用。

旅遊諮詢

➡️ 泰國觀光局台北辦事處

🏠 台北市中山區松江路111號13樓

📞 02-25021600

🕐 週一至週五9:00~12:00、13:30~17:00

🌐 www.tattpe.org.tw

泰國美食圖鑑
泰中泰北都好吃

泰 國美食是其觀光文化最精采的一環。相距700公里的曼谷與清邁，因為周邊環境的差異以及文化習俗的不同，即便有很多菜色重複性高，但口味各有千秋、各自精采。

簡單說來，曼谷因為鄰近海灣海鮮料理選擇自然多，椰漿使用量比較高，清邁則是草本香料和辛香料用的多，包括泰式檸檬葉(Kaffir Leaves)、香茅等，每種香料的氣味都很強烈，但清邁料理就是可以混搭的恰如其分，化成一道道美味佳餚。

若真要說在清邁、曼谷各自有什麼必吃美食，那泰北炸豬皮、青辣椒醬，以及填塞香料的泰北香腸，這些雖然在曼谷的超市熟食區都看得到，但在清邁的餐廳享用，味道當然更道地。在曼谷則推薦炸魚餅、紅咖哩魚、烤大頭蝦等。

桌上四大天王

在泰國吃粿條湯，湯頭不一定都嗆辣，且多半是清湯上場。桌上一般都擺有青辣椒、辣椒粉、辣椒水、糖，想吃多辣多甜自己決定。此外，泰國人習慣邊吃米線或粿條邊啃生菜，通常賣米線的攤商桌上一定免費提供各種生蔬，自行取用。

泰國料理太好吃，我也要學！

到泰國學泰國菜，有許多選擇，曼谷或清邁等城市的五星級飯店都有開設速成班，或可選擇專業的料理學校，課程從1小時~1日不等，價格也依課程內容而異。泰國菜首重食材與調味，如果時間允許，可以挑選有安排與老師前往市場的課程，不僅可以認識泰國香料和食材，也可經由老師的說明，回國料理時懂得選擇替代材料，延續烹調泰國菜的樂趣。

酸辣蝦湯Tom Yam Kung

酸辣蝦湯的味道好，口感層次多，香茅、薑、檸檬葉帶出基本口感，椰漿放不放，就見仁見智了。

咖哩Kaeng

綠咖哩、紅咖哩加上椰奶一起煮，主食材以肉類為多，像是綠咖哩雞Kaeng Kaew Wan Kai。

蒸紅咖哩魚Hom-Mok Pla

用香蘭葉或陶碗裝盛紅咖哩、魚肉、蔬菜一起蒸，味道香又美味。

咖哩螃蟹
Poo Phad Pong Karee

將螃蟹加上黃咖哩，再加入蛋，入口充滿咖哩香氣又有蟹肉的鮮味，光是咖哩醬汁就非常下飯，這道料理在不少餐廳都是招牌菜。

美食

泰式炒麵Pad Thai

庶民小吃，有的可以加個蛋、有些會用蛋皮作泰式炒麵蛋包。

蝦醬空心菜
Pad Bung Fai Dang

用泰國蝦醬大火拌炒的空心菜，是道簡單美味的家常料理。一般都會加紅辣椒一塊兒炒，怕辣的話記得先跟店家說。

燴炒粿條Rad-nak

是用米粉或泰式粿條(Sen Yai)，加上芥藍菜、洋蔥、肉片加上蠔油拌炒，看起來有點像燴米粉、粿條。

冬粉沙拉Gai Yaang

魚露、檸檬汁、辣椒加上冬粉的涼菜，有些餐廳會另外加些海鮮，吸飽湯汁的冬粉香辣夠味。

柚子沙拉Yam-Som O

這道熱沙拉使用清爽的柚子拌進用椰奶、紅咖哩醬、辣油、糖混煮的醬料，加進蝦仁或雞絲，有些餐廳還會再加上烤過的椰絲或碎花生。

涼拌海鮮
Yam Talay Ruam Mid

香菜、辣椒、檸檬汁、生菜加上新鮮的花枝、蝦子、魚肉片等各種海鮮，有些還會加進媽媽麵。華麗但也相當辣。

涼拌青木瓜Som Tam

這其實是東北料理，現今遍布全泰國，用木搗把青木瓜、番茄、辣椒、椰糖等調製。椰糖和辣椒可請店家斟酌。

炸魚餅Tod-Mann Pla

用咖哩、魚肉、檸檬葉等香料一起拌勻後去炸，香嫩可口。

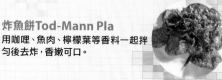

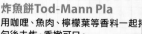

打拋肉Lab Muu

因為用一種名為Ka-pow的九層塔菜拌炒肉類，所以被翻譯為打拋肉，同樣是東北菜在全泰國發揚光大的典型範例。

泰式米粉湯Kuay Tiew

最常見的路邊攤湯麵，湯頭味道多，可選擇雞蛋麵(Ba Mee)、寬版粿條(KuayTiew Sen Yai)、粿條(Sen Lek)、米粉(Sen Mee)。配料有豬、雞、炸餛飩、各種手工魚丸、蝦餃等可選擇，湯頭清澈有味。

Miang Kam

菜子包著椰糖、薑、辣椒、椰絲、蝦米等一起吃，味道極佳。

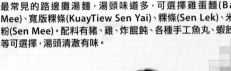

海鮮Seafood

無論是現殺大頭蝦、蒸魚、螃蟹料理等，在曼谷都以有機會享用便宜又新鮮的海產料理。

海南雞飯Khao Man Kai 、豬腳飯

明顯的中式料理遺風，泰式海南雞飯味道很淡，吃時加點沾醬正好。

炒酒鬼
Pad Kee Mao

這道菜餚，因為味道很辣，可以辣醒宿醉的人，所以別稱Pad Kee Mao。

生蝦
Kung Chae Nam Pla

新鮮蝦子配上辣椒和大蒜片，淋上檸檬調味的酸辣醬汁，蝦肉甘甜配上辛辣醬汁正對味。

鳳梨烘飯
Khao Op Sapparot

正統作法是把飯塞進鳳梨裡蒸熟，讓米飯充分吸收鳳梨甜香，最後再加上蝦或肉鬆等配料。

蝦醬飯
Khao Kruk Ka Pi

在曼谷河邊市集蠻常見的食物。

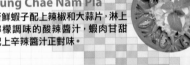

泰式火鍋Moo Krata

Moo Krata在泰文是「平底鍋烤肉」的意思，結合了韓式銅盤烤肉與中式湯底火鍋的「燒烤火鍋」，吃得滿頭大汗時適合來一杯冰涼啤酒。

拌菜Yam Ta Krai

這道拌菜包括花生、香茅、薑、辣椒、薄荷、炸蒜片等，口感絕佳。有些餐廳會把這些料舖在炸魚上，蘸酸辣醬汁一起吃。

烤肉串Muu Ping

常見的小吃之一，一串10B，配上糯米飯正好。

醃豆腐湯麵Yentafo

醃豆腐湯是用番茄醬或辣椒醬的腐乳醬熬製而成，所以呈現透明的粉色。麵條或粿條搭配上魚餅、魚丸、魚皮、餛飩、青菜，酸酸甜甜的滋味相當迷人。

烤丸子、炸丸子 Look Chin Mu Tod

也是街頭常見小吃，各種丸子、熱狗串成一串串，或烤或炸，加上特調辣醬味道更好。

炸雞Gai Tod

混著泰式香料一起炸得香酥脆口的雞翅，加上店家的特調辣醬，確實是日正當中的開胃點心，若想要吃飽，也可以配上糯米飯。

咖哩麵Khao Soi

以肉骨湯為底，加上咖哩醬調製的湯頭配上蛋麵(Ba Mee)，上頭撒上炸得金黃香酥的麵條和蔥末，湯頭辛香濃郁。

康托克餐 Khan Tok

康托克餐是清邁傳統用餐方式，Khan在泰文裡意指小碗裝的菜餚，toke是指矮圓桌，菜餚以泰北咖哩豬肉、炸豬皮等為主。

青辣椒醬Nam Prik Num

青辣椒醬是先將大、小青辣椒，加上蒜、紅蔥、小綠茄子等烤過再煮製到軟嫩後加上魚露、鹽、檸檬汁等調味，充滿辣椒纖維的青綠色辣椒醬。

炸豬皮Keab Moo

清邁特產，蝦球狀的炸豬皮比較肥厚、長條狀炸的比較乾。通常配青辣椒醬一起食用。

清邁香腸Sai-ua

清邁香腸口味相當獨特，除了豬肉之外還加進辣椒、蔥等辛香菜，煎好切塊後搭配大蒜、花生、生菜一起食用。

米線Kha Nom Jeen

米線看起來有點像雲南米線，最常見的是淋上咖哩或辛辣湯汁一起吃。

炸竹蟲Rod Duan

清邁以竹為材的工藝品很多，料理也用得到竹筍，但在當地，不僅竹筍可食，竹筒可當成食器使用，生長在竹子裡的蟲子也是盤中飧。

無骨炸魚Pla Rai Kang

清邁的無骨炸魚製作工續繁複，廚師得小心翼翼地將魚骨取出，將魚肉拌進香茅、蒜、胡椒、莞荽根、胡椒等辛香料後填回魚肚，再下油鍋炸。

東北烤雞Gai Yaang

將雞肉在辣椒調味的醬汁中充分醃漬後慢火烤成，有一定的辣度。另外一種叫做Muu Ping的路邊烤肉串則不太會辣。

酸肉Naem

發酵的豬肉，可以生食或加熱食用，通常會配上辣椒一起吃。

粥Jok、稀飯Khao Tom

泰國的粥Jok就像廣東粥，看不到米粒、稀飯類似台灣鹹稀飯，看得見米粒。通常在粥上面會撒上炸過的米粉增加口感。

沙嗲Sa Te

清邁的沙嗲因為黃薑粉調味的關係，香氣更郁，除了沾花生醬，還會附上一碟酸辣小菜佐餐。

椰子糕Kha Nom Chan

以椰漿為底，加進芋頭、蛋黃等材料，各種不同口味可挑。吃起來比娘惹糕多點口感。

蛋黃椰絲小餅
Kha Nom Beung

這道點心在各個市集路邊攤都見得到，將麵糊烤成一層薄薄小圓餅，放上椰絲或蛋黃加糖的蛋絲，並將麵皮對折就完成了。

糯米飯
Kha Nom Tom

這是用糯米飯包上甜豆，一兩口就可以吃完，有些包裹香蕉或其他甜餡，有的就只是糯米飯糰。

甜點與飲料

糯米椰糕
Kha Nom Kluay

撥開蕉葉是一個帶著淡紫色的糕點，主要材料是香蕉，掰開糕點，裡面塞著椰絲，味道很香。

糯米皮肉餡
Sa Kuu Sai Muu,
Khao Kiaw Pak Mor

一個是用糯米粉水皮包裹豬肉內餡，另一個則是像西米露的外皮，同樣包著豬肉的鹹甜點心，泰國人多半會混著油蔥、辣椒一起食用。

水果甜點
Luk Chop

這是泰國點心裡巧奪天工的一道，用糯米粉製成皮，包上去殼的綠豆沙餡，外觀做的就像同樣比例縮小的山竹、芭樂、辣椒、茄子等泰國蔬果，外層再裹上洋菜凍。

蛋黃甜點
Thong Yib Thong Yod

金黃圓潤的小點心看來可口，主要是用蛋黃、糖製成，大部分形狀成橢圓，有的會作成花朵狀或是皇冠的樣子。

黃色米粿Kha Nom Tien

這鹹點心是用糯米製成，內餡包豬肉加上一些胡椒，用芭蕉葉或露兜樹葉包起來蒸熟食用。

香蕉椰子糕
Bah bin

帶著淺紫色的糕點是用椰絲混著香蕉，札實、香氣十足。

糯米甜點
Kanom Baan Haw、
Kanom Sang-Kaya

糯米飯上可加配上豬肉絲；或是一種以蛋和糖打勻蒸熟就像布丁一樣的甜食，放在糯米飯上食用。

油條 Pa Tong Koo

泰國油條比較短，口感厚實一些。通常搭配豆漿、咖啡一起吃，或是只沾香蘭葉醬、砂糖。

椰奶西米露小點 Sa Kuu Ka Ti

這是蒸過的小點心，白色部份是椰奶製作、下層是有點鹹香的玉米西米露的凍狀物，風味獨具。

芒果糯米飯 Khao Niew Ma Muang

最具代表性的泰國甜點，常在芒果產季出現。也有搭配榴槤一起食用的糯米飯。

椰子冰淇淋

椰子冰淇淋撒上烤過的花生或其他配料，有些還會配上新鮮椰子果肉，吃進口中有滿滿的椰香，滋味很棒又消暑。

香蕉煎餅

香Q的餅皮中包入香蕉，餅皮煎至焦香後，再淋上煉乳，吃起來每口都好甜蜜，也可以加入雞蛋或淋上巧克力醬等。

啤酒

泰國兩家大品牌，Singha和Chang是泰國銷量較高的酒精類飲品，後者口感較強烈，前者則外銷出口最多。

草茶

泰國也有各式草茶，在夜市路邊攤都有大部份是解熱涼品，像是深綠色的Bai Bua Bok、淺褐色的Nam Ma Dum、深褐色的龍眼等。另外，像是紅到台灣的蝶豆花(Butterfly Pea，泰文發音Dok Anchan)茶，一般情況下是藍色，加入檸檬汁後就會變成紫色，也可以買蝶豆花回家自己泡茶。

果汁、冰沙

熱帶國家水果產量豐，新鮮果汁到處都看得到，尤其炎熱的泰國，多了現打水果冰沙的消暑選擇。

烤吐司

泰國人喜歡吃甜的烤吐司麵包當點心，簡單的白吐司加上糖、奶油或著咖椰醬、香蘭葉醬等抹醬，就足以讓人很滿足。

泰式奶茶 Cha Yen、咖啡 Ka Fae

熱熱的紅褐色茶湯或咖啡加上煉乳、牛奶和很多冰塊，香甜好喝。

泰國超市超商速查寶典

吃的用的都好買

到 泰國最大的樂趣之一，就是到超市、便利商店、藥妝店或百貨、夜市等地方逛街購物，從零食、飲料到藥妝、保養品，總有這麼多五花八門的小東西讓人愛不釋手，而且價格便宜，即使不是當地特產，價格可能不到台灣的7折，總能令人大呼買得好過癮。

超市‧超商‧藥妝店好好逛

在泰國超市、超商或藥妝店，每家商品各有千秋，逛起來樂趣不同。

Big C
供應許多量販包，尤其是零嘴和飲品，分送公司同事最適宜；而且如果一次購物超過2,000泰銖，還可以申請退稅。

Lotus's
前身為Tesco Lotus，2021年重塑品牌，成為Lotus's。在泰國分店很多，商品價格也很便宜，如泰式料理調味醬包價格超低。

Tops
本地商品居多，蔬果等產品都有高品質。

Gourmet Market
以進口商品為主，推薦本地有機草本用品，便宜又環保。

Boots‧7-11
當然也有不少有趣的商品，旅行隨身用品最好買。

買物小提醒

本篇介紹的商品，購買時需衡量自己身體或肌膚狀況，若要買食物類的商品返台，要留意是否為通關禁入品；液體商品超過100ml一定要放在行李內拖運。

超商美食推薦

除了購買零食、伴手禮之外，泰國的超商還藏著不少加熱即食的美味餐點，像是7-11有泰國風味的微波便當，現做的熱壓吐司等，種類非常多元，可以找到打拋雞肉飯、蝦子煎蛋飯、泰式風味炒飯、炒粄條等，味道也不會令人失望，不過餐點份量都不大，適合作為宵夜或點心。

皇家牌牛奶片

超受歡迎的牛奶片，有原味牛奶和巧克力牛奶兩種口味，很多人喜歡買來當零嘴吃。也因為價格便宜，不少人一買就是好幾十包，掃貨完全不手軟。

皇家牌蜂蜜

同樣出自皇家牌的蜂蜜，品質有保障，價格也很實惠，分為小條裝和玻璃瓶裝兩種。小條裝的設計使用很方便，送禮自用都可以。

皇家牌水果乾

包括草莓、芒果、芭樂、番茄等水果乾，有大包和小包兩種包裝。其中最熱賣的草莓果乾並不是完全乾燥，吃起來有點濕潤，還有點QQ的口感，香香甜甜的很好吃；另外，芒果口味也很受歡迎。

零食·飲料

Pocky餅乾棒

香蕉巧克力和牛奶最受歡迎的口味，此外，還有芒果、玉米濃湯、藍莓口味可以選擇，是很受歡迎的小伴手禮。

PRETZ餅乾棒

泰國東北的打拋豬肉(Larb)香辣又下飯，這款日式餅乾棒加進這種泰國風味，香鹹微辣，別有一番特殊滋味；另外還有有起士(Cheese)、吐司(Toast)、奶油玉米(Corn)、比薩(Pizza)、焦鹽(Fried)、酸辣蝦湯(Tom Yum)……多種口味。

Bento超味魷魚片

超受歡迎的Bento超味魷魚片有分3種顏色3種口味：橘色是麻辣、紅色是甜辣、藍色是蒜辣，不管哪一種，辣味是一定有的，而且是愈吃愈辣，令人大呼過癮。

老大哥花生豆

有鮮蝦(Shrimp)、海苔芥末(Nori Wasabi)、BBQ、咖啡(Coffee)、雞汁(Chicken)、椰漿(Coconut Cream)等多種口味，因為價格便宜又好吃，也成為大家喜愛的零食，只是因為占行李空間，比較不好攜帶。

小老闆海苔

泰國有好幾個不同的海苔品牌，最多台灣人知道的當屬「小老闆」這個牌子，炸得香酥涮嘴的海苔有燒烤、嗆辣、蒜味等口味選擇，有大家熟悉的片裝，也有做成3小捲一包的海苔捲。

樂事薯片

泰國的樂事薯片有許多「泰國限定口味」，像是2in1烤蝦&泰式海鮮醬、船面、東北涼拌酸辣豬肉、辣炒螃蟹……咦這怎麼看起來好像哪家餐廳的菜單？

TASTO薯片

TASTO是泰國的本土品牌，口味選擇雖然比樂事少一些，但也值得一試，像是咖哩螃蟹和泰式酸甜魚。

Entrée肉紙

薄如紙張的肉紙，吃起來香脆好滋味，有原味、日式手捲、蒜味和泰式辣醬等口味。

Doi Tung
咖啡及夏威夷豆

皇家計畫推出的品牌,讓泰北山區居民學種茶、咖啡、夏威夷豆和其他農產,商品種類更進一步發展至服飾、陶瓷等。其中咖啡和夏威夷豆都是很實的伴手禮,咖啡有咖啡豆和濾掛式咖啡等,夏威夷豆則有多種口味可以選擇。

Doi Chaang
咖啡豆

同樣出自泰北村落的有機阿拉比卡咖啡豆,從種植、摘採、烘焙完全人工處理,售價符合公平交易認定,咖啡風味也備受肯定。

老船長喉糖
Fisherman's Friend

老船長喉糖雖然不是泰國的品牌,但因為在泰國買便宜,口味選擇也比較多,例如有櫻桃、柳橙、辣味、薄荷、藥草、檸檬……因此許多人來泰國也喜歡帶上幾包。

仙楂丸

生津止渴仙渣丸也是在泰國旅行的良伴,尤其是搭車或口渴卻暫時無法喝水的時候(怕找不到廁所),可以含一兩顆在嘴裡解渴。

泰國啤酒

最有名的兩大廠牌就是大象牌(Chang)和獅子牌(Singha),和台啤一樣走順口路線,其中Singha比較受本地人歡迎。

手標泰式茶

標籤上舉著大姆指說讚的手標泰式茶,是當地最有名的茶葉品牌,許多人非常喜歡泰式奶茶的香味,如果想帶回台灣自己做,可以買一罐手標泰式茶回家自己煮,煮好茶後再加入糖、煉奶和冰塊,就成為一杯香濃的泰式奶茶。

雀巢
即溶泰式奶茶

如果懶得自己煮泰式奶茶,那也可以直接買雀巢泰式奶茶回家,直接沖泡即可飲料,方便好喝,也相當受到歡迎。

白蘭氏馥莓飲

據說喝了有美妍、抗老功效的白蘭氏馥莓飲,因為在泰國買價格便宜很多,許多愛漂亮的人可是天天買來喝。

白蘭氏燕窩

因為在泰國有設廠,白蘭氏的產品在泰國買相對也比在台灣便宜一點,這款燕窩也是經常被人口耳相傳必帶的好物。

食材・料理

泡麵
泰國泡麵的內容物不見得比台灣精采，但口味卻是台灣沒有的泰國風味。酸辣蝦湯、打拋等各式嗆辣調味，足以挑戰所以嗜辣者的味蕾。其中MAMA是泰國最知名的泡麵品牌。

調理包・湯塊
想要在家大啖泰國料理，最簡單的方式就是買現成調理包或是湯塊，不用自己搗香草、調味，只要準備食材，就可以煮出道地酸辣蝦湯或綠咖哩。

檸檬葉護髮素
用泰國檸檬葉(Kaffir Lime Leaves)製作的護髮素，據說有保養頭皮的功效，香氣有點嗆鼻，但使用過後頭髮會比較柔軟、不易掉髮。效果視個人膚質而異。

高系數防曬乳液
在東南亞旅遊一定要記得塗上防曬油，特別是在泰國這個地方，容易買到得到防曬系數高達SPF130的產品，令人驚喜。

蕊娜制汗爽身噴霧、香體露
雖然在台灣也買得到，但泰國的價格大概是台灣的7折左右，因此很多人也會專程去掃貨。

美妝・藥妝・芳療

Sabai Arom 護手霜
雖在Boots販售，但是是道地的本土品牌，萃取自雞蛋花、木瓜、茉莉等的產品舒適清爽，聞起來有淡淡的泰國系花果香。

Mistine眼線液
Mistine是泰國的開架式彩妝品牌，其推出的眼線液出水量適中，且防水、抗暈染的效果也很不錯，深受女性消費者好評。另外，該品牌推出的眉筆、睫毛膏也都各有擁護者。

Snail White蝸牛霜
泰國人熱愛美白，逛藥妝店總能看見不少美白產品。Snail White就是其中非常熱賣的一款，標榜美白效果，在各大美妝店、超市都能買到。不過有些人對產品成分有疑慮，購買前可以多留意。

ele面膜
同樣在泰國大熱賣的晚安面膜，而且紅到台灣也有廠商引進。睡前敷上，據說就有美白、保濕的效果。

提神薄荷棒

這在氣候炎熱的泰國超好用，沁鼻香氣，聞了還真的提神醒腦、清肺涼喉。味道各有特色，有些加了草藥；POY-SIAN這個牌子還在尾端多加了開口，讓你不只能聞，也可直接擦在太陽穴或人中。

阿公、阿婆牌肥皂

可愛的懷舊包裝，光看就覺得可以洗得很乾淨。阿公牌肥皂用來泡沫柔細，帶著一點草本和樟腦油的淡淡香氣，阿婆牌標榜可以使皮膚細緻，但得視個人皮膚狀況而議。另一個阿公牌牙粉，也在超市架上，味道很像加了藥草的海鹽，非常苦澀，但用完感覺牙齒好像真的很乾淨。

MAITHONG草本香皂

這家品牌的草本香皂似乎很受日本遊客的青睞，尤其是山竹香皂，在店頭放置日文標注的最人氣商品字樣，其他還有薑黃、香茅、蘆薈、米等不同素材選擇。

青草膏

抹起來涼涼的很舒服，主要是以對付蚊蟲叮咬和小擦傷、淤血，有分大、中、小不同尺寸，小的可以隨身攜帶，中或大的買起來比較划算。

五塔油

跟青草膏有類似功效，據說被蚊蟲叮咬、肚痛悶脹、頭痛頭暈或是跌倒受傷，都可以派得上用場，是長輩經常交待要買的傳統商品。

金杯油

據說適用跌打損傷、傷風感冒、蚊蟲叮咬等症狀，一般超市、藥妝店或傳統藥局都買得到。

上標油

成份有薄荷冰、肉桂、薄荷油、丁香和樟腦等，主治蚊蟲叮咬、肌肉痠痛和跌倒挫傷。

虎標萬金油、貼布

據說可舒緩肌肉疲勞、肌肉痠痛、消除緊張，同樣是很多長輩喜歡的實用伴手禮，有萬金油和貼布兩種選擇。

Counterpain止痛藥膏

Counterpain因為對肌肉痠痛緩解效果不錯，而且有分藍色超涼型、紅色溫熱型及新推出的金色強效型不同選擇，也曾風靡好一陣子。

蛇牌爽身粉

老牌的爽身粉是夏天消暑最家良伴，以天然草本製作的爽身粉，沐浴後使用，超級涼爽、淡淡的香氣聞起來舒適、清新。現有經典玫瑰(Classic)、薰衣草(Lavender)、抗菌(Anti-Bacteria)、清涼粉紅(Cool Pink)、清新海洋(Ocean Fresh)、草本(Active Herbal)……不同香氣可供選擇。

Supaporn Herb 護膚粉

Supaporn Herb產品多半和阿公、阿婆肥皂放在同一區，有臉部去角質、全身去角質、敷臉粉等，標榜天然、價格便宜，許多人喜歡它獨特帶著香蘭葉的淡淡香氣。

泰國陶器

在泰國街頭或週末市集,可以發現不少賣有自家燒製青瓷和陶器的小店,圓潤質地很受遊客的歡迎,價錢也合理到令人開心。

薰香精油

泰國有許多純天然的精油產品,從熱門的香茅、薰衣草、迷迭香、泰國茉莉、睡蓮到春天、海邊等調和後的香味,聞了令人身心舒暢。百貨專櫃與市集所販賣的精油,因品牌和成分差異而有不小的價差,可以多多比較挑選。

藥草球

用棉布裹起數種香草後蒸熱,按摩時香氛迷人,舒緩身心。不論Spa用品店或路邊攤都可以買得到。

傳統伴手禮&可愛雜貨

創意設計商品

不管是商場內的創意品牌,或是市集中的自創品牌小店,常常都能找到別具創意的設計商品,種類包括生活家飾、服飾、配件等都有,讓人大呼好有趣!比如BACC內的商店、ICONSIAM和Siam Discovery裡的ICONCRAFT及ODS,逛逛百貨公司或市集,會發現處處充滿泰國人的豐沛創造力。

設計T恤

泰國夜市和市集都有許多設計棉T,多彩的圖案、手繪風格的插畫、或是拿英文短句來搏君一笑,男女老少都相當適合穿著,價格平易近人,布料質感卻也不差。百貨裡的當地品牌則提供更精緻的選擇。

大象設計小物

五彩繽紛的大象杯墊、揹著可轉動日期的小方塊的大象、舉止神情都不盡相同的陶製迷你象、小象容器等,還有更多以大象為主體的設計小物,不論是織品或陶器,手工都相當細緻,是到泰國必買的伴手禮。

泰絲製品

質地光滑、色澤鮮麗的泰絲製品是泰國很具代表性的工藝品,除了在知名品牌的泰絲專賣店,如Jim Thompson,也可以在市集、夜市尋找到質感不錯的泰絲製品;配色精巧的泰絲抱枕就是很不錯的實用選擇。

泰北少數民族風織品

泰北少數民族的布織品用色大膽鮮豔,無論是拼布、十字繡或其他針織加上藍染圖騰,都有強烈的在地風格,像是細膩的竹編小籃、亮眼的手作手機袋、布包甚至短靴等,都可在清邁當地搜尋到。

NaRaYa曼谷包

又被稱為空姐包的曼谷包,在泰國當地的價格比在台灣來的便宜許多,因此幾乎是所有造訪泰國的觀光客必買的伴手禮。除了常見的蝴蝶結緞面款,後來也在花樣和款式上做了不少變化,有的一時還認不出是曼谷包。

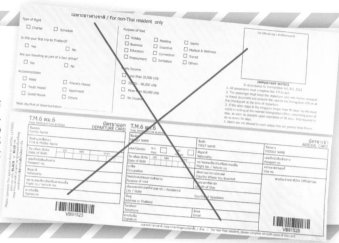

#入境卡 掰掰囉

泰國政府於2022年7月1日，宣布取消外籍旅客需填寫的TM6出入境卡。在此之前曾因疫情關係，為了減少接觸、加快過海關的效率而短暫取消了TM6，如今是完全不需要填寫了！

後疫情時代的曼谷新現象

在 2020~2022年因COVID-19疫情而停擺的國外旅遊，讓各國觀光起了許多變化。如今各國逐步鬆綁國門，迎接後疫情時代的逐漸回籠的大批觀光人潮。讓我們來看看泰國有什麼不一樣了！

#大麻 合法化

大麻在2022年6月正式從泰國的毒品管制名單除名，街上隨處可見大麻商店、餐廳、飲料等，可以試試，但請務必先注意自身健康狀況，且千萬千萬不要帶任何大麻產品回家！

#交通大圓環

曼谷的主要交通工具——地鐵MRT和捷運BTS在疫情這幾年建設不中斷,目前地鐵藍線(MRT Blue Line)已完成「華藍蓬站－Lak Song站」和「邦蘇站－Tha Phra站」的延伸工程,形成一個環狀線,而全新的捷運金線(BTS Gold Line)是完全為ICONSIAM量身訂做的車站,和終點站Khlong San站為前往曼谷半島酒店、The Jam Factory、Lhong1919提供新的交通方式,不需只靠搭船才能前往。

#兔子卡實名制

曼谷的悠遊卡「兔子卡(Rabbit Card)」如今首次登記需實名制,無論是櫃檯買卡或是線上平台買卡,都需提供護照登記才能開始儲值使用。票卡200B,包含100B手續費和100B儲值金額。

#夜市大洗牌

夜市一直都是曼谷旅遊的重點行程之一,因此疫情對夜市可是一個大衝擊,讓曼谷夜市大洗牌。許多人氣市集像是Art Box、霓虹夜市(Talad Neon)、The Camp跳蚤市集都已消失,Asiatique河畔夜市雖然還在但也不如以前熱鬧了。

目前只有札都甲週末市集在這3年期間沒有任何改變。札都甲周末市集走過去很方便的札都甲綠色市集(JJ Green Market),現在已搬遷到更北邊的地區,改名為JJ Green 2 Market。

拉差達火車夜市2021年在疫情摧殘下結束營業,原來的管理團隊於2021年11月在帕藍9站重新開幕,號稱火車夜市2.0的Jodd Fairs夜市是泰國時下最受歡迎的夜市之一!若不想人擠人,也可以到拉差達火車夜市原址(Esplanade百貨後方)的The One Ratchada,白色的頂棚整齊畫一,攤位之前的走道也算寬廣,中央點綴著一排椰子樹,頗具文青風。

#行動電源租借

ChargeSPOT也進駐泰國了!曼谷街頭、便利商店、百貨都可以看到淺藍色的租借站,使用方式和台灣一樣,下載APP後完成註冊就可以了!若是忘了歸還、不小心帶回台灣也沒關係,ChargeSPOT支援跨國租借歸還方式。

#喝酒小提醒

雖然這並不是新出現的規定,要記得泰國商店14:00~17:00禁止販賣酒精飲料,無論是便利商店或超市都一樣。遇到佛教節日時,政府也禁止賣酒。

曼谷必去特色
Café & Bar

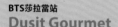

曼谷有非常多特色咖啡廳和酒吧，幾乎隨時都有新店家開業，也常讓人患上選擇困難症。無論是富有創意的飲品，或是漂亮的店面，吃喝享受的同時也把照片拍好拍滿！

BTS莎拉當站
Dusit Gourmet
歐式庭園咖啡廳

📍別冊P.8,E3
🚇莎拉當站4號出口，步行5~10分鐘
🏠116 Sala Daeng Rd., Silom
📞022009009
🕐每日7:00~22:00
💳可

花木環抱的白色建築搭配明亮的天然採光，整體洋溢著歐式風情。無論飲料還是手工糕點，都發揮天馬行空的創意，例如添加了新鮮橘汁、柑橘片和迷迭香的濃縮咖啡，或是綜合了蘋果汁與奇異果汁的特調咖啡，獨特的酸甜滋味拿捏得恰如其分。而各式手工蛋糕更是引人食指大動，早午餐也很受歡迎。

BTS莎拉當站／MRT倫披尼站
Eureka Coffee Tap Saladaeng
泰式甜點與義式咖啡的結合

📍別冊P.8,F3
🚇莎拉當站4號出口步行約15分鐘，或地鐵倫披尼站2號出口步行約10分鐘
🏠14/7 Soi Sathon 2, Yan Nawa, Sathon
📞0924499895
🕐9:00~19:00
💳不可

招牌的「鹹蛋拿鐵」，其實並不是真正的鹹蛋，而是一種泰國常見的傳統甜點，只是顏色和外貌做成酷似花式的鹹蛋黃，一顆蓋在泡好的拿鐵咖啡之上，咬起來略帶「金沙」的口感，香香甜甜的沒有鹹蛋的死鹹，還算協調，趣味性取勝。還可以嘗試芭樂藝妓、榴槤、木瓜白巧克力等其他口味的咖啡和茶品。

BTS阿黎站
Thongyoy Café
華麗的花花世界

🔵 別冊P.10,G1
🔵 阿黎站3號出口步行7~10分鐘
🏠 24 Ari 4 Fang Nua Alley, SamsenNai, Phaya Thai
☎ 0987484661 ⏰ 10:00~22:00
🔵 可
🌐 www.facebook.com/thongyoycafe

Thongyoy Café每層樓自成一個華麗的天地，無論是牆壁、柱子還是天花板，都運用花朵布置得美輪美奐，雖然鮮豔得有點驚人，但看得出來設計者頗有美感，在鏡頭下會呈現不落俗套的豔麗。難得的是如此大手筆布置的環境，消費居然頗平價，眾多泰式傳統甜點，色彩和室內布置一樣豔麗。

MRT華藍蓬站／龍蓮寺站
Akirart Cafe Studio ⓿²⁵
辦公室風咖啡廳

🔵 別冊P.19,D2 🔵 華藍蓬站3號出口步行約8分鐘，或龍蓮寺站1號出口步行約8分鐘 🏠 138 Pradu Alley, Pom Prap, Pom Prap Sattru Phai ☎ 0955030951 🔵 10:00~18:00 休週二 🔵 facebook.com/AkirartCafe

以「90年代辦公室」為主題的人氣打卡咖啡廳，無論是桌椅、櫥櫃、菜單和品項名稱都和辦公室息息相關。一進門就看到由一整排的辦公鐵櫃組成的櫃檯，菜單也直接寫在收據上，其中招牌手沖咖啡也取了一個非常應景的名字「Caps Lock Blend」。二樓更是有各種舊電腦、舊電器，甚至把舊電視當作桌子使用！不得不佩服老闆的創意，舊物利用的同時也為咖啡廳設計出獨樹一格的特色。

MRT華藍蓬站／龍蓮寺站
八號Ba Hao
絕對難忘的藥酒特調

🔵 別冊P.19,D2 🔵 華藍蓬站3號出口或龍蓮寺站1號出口步行約8分鐘 🏠 8 soi Nana (Chinatown) Mitrichit Rd. ☎ 0624645468 🔵 17:30~00:00(最後點餐23:00) 休週一 🌐 www.ba-hao.com

八號Ba Hao以大膽的鮮紅色為主題色，搭配帶有中式氣息的雕花門窗、燈籠擺件，讓人不禁聯想到古代的客棧，一樓為酒吧的所在地，二、三樓則可提供旅客住宿。招牌特調「Opium鴉片」，在調酒中加入了人參藥酒，嘗起來帶著中藥的甘苦滋味，以及濃烈的酒味後韻層次，在中式風格的空間中品飲，別有一番情調。

BTS東羅站
The Blooming Gallery
花園系下午茶

🔵 別冊P.14,B3
🔵 東羅站3號出口步行約15分鐘 🏠 LG, Ei8ht Thonglor, Sukhumvit 55 ☎ 020635508 🔵 10:30~21:00 🔵 facebook.com/thebloominggallery/

店內裝潢以歐式工業風為主，黑色的鐵件門窗、磚紅色的牆，完美襯托出了植物的蓬勃生命力，The Blooming Gallery的每個角落都充滿驚喜，布置了大量的綠色植栽和乾燥花，就連桌下放入了花卉植物的擺設。來杯招牌特調The Blooming，每嘗一口，都讓人心花朵朵開。

MRT山燕站
Yào Rooftop Bar
曼谷高人氣空中酒吧

🔵 別冊P.9,B2 🔵 地鐵山燕站2號出口，步行15~20分鐘 🏠 33F, 262 Surawong Road, Si Phraya ☎ 020885666 🔵 17:00~24:00

Yào Rooftop Bar位於曼谷蘇拉旺萬豪酒店33樓，四周的牆面則大量運用透明玻璃和鏤空屏風，讓周圍360度景致能以最清楚的方式盡入眼簾，難怪是曼谷人氣最高的空中酒吧之一。

傍晚時分來到頂樓酒吧，可以把曼谷昭披耶河畔的日景、夕陽、夜色一網打盡，非常過癮！

特色星巴克

▼▼BTS鐘那席站▼▼
Starbucks Sathorn Square

從捷運站出口的天橋上，遠遠就看到這個造型奇特的星巴克。第一眼看覺得像聖誕樹，左看右看又覺得像竹筍，右看看有點像倫敦的聖瑪莉艾克斯30號大樓。路過這裡的話，不妨到裡面吹吹冷氣，欣賞這家特殊造型的星巴克。

▼▼BTS奇隆站▼▼
Starbucks Langsuan

這間Langsuan門市不僅是美國海外首間社區店（Community Store），更是星巴克在泰國第二間獲得LEED金級認證的綠建築門市。建築裝潢風格融入了泰國北部農村風格，主要素材為木材，室內擺放不少木製桌椅，搭配竹籃、木箱、陶器及麻布袋等裝飾，營造出暖色系且充滿民族文化的空間。

▼▼BTS東羅站▼▼
Starbucks Camp Davis

這家位於The Davis Bangkok Hotel底層的星巴克分店，其歐式建築風格在一群辦公樓之中鶴立雞群，彷彿來到了倫敦街頭。店門口還設了英式電話亭和復古柱鐘，吸引許多攝影愛好者前來打卡留念，也有不少學生到這裡拍攝畢業照。

Rabbit Hole
隱身在曼谷的微醺角落

🗺 別冊P.14,B3
🚇 東羅站3號出口步行約10分鐘
🏠 125 Thonglor Sukhumvit 55
📞 0985323500
🕐 19:00~1:00
🌐 rabbitholebkk.com

推開厚重木門進到Rabbit Hole，就像是墜入愛麗絲夢遊仙境的兔子洞一樣，裡面的世界，與你想像的並不一樣。酒吧空間為三層樓挑高，裸露磚牆混搭著工業風，展現帶有點粗獷，卻又不失自信的優雅風格。而這裡的首席調酒師，以豐富的經驗和精采的手法，設計出許多令人眼睛一亮的雞尾酒。

BTS東羅站
#FindTheLockerRoom
喝酒前先來一場密室逃脫！

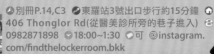

📍別冊P.14,C3　🚇東羅站3號出口步行約15分鐘　🏠
406 Thonglor Rd(從醫美診所旁的巷子進入)　📞
0982871898　🕐18:00~1:30　🍸可　⊙instagram.
com/findthelockerroom.bkk

要進入酒吧必須先過兩道門，而這「門」就藏在
一面置物櫃後方，想喝到酒就得想辦法開門。解謎成功後喝到的
酒，也會有雙倍的快樂！#FindTheLockerRoom由5位來自新加
坡、東京、台北和曼谷的專業調酒師共同創立，酒單的主題為「過
去、現在和未來」，在這裡可以喝到許多經典的調酒如血腥瑪麗
(Bloody Mary)、The French Connection(法蘭西集團)等，也可
以喝到調酒師們用自己的方式調配的變化版。

BTS東羅站
Waan Thai
如藝術品般精緻的傳統泰式甜點

📍別冊P.14,B3
🚇東羅站1號出口步行約13~15分鐘
🏠131 Soi Sukhumvit 53
📞0942153945　🕐11:00~17:00　🍸可
🌐waanthai.com

Waan Thai由米其林二星餐廳R-HAAN的兩位創辦人——Piti
Bhirombhakdi和主廚Chumpol Jangprai於2022年開設，主打
泰式傳統甜點和下午茶。**Wann Thai** 的每一份甜點經主廚重新詮
釋，化為一件件藝術品，讓人捨不得下手。招牌甜點是泰式椰奶石
榴冰，特別的是主廚以椰子代替碗盤盛裝甜點，上桌前利用乾冰製
造冒煙的效果，視覺和味覺都是一番享受！

MRT龍蓮寺站
八號甜蜜Ba Hao Tian Mi - Yaowarat
港式甜品飲料

☀別冊P.19,C2
🚇龍蓮寺站1號出口步行約2分鐘
🏠8 soi Phadung Dao
☎097-995-4543
🕐10:30~21:30
f facebook.com/bahaotianmi/

八號酒吧的姊妹店八號甜蜜,主打港式甜品與飲料。布丁味道濃郁、口感綿密,吃起來類似雙皮奶,一共有8款固定口味的布丁。每月不時會推出限定口味,到曼谷旅遊時不妨到臉書或IG看看有沒有驚喜吧!

BTS莎拉當站
Everyday
Karmakamet Silom
香氛品牌咖啡店

☀別冊P.9,D2
🚇莎拉當站3號出口步行約2分鐘
🏠361/1 Silom Soi 7 Yada Building
☎022371148
🕐10:00~22:00
✓可
🌐everydaykmkm.com

創立於2001年的Karmakamet是泰國本土著名的香氛品牌,運用天然的植物、香草製作各式各樣的精油、香膏、室內芳香劑等,因為氣息迷人、價格合理而廣受歡迎。Karmakamet在捷運莎拉當站附近開了一間咖啡廳,命名Everyday,除了可以品嘗飲料、甜點外,還可選購各種Karmakamet製作的產品,以及眾多可以閱讀的書籍。

BTS安努站
Cheap Charlie's Bar
輕鬆自在的酒吧

☀別冊P.12,G5
🚇安努站2號出口,步行約5分鐘
🏠12/2 Sukhumvit 50 Ally, Phra Khanong, Khlong Toei
☎0870968444
🕐17:00~24:00(週四至23:45)
✓可
f facebook.com/CheapCharlieBar

這間店面小小的酒吧,氣氛很輕鬆自在,裝飾很混搭、國際化,應該是老闆周遊各國之後,把心愛的收藏拿來巧手布置。啤酒主打寮國進口的啤酒,價格便宜又不常在其他地方看到;其餘還有葡萄酒、威士忌等各式進口酒和調酒。

益生甫記
Ek Teng Phu Ki

百年南洋風味

🍴 別冊P.19,C3
🚶 龍蓮寺站1號出口步行約6分鐘
🏠 163 Phat Sai, Samphanthawong
☎ 022214484　⏰ 05:00~19:00
📷 instagram.com/ektengphuki

店面裝潢是典型的中式風格，除了常見的南洋烤麵包、飲料，也提供港式點心，像是蝦餃、叉燒包、流沙包等，而光是烤麵包就有約10種口味供選擇。若想要份量飽足一些，益生甫記也全天供應早餐套餐，包含了煎蛋、香腸、培根和火腿。

安樂園 On Lok Yun

濃縮80年風華

🍴 別冊P.17,D5
🚶 山優站3號出口步行3~5分鐘
🏠 72 Charoen Krung Rd.
☎ 0858090835
⏰ 6:00~14:30
📘 facebook.com/onlokyun

位於石龍軍路上、曼谷皇家劇院附近的安樂園，是一間歷經90年風華的老咖啡餐室。安樂園由泰國華人創立於1933年，店內販售的是泰式風格的美式早午餐，週末時兩層樓的空間坐滿客人，阿姨、叔叔等級的員工親切招待客人，坐下後剛點完餐，招待的茶水就送上了，令人感動的不僅是熱騰騰上桌的早餐，更是老曼谷人的待客之道。

邢泰記 Kope Hya Tai Kee

配料豐富的鐵鍋煎蛋料理

🍴 別冊P.16,E3
🚶 山優站3號出口步行10分鐘
🏠 Siri Phong Rd, Samran Rat, Phra Nakhon.
☎ 0626783003
⏰ 7:00~20:00
📘 facebook.com/kope.htk

開業自1952年、歷史已超過一甲子的邢泰記，洋溢著濃濃的復古情調。邢泰記目前在泰國共有4間分店，全日提供平價美味的早餐，最多人推薦的料理「Kai Kra Ta+Baguette Sandwich」，為鐵鍋煎蛋料理和烤至香脆的香腸麵包組合，以熱燙的煎鍋，將蛋煎至半熟，並放上肉臊、青豆和香腸，配料十分豐富。

曼谷購物中心圖鑑

到泰國血拼，購物中心絕對是不可錯過的目的地之一，各大商場有得逛、有得買、有得吃、有得喝，有些甚至還有娛樂表演。旅客可以前往各大百貨瘋狂掃貨，也可以前往各種國際、本土餐廳享用美食，或單純欣賞泰國人的無限創意，融入在地氣氛。

BTS Charoen Nakhon站
ICONSIAM

ICONSIAM面積達525,000平方公尺，是亞洲最大的購物中心之一。ICONLUXE集齊世界各大精品名牌，且每家品牌的店面設計除了保留自家標誌性的設計，也融入了一些泰國元素，以體現ICONLUXE的「icons within icon」的奢華購物體驗。這裡也進駐了許多泰國首家旗艦店，像是Apple Store、高島屋百貨Siam Takashimaya、LV、Michael Kors等。另一大特色是位於GF的室內水上市集SOOKSIAM，呈現泰國77府的藝術、手工業、民族文化和美食，讓訪客可以全方位體驗真正的「泰味」。

INFO
◎別冊P.20,B3 ◎Charoen Nakhon站2號、3號出口即達，或從中央碼頭搭乘免費接駁船 ◎299 Soi Charoen Nakhon 5 ◎024957000 ◎10:00~22:00 ◎可 ◎www.iconsiam.com/en

BTS暹羅站
暹羅商圈Siam Square

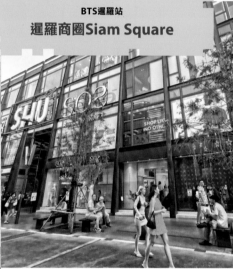

Siam Square的氣氛很像是台北的西門町，是暹羅站南側、MBK購物中心以東、包含Siam Square One和Centerpoint Siam Square等購物中心在內的這一大片區域，也稱作Siam Area，向來是當地年輕人最愛逛的商圈，經常可見穿著制服的學生、年輕上班族在此聚集穿梭，週末下午更是熱鬧，店家活動、影歌迷見面會等都會在此舉行。曾在台灣上映的泰國純愛電影《愛在暹羅》就以此為主要場景。

INFO
◎別冊P.7,D3
◎暹羅站2、4或6號出口，出站即達
◎Phayathai Rd.以東、Rama 1 Rd.以南的行人徒步區域

BTS暹羅站
Siam Square One

Siam Square One是暹羅廣場上相當新潮的購物中心，橫跨3幢大樓，不規則的建築本身就非常吸睛，半開放式的設計，讓自然風流通，建築內部有不少裝置藝術和綠色植栽，搭配上挑高的空間，帶來不同於一般的室內冷氣商場的感覺。商場特殊的動線串聯起眾多餐廳、咖啡廳、服飾店、精品店、創意小鋪等，大致從地下樓層至3樓都是商鋪，4、5樓屬於餐廳的天下，6樓以上則以按摩、SPA為主。

INFO
- 別冊P.7,D3
- 暹羅站4號出口，出站即達
- 388 Rama I Rd, Pathum Wan
- 022559994 ◎10:00~22:00(各店不一)

BTS暹羅站
Siam Paragon

入口以仿造鑽石精緻切割面的16公尺高玻璃帷幕迎接遊客，分成Shopping Complex和Paragon Department Store兩大區，從國際名牌如LV、CHANEL、Burberry到平價時裝Uniqlo、H&M通通到齊，4樓則有能夠彰顯泰國風格的本地衣飾、香氛品牌；1樓有泰國最大的美食街及大受遊客歡迎的Gourmet Market超級市場，地下層則為亞洲最大都會水族館──曼谷海洋世界(Sea Life Bangkok Ocean World)。

INFO
- 別冊P.7,D3 暹羅站3或5號出口，從空橋可直達商場 991 Rama 1Rd., Pathumwan 026108000 ◎10:00~22:00 可 www.siamparagon.co.th

BTS暹羅站
Siam Discovery

Siam Discovery的商各樓層主題分別是Her Lab、His Lab、Street Lab、Digital Lab、Creative Lab、Play Lab和Innovation Lab，他們不以品牌做為空間的主要分隔方式，而是將不同品牌的同類型商品陳列在一起，身處其中，不僅會被商品吸引，更不禁細看商場的前衛時尚的新潮設計。商場中進駐了超過5,000個國際和泰國本地品牌，其中也設有Ecotopia、ICONCRAFT、ODS等專區，不可錯過的還有位於4樓的杜莎夫人蠟像館等。

INFO
- 別冊P.7,D3
- 暹羅站1號出口步行約1~2分鐘
- 989 Rama 1 Rd. 026581000
- ◎10:00~21:00 www.siamdiscovery.co.th

BTS暹羅站
Siam Center

Siam Center是泰國第一家購物中心，透過BTS空橋與Siam Paragon、Siam Discovery連成一氣，每天下班後與週末假日總是集結不少遊客在商場裡閒逛。從裝潢設計來看，商場消費群年齡層較輕，相較於Siam Paragon，這裡各式潮服、獨立設計師的商品居多，甚至商場本身就像座藝廊。

INFO
- 別冊P.7,D3
- 暹羅站1號出口，從空橋可直達商場 979 Rama 1 Rd. 026581000 ◎10:00~22:00 可 www.siamcenter.co.th

BTS澎蓬站
Emquartier

Emquartier百貨共由3棟造型設計新穎的建築構成，分別為The Waterfall、The Glass和The Helix，各有不同的定位主題。The Waterfall和The Glass的地下樓層美食街，聚集了泰、日、台、韓等多國的料理，另外也有許多人喜歡採買伴手禮的Gourmet Market。其中The Helix的6~9樓為美食餐廳區，該區設計成迴旋走道，慢慢往上或往下走就能覽盡所有餐廳，而且每間店舖的設計也都很有特色。

BTS阿索克站／MRT蘇坤蔚站
Terminal 21

Terminal 21以國際機場和航站為設計概念，將每層樓手扶梯前的入口設計成登機門，過了登機門就能前往各樓層，而每個樓層又分別以世界著名城市為主題，整體的裝潢和布置都與這個城市的風情相關，不但設置了不少裝置藝術，工作人員或警衛的制服都與之相符，甚至連廁所造景也花盡巧思布置。

INFO
別冊P.12,E3　澎蓬站1號出口，出站即達
695 Sukhumvit Road
022691000　10:00~22:00
www.emquartier.co.th

INFO
別冊P.13,C2　阿索克站1號出口，或地鐵蘇坤蔚站3號出口，皆從空橋可直達商場　88 Sukhumvit Soi 19(Wattana) Sukhumvit Rd.
021080888　10:00~22:00　可　www.terminal21.co.th/asok/home/en

BTS奇隆站
Gaysorn Village

商場空間從Lobby Level至3樓，共有5層樓，除了全球精品之外，3樓著重於生活家飾精品和泰國時尚設計品牌，而泰國Spa精品如THANN和Pañpuri在這裡也找得到。逛累了，商場提供多種美食料理，像是法、義料理、泰國創意菜等，每家餐廳提供的不僅是美味，更是悠閒的用餐回憶。

INFO
◎別冊P.6,E4 ◎奇隆站先往1號出口方向(但不出站)，再沿空橋指標可直達商場 ◎999 Ploenchit Rd. ◎026561149 ◎10:00~20:00 ◎可 ◎www.gaysornvillage.com

BTS奇隆站
Central World

Central World面積寬達830,000平方公尺(近17萬坪)，裡頭有超過500間店鋪，其中多間為旗艦店或首間開在曼谷的店，此外還有100間餐廳、大型超市、電影院、溜冰場。不少知名的泰國設計品牌也進駐Central World，像是Fly Now III、JASPAL、SODA；愛美的人則可以進來享受Spa按摩，或是到Harnn、Thann或Karmakamet購買芳療用品。

INFO
◎別冊P.6,E3 ◎奇隆站先往1號出口方向(但不出站)，再沿空橋指標可直達商場 ◎999/9 Rama 1 Rd. ◎026407000 ◎10:00~22:00 ◎可 ◎www.centralworld.co.th

BTS奇隆站
Central Chidlom

Central Chidlom是曼谷最受歡迎的百貨公司之一，擁有不少國際頂級精品和獨家品牌。Central Chidlom最特別的在於提供「個人時尚造型服務」(Personal Shopper Service)，只要一通電話，就有專業的造型師給予客人最貼切的建議，而且完全免費。更值得一提的是，觀光客只要憑護照到遊客服務櫃檯，可申辦遊客優惠卡「The 1 Card」，之後到配合的專櫃消費，即可獲得折扣優惠；這項福利不僅適用Central Chidlom，在它的姊妹百貨公司，如Central World、Central Embassy都可以多加利用。

INFO
◎別冊P.6,F4 ◎奇隆站5號出口，從空橋可直達商場 ◎1027 Ploenchit Rd., Lumpini, Pathumwan ◎027937777 ◎10:00~22:00 ◎可 ◎www.central.co.th

BTS菲隆奇站
Central Embassy

Central Embassy不僅與隔壁的Central Chidlom百貨以空橋相連，更同時鄰近菲隆奇和奇隆這兩個捷運站，購物、交通區位皆十分便利。被視為最奢華的貴婦百貨，Central Embassy中進駐了眾多國際精品品牌，包括Prada的旗艦店，另外大約有3成為首次進駐曼谷。百貨中也有如Sretsis等泰國設計師品牌，而各品牌的櫃位設計也很精采。

INFO
◎別冊P.6,G4 ◎菲隆奇站1號出口步行約3~5分鐘 ◎1031 Ploenchit Rd. ◎021197777 ◎10:00~22:00 ◎可 ◎www.centralembassy.com

Central Village

📍98 98/1 Moo 5 Bang Chalong, Bang Phli District, Samut Prakan 10540
📞025506555
🕐10:00~22:00
🌐www.centralvillagebangkok.com

Central Village是泰國第一家國際outlet，位置就在距離蘇汪那蓬國際機場車程10分鐘之處，非常適合在啟程回家前來掃貨一番。這裡收集超過300個國際知名品牌，從奢侈精品如Calvin Klein、Coach、Kate Spade、Kenzo、Michael Kors、Salvatore Ferragamo等，到高人氣泰國本地品牌如Beautrium和Boots，可享有35~70%的折扣。

Central Village分為9個村莊，每個村莊的造型和裝飾都代表了泰國的手工藝：木工村(Wooden Village)、金屬村(Metal Village)、皇室村(Royal Village)、黏土村(Clay Village)、紡織村(Weaver Village)、金匠村(Goldsmith Village)、織布村(Textile Village)、紅磚村(Brick Village)和陶瓷村(Porcelain Village)。

外籍遊客優惠

◎單筆消費滿2,000泰銖可直接到遊客中心辦理退稅。

◎當日消費滿20,000泰銖可享用貴賓室。

◎持有Mastercard信用卡單筆消費滿2,500泰銖可獲得一張200泰銖的Food Village美食街禮券，滿5,000泰銖則可獲得500泰銖的Central Village折價券（優惠至2023年6月30日）。

如何從市區前往

可從Central World搭乘接駁車前往，上車地點位於Central World的Hug Thai Zone門口。Central Village的上下車地點在Gate A附近。

🚌從Central World出發班次10:00、13:00、16:00；從Central Village出發班次11:30、14:30、20:00
💲每人單程100泰銖

外籍遊客優惠
◎單筆消費滿2,000泰銖可直接在標有「VAT Refund」的商店辦理退稅。

◎持護照到遊客中心可兌換遊客禮包(Tourist Welcome Pack)，優惠至2023年12月31日

◎當日消費滿20,000泰銖可享用貴賓室。

◎持有Visa信用卡單筆消費滿2,000泰銖可獲得一張100泰銖的Siam禮券，優惠至2023年12月31日

Siam Premium Outlets Bangkok

⌂989 Moo 14, Bang Sao Thong, Samut Prakan 10570

☎020828998 ◷10:00~22:00

🖥www.siampremiumoutlets.com

Siam Premium Outlets Bangkok是名牌折扣購物中心(Simon Premium Outlets)在泰國的第一個據點，位置也是距離蘇汪那蓬國際機場車約15分鐘的車程。名牌折扣購物中心目前在美國、波多黎各、加拿大、日本、馬來西亞、墨西哥及韓國都有據點。

有超過300多家國際和本土品牌進駐Siam Premium Outlets，像是Balenciaga、Bally、Burberry、Karl Lagerfield、Mont Blanc、Versace等，也有平價服飾品牌Cotton On、Brands Outlet及美妝百貨EVEANDBOY，還有一間比Siam Center旗艦店更大的Nike。

Siam Premium Outlets的設計以「綠洲」為主題，建築以竹編和藤蔓裝飾，廣場上也會不時有噴泉表演。

如何從市區前往
可從Siam Paragon或Mercure Bangkok Sukhumvit 24搭乘接駁車前往。建議出發前30分鐘以前先用Line、WhatsApp或微信預約位置，上車後司機會收取現金。

◎Siam Paragon (GF的Bangkok Bank旁大門左轉處)

◷從Siam Paragon出發班次10:00、11:00、13:00、14:00、16:00、17:00；從Outlet出發班次11.30、12:30、14:30、15:30、20:00、21:30

◎Mercure Bangkok Sukhumvit 24

◷從飯店出發班次10:30、13:30、16:30；從Outlet出發班次12:00、15:00、21:00

💲每人單程150泰銖

曼谷交通全攻略

曼谷，泰國首都，整座城市的總面積約1,500平方公里，是台北市的10倍，所幸在這個世紀初，曼谷捷運和地鐵逐步通車、連結，2010年機場快線啟用，2016年8月地鐵紫線正式通車，再加上2020年3月連成圓環狀的地鐵藍線，共同串連起四方交錯的交通網絡，讓人遊逛曼谷更簡單了。

蘇汪那蓬國際機場前往曼谷市區

蘇汪那蓬國際機場位於曼谷的隔鄰省份，離市區有一定的距離。在機場快線Airport Rail Link通車後，交通便利了不少，而曼谷便宜的計程車資，也讓不少人選擇搭乘計程車進入市區。另外，機場快線City Line進市區快速又方便，是近年自由行旅客的首選。

➜機場快線City Line

機場快線City Line是不少旅客進市區的交通工具首選，City Line各站皆停，票價因距離而定，約15B~45B。由機場至帕亞泰站的時間只要26分，可說是快速與便宜兼具的交通方式。

🌐www.facebook.com/AirportRailLink

運行時間
約5:30~24:00，約15分一班車

運行區間
由蘇汪那蓬機場站(Suvarnabhumi Airport)往市區的帕亞泰站(Phaya Thai)，沿途停靠Lat Kbabang、Ban Thap Chang、Hua Mak、Ramkhamhaeng、馬卡山(Makkasan)、Ratchaprarop等共8站。一般較常利用的是馬卡山和帕亞泰兩站，另外Ratchaprarop站臨近水門區。

乘車時間

至馬卡山站約22分，至帕亞泰站約26分

車票票價

依距離15B~45B；其中至馬卡山站35B，至帕亞泰站約45B

如何買票

在機場B1有自動售票機，先將語言選為英文後，觸控選擇前往車站，投入指定金額即可。自動售票機附近都會有工作人員可以詢問，如果不用機器的話也可以直接到人工櫃台購買。

轉乘資訊

◎從馬卡山站1號出口2樓，可以走天橋直通地鐵碧差汶里站(Phetchaburi)；特別提醒，過曼谷地鐵站時通常都得檢查包包和行李，如果大件行李在身邊比較不方便。

◎帕亞泰站則與捷運蘇坤蔚線的帕亞泰站(Phaya Thai)相鄰。

▶計程車

選擇計程車最大的好處就是可以直接搭車到飯店門口，省去拖行李、轉車、找路等的種種麻煩。計程車由機場到市區大致價格是400~500B，不少有經驗的網友都建議只要同行旅伴有兩人以上就可以考慮搭乘。

運行時間

24小時。如果在晚上12點過後抵達機場的話，這是唯一進入市區的交通選擇。

搭乘時間

依指定地點和交通狀況不定，進入市區大約是30~60分。如果碰上塞車時段可能會更久。

價格

跳表計程車的計費方式是從機場出發的服務費50B+高速公路過路費25~70B+跳表車費(一般約250~300B)，大致價格為400~500B。

如何搭乘

於入境大廳沿著「Public Taxi」的指示至1樓指定區域，會看見抽號碼牌的機器，抽號後對號搭車。抽號碼牌時，注意機器有分車型，如果人多或行李較大，可選擇Taxi Van的機器。

注意事項

◎抽號碼牌後，機器會吐出一張紙條，上面印有「Lane Number」，請依照此號碼對照車道號碼，即可找到排到的計程車。

◎500B或1,000B大鈔司機有可能找不開，因此記得換錢時也先準備一些100B的紙鈔。

◎現行計程車大多為跳表(Meter)計價，上車前可以先確認，如司機要喊價可以選擇搭乘其他計程車，或是計算一下價格是否合理。上車後亦需確認司機是否開始跳表計價。

廊曼國際機場前往曼谷市區

　　廊曼國際機場(Don Mueang Airport)是曼谷的舊機場，近年主要提供國內線和國際線的廉價航空起降，隨著越來越多廉航開通「台北－曼谷」航線，廊曼機場也成為不少國際旅客進入曼谷的大門。廊曼機場和蘇汪那國際機場之間有免費接駁巴士，提供欲轉機的旅客搭乘。如果要從廊曼機場前往市區，最方便的選擇當然是搭乘計程車，而比較省錢的方式則是搭乘A1公車，旅客可以衡量自己的行李量、同行人數和預算做選擇。

➜計程車

　　可由第1航廈8號櫃台、第2航廈出境大廳外搭計程車。由廊曼機場搭計程車前往市區，需付機場手續費50B、行李每件20B、大約2次高速公路過路費(各50~80B)和跳表費，總價約450~550B。

➜A1公車

　　可在第1航廈1樓6號門、第2航廈12號門搭乘A1巴士，至捷運蒙奇站(BTS Mo Chit)下車，再轉搭地鐵或捷運前往目的地。營運時間為6:15~24:30，每人車費30B，車程約20~30分鐘。

🌐www.don-mueang-airport.com/bus.php

➜機場快捷巴士Airport LimoBus Express

　　機場於2015年底開設的服務，共有兩條路線。第一條「廊曼機場DON MUEANG－SILOM」路線經捷運席隆站、拉差當梅站、菲隆奇站，最後抵達Pratunam；第二條「廊曼機場DON MUEANG－KHAO SAN」路線則直達考山路。營運時間為09:00~24:00，每20~30分鐘一班。每人收費150B，車上提供免費Wifi。乘客可於第1航廈1樓的7號門和第2航廈1樓的14號門乘車。

🌐limobus.co.th/routes/

➜火車

　　廊曼火車站(Don Muang Railway Station)距機場約500公尺，旅客可由此搭乘火車前往華藍蓬火車站(Hualamphong Station)，再轉乘地鐵前往目的地。

曼谷市區交通

　　就算完全看不懂泰文，在曼谷移動也一點都不用擔心。因為在這個國際觀光都市，一般觀光客常利用的捷運(空鐵)、地鐵和昭披耶河遊船等都有清楚的英文名稱標示，便宜的計程車也很方便搭乘。

　　曼谷的交通方式大致單純；靠近新市區的方向，有捷運BTS和地鐵MRT貫穿，濱河的老城區則有昭披耶河遊船連接。除了以上幾項對觀光客來說比較容易的大眾交通工具，方便又划算的彩色計程車、嘟嘟車、摩托計程車，以及公車、市區運河等，也可以視情況使用。

陸路

　　在市區通行，捷運和地鐵是最方便的選擇，但要提醒的是，由於捷運和地鐵分屬不同公司管理，地鐵和捷運的票卡並不通用，除非確定當天行程只搭捷運或地鐵，不然請評估路程遠近與車資，買一日票不見得會比較划算。

➜捷運BTS

特色

　　BTS是Bangkok Mass Transit System的簡稱，一般用捷運或空鐵(Sky Train)來稱呼軌道橫跨空中的BTS(本書皆稱捷運)。

　　捷運有兩條路線：席隆線(Silom Line)和蘇坤蔚線(Sukhumvit Line)，分別沿著曼谷最熱鬧的兩條主要道路席隆路和蘇坤蔚路延伸，一路經過的莎拉當(Sala

Daeng)、暹邏(Siam)、奇隆(Chit Lom)、阿索克(Asok)等各站都是曼谷最熱鬧的市中心。

路線

現在共有兩條路線，席隆線以藍綠色標示，蘇坤蔚線以草綠色標示。

票價

單程票16B~59B。另有特惠票券：

◎捷運1日券(BTS One-Day-Pass)

在當日能無限次搭乘，價格150B。

◎兔子卡(Rabbit Card)

目前可以在BTS和部分店家、餐廳及超市使用。依身分可分為成人、學生、長者票3種（學生長者只有泰國人才能買）。票卡200B，包含100B手續費和100B儲值金額。如今兔子卡已實名制，無論是櫃檯買卡或是線上平台買卡，都需提供護照完成身分登記才能儲值使用。

兔子卡可以在BTS票務中心加值，可選擇儲值金額或儲值次數，或者同時儲值金額和次數。票卡使用期限為5年。加值金額時，每次最少加值100B，最多4,000B，儲值金效期為最後一次加值後2年。兔子卡在首次搭乘後30天內有效，亦需於加值後45天內使用完畢。

總站數

席隆線共13站、蘇坤蔚線共48站

起站與終站

以中間交會站暹邏站(Siam)為中心，席隆線從班哇站(Bang Wa)至國立體育館站(National Stadium)，蘇坤蔚線從Khu Khot站至Kheha站。

運行時間

約05:15~00:51，班哇站末班發車23:35、國立體育館站末班發車00:13、Khu Khot站末班發車23:30、Kheha站23:15。

全線行駛時間

席隆線23分、蘇坤蔚線為60分

重要轉運站

◎暹邏站(Siam)：席隆線和蘇坤蔚線可在此轉搭，不需出站。

◎蒙奇站(Mo Chit)：可轉搭地鐵恰圖恰公園站(Chatuchak Park)。

◎阿索克站(Asok)：可轉搭地鐵蘇坤蔚站(Sukhumvit)。

◎莎拉當站(Sala Daeng)：可轉搭地鐵席隆站(Silom)。

◎帕亞泰站(Phaya Thai)：可轉搭機場快線的帕亞泰站(Phaya Thai)，抵達蘇汪納蓬國際機場。

捷運網址

www.bts.co.th

➤地鐵MRT

特色

　　和捷運不同，地鐵是曼谷的地下鐵路線，車站和路線都位於地底，藍線第一階段「華藍蓬站—邦蘇站」完工於1999年，以半環狀之姿連接起BTS範圍未達的曼谷市區，停靠的車站當中，除了觀光客會前往的區域，也不乏當地辦公通勤的車站，也經過像札都甲週末市集、蘇坤蔚站等熱鬧地方。

　　2009年開始地鐵藍線的延伸計畫，工程分為兩個階段「華藍蓬站—Lak Song站」和「邦蘇站—Tha Phra站」以形成一個環狀線。這兩段分別於2019年9月及2020年3月正式通車。

路線

　　目前有二條路線，一為MRT地鐵藍線；二是地鐵紫線，已於2016年8月開通，其他路線還在建設中。

票價

　　單程票17B~43B。地鐵儲值卡(MRT Stored Value Card)首次購買180B，內含50B押金和30B手續費。

總站數

藍線共38站，紫線共16站

起站與終站

　　藍線為華藍蓬站(Hua Lamphong)至邦蘇站(Bang Sue)、龍蓮寺站(Wat Mangkon)到Lak Song站以及邦蘇站到Tha Phra站，紫線為Khlong Bangphai站到島本站(Tao Poon)。

運行時間

藍線全天06:00~24:00；紫線平日05:30~24:00、假日06:00~24:00

全線行駛時間

藍線行駛時間約1小時15分

紫線行駛時間約30分

重要轉運站

◎**華藍蓬站(Hua Lamphong)**：步行可抵鐵路交通樞紐華藍蓬火車站(Hua Lamphong Railway Station)。

◎**席隆站(Silom)**：可轉搭捷運莎拉當站(Sala Daeng)。

◎**蘇坤蔚站(Sukhumvit)**：可轉搭捷運阿索克站(Asok)。

◎**碧差汶里站(Phetchaburi)**：可轉搭機場快線的馬卡山站(Makkasan)，抵達蘇汪納蓬國際機場。

◎**恰隆恰公園站(Chatuchak Park)**：可轉搭捷運蒙奇站(Mo Chit)。

地鐵網址

metro.bemplc.co.th/MRT-System-Map?lang=en

地鐵安檢

　　地鐵線在所有車站的入口處都設有安檢門，需要通過檢查才能進入車站搭車。如果通過時安檢門有反應也不用緊張，只要把身上的背包打開給檢查人員過目即可，不會被特別刁難。

➤市區公車

　　在曼谷市區有著四通八達的公車路線，不過因為大部分的停靠站都沒有英文標示，而且站牌上寫的公車編號也不一定會停靠，搭乘的不確定性較高，如果想要搭乘，除了到當地買(或索取)一份公車路線圖外，別忘了再找附近的

旅遊資訊中心或是正在等車的當地人問問看。網路地圖如Google Map也會有部分公車路線的資訊。

公車的計費方式，依照冷氣有無、路線長短、是否經過收費道路等有所不同，上車之後車掌會搖著白鐵的圓錢筒問你要前往的地點，依照他說的票價直接付錢給他買票即可；公車價錢約8B~25B。下車時，一般車掌或其他乘客都會特別提醒你，也可以自行按鈴下車。

另外，曼谷市區公車基本上分為沒有空調的一般巴士和有空調的公車，可以車體顏色分辨：

◎無空調巴士

包括紅色車身印有奶油色帶、上藍下白色車身，以及粉紅色、橘色、綠色車體。

◎有空調的巴士

像是藍色車身中央印有黃色帶、上藍下白但中央有黃色帶、銘黃車身印有橘色帶、黃色車身等。

搭乘公車最方便的路線是由拷桑路進入市區，例如由拷桑路到暹邏站一帶的MBK，冷氣公車約14B，塞車不嚴重的話20~30分可抵，相當划算。

時間

一般公車約5:00~23:00，部分公車全天候都有運行(All day all night)

公車網址

www.bmta.co.th/en/index.php

➡️計程車

曼谷市區計程車色彩繽紛，都以跳表計價，1公里內35B起跳，之後為價格分段收費，每公里6.5B起。由於曼谷塞車狀況很嚴重，故遇交通堵塞到讓計程車無法維持時速6公里，則以每分鐘3B計價。

若為無線電叫車，需另付20B服務費(機場叫車則需另付50B)，同樣的，車行路線必須開上高速公路時，過路費同樣遊客負擔。此外，2010年起，曼谷計程車開始安裝收據機，但比例非常少，如果需要單據報帳，得碰運氣。

為避免發生爭議，提醒大家上車前詢問司機是否跳表計價，並確認司機是否開始按表計費。另外，為避免計程車司機不清楚目的地，搭乘前最好先準備好目的地的泰文地址，或請飯店人員代為叫車、和司機確認地點。如果司機真的找不到，也可直接撥打欲前往之店家或飯店的電話，請對方人員與司機溝通。

此外，除了傳統的計程車，也可以選擇使用「Grab」的手機叫車服務，使用手機APP叫車，可以事先設定好行程的起／終點，了解大致價格，雖然會比路上攔車貴一些些，但不怕被亂喊價、也不擔心司機繞路。

Grab：www.grab.com/th/en

➡️嘟嘟車Tuk Tuk

看起來有點像摩托車改裝的嘟嘟車大概是最有東南亞風情的交通工具了，一般一車可載2~4人。嘟嘟車沒有跳表，所以一開始就要和司機講好價錢。最低價格約50B起

曼谷各主要巴士站的交通方式

如果想由曼谷前往華欣(見P.***)、芭達雅(見P.***)、大城(見P.***)或其他地區，可以選擇至各大巴士總站搭乘巴士或小巴(minivan)，曼谷的巴士總站包括北、東、南、舊南線巴士站等，營運時間為5:00~21:00，以下為前往各大車站的交通方式：

曼谷北線巴士總站

曼谷北線巴士總站Bangkok Bus Terminal (Chatuchak)，簡稱為Mo Chit 2。

🚇地鐵札都甲公園站(Chatuchak Park)或捷運蒙奇站(Mo Chit)下，轉乘計程車或摩托計程車前往

曼谷東線巴士總站

曼谷東線巴士總站Bangkok Bus Terminal (Ekkamai)，簡稱Ekkamai。

🚇捷運蘇坤蔚線伊卡邁站(Ekkamai)2號出口旁

曼谷舊南線巴士總站

曼谷舊南線巴士總站Bangkok Bus Terminal (Pinklao)，簡稱Sai Tai Kao。

🚇地鐵藍線Bang Yi Khan站下，轉乘計程車前往

曼谷南線巴士總站

曼谷南線巴士總站Bangkok Bus Terminal (Borommaratchachonnani Rd上的SC Plaza裡)，簡稱Sai Tai Mai。

🚇地鐵藍線Bang Khun Non站下，轉乘計程車前往

跳，一般不太可能超過200B。以這樣的價格來看，有時坐計程車還比嘟嘟車划算。

在講價時，記得要把是1個人或是所有人的價錢溝通清楚，以免不必要的誤會。

網路上關於搭乘嘟嘟車被騙的例子很多，記得不要理會嘟嘟車說要帶你去什麼限定商店或是景點沒開之類的話，一旦講定價錢和目的地之後，大部分嘟嘟車司機還是守信的，可以安心體驗搭乘嘟嘟車的獨特風味。

➡️摩托計程車

摩托計程車的司機大多聚集在捷運車站出口處，身上穿著亮色的背心，很好辨認。這些摩托車提供最短程的載客服務，一般距離不會超過3公里，常能看到上下班時間搭車的當地人。搭乘摩托計程車需議價，說好目的地後司機會開出價格，大約在20~40B。

水路

昭披耶河遊船沿著昭披耶河而下，一路經過大皇宮、臥佛寺、鄭王寺等饒富泰國色彩的歷史景點，搭船可以窺見和捷運經過之處完全不同的傳統風景，也更方便前往背包客天堂考山路。

➡昭披耶河遊船
Chao Phraya Express Boat

南北沿河的主要路線依照船種不同，共分為5種：

票價

依船種和距離而不同，橘旗船16B、黃旗船21B、綠旗船14~33B；而藍旗船單程60B，另有觀光一日票200B，持此票在藍旗船的營業時間過後也可以任搭其他的船。

全線行駛時間

依船種路線各有不同，請參考路線表

重要碼頭

中央碼頭Central Pier(Sathorn)、N1 Oriental、N5 Ratchawong、N8 Tha Tien(整修中，改停Wat Arun)、N9 Tha Chang、N13 Phra Arthit、N15 Thewet。

如何買票

觀光一日票可在中央碼頭Central Pier的售票櫃檯購買，憑這張票可以自由上下船。其他單程票可以在售票櫃檯購買，或上船後再直接跟拿著白鐵零錢筒的收票員買票。

Chao Phraya Express

🌐www.chaophrayaexpressboat.com/en/home

藍旗船Chao Phraya Tourist Boat

🌐(上網購票有優惠)chaophrayatouristboat.com/

南北沿河的主要路線依照船種不同，共分為4種(路線圖見別冊P.4~5)：

船種	特色	停靠碼頭	時間
藍旗船 Chao Phraya Tourist Boat	觀光船，附英文導覽	停靠中央碼頭、特殊碼頭River City、特殊碼頭Lhong 1919、N5 Ratchawong、N6/1 Pakklong Taladd、特殊碼頭Wat Arun、特殊碼頭Maharaj、N11 Thonburi Railway、N13 Phra Arthit、特殊碼頭Asiatique	Central Pier往N13：9:00~19:15；N13往Central Pier：8:30~18:30。另Central Pier往Asiatique：16:00~19:00(約30分鐘一班)
橘旗船	停靠最多碼頭的船	S3~N30，重要的有中央碼頭、N1 Oriental、N9 Tha Chang、N15 Thewet。	週一至週五6:00~18:10 (約15~25分鐘一班)
綠旗船	唯一有停靠N31~N33碼頭的船	Central Pier~N33(沒有全停)，重要的有中央碼頭、N9 Tha Chang、N15 Thewet。N31~N33各站皆停	週一至週五Central Pier~N33：15:45~17:45(約20~25分鐘一班)；N33~Central Pier：6:00~7:50(約20~30分鐘一班)
黃旗船	行經路段長，但停靠碼頭很少的通勤船	Central Pier~N30(沒有全停)，重要的有中央碼頭、N5 Ratchawong、N15 Thewet	週一至週五Central Pier~N30：15:45~17:45(15~20分鐘一班)；N30~Central Pier：6:00~7:50(15~25分鐘一班)

❶目前N8 Tha Tien整修中，故藍旗和橘旗船改停靠Wat Arun，可再轉搭接駁船至對岸。班次時間不定時改變，搭船前建議上網或在碼頭查詢確認。

曼谷搭車乘船一點就通！

部分捷運車站的距離可以步行遊逛
捷運奇隆站到暹邏站之間有人行天橋連通，一路還有連接步道通往各大百貨商場，步行時間約在15分左右。暹邏站到國立體育館站步行距離約10分，拉差當梅站離奇隆站也不遠。

捷運車站裡沒有洗手間
和台灣不同，不論是捷運或地鐵站內都沒有洗手間，記得出門前先去趟廁所，至於觀光景點和各大百貨公司大部分都有。

出了車站後沒有週邊地圖
尤其是捷運站，走出車站出口後大部分沒有地圖可以參考週邊位置，因此記得在出站前確定好步行方向。

一日券不一定比較划算
考慮到一日券無法和其他交通線互通使用，能拜訪的景點有限等因素，購買一日券不一定會比較划算。

昭披耶河船可於捷運沙潘塔克辛站轉乘
昭披耶河遊船和捷運線的交會點在捷運席隆線沙潘塔克辛站，走出沙潘塔克辛站後就可以抵達乘船碼頭，可以從這邊開始你的遊船之旅。

捷運、地鐵和機場快線都是分開的系統
捷運、地鐵和機場快線的車站都不互通，雖然有幾個轉乘點，但都需要出站後再走至另外一個車站搭車，車票目前也無法通用。

捷運站其實很好逛
泰國捷運站其實很好逛，尤其是重要轉運站，票口外的店家數多、提供的服務也各異。許多客流量大的車站都設有簡單的咖啡店、麵包店或果汁吧，再大型一些如暹邏站(Siam)周邊還有旅行社、Super Rich匯兌所等等，非常方便。若是捷運和購物中心相連，旅客一出捷運站就可以一路從站內逛到商場。

捷運站服務窗口不賣單程票
曼谷的捷運(BTS)站窗口不賣單程票，只提供兌換零錢和其他車卡的購買和加值服務。因此如果想買單程票，身上也有足夠的零錢，直接到自動售票機買票就好了。

捷運出口是攤販和轉乘交通工具的集中地
因為這邊是人潮流動最密集的地方，所以早中晚都會有不同的攤販和小吃出沒，計程車、摩托計程車、嘟嘟車等各種交通工具也都會不分日夜的集中在這裡。

3~4人的話搭計程車較划算
計程車起跳35B，如果有3~4人一同分擔，比大家一起搭捷運或公車要來得方便又划算。

曼谷市區常常大塞車
當地人說曼谷總是從早塞到晚，尤其在上下班時間更是嚴重。尤其是下班的17:00~19:00，如果搭計程車，原本15分可到的距離可能要花上1小時。叫車時可以稍微衡量一下交通狀況。如遇上雨天，無論是計程車或Grab都不好叫，若事前已知隔天需趕行程（像是坐飛機），建議提前預約車子。

➔其他遊船

水上計程船 Reua Haang Yao
◎每小時約1,000B
◎出租性質的長尾船，可以依客人指定的行程和時間，帶你沿河到想去的地方，船本身也很有味道。從River City出發的則是很受歡迎的昭披耶河遊船晚餐，可以在夜色中一邊用餐，一邊欣賞兩岸燈火，享受另一種曼谷浪漫。
◎在River City、N3 Si Phraya、N9 Tha Chang等碼頭有櫃檯可以詢問和搭乘。遊船晚餐價格約在900~2,000B。

市區運河交通船
　連接考山路一帶的Panfa橋、水門市場、那那、阿索克和東羅等地的運河交通船，低調的橫跨市區，是泰國當地人的通勤工具，票價約8~20B。

飯店專屬客船
　昭披耶河沿岸的大型飯店，如東方文華、半島等，都有自己的渡輪往返捷運站，或安排每天遊河行程，供房客參加。這類客船造型典雅獨特，極富泰國古典味道，上面標示有飯店名稱或旗幟，僅限飯店住宿或用餐的客人搭乘。

捷運席隆線
BTS Silom Line

席隆線縱貫拉差帕頌區(Ratchaprasong)、席隆區(Silom)、帕篷區(Patpong)、沙通區(Sathorn)，中段在沙拉當站(Sala Daeng)和地鐵席隆站(Silom)交會，並在暹羅站(Siam)與蘇坤蔚線(Sukhumvit)轉接。從沙潘塔克辛站(Saphan Taksin)可以前往中央碼頭轉搭遊船去大皇宮，也可以搭免費接駁船前往Asiatique夜市和位於河畔的各大飯店。

席隆線全線沿途都是購物商圈和美食餐廳，頂級飯店或平價旅館在這幾年也不斷進駐，其中以暹羅站因連接曼谷市區的大型百貨商場最為熱鬧，莎拉當站周邊則有不少特色餐廳或商店，時間有限的人，可以先以這兩站為重點。另外，曼谷最高樓「王權瑪哈納功大廈」就座落在鐘那席站(Chong Nonsi)旁。

國立體育館站National Stadium　　　P.045
暹羅站Siam　　　P.052
莎拉當站Sala Daeng　　　P.068
鐘那席站Chong Nonsi　　　P.080
蘇叻沙克站Surasak　　　P.088
沙潘塔克辛站Saphan Taksin　　　P.092
塔叻蒲站Talat Phlu　　　P.105

National Stadium

國立體育館站

國立體育館站周邊景點最主要的就是Jim Thompson House Museum和曼谷藝術文化中心(BACC)，以及連接暹羅區尾端的購物商場MBK。此外這附近還有一條頗受當地人歡迎的美食街——Banthat Thong Rd.，台灣遊客也愛吃的MAMA泡麵Jeh O Chula也在這裡！如果要去中國城，從這裡搭計程車大概也只要10分鐘左右車程。

交通路線&出站資訊

捷運BTS
◎國立體育館站National Stadium → 席隆線Silom Line
出口1⊙Lub.d Siam Square · Cafe at Ease · Jim Thompson House Museum · Siam@Siam Design Hotel & Spa · Reno Hotel
出口2⊙運動用品街 · Banthat Thong Rd.
出口3⊙曼谷藝術文化中心
出口4⊙MBK

全新完工的Pathumwan天橋

這座天橋在2017年8月改建完成，用以取代原有的舊行人天橋。天橋連結了BTS國家體育館站、BACC、MBK、Siam Discovery和Siam Square等周邊重要景點。不僅方便行人走動，設計也別具特色，天橋特意設計的如同小廣場，上方有許多宛如遮陽傘的裝置，每個都邀請了當地藝術家彩繪、塗鴉，讓這座天橋也成為露天藝術展覽空間。

Ⓗ Reno Hotel

🅐別冊P.7,C3 🚇國立體育館站1號出口，步行5~8分鐘 🏠40 Kasem San 1 Alley, Wang Mai, Pathum Wan ☎022150026 💲雙人房1,950B起 💳可 🌐www.renohotel.co.th

Reno飯店規模不大，但是地理位置相當好，不但距離捷運站很近，從房間就可以望見Siam Discovery購物中心，而且**步行就可以走到捷運暹羅站一帶各大大小小的商場**。客房的內部簡單樸實，北歐風格的精巧傢俱讓空間得以充分運用。樓下附設一間餐廳，從早餐營業到午夜；飯店外的巷子裡也有不少路邊攤，方便隨時打牙祭。

有一
封的

Ⓗ Lub.d Bangkok Siam

🅐別冊P.7,C3 🚇國立體育館站1號出口步行約1分鐘 🏠925/9 Rama 1 Rd. ☎026124999 💲四人混合背包房396B起、獨立客房1,012B起(房價每日調整) 💳可 🌐lubd.com/destination/bangkok-siam/

Lub.d Bangkok Siam於2010年開幕，有24間獨立客房和14間混合背包房，**每間住房牆上都有附近吃喝玩樂的地圖**。旅館以顏色區分住房，欄杆也漆上不同的顏色，在以混凝土為基調的室內，這些色彩不見繁複，反而顯得輕快。此外還設有一家居酒屋式的餐廳ToKioJo，以及全天候供應咖啡的共同工作空間(一日150B)。

曼谷藝術文化中心
Bangkok Art & Culture Center

🏛別冊P.7,C3 🚇國立體育館站3號出口,從空橋可直達文化中心3樓 📍939 Rama 1 Rd. ☎022146630 🕙10:00~20:00 休週一 🌐www.bacc.or.th

> 賞藝術、嚐藝術、買藝術,BACC就是要讓你與藝術設計零距離。

曼谷藝術文化中心(Bangkok Art & Culture Center,簡稱BACC)和泰國設計中心(TCDC)最大的不同在於,一個是純**藝術展場聚合地**,另一個則偏向商業設計,各自分工。**展館中每層樓都有不同商店進駐**,有咖啡館、書店、創意冰店或是設計店鋪,各有特色,不僅提供藝術工作者發表的空間,民眾在觀展之餘,還能以不同形式接觸藝術,順道帶些充滿創意的商品回家。

> 整個展館域呈環形,每一個樓面都有休憩的地方,最主要的功能就是希望讓人們更貼近藝術,減少距離感。

> 「榴槤」內部以新鮮榴槤製成,種籽是堅果,白色的外皮是烤杏仁,最外層的綠色則為抹茶。

> 以流沙包為原型的冰品做得維妙維肖!

> 「三分熟牛排套餐」是店內的招牌,切開果真有三分熟的模樣。外層是巧克力,內層混了泰式奶茶的冰淇淋,而薯條則是香蕉條仿製。

🧁 Icedea

🏛4F 🕙11:00~19:00 🌐www.facebook.com/icedea

> 賞藝術、嚐藝術、買藝術,BACC就是要讓你與藝術設計零距離。

Icedea是**著名的創意冰品店**,像是超擬真的榴槤冰淇淋,外皮是抹茶口味,內餡是榴槤冰淇淋,看起來就和外面販售的盒裝榴槤沒有兩樣。還有以香港點心為概念的**冰淇淋流沙包**,咬開餅皮,冰淇淋內的濃郁內餡便一湧而出。其他話題產品還有**牛排造型冰淇淋**、內有「阿嬤的假牙」的Grandma's Lemonade飲料等。店家裝潢包括櫥櫃、桌椅都是白底粗黑線條的設計,乍看很像是裝置藝術的假咖啡館。

☕ Gallery Drip Coffee

🏛1F ☎0819172131 🕙10:30~20:00 🌐www.facebook.com/GalleryDripCoffee

> 這間咖啡店人氣超高,坐下飲一杯手沖單品咖啡吧!

走進BACC,很容易就能看見位於入口附近的Gallery Drip Coffee,這間咖啡店的兩位老闆都是攝影師,秉持著對咖啡的熱愛,在店裡賣起了**手沖咖啡,咖啡豆也都是店主自世界各地帶回來的**。店內採光很好,擺設也很有藝術氣息,內外座位區時常坐滿客人。

店內空間不大，但是商品款式眾多，喜歡設計小物的人一定會失心瘋。

小編按讚 👍

🎁 Happening Shop

📍3F ☎022143040 🕐10:00~20:00
🌐 www.facebook.com/
happeningshopbangkok

精選在地新興設計品牌商品，愛買設計好貨，小物的你不能錯過。

　　Happening Shop黑色的空間中，懸掛著盞盞像泡泡的燈飾，加上整間店鋪琳瑯滿目的商品，著實讓人想一探究竟。這間由當地雜誌Happening開設的店鋪，店內精選眾多在地新興設計品牌的商品，像是Forest以「大自然」為設計概念的錶款、TA. THA. TA的四種背法後背包、Bang On Shop的木製飾品……也有來自清邁的設計品牌，很值得慢慢逛、慢慢發掘設計好貨。店內也維持著Happening雜誌的藝術及娛樂調性，精選了在地出版社的書籍和刊物，頗有文藝氣息。

📖 Bookmoby Readers' Cafe

📍4F 🕐11:00~19:00 🌐www.facebook.com/
bookmoby

　　如果喜歡逛獨立書店，來到BACC別錯過Bookmoby Readers' Café。這間結合書店與咖啡店的店鋪開業於2012年，店主Prabda Yoon是泰國的著名作家、出版人及平面設計師。書店主要聚焦泰國當代文學、詩集，也有不少翻譯文學、經典文學以及圖像類書籍，這裡亦經常舉辦座談及相關活動。愛書人可以來此點上一杯咖啡，度過充滿書香的文藝時光。

☕ ART CAFÉ by Brown Sugar

📍1F ☎0919156296 🕐10:00~20:00 🌐www.
facebook.com/artcafebrownsugar

　　位於一樓的Art Café有著醒目的霓虹招牌，這間咖啡店由Brown Sugar於2014年開設，而Brown Sugar是曼谷相當著名的老牌爵士酒吧餐廳。店內採自助式點餐，供應咖啡、沙拉、披薩、義大利麵，也有泰式炒麵、咖哩豬肉飯等泰國菜。店內牆上懸掛著多幅畫作及藝術裝置，加上昏暗的燈光，整體氣氛放鬆有情調，也有不少人來此討論工作或作業。

Jim Thompson House Museum

小集按讚

別冊P.7,C2 ●國立體育館站1號出口 步行約3分鐘 ●6 Soi Kasemsan 2, Rama 1 Rd. ●02167368 ● 10:00~18:00；咖啡廳10:00~18:30 ● 門票全票200B ●www.jimthompsonhouse.com

參觀華美宅邸、聽導覽，泰絲大王的傳奇故事近在眼前。

這座倚著昭披耶河支流的博物館，是泰絲品牌創辦人Jim Thompson身後遺留下的泰式柚木宅邸，館內展示著他生前從泰國各地蒐羅的骨董、繪畫、瓷器、家具等豐富私人收藏。整個園區分為三部份，一是博物館，每天開放且定時有專人導覽，另一幢建築是商店，展售「Jim Thompson」各項精緻泰絲商品，還有一棟規畫為餐廳，以私人宅邸的謐靜氣氛吸引旅客駐足。

原是博物館的戶外停車場在2021年成為Jim Thompson藝術中心，設有畫廊、圖書館、活動空間、咖啡廳(Silk Cafe)等，可一次欣賞泰國文化、藝術、建築甚至美食的好地方。

傳奇泰絲品牌創辦人 Jim Thompson

泰絲緣起於泰國東北地區的村落，由當地村民手搖紡織機一絲一縷織出的漂亮布匹，過去是皇家才能享有的奢侈品，現在不僅平民化，也是泰國相當具有代表性的手工藝品。「Jim Thompson」雖然不是唯一生產高級泰絲的品牌，但創辦人的傳奇故事，加上行銷與產品精緻化的目標，成為泰國名氣最響亮的、生產線最大的生產泰絲的公司。

品牌創辦人Jim Thompson來自美國，二次大戰期間因為情報工作停留曼谷，此後便對泰國文化著迷，不僅四處訪查收集許多古物，甚至對泰絲做了相當深入的研究，進而創立品牌，將泰絲推向國際級名品的地位。

1967年，Jim Thompson在馬來西亞雨林探險時離奇失蹤，音訊全無多年後，合夥人將其故居整理開放參觀，讓人仍能藉由這些骨董、古玩，勾勒出這位創辦人的不凡品味。

館內定時有專人導覽，可以了解創辦人的故事及收藏。

🛍MBK

🏠別冊P.7,C3 🚇國立體育館站3號出口，步行5~10分鐘
🏠444 Phayathai Rd. ☎08539000 🕐10:00~22:00(各店不一) 🌐www.mbk-center.co.th

Mahboonkrong Center簡稱MBK購物中心，就像是將台北西門町商圈放在一座高達7層樓的巨大的商城，裡面有大大小小超過2,000家商店，而且並沒有明顯的主題規劃。這裡光是超市就有3家——本土連鎖雜貨Tops Market、韓國超市Gangnam Mart以及來自日本的唐吉軻德。

大致說來，這裡**主打年輕人的平價商品**，還可看到販賣各種仿冒的名牌商品，泰國柚木家具也可找到。由於商品種類琳瑯滿目，又沒有分層規畫清楚的主題，因此建議抱著遊逛的心情，也許會有意外驚喜。**這裡每家店都是個體，所以也可試著討價還價**，記得貨比三家。

🍴 Ban Khun Mae

🏠2F ☎020484593 🕐11:00~23:00 🈺可 🌐www.bankhunmae.com

餐廳取名「媽媽的家」，出手的料理果然讓許多饕客回味再三。**Ban Khun Mae的菜單豐富，想吃甚麼經典的泰國料理、甜點幾乎都有**，菜餚精緻味道好，加上價格適中、用餐環境舒適，難怪一直都是曼谷的人氣餐廳之一。推薦菜有泰式酸辣海鮮湯(Tom Yum Kung)和綠咖哩雞(Chicken Green Curry)。

Cafe at Ease是服裝設計師的清新咖啡店。

☕ Cafe at Ease

🏠別冊P.7,C3 🚇國立體育館站1號出口步行約3分鐘 🏠38/1 Soi Kasemson2 Rama 1 Rd. ☎0877990781 🕐8:30~17:30 🌐www.facebook.com/cafeateasebangkok 🈺週一

Cafe at Ease與Jim Thompson House Museum位於同一條小巷中，陽光自透明頂棚灑落至半開放式的座位區，牆上鋪滿人工草皮，而中央還有一個小巧的玻璃屋，氣氛相當清新。店內供應**咖啡和來自東西方的多種茶飲**，也包括泰式奶茶、蝶豆花茶等，除了甜點之外，也有如Pad Thai和炸雞翅等料理。

捷運席隆線 BTS Silom Line

National Stadium

→捷運金線→捷運蘇坤蔚線→地鐵藍線→曼谷周邊

H Siam@Siam Design Hotel &Spa

別冊P.7,B3 國立體育館1號出口步行約2~3分鐘 865 Rama 1 Rd. 022173000 雙人房約4,284B起 (房價每日調整) 可 www.siamatsiam.com/bangkok

Siam@Siam以戲劇化的手法，大膽揮灑創意，在早些年亞洲設計旅館還很保守的時代，Siam@Siam便誇張地表現出它的獨到之處，讓人視野為之一亮。

這裡**每間客房都是一幅藝術品**，而且即便著重設計感，並提供刻意挑高的空間，但該備妥的住房設備也沒有遺漏；如果你走在飯店，看到牆上畫著泰式按摩穴道圖，就知道Spa中心到了，抬頭看到門邊懸了一張嘴形雕塑，那就是餐廳了，在這兒住宿，處處有驚喜。

🎁 Grand Sport Patumwan

別冊P.7,B4 911-915 Chula 10, Rama 6 Rd. 022164231 9:00~18:00 可 www.grandsport.com

Grand Sport是**泰國本土體育服裝和運動用品界的領導品牌**，創立於1961年，產品線非常齊全，舉凡足球、籃球、排球、拳擊、游泳等活動的服裝與配備，以及排汗衣、Polo衫、韻律服、夾克、球鞋、背包、帽子等休閒系列，應有盡有，款式、尺寸選擇眾多，在這個規模龐大的賣場裡都找得到。在許多重要的國際體育賽事中，Grand Sport經常作為泰國選手的指定服裝。

🎁 泰皮球體育FBT Pathumwan Shop

別冊P.7,B4 953/1-2-3-4-5 Rama 6 Rd. 022141403 9:00~19:00 週日 可 www.fbtsports.com

泰皮球體育(Football Thai)也是一家**泰國頗具規模的體育服裝和用品製造商**，創立於1952年，歷史更加久遠，以FBT品牌行銷全世界40餘國，產品品質通過FIFA、FIBA、FIVB、IHF等多項國際認證。

產品線非常多元，以足球系列為首，還有網球、桌球、排球、壁球、籃球、拳擊、游泳等的服裝與配備，以及球鞋、背包、排汗衣、Polo衫等。這個賣場裡除了自有品牌外，也看得到Nike、adidas等其他國際品牌的產品。

Banthat Thong路上美食選擇太多，一時也不知道從何下手。

Stadium One

📖 別冊P.7,B3　🚇 國立體育館站2號出口，步行8～10分鐘
🏠 719,721,723,725,727 Chulalongkorn 4 Alley, Wang Mai, Pathum Wan　📞 0970311222　🌐 stadiumone.net/en/home-en

捷運國立體育館站顧名思義，這裡有兩座國家級的體育場和體育館，因此之前鄰近凝聚了一些本土製造的運動服裝、體育用品店，形成了本土的「運動用品街」。如今這一區經過大規模改頭換面，打造成Stadium One商圈，Rama I與Banthat Thong路口興建了一座5層高的樓房，**打算發展為以體育為主題的購物中心**，Banthat Thong路兩側則齊集當年「蘇帕體育場後面的」街頭小吃，綿延超過1公里。

目前Stadium One的招牌尚未成氣候，寬闊的停車場倒是完善實用，**Banthat Thong路也已經是老饕們趨之若鶩的美食街**，不少店家皆獲得米其林指南的強力推薦。

陳瑞興餐室

📖 別冊P.7,B3　🚇 國立體育館站2號出口，步行8～10分鐘
🏠 649 Banthat Thong Rd., Wang Mai, Pathum Wan
📞 0819939766　🕐 每日11:00～19:30　❌ 不可

靠近Rama I路這一端的陳瑞興餐室，是一家超過50年老字號的鴨肉店，樸實的店面幾乎沒什麼裝潢，但整體簡單、乾淨，就像店內的食物沒有花俏的口味或複雜的烹調，完全以食材的新鮮度和火候的拿捏取勝。

把鴨肉、鴨掌、鴨翅、鴨舌頭、鴨腸、鴨胗、鴨血等鴨子的各個部位，搭配或寬或窄的河粉、米粉等不同口感的主食，就成了不同的餐點，湯頭裡加了蒜油提香，頗具畫龍點睛之效。雖然裝潢和口味同樣樸實，2018年起即連年獲得米其林美食指南的推薦。

Jeh O Chula

📖 別冊P.7,A4　🚇 國立體育館站2號出口，步行約15分鐘
🏠 113 Khwaeng Rong Muang, Pathum Wan　📞 0641185888　🕐 16:30～24:00　🌐 www.facebook.com/RanCeXow/

看到門口排隊的人潮，一路連隔壁便利超商門前的走道也坐滿等待的食客，令人忍不住好奇Jeh O Chula究竟有多好吃；但是一想到至少要等上一個小時，不禁猶豫要不要花上這麼多時間？就在猶豫的瞬間，排隊的人龍又更長了一些！

Jeh O Chula本是一家老字號的麵店，近年開始推出把大家都很熟悉的泰國MAMA泡麵加上海鮮、雞蛋、多種蔬菜與香料等煮成一大鍋，因為食材夠鮮、用料實在、湯頭香濃，竟然異常受歡迎，不但獲得米其林肯定，天天大排的長龍更是最佳的免費廣告。除了酸辣湯泡麵海鮮鍋外，其他傳統泰式風味的菜餚也都頗受好評。

新鮮食材滿滿的泰國MAMA泡麵，一碗250B起！

餡料紮實的炸餛飩搭配酸甜的醬料，非常涮嘴。

醃豆腐湯是用番茄醬或辣椒醬的腐乳醬熬製，呈現透明的粉色。

隆龍特製魚丸 Longleng Lookchin Pla

📖 別冊P.7,A5　🚇 國立體育館站2號出口，步行20～25分鐘
🏠 1688&1690 Banthat Thong Rd., Wang Mai, Pathum Wan　📞 022151905　🕐 每日16:30～23:00　💲 醃豆腐河粉60B　❌ 不可

位於Stadium One商圈近乎末端的隆龍特製魚丸，店面幾乎沒什麼裝潢，但整體簡單、乾淨，也是這條道上數得出來被米其林肯定的排隊名店之一。

這家餐廳以自製的手工魚丸和醃豆腐聞名，每天新鮮製作的多款手工魚丸，不加味精，即能吃到天然的鮮甜滋味；粉紅色的醃豆腐湯麵，主食還可以選擇以魚漿製作成的魚麵，搭配上魚丸、魚皮、餛飩與青菜，酸酸甜甜的滋味相當迷人。

Siam
暹邏站

暹羅站，不僅是席隆線(Silom line)和蘇坤蔚線(Sukhumvit Line)的交會轉運點，周邊更是購物一級戰區，包括3座曼谷重量級的購物商場——Siam Discovery、Siam Center、Siam Paragon，還有Siam Square及Siam Square One，是曼谷市區搭乘人潮最密集、交通流量最大的捷運站。

交通路線 & 出站資訊

捷運BTS
◎暹羅站Siam→席隆線Silom Line、蘇坤蔚線Sukhumvit Line
出口1◇Siam Center · Siam Discovery
出口2◇Siam Square · Centerpoint Siam Square
出口3◇Siam Paragon · 曼谷凱賓斯基飯店
出口4◇Siam Square · Siam Square One
出口5◇Siam Paragon · 曼谷凱賓斯基飯店
出口6◇Siam Square

> 如果要形容的話，Siam Square的氣氛很像是台北的西門町，流行的事情到這裡就對啦！

暹羅商圈Siam Square

⊙別冊P.7,D3　◎暹羅站2、4或6號出口，出站即達　⊙Phayathai Rd.以東、Rama 1 Rd.以南的行人徒步區域

Siam Square並非某幢特定的購物中心，而是指暹羅站南側、MBK購物中心以東、包含Siam Square One和Centerpoint Siam Square等購物中心在內的這一大片區域，也稱作Siam Area，向來是當地年輕人最愛逛的商圈，經常可見穿著制服的學生、年輕上班族在此聚集穿梭，週末下午更是熱鬧，店家活動、影視迷見面會等都會在此舉行。曾在台灣上映的泰國純愛電影《愛在暹羅》就以此為主要場景。。

但是，疫情期間，不少店家難以為繼消失了；地主朱拉隆功大學又蓋了3幢4層樓高的玻璃帷幕樓房，邀請新品牌進駐，並把舊時有些礙眼的電線完全地下化，悠閒的商圈又展現亮麗的新氣象。

SOS旗艦店

⊙別冊P.19,B6　◎暹羅站2號出口，步行5~10分鐘　⊙main Street, Siam Square　☏804614566　◎週一至四12:00~21:00，週五至日11:00~22:00　◎可

SOS即「Sense of Style」的縮寫，主打既簡單又高雅的風格，以泰國本土設計師的作品為主，齊集達150個泰國女裝品牌於一堂，包括衣服、帽子、鞋款、包包、飾品、各種配件等，基本上都要符合「時尚感」的篩選條件，好讓消費者最高效率地一站購齊所有需要的服裝與飾品。

SOS擴展的速度相當快，目前在泰國各地已設立了8個據點，其中位在暹羅商圈這間是旗艦店，賣場多達4個樓層，規模最大、品項最齊全。

☕ Shu Café Siam Square

🅐別冊P.19,B6 🚇暹羅站2號出口，步行5~10分鐘 🅐424 Siam Square Soi 7 ☎657296390 ✔1&2樓 12:00~21:00、3樓11:00~19:30 🅞可 🆄shu.global/en/cafe/siamsquare

Shu是泰國知名的皮鞋品牌，囊括女鞋、男鞋、童鞋，產品繁多，設計簡單大方，每週都有新款推出，且隨著業務擴展，也發展出包包、服飾等產品線，在全國各地十餘家百貨公司設有門市。

這間位於暹羅廣場的Shu咖啡廳，一樓與二樓是產品的展售場，三樓是咖啡廳，也是這個品牌所創立的第一間咖啡廳，提供精緻的糕點、可頌與創意飲料。

🎁 Mango Mojito

🅐別冊P.19,B5 🚇暹羅站2號出口步行約3分鐘 🅐240/6 Lot 14, Siam Square Soi 2 ☎026581435 ✔11:00~20:00 🆄www.mango-mojito.com

創立於2009年的泰國男鞋品牌Mango Mojito，以仿古典雅的設計理念、精緻的牛皮手工質感，創造出**一雙雙經典舒適的男鞋**，而且鞋子還提供保固服務；店內也接受訂製，製作期約2週，完成後可替客戶越洋寄送。Mango Mojito不但在曼谷各大百貨有店面，並已成功打入亞洲市場，包括日本線上網購。

🍹 ATM Tea Bar

Galaxy Lemon Tea 顏色魔幻，口味酸甜帶有茉莉花的香氣。

🅐別冊P.19,C6 🚇暹羅站4號出口步行約3分鐘 🅐432/9 Siam Square Soi 9 ☎0892877775 ✔10:00~21:00 🅕www.facebook.com/atmteabar

先拍照！再翻轉你的飲料！近年泰國掀起一股夢幻漸層飲料熱潮，因鄰近Siam Square購物區和朱拉隆功大學，風格清新甜美的ATM Tea Bar，相當受到年輕學生族群的喜愛，下午時門口經常大排長龍。

因創辦者對於手搖飲料的喜愛和品質要求，ATM Tea Bar堅持使用鮮奶和新鮮的茶品，並精準把關製作流程，讓每杯飲料都能呈現出夢幻的漸層效果，喝法也有學問，插吸管前建議先翻轉搖晃，使飲料甜度均勻。**招牌漸層飲料為Galaxy Lemon Tea**，底層為萊姆汁與茉莉綠茶，最上層則為蝶豆花汁，喝起來有果汁的酸甜和茉莉的花香，另一款也**相當熱賣的Blue Coco**則是蝶豆花和椰子汁的漸層飲料，下層加入糖漬櫻桃點綴，更加甜美可愛。

Blue Coco為蝶豆花和椰子汁的漸層飲料，顏色非常甜美夢幻。

☕ Dosan Dalmatian by Mammamia

🅐別冊P.19,B6 🚇暹羅站2號出口，步行5~10分鐘 🅐424 Siam Square Soi 7 ☎825655565 ✔10:00~23:00 🅞可

這是來自韓國的餐飲品牌，提供早午餐、甜點、咖啡、美酒等選擇，闊達4層樓的空間裡，以大麥町的白底黑點為裝潢主調，到處都是適合拍照打卡的背景。雖然歡迎寵物，但3樓以下寵物都不許落地，你必須把牠抱上4樓才許入內。**菜色以帶有韓國風味的西餐為主**，既然打算吸引消費者前來拍照，餐飲也都美美地呈現。

招牌的大麥町熱巧克力，上面會裝飾一層可愛狗狗臉的鮮奶油。

Somtam Nua

🕐別冊P.19,C6 🚇暹羅站4號出口步行約1分鐘 🏠392/14 Siam Square Soi 5 ☎022514880 🕐11:00~21:00 🌐 somtamnua.business.site

　　這家小店主打泰國東北菜，包括青木瓜沙拉、打拋以及辣拌豬頸肉等勁辣料理。就是因為夠味，每天中午用餐時間都擠滿了來自周邊朱拉隆功大學學生和上班族，建議稍稍避開巔峰時間，不然難免得排隊等待。有趣的是，在Somtam Nua大紅大紫後，店內又增加了蛋糕咖啡，來這裡吃完東北菜後，也可以換個心情吃塊香濃蛋糕。

Mango Tango

🕐別冊P.19,B5 🚇暹羅站4號出口步行約1~2分鐘 🏠Siam Square Soi 3 🕐11:30~22:00

　　Mango Tango是曼谷知名的芒果點心店，不管在哪裡開店，必定都是大排長龍，其中大家都喜歡吃的泰國甜點——芒果糯米飯，就是Mango Tango的招牌甜品，只是店家將其再進化，加上冰淇淋和漂亮的擺盤，更引人入勝。此外，新鮮芒果加上牛奶西米露的Mango Aloha、芒果布丁、冰沙也是最佳消暑甜點。

Centerpoint Siam Square

🕐別冊P.19,B5 🚇暹羅站2號出口，出站即達 🏠292 Rama I Rd ☎026234100 🕐10:00~22:00

　　Centerpoint Siam Square曾經是暹羅廣場上較新的購物大樓之一，多數店家的攤位面積較小，感覺有點類似西門町的萬年大樓。這裡集齊服飾店、餐廳、咖啡廳、化妝品店等，主要想吸引學生等非常年輕的族群，而且以當地居民為主，觀光客並非主要客群。不過疫情過後店家又少了許多，與其說是購物中心，不如說它比較像是從捷運站過路的通道。

Siam Square One 裡店家、餐廳應有盡有,非常好逛。

小編按讚 👍

🛍 Siam Square One

🏠 別冊P.19,C5 🚇 暹羅站4號出口、出站即達 📍 388 Rama I Rd, Pathum Wan ☎ 022559994 🕐 10:00~22:00,各店家不一

Siam Square One是暹羅廣場上相當新潮的購物中心,橫跨3幢大樓,不規則的建築本身就非常吸睛,半開放式的設計,讓自然風流通,**建築內部有不少裝置藝術和綠色植栽,搭配上挑高的空間,帶來不同於一般的室內冷氣商場的感覺。**商場特殊的動線串聯起眾多餐廳、咖啡廳、服飾店、精品店、創意小鋪等,大致從地下樓層至3樓都是商舖,4、5樓屬於餐廳的天下,6樓以上則以按摩、SPA為主。

Siam Square One齊集目前曼谷最紅的餐飲品牌,包括來自清邁的Cheevit Cheeva冰品店,另外還有White Flower Factory、牛角日式烤肉、Hongdae韓式烤肉、MK泰式火鍋等。

由地主朱拉隆功大學打造的新商場,知名餐廳和品牌齊聚,為Siam Square帶來嶄新氣象。

🍴 White Flower Factory

🏠 4F ☎ 022522646 🕐 11:00~21:30,週五、六延長至22:00 🍴 可

已有超過10年歷史的White Flower Factory,是一家**以泰、義、法等國的傳統烹調為基礎,添加創意變化的餐廳**,無論菜餚、麵包、甜品、飲料等都力求從自家廚房烹調,擁有獨特的口味。創始店雖然距離捷運站略有距離,但因為口味頗被曼谷當地人接受,口碑傳播開來,所以Siam Square One開幕前便積極邀請進駐。

White Flower Factory的裝潢充滿懷舊的工業風,營造輕鬆、友善的氣氛,讓人們有像在自己家裡用餐的溫馨感覺。**椰子蛋糕**是White Flower Factory最被推薦的甜點。餐廳的一側正好面對捷運站,用餐時可以看見窗外列車劃過眼前的畫面。

🎁 EVEANDBOY The Underground

🏠 B1 ☎ 02 0224888 🕐 10:00~22:00 🌐 www.eveandboy.com

隨著Mistine眼線筆、Ele面膜、Smooth E系列受到歡迎,不少人來到泰國,一定會買美妝商品幫自己補貨。那麼平價的美妝百貨EVEANDBOY,肯定是最好的選擇,**不僅價格相較其他通路更便宜,無論是國內外的貨色都非常齊全。**

EVEANDBOY的旗艦店就位於Siam Square One的地下層,桃紅色的招牌一眼就能看到,因鄰近朱拉隆功大學和熱鬧的百貨區,店內可以發現不少大學生和年輕女孩到此掃貨,**既有高價的國外美妝和保養品牌,也有生活用品和平價開架美妝**,貨品多樣齊全,流行的美妝商品通常能夠一次買齊。目前Eve and Boy在泰國共有16間分店。

捷運席隆線
BTS Silom Line

Siam

➤捷運金線➤捷運蘇坤蔚線➤地鐵藍線➤曼谷周邊

SIAMSCAPE

別冊P.19,A6 暹羅站2號出口，步行5~10分鐘 215 Phaya Thai Rd, Pathum Wan 633938789
10:00~22:00

暹羅廣場的西緣出現一幢嶄新的大樓，是朱隆功大學的又一傑作，不過它並非購物中心。裡面的空間運用相當大器，且蘊藏前衛的設計，低樓層設有咖啡廳、餐廳和商店，高樓層為辦公樓層和活動空間。對遊客最具有吸引力的部分，應該是位於**10樓的戶外屋頂花園**，可以居高臨下俯瞰曼谷，尤其是暹羅商圈一帶；而**9樓的室內交誼廳**，透過玻璃帷幕欣賞曼谷市容，同樣賞心悅目。

H 曼谷凱賓斯基飯店
Kempinski Hotel Bangkok

別冊P.7,D3 暹羅站3或5號出口，穿過Siam Paragon商場地面樓層即可見飯店指示牌 991/9 Rama 1 Rd.
021629000 豪華雙人房約9,027B起(房價每日調整)
可 www.kempinski.com/en/bangkok

2010年開幕的頂級飯店，位置就坐落在Siam Paragon商場後方；飯店共有303間住房，同時提供商務客長期停留的公寓式套房共98間。飯店外觀看似一般城市觀光飯店，其實主建築圍繞蔥鬱庭院和泳池，所有住房都有陽台可望向花園泳池，入內一派寧靜，完全將車水馬龍的暹羅區隔絕在外。此外，飯店共有2家餐廳、3個Lounge Bar，並請來米其林三星主廚坐鎮，提供國際級的美食饗宴。

Sra Bua by Kiin Kiin

991/9 Rama 1 Rd. 021629000
12:00~15:00、18:00~24:00 可

小編玩家
從泰式料理中擷取創意，米其林一星體驗！

位於曼谷凱賓斯基飯店的Sra Bua by Kiin Kiin，是與丹麥哥本哈根的Kiin Kiin合作開設的分店，在米其林指南推出曼谷版之前，丹麥本店是世界唯一的米其林星級泰式餐廳，**Sra Bua by Kiin Kiin更在2018年曼谷版公布後奪得米其林一星**。另外，Sra Bua by Kiin Kiin在2013和2014年皆獲選為亞洲最佳50家餐廳。

餐廳內挑高樓面、原木地板和寬敞空間，提供相當舒適的用餐環境；主廚從泰式料理中獲取創意，並以現代手法烹煮料理，同時在外觀、擺盤上花費功夫，成功地帶給客人視覺及味覺的頂級體驗。

🛍 Siam Discovery

 小編按讚 👍

🚇 別冊P.7,C3 🚶 暹羅站1號出口步行約1~2分鐘 📍989 Rama 1 Rd. ☎026581000 🕐10:00~21:00 💳 www.siamdiscovery.co.th

日本名設計師操刀，重生的Siam Discovery宛若一座生活實驗展示場。

Siam Discovery與Siam Center相連，與同區的其他百貨公司相比，Siam Discovery風格偏向生活化，**內部以生活雜貨、創意產品、設計家具家飾的品牌為主**。

為了力求創新，商場請來**日本設計工作室Nendo的佐藤大設計**，經過閉館整修後，在2016年5月重新開幕。新的Siam Discovery從幾何感強烈的外型便展現

創新氛圍，室內則以白色、黑色及原木做為主要調性。

除了極具設計感，Siam Discovery的商品陳列也顛覆一般人對百貨的刻板印象。這裡各樓層主題分別是Her Lab、His Lab、Street Lab、Digital Lab、Creative Lab、Play Lab和Innovation Lab，他們**不以品牌做為空間的主要分隔方式，而是將不同品牌的同類型商品陳列在一起**，身處其中，不僅會被商品吸引，更不禁細看商場的前衛時尚的新潮設計。

商場中進駐了超過5,000個國際和泰國本地品牌，其中也設有Ecotopia、ICONCRAFT、ODS等專區，不可錯過的還有位於4樓的杜莎夫人蠟像館等。

不論內外，Siam Discovery帶來煥然一新的潮流感。

Siam Discovery的吉祥物——Explorer，在百貨中到處都可以看到他喔！

🎁 三宅一生 Issey Miyake

📍GF (Her Lab) & MF (His Lab) ☎020212141-2 💳 www.isseymiyake.com

G樓為「Her Lab」，主要為女性品牌。其中，**三宅一生的首間海外旗艦店就坐落於此**，店舖分為G樓的女裝區和M樓的男裝區，男裝系列更是首度引進泰國。

🎁 Loft

📍2F (Digital Lab) ☎026580328 💳 www.loftbangkok.com

搶眼的黃色、黑色，加上幾何造型的鏤空結構，將Loft妝點成一處無法忽略的商品展示區。這個來自日本的生活雜貨品牌，從1997年便進駐Siam Discovery，經過Nendo及Loft品牌設計師的重新設計，成為**全球首間以嶄新概念呈現的Loft店舖**。其商品種類豐富，從3C商品到文具一應俱全，是泰國年輕人心目中的的人氣品牌。

Ecotopia

⌂3F (Creative Lab) 🌐 www.siamdiscovery.co.th/ecotopia

當環保與時尚設計結合，會迸出什麼樣的驚喜火花呢？齊聚各式創意設計品牌的Siam Discovery百貨，這次將眼光對準綠色時尚設計市場，位於Siam Discovery 3樓的Ecotopia，**精選300多家環境友善的綠色設計品牌，將環保、有機的概念融入商品設計**，商品種類除服飾、鞋包配件、家飾用品外，也含括有機食品、美妝店家進駐。

寬敞的店面分為8個區域：

Zone 1「Hygienic Zone」：提供全天然、生物可分解原料製作的生活居家用品和清潔用品。

Zone 2「Zero Waste Zone」：讓消費者可以帶著自己容器購買、包裝想要的商品。

Zone 3「Green Zone」：提供園藝工具和可淨化空氣的室內植物。

Zone 4「Healthy Zone」：提供一系列精選有機食品和飲料。

Zone 5「Beautiful Zone」：提供無化學物質的有機美妝產品。

Zone 6「Up-Cycled Zone」：使用再生材料的設計好物。

Zone 7「Stylish Zone」：利用有機棉花和布料製成的時尚服飾。

Zone 8「Kind Zone」：使用天然原料製作的本土藝術作品，其所有收益將回饋到這些社區。

捷運金線▼捷運蘇坤蔚線▼地鐵藍線▼曼谷周邊

Object of Desire Store

3F (Creative Lab) **www.facebook.com/objectsofdesirestore**

精選超過130個家居品牌，泰國原創設計讓人好讚嘆。

Object of Desire Store(O.D.S)販售家居飾品，在600平方公尺的空間中，可以找到**超過130個泰國原創設計品牌**的商品，桌椅、燈具、杯盤、提袋、肥皂、盆栽等都有，精彩的設計讓人讚嘆，擺設方式更是充滿美學，令人目不暇給。店內角落設有Brave Roasters咖啡廳，透過巨大的玻璃窗可以看到來來往往的曼谷捷運，非常適合一邊喝咖啡一邊放空。

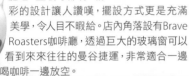

每件商品都令人愛不釋手，讓人大呼泰國人真的太會了！

Phufa

3F (Creative Lab) **026580208**

現任國王（十世皇）的祖母，在生前創辦了Mae Fah Luang基金會並設立Doi Tung品牌，以幫助邊境山區少數民族脫離種植毒品的生活。這是由現任泰國公主所主持的專案，同樣是**在店裡展售村落居民的手工藝品、親子種植的咖啡和茶**，所有的收入將歸回鄉間，幫助偏遠地區的人民。

除了來自全世界的熟面孔，也有機會認識在泰國最受歡迎的影星和名人。

杜莎夫人蠟像館 Madame Tussauds Bangkok

4F (Play Lab) **026580060** 10:00~20:00(最後入場19:00) **含曼谷海洋世界組合票全票1,251B、半票1,071B** www.madametussauds.com/Bangkok

來自英國的杜莎夫人蠟像館在不少國家都有分館，位於Siam Discovery的這間在2010年12月開幕，是全世界第10間，也是**東南亞第1間杜莎夫人蠟像館**。在這裡參觀不用小心翼翼，所有人都可以和國際級巨星如安潔莉娜裘莉、強尼戴普、碧昂絲等人近距離合影，或是參加歐普拉的脫口秀，或與各國元首合影。

🛍 Siam Paragon

📖別冊P.7,D3　🚇暹羅站3或5號出口，從空橋可直達商場　📍991 Rama 1Rd., Pathumwan　📞026108000　🕐10:00~22:00　✅可　🔗www.siamparagon.co.th

> 超人氣大型百貨商場，品牌、餐廳眾多，還有超市和水族館等你來逛。

　Paragon在泰文中有「鑽石」之意，入口以仿造鑽石精緻切割面的16公尺高玻璃帷幕迎接遊客，分成Shopping Complex和Paragon Department Store兩大區，從國際名牌如LV、CHANEL、Burberry到平價時裝Uniqlo、H&M通通到齊，4樓則有能夠彰顯泰國風格的本地衣飾、香氛品牌；**1樓有泰國最大的美食街及大受遊客歡迎的Gourmet Market超級市場**，地下層則為亞洲最大都會水族館——曼谷海洋世界（Sea Life Bangkok Ocean World）。每層近6公尺的挑高樓面，不但讓進駐品牌能夠盡情發揮，也能讓買家愉快購物，而逛街之餘，還可欣賞法國設計師以優雅品味創造的室內水花園。Paragon Department Store的型式和風格則和我們印象中的百貨公司比較相近，以本土品牌居多。

🧁 After You Dessert Cafe

📍GF　📞026107659　✅可　🔗www.afteryoudessertcafe.com

> 嚐一口招牌蜜糖吐司，甜蜜的滋味排隊也甘願。

　如果問曼谷人現在最受歡迎的甜品店是哪一家？創立於2007年的After You Dessert Cafe鐵定會上榜。After You的創辦人May從青少年時期就愛吃、愛做甜點，最愛在自家廚房運用最好的材料，烘焙出甜美的味道；大學畢業後即決定開一家甜品店，和大家分享她的最愛。**店內招牌甜點為澀谷蜜糖吐司(Shibuya Honey Toast)、各種口味的冰品**，還有巧克力溶岩蛋糕、無花果布丁等都很受歡迎。目前在曼谷已有超過10家分店，除了不斷擴大營業範圍外，也持續推出研發的新口味。

☕ TWG Tea

📍GF　📞0820269673　✅可

　從遠處看著就金光閃閃的店面和茶罐牆，不需看招牌也知道是TWG Tea了！這是**來自新加坡的奢華茶葉品牌**，目前在世界各地有超過70個駐點，雖然價格不算便宜，但其頂級茶葉還是吸引許多人慕名而來。

　TWG Tea的裡裡外外，包括裝潢、餐具、服務人員制服，無不充滿了英式風格。除了超過上百種茶葉可選擇，也有提供甜點和輕食，到這裡享用下午茶，感覺上也可沾染那份高不可攀的貴族氣息。

商場美食街輕鬆找好味

在曼谷購物商場的美食街吃飯，選擇多、價格也實惠，而且每一家小吃店都掛有英泰文對照的菜單，有的還會附上圖片，不用泰文也可以輕鬆點菜。部分購物商場的美食街入口會有標著「Coupon」的小亭子，記得先向服務人員購買票券或儲值卡，再以票券或卡和商家購買食物，若有剩餘的餐票或儲值卡可以交由服務人員計算並退回剩下的現金。有些則是進場時先給點餐卡，選餐後交由服務人員刷卡，離時再去收銀台過卡結帳即可。

🍴 Market Hall

⌂GF

不只是一般的美食街！位於Siam Paragon的Market Hall是全泰最大的美食樓面，提供的餐飲豐富多樣，價格也尚稱合理。在這裡，除了**全球知名的餐廳或速食店紛紛進駐**，從美食區延伸出來的熟食區更是精采；而且定期還會推出主題美食節，平時也會有以麵或米、咖哩等主題活動，讓常客來這裡也經常有新鮮感。

🍴 藍嘉隆海鮮酒家
Laem Charoen Seafood

⌂4F ☎0812342057 🌐www.laemseafood.com

想一嘗泰式咖哩炒螃蟹、酥炸鱸魚等招牌菜，不妨考慮**發源自泰國羅勇府的藍嘉隆酒家**，因其新鮮的漁獲品質，在泰國擁有超高人氣，餐廳內用餐人潮絡繹不絕，從沒沒無名的海邊餐廳，至今進駐曼谷各大百貨區設點，目前在泰國已擁有18間分店。

藍嘉隆海鮮酒家必點的**招牌菜色酥炸鱸魚**，將魚身外表酥炸至金黃脆口，並保留內部魚肉的鮮美和彈性，再蘸上店家提供的招牌魚露醬汁，鮮香滋味令人回味無窮。而泰式潮州海鮮菜系不可不吃的咖哩炒蟹，在藍嘉隆海鮮酒家則可選擇不同的蟹種，將螃蟹與黃咖哩一起拌炒，一次品嚐到椰奶和咖哩的溫醇香氣，搭配軟嫩的蟹肉，是道十分下飯的菜色。不過因店家對於海鮮的高要求，咖哩炒蟹以螃蟹重量計價，價格依照每日漁獲狀況而定，若有預算考量，也有公定價的咖哩炒蟹肉可供選擇。

如果想了解什麼是泰國人最愛的甜點口味，不妨到Coffee Beans By Dao試試看。

☕ Coffee Beans By Dao

⌂GF ☎026109702-3 🕐可 🌐www.coffeebeans.co.th

Coffee Beans By Dao是泰國一家老字號的咖啡廳，目前在曼谷有8家分店，Dao是店主的名字。不過這家咖啡廳有名並非因為咖啡，而是因為餐點，尤其是蛋糕。

Coffee Beans By Dao的糕點，被稱為**最符合泰國人口味的糕點，蛋糕口味多達70種以上**，包括鮮奶油綠茶蛋糕、香草草莓千層蛋糕、綠茶巧克力千層蛋糕、各種口味的起司蛋糕，乃至於椰子蛋糕、榴槤蛋糕、紅蘿蔔蛋糕等。此外，還有色彩繽紛的馬卡龍、甜甜圈、蝶豆卷，以及多種特調的飲料。

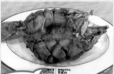

招牌菜魚露酥炸鱸魚

若不想選擇以重量計價的咖哩炒蟹，也可以考慮有公定價的咖哩炒蟹肉。

🍴 Taling Pling

🏠GF　☎021294354　✅可　🌐www.talingpling.com

路過Taling Pling，透過落地玻璃牆可以窺見內部挑高的空間、充滿現代感的裝潢，會誤以為它是間以西餐或創意菜為主的新潮餐廳，然而嘗過之後，道地的泰式料理會讓你有機會還想再去試試別的菜色。包括炒河粉、打拋豬、酸辣海鮮湯等在泰國最想品嘗的料理，在這裡都能吃到；再搭配以香蘭、香茅、荔枝等泰國盛產的香草、水果等調製的飲料，十分滿足。

🍴 Another Hound Café

🏠GF　☎021294409　✅可

Another Hound是時尚品牌**Greyhound**在同名咖啡館之外成立的餐廳系列，不僅有別於Greyhound Café的既定印象，也想傳達自然不脫時尚與潮流的嶄新概念，所以店面在室內設計上做了很多嘗試，讓消費者在一個原創強烈風格的餐廳裡享用義式、泰式的混搭料理，品味新設計也品嘗好味道。

🎁 Be Trend

🏠3F　📘www.facebook.com/betrendthailand

來到Siam Paragon的3樓，會發現整個樓層幾乎是Be Trend的天下，各種新潮的創意商品，每樣都令人愛不釋手。這裡的產品相當多，包括文具、書籍、玩具、杯盤、服裝、行李箱、電腦周邊、3C周邊等應有盡有，共同特色就是它們**的外型都充滿設計感、或是顏色特別炫目，**所以它自己定義為「創意無窮的店(Idea Sparking Store)」，走逛其間，真的隨時都會有驚喜的發現。

捷運席隆線 BTS Silom Line Siam ➡捷運金線➡捷運蘇坤蔚線➡地鐵藍線➡曼谷周邊

🎁 Gourmet Market

🏠GF ✅可 🌐www.gourmetmarketthailand.com

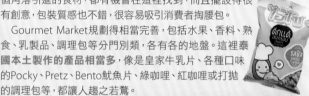

Gourmet Market顧名思義，是以美味的食物為主的超級市場，賣場裡無論是泰國本土的、還是從世界各個角落引進的食材，都有機會在這裡找到，而且擺設得很有創意，包裝質感也不錯，很容易吸引消費者掏腰包。

交通方便、商品種類多，最愛的伴手禮一次買足。

Gourmet Market規劃得相當完善，包括水果、香料、熟食、乳製品、調理包等分門別類，各有各的地盤。這裡泰**國本土製作的產品相當多**，像是皇家牛乳片、各種口味的Pocky、Pretz、Bento魷魚片、綠咖哩、紅咖哩或打拋的調理包等，都讓人趨之若鶩。

雖然這裡進口商品很多，不過遊客的主要目標當然是可以當作伴手禮的泰國本土產品囉！

🎁 JASPAL

🏠1F

這個符合世界時尚潮流的服裝品牌，在泰國相當知名，JASPAL由泰國本地設計師創作生產，以充滿個性化的剪裁線條與質感，加上合理的價格，讓亞洲甚至來自全球的觀光客，不約而同地愛上。

1947年創立的JASPAL是**以寢具和衛浴用品起家，1976年開始發展服裝系列**，但依然保留家飾品牌的產品線，也是知名義大利品牌Sisley Casa的寢具代工廠，並同時生產鞋類配件等生活雜貨。

Pañpuri

GF

發音類似泰國地名的Pañpuri，在機場免稅店或各大商場都有設櫃。同樣強調百分之百天然香草製作，**產品以較精緻的Home Spa用品為主**，其中一款獨家香味，就是Siamese Water，有著茉莉清香和淡淡的薄荷香氣，除了製成香水和精油，還有護手霜、香燭和室內香氛噴霧。其靈感來自創辦人的兒時回憶，祖母會將新鮮的茉莉花浸泡在雨水中，變成清爽的飲用水。茉莉花也是泰國文化中最具代表性的花卉之一，象徵了純潔、溫暖和溫柔。

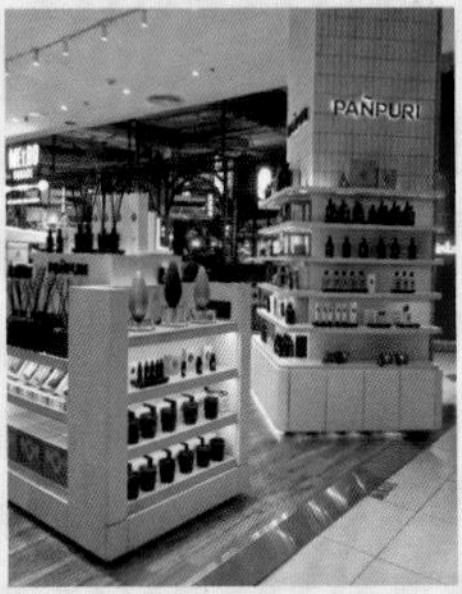

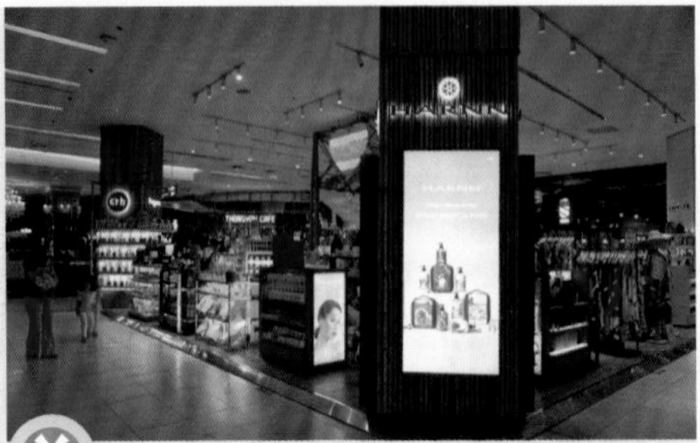

HARNN

GF

HARNN也是泰國著名的香氛品牌之一，目前也有代理進台灣，並且在全球數十個國家都有駐點。他們堅持不使用人工添加物，**強調所有商品皆取自亞洲天然草本和自然材料**，例如利用泰國香茅、檸檬葉、山竹、各種花卉等，製作出好用有兼具美感的商品。

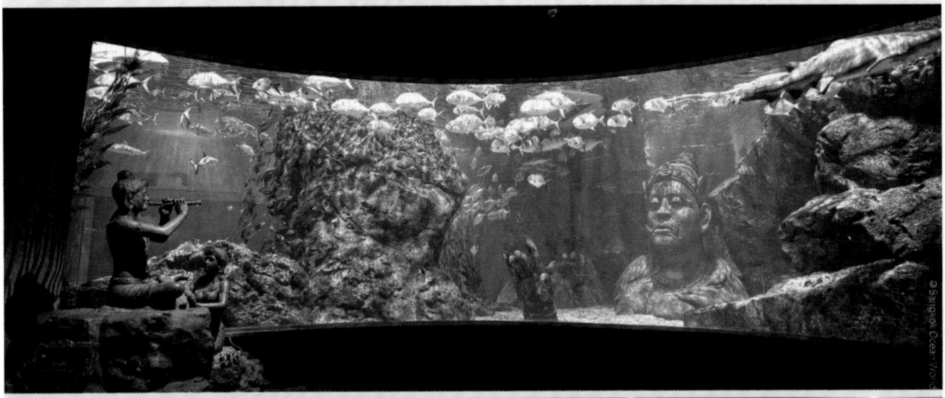

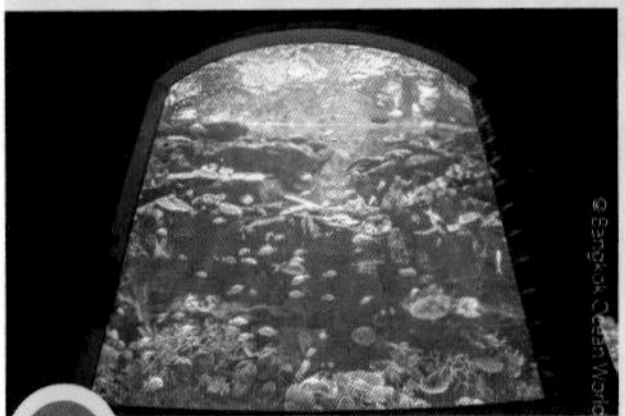

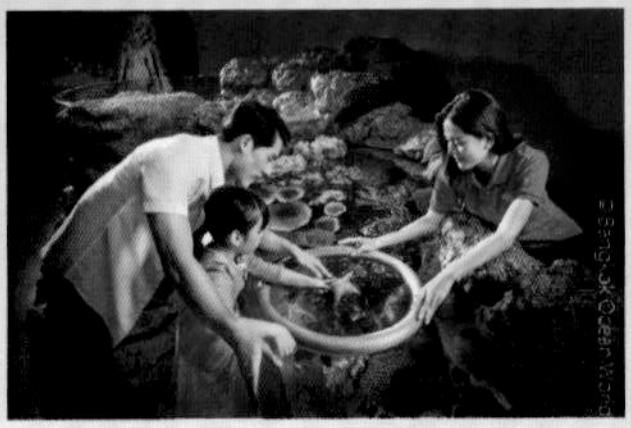

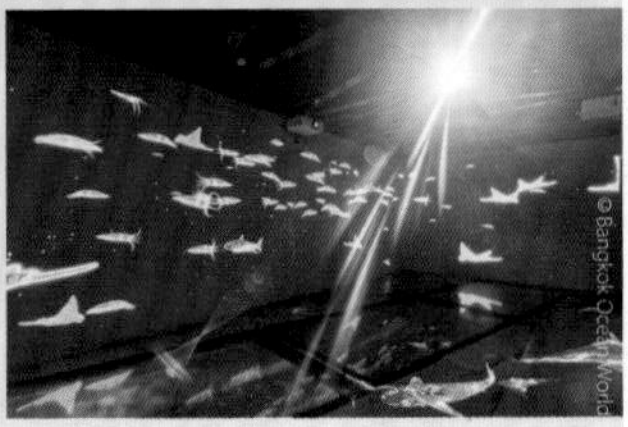

曼谷海洋世界 SEA LIFE Bangkok Ocean World

BF ☎026872000 $含杜莎夫人蠟像館組合票全票1,251B、半票1,071B ⏰10:00~20:00(最後入場19:00) 🌐www.sealifebangkok.com

位於Siam Paragon地下室的曼谷海洋世界，斥資1.22億泰銖打造，占地10,000平方公尺，兩個足球場大的水族館包含一個200噸容量的大水族箱，總計有400種、30,000多隻海洋生物。

館內分為7個主題區，部份區域開放遊客觸摸或餵食，讓人能近距離親近海底生物。比較特別的，除了進入幾可亂真的熱帶雨林區，也可以和鯊魚一起潛水，或是嘗試搭乘玻璃船遨遊在巨大的水族箱中。館內4D電影院放映以地球生物為題的4D電影，生動有趣，從椅子後面不時噴出的水花更添真實感。在內部參觀備有英、泰文導覽解說。

🛍 Siam Center

📍別冊P.7,C3 🚇暹羅站1號出口，從空橋可直達商場 🏠979 Rama 1 Rd. ☎026581000 🕙10:00~22:00 🅿可
🌐www.siamcenter.co.th

　　Siam Center於1973年開業，是泰國第一家購物中心，聚集泰國國內外的時尚潮牌。這座商場始終讓人覺得耳目一新；加上與BTS空橋相連，並與Siam Paragon、Siam Discovery連成一氣，每天下班後與週末假日總是集結不少遊客在商場裡閒逛。

　　從裝潢設計來看，商場消費群年齡層較輕，相較於Siam Paragon，**這裡各式潮服、獨立設計師的商品居多，甚至商場本身就像座藝廊**。商場樓層分為G、M、1、2樓，值得一逛的店面多集中在1樓，**2樓為Food Factory**，泰式、中式、韓式、日式、西式料理應有盡有，特別的是這裡有一部分的餐廳其實是泰國本土品牌喔！

1樓有空橋和Siam Discovery相連，光是這兩棟購物商場就可以逛上一整天。

Food Factory琳瑯滿目的用餐選擇，到了用餐時間幾乎每家都大排長龍！

🎁 Absolute Siam Store

📍1F

Absolute Siam Store集結了最潮的時尚和生活品牌，包括**60多家泰國本土品牌和一系列獨家聯名商品**。這裡提供了設計師和品牌各種創作的空間與可能性，創造出品牌×品牌、品牌×KOL到品牌×Absolute Siam Store各種創意聯名，因此這裡販售的商品都是Absolute Siam Store的獨家商品。店面設計使用對比強烈的淺綠色和亮紫色，塑造出極具現代風格的購物空間，也給人一種這裡才有的獨家色彩或稀有的限量版款式。

此外，管理團隊每3個月就會規劃一個新的合作企劃，拉攏各界的創意人才創造不同的品牌合作，所以一年之中會有3~4個限時聯名系列商品，若你是每年都會固定到曼谷好幾次的資深玩家，記得到Absolute Siam Store看看有沒有新發現！

🎁 The Wonder Room

📍1F

The Wonder Room wa外形上與Absolute Siam Store有些相似，但是主打女性時尚品牌，是Siam Piwat集團專為**泰國年輕設計師展示和販售作品設立的平台**，旨在促進新時尚品牌的發展，並支持新興的泰國設計師。The Wonder Room每季會挑出吸引本土市場的國際時尚潮流，再根據主題選出多達20位設計師來展示他們的品牌。

The Wonder Room展示各種不拘一格但非常迷人的時尚單品，讓人可以自由混合搭配的好地方。從連衣裙到配飾，還有經設計師精心策劃和改造的復古小物，這裡的一切都顯得藝術、時尚，而且恰到好處的古怪。

🏠 Tube Gallery

📍1F

Tube Gallery設定消費群年齡層為18~40歲，服裝顏色和樣式都非常大膽且誇張，倘若識貨、懂潮流者，應能搭配出相當有型的穿搭。**品牌衣飾都出自泰國新一代的年輕設計師**，定期有新作品上架。

🏠 FRI 27 NOV.

📍1F

FRI 27 NOV.的首席設計師**Chanachai Jareeyathana**，被喻為泰國的時尚大師，每年的新裝發表都讓時尚界引頸期盼。店內陳列的衣飾以男生衣飾居多，原創概念強烈，架上沒有重複的款式。

🍴 Greyhound Café

📍1F

Greyhound是泰國知名服飾品牌，而**Greyhound Café**就是擁有和品牌相同時尚理念的餐飲系列。以深色調為主的餐廳內，充滿藝術的塗鴉攫取了人們的目光，舒適的沙發坐墊與刻意放低尺度的座位區，雖然運用的是最流行的空間元素，卻讓用餐的客人們就像回到家一般輕鬆。菜單每兩個月更換，就連素食者也有很多料理選擇。

Sala Daeng
莎拉當站

莎 拉當站和地鐵席隆站交錯，位於席隆路的前端，周邊有席隆夜市、百貨公司和眾多公家商辦大樓，附近飯店和餐廳也很多，若選擇入住這一區，在市區內觀光可說相當便利。

交通路線&出站資訊

捷運BTS
◎莎拉當站Sala Daeng→席隆線Silom Line
出口1➭帕蓬夜市・有馬溫泉・蘇拉旺小吃街・Center Point Massage & Spa・Mango Tree
出口2➭Convent Rd.・EAT ME・Hai-Somtam Convent・Urbana Sathorn・Baan Khanitha
出口3➭Jim Thompson・Everyday Karmakamet

出口4➭Silom Complex・MK Gold & Le Siam Saladaeng・Zanotti・Siri Sathorn Executive Serviced Residence・Somerset Park Suanplu Bangkok・倫披尼公園・Baan Dusit Thani・Somtum Der

🍴 The Commons Saladaeng

⛰別冊P.8,E3 🚇莎拉當站4號出口步行10~15分鐘，或地鐵倫披尼站2號出口步行10~15分鐘 📍126 Sala Daeng 1 Alley, Silom 📞0840915421 🕐8:00~半夜1:00，各店不一 💳可 🌐www.thecommonsbkk.com/saladaeng

　The Commons可以說是專為當地上班族闢建的美食中心，嶄新的大樓齊集**不同風格、口味的餐飲品牌於一堂**，並提供室內空調及戶外吸菸的友善用餐空間，好讓上班族午餐時間能有效率地飽餐一頓、下班後不想立刻回家也能立即找到三五好友聚餐或小酌的好去處。當然也歡迎觀光客和其他遊客。

　繼東羅站成功之後，The Commons又在莎拉當這一區設立據點，目前有Lobster Lab、Grab Me!、Hunter Poke、日本風的The Barrel、韓國風的Ramyeon、珍珠奶茶掛帥的台灣甜品店QQ Desert等可供選擇。

頌丹樂Somtum Der

📖別冊P.8,E3 🚇莎拉當站4號出口步行約4分鐘，或地鐵席隆站2號出口步行約3分鐘 📍5/5 Saladaeng Rd, Khwaeng Silom, Khet Bang Rak ☎026324499 ⏰11:00~23:00 🌐www.somtumder.com/home.html

　　因紐約分店入選2016米其林一星，頌丹樂在曼谷因而聲名大噪，2021和2022年也獲曼谷米其林指南推薦，慕名而來的外國旅客不少。頌丹樂以平價又美味的東北泰菜聞名，並在東京、北京和紐約、台北都有分店，酸辣滋味的青木瓜沙拉是必點招牌，價格不貴，相當受到歡迎，因此店內經常滿座。

　　頌丹樂融入道地的東北Isan風味，青木瓜沙拉選擇非常多元，光是配料就十分精采，香氣十足的醃漬螃蟹、厚身蝦乾、鹹蛋、炸豬皮、番茄、小茄子等，淋上辣椒、魚露、檸檬汁，吃起來酸香、辣勁十足，非常開胃下飯，如果多人一起用餐，這裡還有青木瓜沙拉的大拼盤，豐富的配料讓人食指大動。

辣勁十足的青木瓜沙拉Tum Muo。

Everyday Karmakamet不只是咖啡廳，也是間生活小舖。

除了大家耳熟能詳的香氛產品之外，還推出了不少生活用品。

☕ Everyday Karmakamet Silom

 小編按讚

📖別冊P.9,D2 🚇莎拉當站3號出口步行約2分鐘 📍361/1 Silom Soi 7 Yada Building ☎022371148 ⏰10:00~22:00 💳可 🌐www.everydaykmkm.com

平價香氛品牌推出多元產品，從香氛到吃、穿，一起好好過生活。

　　創立於2001年的**Karmakamet**是**泰國本土著名的香氛品牌**，運用天然的植物、香草製作各式各樣的精油、香膏、室內芳香劑等，因為氣息迷人、價格合理而廣受歡迎。後來，Karmakamet努力開拓產品線，包括飲料、食物、服裝、背包、文具、清潔用品等跟日常生活息息相關的用品，幾乎都有涉及。目前，Karmakamet在捷運莎拉當站附近開了一間咖啡廳，命名Everyday，**除了可以品嘗飲料、甜點外，還可選購各種Karmakamet製作的產品**，以及眾多可以閱讀的書籍。

🍴 Baan Dusit Thani

📍別冊P.8,E3 🚶莎拉當站4號出口，步行5~10分鐘 🏠
116 Sala Daeng Rd., Silom ☎022009009 🚇
baandusitthani.com

杜喜塔尼（Dusit Thani）原是雄踞席隆路和拉瑪四世路交會口的一家五星級酒店，有鑑於曼谷奢華級酒店競爭激烈，年代久遠的硬體設施漸趨劣勢，於是決定砍掉重練，重新規劃的新飯店仍在積極建設中。這期間，為了讓酒店的員工們持續有工作，業主便把不遠處的一幢豪華私宅改頭換面，打造成4間不同風格的餐廳、酒吧及咖啡廳，錯落在花木扶疏的庭園裡。不料這項過度時期的措施比預期的還要成功，4間食肆分別打出鮮明的風格，皆頗受歡迎。

🍴 天堂Thien Duong

🕐每日11:00~14:30、17:30~22:00 ⭕可 ❗建議事先訂位

位在庭園的最深處，是一家古典風格的越南餐廳，門外設置著好幾張竹編沙發和懶骨頭，慵懶氣氛油然而生；內部的裝潢卻很鮮豔燦爛，融合了**越南的熱帶風情和法式的優雅貴氣**。

Thien Duong的菜單以傳統越南料理為基礎，大廚善加運用泰國盛產的食材，讓炸春捲、甘蔗蝦、炸鱺魚等都有更精彩的呈現，道地的口味與精巧的手藝獲得米其林的肯定。

> 甘蔗蝦是他們家的招牌開胃菜，幾乎每一桌都會出現它。

一邊做溫暖的日光浴，一邊享用下午茶，度過一個美好的午後！

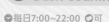

☕ Dusit Gourmet

◎每日7:00~22:00 ◎可

昔日杜喜塔尼酒店招牌的咖啡廳Dusit Gourmet，現在搬到了這座庭園的入口處，**花木環抱的白色建築搭配明亮的天然採光**，整體洋溢著歐式風情。無論飲料還是手工糕點，都發揮天馬行空的創意，例如添加了新鮮橘汁、柑橘片和迷迭香的濃縮咖啡，或是綜合了蘋果汁與奇異果汁的特調咖啡，獨特的酸甜滋味拿捏得恰如其分。而各式手工蛋糕更是引人食指大動，早午餐也很受歡迎。

🍴 Benjarong Bangkok

◎每日11:00~14:30、17:30~22:00 ◎可

「Benjarong」是一種泰式彩繪搪瓷的名字，又有「五種顏色」的意思，所以Benjarong餐廳裡不但以這種彩繪搪瓷器作為裝飾主軸，菜色也以具有皇家風味的泰菜為主。

這幢純白的建築原屬私人宅邸，所以餐桌設置在不同的廳室裡，每桌都類似獨立的包廂，用餐環境優雅而不被其他人打擾，頗能體驗在泰國豪宅裡享用家宴的感覺。

🍸 庭園酒吧Garden Bar

◎每日7:00~22:00 ◎可

Dusit Gourmet的後側有一塘游泳池，因為最深達3公尺，所以基本上禁止游泳，不過**在這座庭園裡卻成了非常亮眼的存在**。

泳池旁設置了吧檯，供應各種酒精性和無酒精飲料，是鄰近商務人士商談、休憩的好所在，也經常邀請音樂團體至現場演奏、舉辦週末派對，是一個受歡迎的聚會場所。

帕蓬夜市 Patpong Night Market

ⓜ 別冊P.9,D3 ⓟ 莎拉當站1號出口步行約2分鐘 ⓖ Soi Patpong ⓣ 18:00~1:00(各店不一)

　　帕蓬夜市又稱席隆夜市(Silom Night Market)，算是**曼谷早期發展的觀光夜市**，白天只有一些路邊攤或水果販，傍晚，販售各色商品的小販開始聚集，但經疫情衝擊下，攤位數量明顯變少，也沒有以前那麼熱鬧。

　　這附近**平價泰式按摩店**相當多，可謹慎挑選略為明亮的店家，盡情享受泰國最著名的按摩。此外，遊逛時會遇到許多在人群間攔路推銷成人特別秀的說客，若不想看，搖搖手離開便罷，不須理會對方的糾纏。

蘇拉旺小吃街

ⓜ 別冊P.9,B3 ⓟ 莎拉當站1號出口步行約5分鐘 ⓖ Surawong Rd. ⓣ 24小時

> 從白天到夜晚，眾多小吃攤隨時讓人一飽口福。

　　知名的帕蓬夜市一端從席隆路開始，另一端則延伸到蘇拉旺街(Surawong Rd.)為止；夜市主要以「買」為主，如果逛累了想要吃點好吃的，不妨到蘇拉旺街上找找看。

　　蘇拉旺街並不寬闊，鎮日裡車水馬龍，**街道兩旁無論是白天或晚上，都有許多小吃攤在營業**，包括魚丸湯、米粉湯、燒烤、便當、木瓜沙拉、冰品等都吃得到。有趣的是白天和晚上的攤位不太一樣，彷彿有自動換班機制似的，亂中有序，令人佩服。

> 一聽到有馬溫泉的店名，就知道是以吸引日本觀光客為目標。

有馬溫泉Arima Onsen

ⓜ 別冊P.9,D2 ⓟ 莎拉當站1號出口步行約3~5分鐘 37/10-14 Soi Surawongse Plaza, Surawongse Rd. ⓣ 026327041 ⓣ 按摩9:00~00:00；桑拿、溫泉11:00~22:00 ⓢ 泰式按摩1小時350B、2小時600B ⓒ 可 ⓦ www.facebook.com/arima.onsen.thailand

　　帕蓬夜市這一帶因為觀光鼎盛，Spa店特別多，如何挑起讓人有點眼花撩亂。位於與帕蓬街平行巷子裡的有馬溫泉，**已有超過20年歷史**。雖然不是真正的溫泉，但設有日本式的風呂，有兩池熱水、一池冷水和烤箱室，讓客人可以享受三溫暖。規模龐大，療程室分布達4個樓層之多，療程包括泰式按摩、腳底按摩、精油按摩、韓式刷背、護臉、護腳等，選擇眾多。

Jim Thompson

📖別冊P.9,D2 🚇莎拉當站3號出口步行約3~5分鐘 🏠9 Surawong Rd. 📞026328100 🕐9:00~20:00 ✅可

> 高級泰絲品牌旗艦店,展示精緻泰絲製品。

Jim Thompson儼然是泰國高級泰絲織品的代名詞,創辦人的傳奇故事當然賦予品牌不同的意義,但品質與樣式的精緻度才是受到客人青睞的主因。總店位於曼谷Surawong Rd.和Rama 4 Rd.交叉口,1樓展示泰絲小物,從化妝包、小錢包到領帶、絲巾一應俱全,2樓以家飾、寢具為主,3樓則有家具,織品色澤鮮亮,觸摸的質感柔軟細膩,價格當然也不斐。

Center Point Massage & Spa (Silom)

📖別冊P.9,D3 🚇莎拉當站1號出口步行約5~8分鐘 🏠128/4-5 Silom Soi 6, Silom Rd. 📞026340341 🕐10:00~00:00 💲泰式按摩1小時450B、泰式草藥按摩90分鐘1050B 🌐www.centerpointmassage.com

Center Point Massage & Spa系列的Silom分店,服務品質維持既有水準,在這裡能享受到優質的服務與款待,無論選擇傳統泰式按摩、香氛精油按摩或藥草按摩,都能在療程中達到身心靈的平衡和和諧。而在裝潢部分則做出和其他分店不同的特色,這裡以泰式藝術和文學為概念設計而成。潔白明亮的大廳,掛著幾盞藝術燈,壁櫃內擺放佛像和藝術品,按摩房內也掛著泰味十足的畫作,處處展現泰國藝術情調。

> MK Gold系列讓大家吃得更精緻,用餐氣氛也更悠閒。

MK Gold & Le Siam Sala Daeng

📖別冊P.8,E3 🚇莎拉當站4號出口步行約5分鐘 🏠118 Saladaeng Rd. 📞0830996228 🕐11:00~21:15 ✅可 🌐www.mkrestaurant.com

> 超人氣連鎖火鍋店與高檔泰菜餐廳相連,兩種美味一次享用。

MK是泰國享譽多年的火鍋餐廳,火鍋料不但又多又新鮮,還有眾多美味的熟食、生魚片、甜品等,因此即使曼谷四季如夏也天天生意超級興隆。

近年來在大眾化的MK品牌之外,又開闢了MK Gold餐廳系列,**同樣是火鍋吃到飽,食材等級又向上提升**。目前MK Gold在曼谷有4間分店;而這家分店和Le Siam餐廳連在一起,Le Siam也是MK餐飲集團旗下的餐廳連鎖系統,專門提供精緻高檔的泰國料理,在此用餐可同時享用兩大餐廳品牌的菜色,無限量供應,非常划算。

🍴 Mango Tree

在百年老屋中享用料好實在的泰國菜。 👍小編按讚

📖別冊P.9C2 🚇莎拉當站1號出口步行約8~10分鐘 📍37 Soi Tantawan, Surawongse Rd. ☎022362820 ⏰12:00~23:00 💳可 🌐www.facebook.com/MangoTreeSurawongse

曼谷Mango Tree的建築是一座建於拉瑪五世時代、近百年歷史的老房子，庭院裡種樹齡60多歲的芒果樹，便是店名的由來。**酸辣蝦湯是Mango Tree的招牌湯品**，用料實在，湯頭也美味，湯一端上桌，香茅與檸檬葉的香氣就在空氣間飄散開來。至於國民料理泰式炒麵也有不同樣貌，店家在炒好的麵上，仔細覆上一層廚師費工製作的蛋網，金黃色澤讓炒麵美味更加分。

🍴 Bitterman

📖別冊P.8,E3 🚇莎拉當站4號出口步行10~15分鐘，或地鐵倫披尼站2號出口步行10~15分鐘 📍120/1 Sala Daeng Rd., Silom ☎026363256 ⏰11:00~22:30 💳可

位在鬧區之中的巷弄裡，門口植栽蓬勃，盎然的綠意頗引人注目，而主建築整體**宛如玻璃花房的造型，更彷彿城市中的綠洲**。這間庭園風格的西餐廳，菜單從沙拉、漢堡、炸雞到義大利麵、牛排，選擇非常豐富，且口味頗獲好評，加上優越的用餐氛圍，難怪很快成為網路上當紅的打卡名店。

☕ Eureka Coffee Tap Saladaeng

📖別冊P.8,F3 🚇莎拉當站4號出口步行約15分鐘，或地鐵倫披尼站2號出口，步行約10分鐘 📍14/7 Soi Sathon 2, Yan Nawa, Sathon ☎0924499895 ⏰9:00~19:00 💳不可

Eureka本店是位於倫披尼公園南側一間小巧的咖啡館，率先引進氮氣(Nitro)冷萃咖啡的設備，並持續推出**具創意的咖啡品項**而打響名號，目前在ICONSIAM、華欣海濱等地皆設立了分店。

招牌的「鹹蛋拿鐵」，其實並不是真正的鹹蛋，而是一種泰國常見的傳統甜點，只是顏色和外貌做成酷似花式的鹹蛋黃，一顆蓋在泡好的拿鐵咖啡之上，咬起來略帶「金沙」的口感，香香甜甜的沒有鹹蛋的死鹹，還算協調，趣味性取勝。還可以嘗試芭樂藝妓、榴槤、木瓜白巧克力等其他口味的咖啡和茶品，二樓則是餐廳。

趣味十足的「鹹蛋」咖啡

Baan Khanitha

⚐別冊P.8,E4 ⚑莎拉當站2號出口步行約8~10分鐘 ⚑67,69 South Sathorn Rd. ☎026754200 ⏰11:00~23:00 ⓒ可 ⓦwww.baan-khanitha.com

> 餐廳環境優美，彷若進入大宅邸內品嘗精緻泰國佳餚。

　Baan Khanitha上菜前，服務人員先會端一份稱為Mein Cam的前菜，中間是用砂糖與椰肉製作的甜醬，四周圍著碎蝦米、碎薑、檸檬碎片、烤過的椰肉絲、辣椒、蔥，吃時將這些餡料放在小圓形的葉菜上，加上沾醬一起食用，辣椒和著椰子的濃郁香甜，口感層次多，吃來清爽開胃。

Convent Rd.

⚐別冊P.9,D3D4 ⚑莎拉當站2號出口，步行5~10分鐘 ⚑Convent Road ⓒ不可

　這條與席隆路垂直的小街道，以「修道院」為名，是因為早年有聖約瑟夫修道院（St. Joseph Convent）坐落於此，如今兩旁綠樹成蔭，各級學校、博物館、醫院沿途分布，可說是鬧市之中的文教區，路上隨時有學生、上班族來來往往，所以路的兩旁除了固定的餐廳店家，也吸引來水果、快炒飯麵、冰品、甜點等攤販集結成市，是**尋找價廉物美、道地街頭美食的理想去處。**

> 推薦青木瓜沙拉配鹹蛋Som Tam Kai kem，風味獨具。

Hai-Somtam Convent

⚐別冊P.9,D3 ⚑莎拉當站2號出口步行約4分鐘 ⚑2/4-5 Convent Rd ☎026310216 ⏰11:00~21:00 ⚋週日

> 在地客人居多的道地餐廳，以青木瓜沙拉最受推薦。

　Som Tam青木瓜沙拉是泰國東北的招牌菜餚，店家專賣現在曼谷常見的東北料理。平日傍晚的生意非常好，客人看起來都是附近的上班族，簡單的打拋、青木瓜沙拉和糯米飯就可以是一天圓滿的句點。雖然客人以當地人為多，但店家也備有英文菜單，點菜不用擔心。

EAT ME

📖別冊P.9,D3 🚶莎拉當站2號出口步行約6~8分鐘 🏠1/6 Soi Phipat 2, Convent Rd. ☎022380931 🕐17:00~1:00 💳可 🌐www.eatmerestaurant.com

EAT ME是一家有個性而且藝文氣十足的時尚餐廳，和周邊的H Gallery藝廊常態合作展出本地藝術家的作品，為極簡冷調的室內設計添色。餐廳提供的是多國及無國籍料理，縱然價格不斐，其料理的美味仍替餐廳名列各項曼谷最佳餐廳的排行榜。

Zanotti

📖別冊P.8,E3 🚶莎拉當站4號出口步行約5分鐘 🏠21/2, 1st Floor, Saladaeng Colonade Condominium, Saladaeng Rd. ☎026360002 🕐11:30~14:00、18:00~22:30 💳可 🌐www.zanotti-ristorante.com

與MK Gold & Le Siam Saladaeng餐廳對街而立，有一間Zanotti，從1998年由名廚Gianmaria Zanotti創立至今，**不但敢自豪是全曼谷最棒的義大利餐廳，就連放眼亞洲也當之無愧。**

Zanotti的成功之道，新鮮的食材是第一要件，Gianmaria Zanotti運用純熟的廚藝，變化出最道地的北義大利風味料理。手工義大利麵是在自家廚房每天現做，其他配料大多遠從義大利進口，還有堅強的主廚群、選擇眾多的酒單，讓在Zanotti用餐成為最佳享受。

名廚當家的北義大利料理。

Siri Sathorn Hotel

📖別冊P.8,E3 🚶莎拉當站4號出口步行約8分鐘，或地鐵席隆站2號出口步行約9~10分鐘 🏠27 Soi Saladaeng 1, Silom Rd. ☎022662345 💲設計套房約6,000 B起(房價每日調整) 🌐www.sirisathorn.com

Siri Sathorn酒店是一間五星級奢華精品飯店，致力讓客人擁有回到家的舒適享受。每種房型的生活機能都相當完整，具備起居室、飯廳、浴室和小廚房。以最基本的設計套房來說，**單臥室房型就有18坪，雙臥室房型更有30坪以上的大空間**。還可依人數、喜好需求，選擇花園陽台型或60坪的大套房。公用設施則包括健身中心、酒吧、泳池、會議室、Spa。最重要的是，Siri Sathorn的服務標榜親切熱情，入住這裡，絕對有賓至如歸的感受。

Ⓗ Sathorn Vista Bangkok Marriott Executive Apartments

🚇別冊P.8,E4 🚶莎拉當站2號出口步行約12分鐘；地鐵席隆站2號出口或倫披尼站2號出口，步行約12~14分鐘可達 🏠1 Sathorn Soi 3 South Sathorn Rd. ☎023436789 💲單臥室公寓套房3,999B起(房價每日調整) ⊙可

　　Sathorn區是曼谷市中心經濟活動相當活躍的一區，捷運莎拉當站和地鐵席隆、倫披尼站都在步行可達的距離之內，可說是探索曼谷頗理想的根據地。

　　位於Sathorn區的Sathorn Vista Bangkok Marriott Executive Apartments，共有186間套房，所有房間除了電視、免費無線上網等基本設施外，都有設備完善的廚房、洗衣機、冰箱等，是每天都會有人來打掃的**公寓式飯店**(Serviced Apartment)，分為1到3間臥室的套房，即**使最小的套房面積也達65平方公尺，非常寬敞舒適**。

　　飯店裝潢風格流線、新潮，備有1間餐廳、健身房、三溫暖，以及對身體健康頗有助益的戶外鹹水游泳池，5樓還有設備完善的兒童遊戲室等，硬體設施充裕，服務態度也非常貼心周到。

　　飯店歷年來獲得無數的肯定，包括2014年榮獲Orbitz旅遊網站消費者票選的「最佳住宿(Best in Stay Award)」獎，2015年又獲得世界豪華飯店獎(The World Luxury Hotel Awards)等，頗適合觀光、商務以及長住型的旅客。

🛍 Silom Complex

🏠別冊P.8,E3 　📍莎拉當站4號出口，從空橋可直達商場
📍191 Silom Rd. 　📞026321199 　🕐10:30~21:00 　⭕可
🌐www.silomcomplex.net

　　屬於Central集團旗下的Silom Complex，原本走比較平價的路線，整修後在2012年10月搖身一變成為時尚流行的新指標。

　　Silom Complex樓高達31層，賣場則從地下1樓到地面上5樓，一些知名的國際和泰國品牌，像是施華洛世奇水晶(Swarovski)、無印良品、Oriental Princess、After You等紛紛進駐，3樓更集結了多家美容、療養中心，整體品質大幅提升，寬敞明亮的動線，逛起來非常舒適惬意。

> Silom Complex是熱鬧的席隆路上唯一的大型百貨公司。

🎁 VIERA by RAGAZZE

📍2F 　📞022313190

　　VIERA by RAGAZZE是泰國本土的皮革製品品牌，創立於1984年，專業以手工打造各式高品質的義大利風格皮件為主，產品囊括皮包、皮夾、皮箱、腰帶、皮鞋等，所使用的皮質柔軟、舒適、做工精細，款式高雅又帶有流行感，因此已獲得很高的評價，價位不便宜。

🎁 Oriental Princess

📍2F 　📞022313272 　🌐www.orientalprincess.com

> 👍小編按讚
> 採天然香草花卉製作的保養品，平價防曬乳顏受好評。

　　Oriental Princess可說是泰國本地的Body Shop，雖說在泰國不難找到價廉物美的美容保養用品，但店家強調商品取自泰國當地的天然香草花卉製作，一瓶乳液200B上下，相當超值。該品牌的防曬乳顏受好評，若旅行前忘了備妥防曬保養用品，到Oriental Princess逛一趟就夠了。

🍴 Boots

📍2F

　　Boots有很多開架藥妝跟台灣同品牌，可以比價一下，**有些會比台灣買還便宜**。例如制汗劑，大概就是台灣售價的7折。另外，最受日本歡迎的山竹肥皂品牌MAITHONG，以及好用、便宜的Sabai Arom香氛保養用品，都可以在此一次購得。

🍴 **Wine Connection Bistro**

📍BF　☎022313149　🌐www.wineconnection.co.th

小編按讚 👍 進口商的自家品牌餐廳，店如其名，無數美酒任君挑選。

　　Wine Connection是一家美酒的專業進口商，以泰國曼谷為基地，從世界各地代理超過500種品牌的美酒，包括紅白葡萄酒、香檳、啤酒等，也進口玻璃杯系列和其他飲酒相關產品。Wine Connection的美酒除了供應給各大餐廳、飯店外，也陸續創設自有品牌的餐廳，這家位於Silom Complex地下室的分店，屬於法式小酒館型態，有室內空調及戶外露天空間，**可以吃到全天候供應的早餐、義大利麵、牛排等西式餐點**，氣氛輕鬆自在，當然更有無數的美酒任君挑選。

Ⓗ Urbana Sathorn

📖別冊P.8,E4　🚇莎拉當站2號出口步行約8~10分鐘　📍55 South Sathorn Rd.　☎022279999　💲單臥房型(1 Bedroom Deluxe)2,800B起(房價每日調整)　💳可　🌐www.urbanahospitality.com/urbana-sathorn

　　如果親友4人以上同遊曼谷，有時候找公寓式飯店，反而比訂觀光飯店更划算、方便。Urbana Sathorn客房分有單臥、雙臥、三臥三種公寓式套房，每種房型都有陽台，基本單臥客房就有20坪大，客廳、餐廳、廚房和工作桌都有獨立空間，**雙臥和三臥室套房就非常適合家庭入住**，在一整天的觀光行程之後，大夥還能坐在客廳舒服的聊天看電視。此外，客房裡不只有廚房設備，洗衣機也備妥，機能性十足。跨過飯店門口的天橋就是熱鬧的Convent Rd.，用餐、購物都方便。

Ⓗ Somerset Park Suanplu Bangkok

📖別冊P.8,E4　🚇莎拉當站4號出口，或地鐵倫披尼站2號出口，皆步行約10~12分鐘　📍39 Soi Suanplu, South Sathorn Rd.　☎026794444　💲一房一廳(1-Bedroom Deluxe)約2,200B(房價每日調整)　💳可　🌐www.discoverasr.com/en/somerset-serviced-residence/thailand/somerset-park-suanplu-bangkok

　　向來**主打家庭旅遊客層**的Somerset Park Suanplu Bangkok，最大的房型為三房兩廳，最小的也有一房一廳約21坪大，客房都配有完整的廚房配備，單臥房的高級房型以上就配有雙衛浴，幾乎等同台北豪宅的面積和配備，每晚價錢也不過2,200B起。飯店提供免費嘟嘟車接駁到捷運站、商辦大樓等地，無論是對觀光客或商旅客來說都很方便。

Chong Nonsi
鐘那席站

鐘那席站和前後的莎拉當站、蘇叻沙克站串連席隆、沙通區，車站周邊不只有路邊攤，連站內的商店都跟著增加，讓人不出站也有得逛。本站周邊目前最受矚目的當屬曼谷第一高樓王權瑪哈納功大樓(King Power Mahanakhon)，除了有多間著名餐廳進駐，還有離地314公尺的頂樓玻璃觀景台。

交通路線 & 出站資訊

捷運BTS
◎鐘那席站Chong Nonsi→席隆線Silom Line
出口1◆W Bangkok・Ascott Sathorn Bangkok・Health Land・星巴克Sathorn Square
出口2◆豐泰園・i-Residence Hotel Silom
出口3◆王權瑪哈納功大樓・Everyday Moo Krata & Cafe・Pullman Bangkok Hotel G・Rocket Coffeebar S.12・Sompong Thai Cooking Class・Silom Thai Cooking School
出口4◆香格里拉小廚・Brioche from heaven・Silom 10美食廣場

🍴 Everyday Moo Krata & Cafe

⊕別冊P.9,C3　⊗鐘那席站3號出口，步行7~10分鐘　⊗6 Naradhiwas Rajanagarindra Rd, Suriya Wong, Bang Rak　⊕0957244521　⊙9:00~24:00　⊕可

　Moo Krata在泰文是「平底鍋烤肉」的意思，這家外觀時髦的Everyday，白天是文青風的咖啡廳，晚上則成了熱鬧滾滾的烤肉火鍋店。店裡的用餐方式，可謂結合韓國的銅盤烤肉與中式的火鍋，由於並非「吃到飽」模式，消費不算便宜，但因為食材新鮮、醬汁的口味討喜，對重質不重量的食客而言仍深具吸引力，頗受當地年輕人歡迎。到此大口喝酒、大口吃肉，暢快過癮。

DIY Sompong Thai Cooking Class

⊕別冊P.9,B3　⊗鐘那席站3號出口步行約8分鐘　⊗31/11, Silom S0113, Silom Rd.　⊕0847798066　⊙上午班9:30~14:00(含菜市場)、下午班15:00~19:00　⊕每人每堂課4~5道菜1,209B　⊕cookly.me/by/sompong-thai-cooking-school

　位在席隆的Sompong泰式料理課程，課程從傳統菜場開始，熙來攘往的菜市場，是了解泰料理精髓的第一步。老師仔細解釋椰奶和椰漿的差異，魚露、羅望子、棕櫚糖以及中式料理中較少用到的乾式香料、新鮮香草和各式品種的辣椒。回到教室內，每人一份的材料已細心備好，只要照著老師的步驟，很容易就可以完成，也可輕易地依照自己的喜好調整口味。就算是廚房生手，也可以輕鬆做出色、香、味俱全的泰式好料，成就感非凡！而且除了裝飾，**小幫手也會細心幫忙保溫，待大家都完成全部五道菜後，最後再一起享用自己完成的五菜大餐，美味不變。**

老師還細心地教大家切割原料做成花朵，或是利用香草點綴最後的擺盤。

王權瑪哈納功大樓
King Power Mahanakhon

小編按讚 👍 曼谷最高建築地標，最具話題性的大樓！

🅰別冊P.9,C3 🚇鐘那席站3號出口，步行約3分鐘 🏠114 1 Naradhiwas Rajanagarindra Rd.

　說到曼谷近年最具話題的大樓，非屬2016年完工的Mahanakhon大樓。外觀看起來是不規則的積木堆疊，其實是以「像素化」為設計概念，保證看上第一眼，就無法忘記它的模樣。這棟大樓集合了住宅、酒店、商場與餐廳，還有2018年開幕的頂樓觀景台，讓旅客能夠飽覽曼谷的城市風光。

王權瑪哈納功天空步道
King Power Mahanakhon Skywalk

☎026778721 🕙10:00~19:00，18:30以後截止入場 💲全票836B起 💳可 🌐kingpowermahanakhon.co.th

　這幾年非常流行天空步道，而目前全泰國最高的王權瑪哈納功大樓（King Power Mahanakhon）頂樓的天空步道，驚嚇指數絕對可以稱冠群倫。

　天空步道位於離地314公尺的78樓，而來到樓頂，光是站上去就需要莫大的勇氣：由於玻璃擦得乾乾淨淨，半空中的自己和地面之間彷彿毫無屏障，駭人的高度令人既期待、又怕受傷害。挑戰過其他天空步道的人，一定要到這裡再試試自己的膽量。

　黃昏時分光臨，可以從泰國的最高處看到曼谷白天的街景、夕陽和暮色，非常划算，但可能遊客都抱

Mahanakhon CUBE
☎026778721 🕙10:00~22:00(各店不一) 💳可 🌐mahanakhoncube.com

　大樓旁的獨棟建築物CUBE共7層樓高，地下層是健身房，地面層到2樓皆為餐廳及咖啡廳，4樓還有一家Let's Relax，而5樓是泰國第一家以加密貨幣與股票貿易為主題的運動酒吧The Big Board。

　地面層的**Mahanakhon Eatery**進駐了7家世界知名餐廳，像是Isabella、Another Hound系列餐廳Meat and Spice、el'mar、Maison Du Vin等，是聚餐的首選之地。而往上一層則是比較接地氣的**Thai Taste Hub**，將12家餐廳以路邊攤的設計呈現，加上模仿街頭的裝潢，打造出一條室內美食街。這裡的用餐選擇包括中國城老店陳億粿條、米其林認證的奔樂麵館(Boon Lert)與Fai Ta Lu炒河粉、已有40多年歷史的Jek Meng海南雞飯……Mahanakhon CUBE可以說是一次蒐羅了全曼谷最厲害的餐廳了！

從地面仰望，只見一片透明的玻璃之上，人小得像螞蟻一般。

　持著這樣的期待，所以這段時間「攻頂」的遊客也特別多，導致頂樓人滿為患，必須耐心排隊等候，可能影響遊興。

☕ 星巴克 Sathorn Square

⏰別冊P.9,C4　🚇鐘那席站1號出口步行約5分鐘　🪑10
South Sathon Rd　📞0982514517　🕐7:30~18:00

　　從捷運站出口的天橋上，遠遠就看到這個造型奇特的星巴克。**第一眼看覺得像聖誕樹，左看看又覺得像竹筍，右看看有點像倫敦的聖瑪莉艾克斯30號大樓。**路過這裡的話，不妨到裡面吹吹冷氣，欣賞這特殊造型的星巴克。

🧁 Brioche from heaven

⏰別冊P.9,C4　🚇鐘那席站4號出口步行約5分鐘　🪑156 Naradhiwas Rajanagarindra Rd　📞0648470049　🕐9:00~19:00
🌐 w w w . f a c e b o o k . c o m / p r o f i l e . php?id=100068165625973

> 歐式麵包控不可錯過！
>
> 小編按讚 👍

　　位於安靜巷子裡的Brioche from heaven，**兩層樓高的紅磚建築，走進巷子那瞬間彷彿來到巴黎街頭。**就如它的名字一樣，光是布里歐的選擇就很豐富，如招牌布里歐「Brioche from heaven」是肉桂口味的布里歐搭配焦糖醬和胡桃、從內到外都是滿滿Nutella的「Brioche Nutella」。這裡也有其他麵包種類，像是法棍、可頌、鹹派甜塔等，評價也都很不錯！

在玻璃屋下消磨時間還算蠻特別的體驗。

🍴 Silom 10美食廣場

🅐別冊P.9,B4 🚇鐘那席站4號出口步行約10分鐘 🏠10 South Sathon Rd ⏰8:00~15:00 休週六、週日

想體驗當地上班族午餐都吃些什麼嗎？那就來Silom 10美食廣場就對了！

Silom 10美食廣場外觀上和室內市場很像，整個空間分為兩半，一邊賣吃的，另一邊是日常用品和雜貨。這邊幾乎**100泰銖內就可以解決一餐**，價格實惠且選擇豐富，但這裡並非一般遊客會造訪的地方，所以大多都沒有英文菜單喔！

DIY Silom Thai Cooking School 👍小編按讚

🅐別冊P.9,B4 🚶鐘那席站3號出口步行約8分鐘 🏠6/14 Decho Road ☎0847265669 ⏰上午9:00~12:20(含菜市場)、下午13:40~17:00、晚間課程18:00~21:00 💰6道料理1,000B 💳不可 🌐silomthaicooking.com ❗採預約制，預約時可選擇課程菜色和時段

> 收費不高的料理教室，先逛菜市場再自己當大廚！

Silom Thai Cooking School是**很受各國自助旅行者喜愛的廚藝教室，不僅收費低廉，更因為煮出來的菜很好吃**。在網站上預約報名時即可選擇喜歡的課程菜色和時段，上課前在巷口集合，授課老師會領著眾人到附近市場買菜，並解說泰國特色蔬果、香料，而後來到隱藏在巷弄裡的教室上課。大家跟著老師處理買回的食材，將各式食材和香料、調味倒進鍋裡熬煮，再以精巧的餐盤盛裝，就像餐廳裡的料理一樣有賣相。**3小時的課程共6道料理，每做完一道菜就會到餐廳教室享用剛完成的料理。**

走進巷弄看見這棟漂亮的白木屋讓人眼睛為之一亮，它同時是間有名的泰國餐廳。

©Feuang Nara

H Ascott Sathorn Bangkok

別冊P.9,C4 鐘那席站1號出口步行約5分鐘 No 7, South Sathorn Rd. 026766868 單臥套房(One Bedroom Executive) 6,400B起(房價每日調整) 可 www.the-ascott.com

公寓飯店即便針對商務旅客而設計，但設備和服務的要求不亞於觀光飯店。**Ascott Sathorn Bangkok是該集團的奢華系列**，提供的住房設備齊全，最基本房型也有將近18坪，空間舒適、擺設優雅，規劃2~3間臥房套房，也相當適合和家人同遊。飯店特別安排了接待門房(Concierge)，可以回答相關旅遊問題、代訂觀光行程、交通接駁等，這是其他公寓式飯店相當少見的貼心服務。

🍴 豐泰園Feuang Nara

小編按讚 👍

別冊P.9,C3 鐘那席站2號出口步行約2~3分鐘 3 Naradhiwas Rajanagarindra Rd 022332410 11:00~23:00 可 www.facebook.com/FeuangNara

在老木屋內享泰國家庭式菜餚，老闆來自中國潮州，點菜說中文也能通。

餐廳本身是一棟屋齡超過70年的老房子，多年前周邊還有一些類似的住屋，後因建商看中這塊地的商機，紛紛力勸屋主們出售，只有豐泰園的老闆堅持保留，並在2011年開了這家餐廳，讓人有機會在這麼優雅的屋子裡享受美食。**由於老闆一家人來自中國潮州，在這裡點菜說中文也通**，加上老闆娘超級親切，用餐氣氛極佳。

這裡提供的是泰式家庭式佳餚，品嘗到的全是有著好手藝的老闆娘精心設計的菜單；而且因為老闆娘年輕時曾在市場工作過，能以好價格跟魚販買到新鮮又便宜的食材，所以用餐感覺物超所值；或許因為如此，這裡生意好到即使已經過了用餐時間，客人還是絡繹不絕。**推薦菜很多，如咖哩炒蟹、檸檬魚都是好選擇。**

💆 Health Land

別冊P.9,C4 鐘那席站1號出口步行約8~10分鐘 120 North Sathorn Rd. 026378883 9:00~23:00 泰式傳統按摩2小時650B www.healthlandspa.com

Health Land在曼谷共有8家分店，**位於Sathorn區的駐點是一幢豪華的白色獨棟建築**，排場很大、客人很多，若不事先預約可能得等上1小時以上。Health Land之所以受到旅客青睞，除了環境整潔之外，按摩師的手法是讓客人再三光顧的主因，遵循傳統手技、力道適中，順著人體筋絡按壓加上反向伸展，舒筋活骨的暢快感不可言喻。另外，價格也尚稱合理。

Rocket's Benedict 4.0是店內招牌。

招牌冷泡咖啡Rocket Fuel，倒入盛了冰塊的玻璃杯，放一片新鮮柳橙，果味濃郁的微酸咖啡融會柳橙的清新甘香，有如燃料般令人精神一振。

☕ Rocket Coffeebar S.12

🏠別冊P.9,C4 🚇鐘那席站3號出口步行約8分鐘 🏠149, Sathorn Soi 12 ☎096 791 3192 🕐8:00～18:00
www.facebook.com/RocketCoffeebar

曼谷精品咖啡館 Rocket Coffeebar 的創辦人Ben-David Sorum來自瑞典斯德哥爾摩，2002年定居曼谷前，曾在澳洲雪梨和美國舊金山生活。Ben-David在2013年7月夥同兩位友人開設理想中的咖啡館Rocket Coffeebar S.12，他結合了三座城市的風尚，打造新型態的Rocket Coffeebar，**帶領了曼谷的精品咖啡館風潮**。

Rocket Coffeebar開設後即成為**曼谷最受歡迎的早餐地點**，中央廚房每日新鮮烘焙麵包，推薦Rocket最受歡迎的班乃迪克蛋「**Rocket's Benedict 4.0**」，或Roast Pork口味三明治→菜單沒看見。別忘了嚐一嚐招牌冷泡咖啡「**Rocket Fuel**」，調配了泰國、印尼、巴西、瓜地馬拉四個產區的淺焙咖啡豆而成。

因為以精品咖啡為主軸，故以Rocket(澳洲俚語「咖啡」)為名，與曼谷的烘豆師合作，研發原創特調的精品咖啡。

Silom地名由來——風車

在席隆路(Silom Rd.)和Naradhiwas Rajanagarindra十字路口的大水溝上，立著一座大型風車，這不是用來水力發電，而是Silom在泰文裡，意指「風車」，所以立了一座地標說明地區命名的原意。

🍴 香格里拉小廚 Shangarila Kitchen

🏠別冊P.9,C3 🚇鐘那席站4號出口步行約2~3分鐘 🏠3 Naradhiwas Rajanagarindra Rd ☎026366841 🕐11:00～21:30 🅿可 www.facebook.com/ShangarilaRest

香格里拉小廚最知名的就是超**大份量的「霸王將軍麵」**，上菜時，必須要兩位服務生像扛神轎般扛著一大缸比臉盆還大的麵出場，彈牙麵條配上一整隻大龍蝦及紅蝦，旁邊鋪滿叉燒肉、香菇跟魚片，份量之多大概要5個人才吃的完。若胃口不大、人不多，也可以選擇招牌小籠湯包。香格里拉小廚隸屬於香格里拉大酒樓集團，在曼谷有多家店，每年中秋節還推出應景月餅，除了豆沙蓮蓉等傳統中式風味，還有雙黃榴蓮等泰國口味。

H Pullman Bangkok Hotel G

🏠別冊P.9,C3 🚇鐘那席站3號出口步行約5~6分鐘 🏠188 Silom Rd. ☎023524000 💲雙人房約3,150B起(房價每日調整) ⊘可 🌐www.pullmanbangkokhotelG.com

　　原為Sofitel的這家飯店,在法國集團旗下的**Pullman Hotels**和北京**Hotel G**聯手下,重新打造了這家交通便利、風格強烈的**Pullman Bangkok Hotel G**。大廳的紫色燈光彰顯其時尚、奢華氣息,飯店中有多家特色酒吧和餐廳,並設有圖書館、舞廳、畫廊等空間,從室外泳池更能直接欣賞曼谷的天際線。白色都會風的客房,除了有讓房客挑選枕頭的貼心服務外,更提供了有300年歷史的歐洲皇室香氛品牌Roger&Gallet的沐浴用品,讓旅客洗去旅途疲勞。

🍴 Scarlett Wine Bar & Restaurant

🏠37F ☎0968607990 🕐17:00~00:00 ⊘可 🌐www.randblab.com/scarlett-bkk

　　餐廳共有160個座位,超過**150種酒類**、**20種雞尾酒隨機更換**,並供應多款法式料理;除了會播放Deep House等沙發音樂外,週五和週六時也會有DJ現場演出,讓客人在曼谷夜景的陪伴下,享受音樂酒吧的氛圍。

H i-Residence Hotel Silom

🏠別冊P.9,D3 🚇鐘那席站2號出口步行約2~3分鐘 🏠93 Naradhiwas Rajanagarindra Rd ☎022679700 💲雙人房約1,800B起(房價每日調整) ⊘可 🌐iresidencesilom.com

　　緊鄰捷運站,飯店樓下有泰國連鎖甜甜圈,隔鄰商辦大樓有麥當勞,週間上班日,附近也有很多路邊小吃。i-Residence Silom標榜是**平價精品飯店**,加上**交通方便、地理位置佳**,受到不少自由行旅客注意。

乍看W Bangkok，是兩幢現代感十足的建築物，31層高樓堆疊的玻璃牆白天在陽光下閃閃發光，晚上則透出大大的「W」，且不停地變換色彩。

WOOBAR

🏠1F ⏰11:00~24:00

　　全球每間W Hotel都有WOOBAR，而且一定出現在接待大廳旁與之融成一氣；這裡全天候提供簡單的餐點和五花八門的雞尾酒，每當夜幕低垂，流瀉而出的動感音樂和燈光就開始放射無窮的魅力。有小包廂可供小團體使用。

廚桌餐廳The Kitchen Table

🏠2F ⏰6:30~22:00

　　W飯店的主餐廳，早餐相當豐富，不但提供西式、泰式、中式、日式等繁多菜色，飲料的選擇更是多樣化，除了常見的各色果汁外，還有**洛神茶、泰國特有的香茅茶、香蘭茶**等，麵包和甜點更豐富到排至餐廳外面的走廊上。午晚餐則提供多樣化的國際菜單。

Ⓗ W Bangkok

📖別冊P.9,C4　🚶鐘那席站1號出口步行約1~2分鐘　🏠
106 North Sathorn Rd.　☎023444000　💲雙人房約
6,000B起(房價每日調整)　⏰可　🌐www.marriott.com/
en-us/hotels/bkkwb-w-bangkok/
overview/?scid=f2ae0541-1279-4f24-b197-
a979c79310b0

　　W Bangkok共有407間客房或套房，內部空間寬敞，分別以藍、紫、金等不同顏色的玻璃隔間，營造出不同的氛圍，**搭配新潮又充滿設計感與質感的家具、以平板電腦觸控的燈光影音設備**；而每間房都有浴缸和淋浴，更有W系列引以為傲的臥鋪、棉被、眾多材質可供選擇的枕頭等，的確讓人每夜都能香甜入夢。

Away Spa

🏠6F ⏰10:00~20:00，採預約制　☎023444160　💲泰式按摩60分鐘2,550B、90分鐘3,550B

　　承襲W Hotel一貫的風格，Away Spa面積遼闊，使用Bliss的系列產品，**療程包括按摩、護臉、身體去角質、手足護理等**，選擇眾多。備有6間療程室，芳療床設計得晶瑩剔透，還散發出紅、紫、粉紅等燈光，就連泰式按摩床也如法炮製，可說是全泰國最高貴絢麗的泰式按摩床了。設施多元，還有三溫暖、蒸氣室、土耳其浴、美髮沙龍等。

Surasak
蘇叻沙克站

蘇叻沙克站距離Silom路後段的飯店和餐廳比較近，而且在Surasak路和Silom路口附近，就有兩三家複合式商圈，而Tops超市也在路口附近，沿著Silom路往東走是印度廟，也可以一路散步到莎拉當站。

交通路線&出站資訊

捷運BTS
◎蘇叻沙克站Surasak→席隆線Silom Line
出口1◇Bangkokian Museum、Baan Chiang、Bangkok Fashion Outlet、Maggie Choo's、Infinity Spa
出口2◇藍象烹飪學校和餐廳
出口3◇Mode Sathorn Hotel、Baan Silom、印度廟、OPUS The Italian Wine Bar& Restaurant
出口4◇藍象烹飪學校和餐廳

Maggie Choo's是設計師Ashley Sutton的名作，酒吧內有著老上海的嫵媚風情。

小編按讚

🍸 Maggie Choo's

📍別冊P.9,A3 🚇蘇叻沙克站1號出口步行約12分鐘 🏠320 Silom Rd. 📞0639011123 ⏰19:00至深夜 📘www.facebook.com/maggiechoos/

享受靡麗微醺夜。

Maggie Choo's是知名酒吧設計師Ashley Sutton的傑作，以**1930年代的上海租界**為主題。酒吧空間宛如一座地窖，陳設了天鵝絨和皮革的沙發、玻璃地燈、維多利亞女王石像、油畫、老派的鐵柵吧檯，著旗袍的美豔泰國女孩自鞦韆走下，一曲扇舞為靡麗微醺夜開幕，迎來樂團上場歌唱愛情。啜飲招牌雞尾酒——**Lady Flora和Nelson's Touch Punch**，慵懶情調，是令人沉醉的大人遊樂場。

💆 Infinity Spa

📍別冊P.9,A4 🚇蘇叻沙克站1號出口步行約10分鐘 🏠1037/1-2 Silom Road, Sun Square, Silom Soi 21, Bang Rak 📞0910875824 ⏰9:30~21:30 💰腳底按摩60分鐘800B起 🌐www.infinityspa.com

想好好放鬆一下嗎?Infinity Spa雖然地點稍遠，不過受到不少華人和韓國旅客的好評，簡約時尚的裝潢以清新薄荷綠、純白、橘色等色系，讓挑高的店內洋溢著舒適放鬆的氛圍，店員非常親切，進門後便會送上迎賓飲料和冰鎮後的毛巾，緩解在戶外奔波的勞累不適。

因國外旅客不少，**Infinity Spa也提供英文、韓文、中文的療程選單**，不必擔心語言問題，選定按摩療程後，店員會先送上**3款招牌精油Relax、Detox、Energize**，並一一解說成分和療效，提供顧客試用和選擇。按摩間分別在二樓及三樓處，會以簾幕拉起區隔，保有隱私性。而另一項受歡迎的服務為美容美甲，受到不少年輕女性的喜愛。

Infinity Spa的3款招牌精油Relax、Detox、Energize，分別有不同療效。

🏛 Bangkokian Museum

小編按讚 👍

走進花園宅邸博物館，瞧瞧舊時中產階級的居家生活。

📖 別冊P.9, A2 🚇 蘇叻沙克站1號出口步行約17分鐘；或地鐵山燕站1號出口步行約20分鐘 🏠 273, Soi Charoen Krung 43, Charoen Krung Rd. ☎ 02337027 🕐 9:00~16:00 ❌ 週一 💲 免費 📘 www.facebook.com/BkkMuseum

被稱為曼谷民俗博物館的Bangkokian Museum，是一片闊達2,000平方呎的花園宅邸，大約建於1929~1936年間，原屬於蘇叻瓦蒂(Surawadee)家族

的私宅，為了讓祖先的產業能夠好好地保存下來，業主決定把它捐作博物館，1992年開始開放給大眾免費參觀，2004年由曼谷市政府正式接管。

Bangkokian Museum裡面有3幢木造建築，深受當時吹入泰國的歐洲文化影響，其中兩幢盡力保持當年主人在此生活時的原樣，包括樓下的起居室、書房、餐廳、廁所，以及樓上的臥房、浴室等，家具都維護得相當完善；另一幢則打通隔間，作為舊時日用品的展示空間。**博物館整體呈現大約1937~1957年間，泰國中產階級的生活方式。**

雖然Bangkokian Museum離熱鬧的觀光區有點遠，不過時間充裕的話頗值得走一遭。

👜 Bangkok Fashion Outlet

📖 別冊P.9, A4 🚇 蘇叻沙克站1號出口步行約8分鐘 🏠 919/1 Silom Rd. ☎ 026301000-125 🕐 10:00~19:00 💳 可 🆓 www.bangkokfashionoutlet.com

Bangkok Fashion Outlet與Jewelry Trade Center位於同一棟大樓，佔其中的3個樓層，是**曼谷市區首間暢貨中心**。暢貨中心由Central集團經營，內部有超過500個泰國本地及國際品牌，像是SuperSports、The Outlet 24、His&Her、OfficeMate、Marks & Spencer等，所有品牌平均都有4折到7折的優惠，更有機會用1折價格買到好貨。除了有男女童裝、鞋、包類商品之外，這裡也販售家居用品及行李箱等旅行用品，雖然賣場空間不算很大，還是可以慢慢挖寶。

🍴👁 Baan Chiang

📖別冊P.9,A4 🚇蘇叻沙克站1號出口步行約5~6分鐘 🏠14 Soi Sri-vieng, Surasak Rd. ☎022367045 🕐11:30~14:00、17:30~22:30 🅿可 📘www.facebook.com/baanchiang1986

> 在殖民風木屋品嘗泰國中部菜。

Baan Chiang最受客人歡迎的是**以海鮮為主的泰國中部菜色**，其中Sauteed Prawns with Garlic & White Pepper相當受到青睞，大火炸過的蝦子，放上大量炸過大蒜片、香茅、檸檬葉等香料，香氣四溢、口感極佳。另一道Deep fried Crab Cakes，是將蟹肉、蟹黃取出和蔥末、香茅等香料混合後再塞回蟹殼去炸。常見的咖哩魚(Hom-mok)，店家也捨香蘭葉，改以椰子殼裝魚肉餡料去蒸，嘗起來別具風味。

> 餐廳隱身在一幢殖民風的泰式木造房子裡，帶點懷舊感，還有熱帶植物圍繞。

Wine Bar& Restaurant

🍴👁 OPUS The Italian Wine Restaurant

📖別冊P.9,B4 🚇蘇叻沙克站3號出口步行約5~6分鐘 🏠64 Pan Rd. ☎026379899 🕐18:00~24:00 休週日 📘www.wbopus.com

> 餐點、美酒和餐廳環境都很受推崇，大受好評的正宗義式菜餚。

2009年開幕的OPUS，由來自義大利的老闆親自設計，全白的建築外觀，配上寫著店名的紅色圓棚屋頂十分顯眼。不只外觀吸睛，開業以來，**OPUS持續獲得客人喜愛，CNN和泰國媒體也大加讚揚**，不但在曼谷眾多餐廳中排名前十，更常被評為曼谷義式餐廳的首選。餐廳提供的餐酒多達500種，服務人員會親切地為客人挑選最適合的餐酒，讓客人享受細緻的服務與美味。

👁 印度廟Wat Maha Mariamman

📖別冊P.9,B3 🚇蘇叻沙克站3號出口步行約10~15分鐘，或聖路易斯(Saint Louis)5號出口步行約10分鐘 🏠Pan Rd.和Silom Rd.路口

寺廟建於1897年，當地人稱「Wat Khaek Silom」，最初是由旅居曼谷的印度人所建，原本只有一座簡單的涼亭基台，爾後逐年收購土地增建至現今的規模。外牆用色鮮艷豐富，還有很多神祇浮雕，**曾被喻為曼谷最美麗的印度廟**，廟裡供奉著印度濕婆神和Uma女神，每年都舉行為期10天10夜的Dushera宗教慶典，慶典最後一晚還會請出濕婆神在Silom路上遊街。

🍴👁 Baan Silom

📖別冊P.9,B3 🚇蘇叻沙克站3號出口步行約10~12分鐘 🏠651, 653, 655, 657, 659, 661, 663 Silom Rd. ☎3690083 🕐各店不一 🅿可 📘www.baan-silom.com/home.html

在喧囂的曼谷市區中，Baan Silom是一個**寧靜、浪漫的歐式小角落**，有著殖民風格的室外拱廊，雖然只有3層樓高，不如其他大商場熱絡，但基本觀光條件備齊。這裡的餐廳除了常見的肯德基和Taling Pling，還有美式餐酒館的Nineteens Up、土耳其料理Ottoman、印度料理Taste of Mumbai與Saravana Bhavan。吃飽喝足還可以到1樓的咖啡廳坐坐、曬曬太陽。

Ⓗ Mode Sathorn Hotel

🅰 別冊P.9,B4 🚇 蘇叻沙克站3號出口步行約1分鐘 🏠144 North Sathorn Rd, Silom ☎026234555 💲雙人房約3,337B起(房價每日調整) ⓒ可 🌐www.modesathorn.com

　2013年開幕的Mode Sathorn Hotel，由Siam@Siam集團管理經營，以「高雅都會生活型態」為定位，裡裡外外充滿設計感，有不少奇想的創意。飯店共有201間客房或套房，大致分成5種房型，有的內部裝潢走摩登路線，大片的玻璃採光、極簡的線條搭配對比強烈的色彩；有的走泰國風路線，東方色澤的泰絲點綴在空間裡，柔和地散發光芒。幾乎每間房內都同時備有浴缸和淋浴間，液晶電視、迷你吧、現代咖啡機等一應俱全，並提供免費無線上網。飯店11樓設置了Borisud Pure Spa水療中心，提供包括傳統的泰式按摩、精油芳療、去角質、臉部與四肢護理等療程，還備有按摩浴池、紅外線三溫暖、蒸氣室、冷水浴等。

除了有廚藝教室，也有販售茶壺、T恤等周邊商品。

上方設有鏡子，讓烹飪課學員可以看清楚老師的每一步動作。

Ⓨ 藍象烹飪學校和餐廳
Blue Elephant Restaurant

🅰 別冊P.9,B5 🚇 蘇叻沙克站2或4號出口步行約1分鐘 🏠233 South Sathorn Rd. ☎026739353 ⏰餐廳11:30～14:30、17:30～22:00；半日烹飪課程上午班8:45～13:00(含逛菜市場)、下午班13:30～17:00 💲半日烹飪課程上午班3,296B/人、下午班2,943B/人；全日烹飪課程5,885B ⓒ可 🌐www.blueelephant.com/bangkok

做泰國菜正夯！到泰菜教學旗艦品牌，學做泰國好味道。

小編按讚 👍

　藍象烹飪學校和餐廳一直都是曼谷市區教授和提供泰國料理的旗艦品牌，創辦人Nooror Somany Steppe在旅居布魯塞爾時，開設第一家藍象餐廳，經過30多年，至今已在全球30個城市駐點，包括布魯塞爾、倫敦、哥本哈根、巴黎、雅加達等，2間烹飪教室分別在曼谷與普吉島。在餐廳的部份，以泰式皇家料理為主，烹飪教室教授的泰國菜也以中部料理為多，目前餐廳也有自製泰式醬料，可以讓客人或學生把泰國好味道買回家繼續回味。

Saphan Taksin
沙潘塔克辛站

中央碼頭(Central Pier,即沙吞碼頭Sathorn Pier)就在捷運席隆線的沙潘塔克辛站旁,旅客通常一搭捷運過來,就直奔碼頭搭船前往老城區,或是到Asiatique夜市購物去。

如果時間允許,也可以在附近逛逛,距離捷運站約1~2分鐘路程的Centre Point飯店旁就是傳統市場,要到知名的蓮花飯店(Iebua)、香格里拉飯店(Shangri-la Bangkok)也不遠,還有以華人媽媽好味道聞名的Hamonique也在這一帶。

交通路線&出站資訊

捷運BTS
◎沙潘塔克辛站Saphan Taksin→席隆線Silom Line
出口1◇香格里拉大酒店
出口2◇中央碼頭(可搭船前往Asiatique河畔夜市)
出口3◇Centre Point Hotel Silom・Iebua at State Tower・Sirocco・Harmonique・王子戲院豬肉粥

昭披耶河水路
(時間見P.042、路線圖見別冊P.4~5)
◎中央碼頭(Central) Sathorn Pier
◎1號碼頭(N1) Oriental Pier
◎3號碼頭(N3) Si Phraya Pier
◎4號碼頭(N4) Marine Department Pier

🅰️🅸 Asiatique河畔夜市

ⓐ別冊P.3C5 🚇沙潘塔克辛站2號出口,步行到中央碼頭搭Asiatique免費接駁船可達,每30分鐘一班 ☎2194 Charoen krung Rd., Wat Phraya Krai ⏰15:00~00:00 (各店不一) 💰摩天輪全票500B、半票200~300B 🌐www.facebook.com/Asiatique. Thailand

> 小編按讚👍
> 看秀、掃貨一網打盡,每天都營業的超大型觀光夜市。

河畔夜市於2012年開幕,跟傳統街頭夜市不同,這裡以室內老貨倉的型式分成10個不同的貨倉區域,商品種類極為豐富,有設計創意小物,有流行潮牌服飾,也有傳統民族風雜貨,幾乎可以滿足各種購物族群的喜好,逛累了,隨時有餐廳、小吃甚至酒吧可以休息、打牙祭;還有高達60公尺、堪稱全泰國最高的摩天輪,坐在上頭,可以將昭披耶河和曼谷市景盡收眼底,浪漫指數百分百。

> 夜市的室內區域讓遊客不畏風雨、酷熱,輕鬆穿梭其間,充分享受尋寶的樂趣。

20世紀初期，拉瑪五世為了提升暹羅在國際的水平，決定在此地建造碼頭，成為暹羅與歐洲國家貿易的國際港口，後來碼頭在1947年停止營運。現在可以看見象徵往日歷史的雕像。

全泰國最高的摩天輪

每打開一間水晶屋，彷彿穿越到另一個世界。

🍴 The Crystal Grill House

📞020595999　🕐16:30~24:00（23:30最後點餐）　💳可
🌐www.facebook.com/thecrystalgrillhouse

　　Asiatique河畔夜市還有一個新亮點，就是同由Bangkok Marriott Marquis Queen's Park飯店集團經營打造的The Crystal Grill House時尚燒烤屋。

　　誠如其名，The Crystal Grill House打造得宛如**5座晶瑩剔透的水晶屋**，坐落在熱帶綠林間，每間分別以波斯、美洲、日本、中國、印度等為主題，布置得精巧優雅，彷彿一件件獨立的藝術品。

　　餐食的靈魂是一架炭火烤爐，每天燃燒各種木材，散發出獨特的香氣，使得牛排、海鮮和各種食材的天然風味更加活躍。搭配選項眾多的開胃小菜、國際性各類酒單、甜點等，視覺與味覺同時饗宴。

中央碼頭與Asiatique免費接駁船

想從中央碼頭坐船到Asiatique河畔夜市，就多家留意紅色的船隻和旗幟！這艘免費接駁船每日16:00~23:30從Asiatique河畔夜市碼頭出發，每30分鐘一班；而從中央碼頭出發的時間則是每日16:15~23:15。

🍴 Sirimahannop帆船餐廳

📞020595999　⏰每日16:00~24:00　🌐www.sirimahannop.com ✅可

在Asiatique的河畔，新近停泊了一艘巍峨的三桅帆船Sirimahannop，不但船本身是搶眼的新地標，也成了欣賞曼谷黃昏美景的又一勝地。

Sirimahannop是泰國皇家海軍在拉瑪五世國王(1868~1910年)在位期間使用的最後一艘三桅帆船軍艦的複製品，曾經專職運輸柚木和其他貨物往返於歐洲之間，也是1893年法暹戰爭中保護曼谷免受入侵的6艘船之一，目前停泊的位置，正是當年它的據點總部。

在Bangkok Marriott Marquis Queen's Park飯店的精心改造下，Sirimahannop搖身一變，成為時髦的復古風酒吧餐廳，既具獨一無二的賞景視野，又有堅強的餐飲團隊，讓有限的空間裡一位難求，打算體驗的人記得要事先訂位。

夢幻般的黃昏美景

上層甲板

Sirimahannop分上甲板和下甲板兩層，共可容納達300名客人。上層甲板屬於開放式的空間，中央設置吧檯，供應各式各樣酒精性和無酒精飲料，最適合落日時分找個角落悠閒地欣賞夕陽西下，以及昭披耶河上來來往往的遊船，然後再等待夜幕緩緩壟罩。船上特調的雞尾酒不但巧妙運用椰子、芒果、荔枝等熱帶水果，具有在地特色，而且結合航海與歷史主題，趣味別具。

這是Sirimahannop的雞尾酒酒單，完美結合航海主題！

下層甲板

下層甲板則屬於室內空間，足以容納100人，可以風雨無阻地享受美食。船艙內的點點滴滴包括家具、裝潢、掛畫等，帶人進入時光隧道，感受那一段泰國海權的輝煌歲月。

船長室

船頭的The Bridge是一個私密的區域，相當於6人的特別包廂，非常適合包場享用一頓精緻的晚餐。這裡也有一個私密的空間，原本是早年船長的個人休息室，內部暗藏一個蘭姆酒酒窖，以及各式各樣琳瑯滿目的酒藏。

只有預定包廂才有機會享用這個秘密基地喔！

Ⓗ 香格里拉大酒店

Shangri-La hotel, Bangkok

🏠別冊P.20,C5 🚇沙潘塔克辛站1號出口步行約5分鐘，或中央碼頭步行約6分鐘 🏠89 Soi Wat Suan Plu, New Rd. 📞022367777 💲雙人房約5,600B起（房價每日調整）💳可 🌐www.shangri-la.com/bangkok/shangrila

曼谷香格里拉位於昭披耶河畔，是**早期擠身濱河邊頂級飯店一級戰區的老品牌**，也是旅遊雜誌票選全球最佳飯店或亞洲飯店的得獎常客。為提供更好的住宿環境與服務，飯店曾逐項更新內部設備與裝潢，**傳統泰式布置與沈靜的氛圍維持不變**，主體建築分為Krungthep Wing和Shangri-la Wing，總計802間客房和套房，提供全天候免費無線上網，另有公寓式住房提供長期停留的旅客一處舒適的頂級住所。

🏃 Chi

🏠89 Soi Wat Suan Plu, New Rd. 📞022367777-6072 🕐10:00~22:00 💲Traditional Thai Massage 60分鐘2,700B、Relaxing Aromatherapy Massage 60分鐘2,700B 💳可

2004年進駐香格里拉飯店，Chi Spa自隔年就連續獲頒富比士、AsiaSpa等亞洲最佳Spa或年度最佳Spa的獎項。在硬體上，Chi以「香格里拉」烏托邦為概念，以沈穩的木色為基調，打造一方迷人且謐靜的空間；療程則融合泰式和亞洲傳統按摩之精華，採用在地天然草本為素材，讓每位客人都能在此受到最悉心的照護，享受最深沈的放鬆。

> 挑高的開放式設計，無拘無束的氛圍，讓人不自覺的放輕腳步，身心都放鬆下來。

H 曼谷昭披耶河四季酒店

🔺別冊P.20,B6 🚇沙潘塔克辛站2號出口，步行到中央碼頭搭乘飯店專屬接駁船，約5~10分鐘船程可達 ⏰300/1 Charoen Krung Rd, Khwaeng Yan Nawa, Sathon ☎020320888 💲雙人房約15,500B起 0 🌐www.fourseasons.com/zh/bangkok

　早晨，陽光灑進偌大的玻璃窗，窗外就是舉世聞名的昭披耶河，岸上有高樓、碼頭、些許老屋和廟宇的屋頂，河上有大小舟楫來來往往，偶爾甚至看到水上摩托車在練習、競技，好一幅曼谷特有的自然混搭風景！

　一踏進曼谷昭披耶河四季酒店，第一個感覺就是「大氣」，無論是接待大廳、客房或是任何空間，都毫不吝嗇地運用寬敞、挑高，營造出一股無拘無束的環境氛圍，明明置身在大都市的鬧區之中，卻彷彿在一個遠離塵囂的世界桃源，讓人心情不禁也隨之開敞了起來。

　曼谷昭披耶河四季酒店由奢華酒店界的傳奇建築師Jean-Michel Gathy負責擘畫，共299間客房，整體空間大量運用看似無邊際的水塘，既增添清涼感，也像天然的明鏡般讓每個角度都有出其不意的複合美景。

🍴 御庭院

🕤11:30~14:30、18:00~22:30

　御庭院是酒店裡的粵菜餐廳，特地聘請資歷豐富的主廚邱曉貴掌理，開業的第一年即獲得米其林一星的肯定，成為泰國首間、也是唯一的米其林粵菜餐廳。

　邱曉貴擅長運用當季的優質食材，運用粵菜注重的鑊氣和烹調手法，呈現出令人垂涎的精緻佳餚，無論是午餐主打的粵式點心系列，或是晚餐以活海鮮領銜的珍饈大菜，都非常適合商務晚宴和剛接觸精緻粵菜的客人。

飯店專屬接駁船

◎飯店往中央碼頭：07:00~13:30、15:00~22:00，每30分鐘一班
◎中央碼頭往飯店：07:05~13:35、15:05~22:05，每30分鐘一班
◎停靠ICONSIAM班次(從飯店出發)：10:00、11:00、12:00、13:00、15:00、16:00、17:00、18:00、19:00、20:00、21:00、

乘船時記得隨身攜帶房卡，以證明自己的住客身分。
☎020320888

Brasserie Palmier

🕐 11:30~14:30、18:00~22:30　休週一

法國人初到泰國時，他們的飲食習慣和菜餚因熱帶氣候而發生了變化，這間位於河畔的法式餐廳，以清淡的方式烹製魚類和海鮮，並加入了熱帶食材，以適應曼谷的熱帶氣候，同時仍保留經典。

Brasserie Palmier的室內空間，有個豐富的**活生蠔和葡萄酒吧**，讓食客可以選擇各種新鮮的生蠔和平易近人的法國葡萄酒。菜單包括招牌海鮮塔等眾多共享式菜餚。戶外包圍著鬱鬱蔥蔥的熱帶植物，有種置身在蔚藍海岸法國小酒館裡的錯覺。

Riva del Fiume Ristorante

🕐 06:30~10:30、12:00~14:30、18:00~22:30

這間靠河更近的義大利風格餐廳，是一日三餐照顧房客飲食的主要餐廳，開放式的廚房、明朗輕快的服務態度，讓客人從走進大門的那一刻起，便會感受到一種活潑精緻的氛圍。

Riva del Fiume Ristorante設有四個寬敞的露臺，從中望去，美麗的河景盡收眼底；自然光線充足，洋溢著宛如科摩湖畔的優雅氣息。行政總廚Andrea Accordi從義大利各地進口美味的原料，包括獨家特級的初榨橄欖油、西西里偏遠小島的酸豆、巴西利卡塔地區的油炸乾辣椒等，旨在以一種平易近人的方式把最好的、最道地的義大利廚房帶到泰國。

BKK Social Club

🕐 17:00~24:00

BKK Social Club由被國際酒吧界權威雜誌評為泰國第一、全球第21的酒吧經理Philip Bischoff負責掌舵，2020年甫開幕就造成旋風，2022年更榮獲「**全球最佳酒吧**」**第14名、全泰國最佳酒吧冠軍**的殊榮。

由AvroKo規劃設計的BKK Social Club，讓人聯想到阿根廷的宏偉建築，周圍環繞著兩個半室外庭院，一側是雪茄愛好者的聚集地，而另一側則為社交聚會提供了完美的空間。Philip Bischoff表示：這是一個為社交而建的酒吧，融合了布宜諾斯艾利斯的傳奇魅力和曼谷的活力，這兩個城市儘管相隔半個世界，對生活、美好時光和美酒都有著真正的熱情，他設計的調酒也旨在反映拉丁美洲典型的飲酒文化與泰國的在地風情。

健身中心

曼谷昭披耶河四季酒店的健身設施，包含長達**35公尺的無邊際戶外游泳池、24小時供房客免費使用的健身房**、備有瑜珈、泰拳等教練帶領的健身課程，以及僅為房客提供服務的水療按摩中心。

水療按摩中心除了一系列源自泰國和西方國家的傳統按摩護理療程外，還提供身體磨砂和深層清潔敷裹療程、臉部護理、高科技美容護理等，選項眾多，可自行預約適合的時間，為自己安排一段褪去疲憊的療癒時光。

🍴 王子戲院豬肉粥

📍別冊P.20,C5　🚇沙潘塔克辛站3號出口步行約3~5分鐘，或中央碼頭步行約8分鐘　📍1391 Charoen Krung Rd.　🕐6:00~13:00、15:00~23:00　🚫週三、週四下午

這家位於王子戲院旁、就名為王子戲院豬肉粥的小店，開業已經超過75年。泰國粥裡，有著以豬肉和豬肉臟做成像肉羹形狀的肉糰子，**這裡的豬肉糰吃起來特別彈牙又鮮美**，再搭配加了蔥和薑絲的**細綿清粥**，整碗吃起來好滿足。可依喜好選擇再加生蛋或皮蛋的豬肉粥，營養價值更高。

> 人流不斷的在地小店，肉糰子鮮粥讓人好滿足。

> 這間店原來只有當地人才知，因為美味又便宜，也漸漸有遊客專程前來。

Ⓗ Centre Point Hotel Silom

📍別冊P.20,C5　🚇沙潘塔克辛站3號出口步行約1~2分鐘，或中央碼頭步行約5分鐘　📍1522/2 Soi Kaysorn 1 (Charoenkrung 50) Charoengkrung Rd.　☎022660521　💲Deluxe Room約3,500B(房價每日調整)　可 🌐www.centrepoint.com/silom

　　Centre Point是**曼谷公寓式飯店的連鎖品牌**，由於同時接待商務旅客的長期居住和一般觀光旅客，就連基本房型都有完備的廚房設備。位於Silom區的Centre Point Hotel Silom和泰國連鎖百貨Robinson相連，白天隔鄰巷道是傳統市場，百貨公司的超市也近在咫尺，周邊購物餐飲都方便，步行到捷運站和中央碼頭也不到5分鐘，到市區或搭船遊昭披耶河都便利。

> 2019年開業後短短8個月內獲得米其林一星的Chef's Table，讓lebua成為泰國唯一擁有兩家米其林星星餐廳的飯店。

Ⓗ lebua at State Tower

📍別冊P.20,C4　🚇沙潘塔克辛站3號出口步行約5~8分鐘，或中央碼頭步行約10分鐘　📍State Tower, 1055 Silom Rd.　☎026249999　💲標準套房約4,719B、河景套房約4,568B(房價每日調整)　可 🌐www.lebua.com

　　lebua自從2006年開幕以來，每年接續獲得不同的媒體或專業評鑑單位，給予**最佳奢華飯店、商務飯店、亞洲最佳飯店等獎項肯定**。所有的房間都是套房，並通通擁有陽台、客廳、臥室、廚房，甚至提供洗衣機、烘衣機等設備。

　　lebua也進駐許多知名主廚坐鎮的餐廳及特色酒吧，像是擁有米其林二星評價的Chef's Table和Mezzaluna、主打正宗中式料理的Breeze、lebua招牌空中餐廳暨酒吧的Sirocco、世界最高的香檳吧Flute……無論是浪漫約會或是家人朋友聚餐，一起在星空下享受美食美酒！

🍴 Sirocco

🏠63F ☎026249555 ⏰18:00~24:00
🅿可 🌐www.lebua.com/sirocco

> 小編按讚 👍 知名頂樓餐廳酒吧，也是俯瞰曼谷的最佳展望台。

Sirocco曾經獲得知名旅遊雜誌《Condé Nast Traveler》的年度最佳餐廳，是當年排行榜上的唯一的亞洲代表；過去還曾邀請全球米其林廚師，共同打造百萬名廚奢華晚宴，不僅讓國際媒體聚焦，也加強了本身在美食界的地位。

位居lebua at State Tower 63樓的Sirocco提供了一個俯瞰曼谷的最佳展望台，入口處圓拱空間在燈光的投映之下，成了建築物最醒目的標誌；**Sky Bar**延伸於建築物外，絢麗的圓形吧檯和調酒師最引人注目，這裡也是電影《醉後大丈夫2》的場景。

Sirocco供應的菜色是純正的地中海料理，每天晚上會有現場爵士演奏，讓這一頓在雲端享用的美味饗宴，更添情調。特別提醒的是，這裡用餐有服裝規定，須穿著整齊。

> 如此美麗夢幻的場地和景致，也成為電影《醉後大丈夫2》拍攝場景。

🍴 Mezzaluna

🏠65F ☎026249555 ⏰18:00~24:00 🚫週日 🌐www.lebua.com/mezzaluna

Mezzaluna餐廳位於65樓，主廚Ryuki Kawasaki採用最好的當季食材，供應精緻的法式料理，在餐廳內可坐擁180度的城市及河景，欣賞到經典的曼谷景色。而擁有半戶外空間的Distil Bar則提供許多經典的酒品，其中招牌調酒為用人頭馬(Remy Martin) VSOP調製的Bond Night以及Some Like It's Hot。另外，在2017年底公布的《2018曼谷米其林指南》中，**Mezzaluna**獲得二星評價。

🍴 Harmonique

小編按讚 👍

就像回家吃飯，老闆娘一身好廚藝，餵飽旅人身處異鄉的心。

📖別冊P.20,C4　🚢1號碼頭（N1）Oriental Pier步行約8分鐘；或搭捷運席隆線沙潘塔克辛站3號出口，沿著Charoen Krung Rd.往北行，郵局前一個巷子轉進即可達，步行約10~15分鐘　📍22 Charoen Krung 34　☎022378175　🕐11:00~20:00　✅可

走進Harmonique，有種回家吃飯的感覺。客人進門點菜，老闆娘都會各桌招呼，姿態像極了照顧外地遊子，與自豪一身好廚藝的媽媽。來此用餐別錯過**前菜拼盤(Set of Appetizer)**，搭配菜色經常更換，而鐵板上吱吱作響的**咖哩螃蟹**最是下飯，**清湯麵和手工麵點**也都是店家的招牌媽媽味。此外，店家經常有新菜色，點菜前可以先問問店員。

River City是東南亞最大的古董工藝品商場，匯集泰國優質手工藝品、設計師品牌、文創商品、古董和藝術品。

👜🍴 River City

📖別冊P.20,C3　🚢3號碼頭(N3)Si Phraya Pier步行約3分鐘，或從中央碼頭Central Pier 10:00~20:00搭River City免費接駁船　📍23 Trok Rongnamkhaeng, Si PhayaPier,Yota Rd, Sampantawong　☎022370077　🕐週一至週五11:00~20:00、週六週日10:00~20:00　✅可　🌐www.rivercitybangkok.com

River City位於曼谷昭披耶河旁，是一幢有許多**昂貴工藝品店和船公司晚餐遊船的售票口和起訖點**。在疫情前，賣場還夾雜著不少其他賣場常見的櫃位、品牌和超市，疫情過後，經過一番洗牌，除了1樓還有幾家知名咖啡廳的分店、高級服裝店外，幾乎都是藝術品、宗教工藝品、骨董傢俱的天下，主題更為明確，較適合目標清楚前來尋寶的買家，相對之下普通消費者比較少。若對藝術有興趣，也可以用逛美術館的心態來看看有什麼新靈感。

☕ Sarnies Bangkok

隱藏在老屋後的網紅咖啡廳

🅟別冊P.20,C5 🚇沙潘塔克辛站1號出口步行約7分鐘，或中央碼頭步行約10分鐘 🏠101-103 Charoen Krung Road 44 North Sathorn ⏰8:00~22:00；週五至週日19:30~21:30二樓有現場音樂演奏 💳可 🌐sarnies.com/Bangkok

一幢非常古舊的兩層樓建築，牆壁、天花板、樓梯都斑駁得像是鄉下一間被棄置的老屋，竟是位於距離曼谷香格里拉酒店不遠處小巷裡、這幾年超搶手的**網紅咖啡廳**！

Sarnies是來自新加坡的品牌，以手工烘焙咖啡豆到煮出風格獨具的咖啡起家，2020年又花了8個月的時間為這間150年的老屋修補容貌，開設了曼谷分店，**濃得化不開的歷史感與巧妙置入的工業風**，讓它迅速吸引眾人的目光。「Sarnies」是一種澳洲式的三明治，可

以隨自己的喜好放進各種食材，到了曼谷，就放進各種熱帶泰國特產的在地材料，各式早午餐和特色咖啡都很受歡迎。

由鍋碗瓢盆組合而成的裝置藝術

◎ Talat Noi壁畫街

🅟別冊P.20,C2 🚢4號碼頭(N4)Marine Department Pier步行約2~3分鐘，或地鐵藍線站1號出口步行13~15分鐘 🏠Soi Chareonkrung 22 ⏰24小時

泰文的Talat是指「市集」，而Noi有「小」的意思，Talat Noi是**曼谷中國城外圍一處華人集中的社區**，幾乎打從曼谷建城不久即已存在，至今仍可看到聖玫瑰堂等歷史建築。時至今日，這一帶居民仍保留著樸實的生活樣貌，只是把其中一條長長的小徑添上壁畫和歷史圖片的外貌，街道的盡頭坐落著安靜的漢王廟，新舊交錯的奇妙風情，成為年輕人和外國遊客拍照打卡的勝地之一。

Warehouse30

⛰別冊P.20,C3 ⚓3號碼頭(N3) Si Phraya Pier步行約2~3分鐘 ⌂52-60 Charoen Krung Rd. ⏰9:00~22:00 💳
www.warehouse30.com

Warehouse 30在2017年下半年登場，這座複合式空間的前身是二戰時期留下的倉庫，7座倉庫以通道相連，將不同倉庫稍做區隔，內部空間明亮且寬敞。倉庫中進駐了不同性質的品牌，包括服飾、**生活風格用品**、餐廳、咖啡店、藝廊、**工作空間**等，各自展現魅力，卻又交融出屬於曼谷的創意風格，值得慢慢探索。

🏠 Horse Unit & Woot Woot Store

⚑4號 ☎0984542250 ⏰11:00~18:00，週六至週日11:00~19:00 🚫週三 💳可

這是一間很難定義的商店，在闊達兩層樓的賣場裡，有新品、有二手貨，商品從服裝、飾品、傢俱、生活用品、植栽、各式工具甚至軍用品等琳瑯滿目，無論你想買什麼，這裡都找得到；也有機會看到你想都沒想過的奇貨，例如商店招牌等。由於場地不小，又處處會發現驚喜，值得多花點時間在裡面慢慢尋寶。

🛍 Stone & Style

🏠3號 📞028707777 ⏰10:00~19:00 ❌週一 💲免費入場 🌐stonestyle.co.th

　　Stone & Style是一家致力於「石雕」工藝的公司，創始人兼所有者Kriangsak Jivanun認為石雕不僅僅是科學技術，更是一種藝術狀態，深深著迷於以設計為主導的創新，尋求無限的創意可能性。這個空間像是他們品牌作品的展示空間，**讓消費者見識美麗的石頭可以變化出的各種可能性**，有興趣者再進一步商談合作細節。

🎨 333 Gallery

🏠5號 ⏰11:00~18:00 ❌週一 💲免費入場 🌐www.333gallery.com

　　333 Gallery策展人憑藉著名藝術收藏家的出身，希望讓新一代的人們能有更開放、更平易近人的管道接觸到藝術，因此設置了這個藝術交易展覽空間，**提供大眾新的藝術視角**。收藏品從繪畫、雕刻、照片、複合媒材等無所不包，會不定期更換展示的內容。逛街購物之餘，偶爾沉浸到這個寧靜的藝術空間裡，有助放鬆身心。出口處設有紀念品店。

捷運席隆線 BTS Silom Line

Saphan Taksin

捷運金線➡捷運蘇坤蔚線➡地鐵藍線➡曼谷周邊

泰國創意設計中心

Thailand Creative & Design Center

⊙別冊P.20,C3 ⊙3號碼頭(N3) Si Phraya Pier步行約8分鐘，或沙潘塔克辛站3號出口步行約15分鐘 ⊙1160 Charoenkrung Road ⊙021057400 ⊙10:30~19:00 ⊙週一 ⊙web.tcdc.or.th ⊙圖書館以會員制，第一次入館可憑護照免費使用，之後須辦理年度會員證

泰國最具指標性的創意設計中心TCDC(Thailand Creative & Design Center)於2017年2月搬至石龍軍路上的泰國郵政總局大樓。仍與過去秉持相同理念，培育與提倡創意設計的思維。除了定期策劃不同的設計展覽，讓居民與遊客能透過展覽培養美感之外，這裡也收藏大量設計相關的書籍和資料，更提供文創工作者可以共同協作的空間。

2017年2月，泰[國創]意設計中心從[原本]的Emporium[百貨]內搬來老城區。

另外，來到TCDC不妨多抬頭看看內部、外部的空間設計，像是能夠眺望舊城區的樓頂、資源中心充滿現代感的挑高設計，或是郵政總局大樓著名的泰國國徽迦樓羅浮雕，都是造訪時不可錯過的重點。

曼谷河岸創意街區

曼谷歷史悠久的河岸街區「Bang Rak」和「Klong San」，百年前曾是外貿特區和首府重地，繁華非常。而「石龍軍路」(Charoen Krung Road)更是曼谷最古老的道路之一，1861年泰皇拉瑪四世下令造路，南北向聯通大皇宮至外國人聚居的河岸商貿特區「Bang Rak」，有如上海外灘，至今可見許多歐式老建築。然而隨著新興城區的發展，老城區卻淪為髒亂陳舊的代名詞。近年在地組織積極推動河岸老城區的老屋活化、創意產業發展及旅遊觀光，除了The Jam Factory的成功案例，2017年2月泰國創意設計中心(TCDC)更由市區搬遷至中央郵政局(General Postal Building)大樓，坐鎮創意街區(Creative District)，積極帶動周邊老城活化運動。

🍴 80/20

⊙別冊P.20,C2 ⊙3號碼頭(N3) Si Phraya Pier步行約8分鐘；地鐵華藍蓬站1號出口步行約11分鐘 ⊙1052-1054 Charoen Krung Road ⊙0991182200 ⊙週三至週日18:00~23:00(最後點餐21:00) ⊙每人3,900B起 ⊙可⊙www.facebook.com/8020bkk

來到位於石軍龍路上的80/20，可說是想品嚐創意泰式料理最好的選擇之一。店名80/20其實象徵了他們的理念，菜單中有80%的食材，包括蔬菜、肉類，皆是來自泰國當地，他們甚至擁有自己的香草園，就是希望所有用餐的客人，都能夠享用最道地的美食。

另外，80/20標榜會配合季節，每週幾乎都會推出不同類型的菜單，通常是以傳統的泰國料理，結合新穎的烹飪方式，成為優雅、令人驚艷的美食饗宴，加上店內都是來自泰國在地設計、製造的精緻陳設，更讓80/20獲得米其林指南的「餐盤」推薦，代表旅客能在這邊享用簡單良好的美食。

Talat Phlu
塔叻蒲站

塔 叻蒲市場一帶之前雖有火車經過，但捷運網絡未達，所以較少有觀光客「入侵」，一直保留著很純正的泰國生活況味。現在因為捷運終於在附近設站，加上水門寺大佛的加持，成了觀光客新的美食朝拜勝地。

交通路線&出站資訊

捷運BTS
◎塔叻蒲站Talat Phlu→席隆線Silom Line
出口2◇三色吧·塔叻蒲市場·Ni-Ang Nam Kaeng Sai·Kanom BuengYoun SuApa·第一夜市·水門寺

Talat Phlu Market塔叻蒲市場

別冊P.11,C5· 塔叻蒲站2號出口，步行約15分鐘
Talat Phlu, Thon Buri 9:00~24:00

泰文裡Talat其實就是「市集」的意思，這個市場因為之前捷運無法抵達，只能搭火車，而現在就算有捷運線延伸到附近，距離捷運站還是略遠，所以對觀光客來說相對陌生。但也因此，這個市場至今**仍保留著比較道地的泰國味**。

Talat Phlu市場的範圍相當大，完全以吃食為主，炸物、燒臘、麵點、冰品、水果等無所不包，應有盡有。有時還有藝人到此辦活動，顯得熱鬧非凡。

其實不只市場裡，主要街道上也到處布滿攤販，仍是以吃食為主，感覺上整個Talat Phlu火車站附近都在賣美食，令人想起曼谷昔日的中國城。看來在愈來愈新潮的曼谷若想找古早的人情味，應該要來Talat Phlu。

捷運席隆線 BTS Silom Line

Talat Phlu

捷運金線➡捷運蘇坤蔚線➡地鐵藍線➡曼谷周邊

水門寺Wat Paknam Bhasicharoen

小編按讚

➡別冊P.11,A1 ➡從塔叻蒲市場步行，約15分鐘可達；地鐵Bang Phai站1號出口，步行10～15分鐘；捷運Wutthakat站4號出口，步行20～25分鐘 ➡300 RatchamongkhonPrasat Alley, Pak Khlong Phasi Charoen, PhasiCharoen ➡024670811 ➡8:00~18:00 ➡免費入場

全曼谷最高的佛像，加上華麗又夢幻的室內佛塔，絕對不虛此行！

將近20層樓高的金色大佛，十分壯觀！

位於昭披耶河畔的水門寺，是1610年大城王朝時期皇家所建的佛寺，在泰國向來頗具地位與影響力，目前因為金色大佛的完工，再度引起世人的矚目。

水門寺是一座佔地7.9英畝的寺廟建築群，周圍運河環繞，宛如一座島嶼。2004年，當時的住持開始在寺廟裡興建一座呈12邊形的巨大佛塔，高達80公尺，裡面分為5層樓，分別陳列著佛像、佛舍利和另一座8公尺高的玻璃佛塔，儼然是個佛教博物館，館藏豐富又金碧輝煌，2012年完工後成為水門寺裡最耀眼的焦點。從佛塔外的露台，可以眺望四周的景觀。而2021年完工的金色大佛，材料其實是純青銅，高達69公尺將近20層樓，呈冥想姿態盤坐在佛塔前。兩大建築聳立在周遭低矮的老社區之上，分外壯觀。

🍴 三色吧San Ke Bar

📖別冊P.11,C6 🚇塔叻蒲站2號出口，步行10~12分鐘 📍Rainforest Talat Phlu, 137 Ratchadaphisek Rd, Talat Phlu, Thon Buri 📞0659394550 🕐9:30~18:00 休週一 💳可 📷www.instagram.com/sankebar_1920

位在一個名為「雨林」的文藝園區裡，14,000平方公尺的綠地空間分為4個區域——日本城、中國城、垂柳園和酸豆庭院，而San Ke Bar為日本城裡的其中一家餐廳。

這裡無疑也是應運現代「打卡文化」潮流而生的網美咖啡廳。裡面草木扶疏，果然頗有雨林的氣氛；**以日本為主題，造景相當用心，有日式木屋、橋梁、曲水潺潺流入養著魚群的池塘**，很多角度都適合拍照，充足的水氣也形成天然的冷氣，分外清涼。吧檯裡提供精緻的咖啡、茶、冰淇淋、麵包、蛋糕、馬卡龍等，整體氣氛頗悠閒自在。

🍦 Ni-Ang Nam Kaeng Sai

 小編按讚

📖別冊P.11,C5 🚇塔叻蒲站2號出口，步行約15分鐘 📍PFCH+52R, Talat Phlu, Thon Buri 📞0819207802 🕐16:00~2:00 ❌不可

> 手工攪拌的雞蛋冰淇淋，口味獨特，完全不讓進口冰淇淋專美於前。

如果照著店名想找到這家店，實在是不可能的任務，因為這家非常簡單樸實的冰店，滿滿都是泰文字，著實很難辨認，不妨找火車鐵軌旁一處三角窗，攤位上擺著七彩繽紛的刨冰原料以及畫著一對可愛夫妻的漫畫商標，就對了！

這家超過40年的冰店，發明**口味獨特的雞蛋冰淇淋，把生雞蛋的蛋黃加進冰和椰奶裡細細攪拌，上桌前再加顆生蛋黃**，記得在蛋黃變硬前趕緊攪拌，蛋和椰奶、冰沙交織成的口感，沙沙地，很綿密也很對味，一點也不輸進口冰淇淋；也有鹹蛋黃冰淇淋，把

看到這個藍色標誌就找對地方了！

雞蛋、椰奶、冰沙交織而成的口感，是其他地方吃不到的冰淇淋！

生蛋黃改成鹹蛋黃加進去攪拌，吃起來又多了一味，令人不得不佩服老闆的創意。

店裡的冰品種類繁多、價格又便宜，當然也有用料比較高檔的新潮創意冰品，任君選擇。

KanomBuengYoun SuApa

小編按讚 讚

親切的異國風味小吃

📍別冊P.11,C5 🚇塔呦蒲站2號出口,步行約15分鐘 🏠PFCG+CX, Talat Phlu, Thon Buri ☎0869885054 ⏰18:00~21:00(週日11:00起) 休週一 ❌不可

KanomBuengYounSuApa更難找,因為它不是店面,而是小吃攤,每天傍晚才會把推車推到人行道上固定的位置,熟練地起油鍋、不停忙著煎煎餅。

Khanom Bueng泰文裡是「煎餅」的意思,只是這個攤位賣的是**越南口味的煎餅,先把摻有薑黃粉的米漿煎成薄薄的餅皮**,然後加入豆干、豆芽菜、椰絲等慢慢炸成一個方形的包,吃的時候還搭配小黃瓜及酸酸甜甜的醬料,口味非常特別。從長長的人龍來判斷,擁有不少忠實粉絲。

First One Night Market 第一夜市

📍別冊P.11,C6 🚇塔呦蒲站2號出口,步行約15分鐘 🏠Ratchadaphisek Rd, Talat Phlu, Thon Buri ☎0991544949 ⏰16:00~24:00 📘www.facebook.com/FirstOneNightMarket

隨著捷運線延伸,觀光客逐漸把觸角伸向塔呦蒲這一區,夜市規劃者嗅到了生意氣息,於是也開闢了新的夜市。和其他人滿為患的夜市比較起來,新開幕的First One Night Market顯得很井然有序,走道很寬敞、座位區也頗充裕,感覺上更優閒。

對搭捷運的觀光客來說,可能有點遠,但是因為停車位眾多,對開車的當地人而言更為方便,所以目前這區的遊客也以曼谷當地人居多,**想體驗沒有觀光客「大舉入侵」的夜市,要趁早。**

捷運金線
BTS Gold Line

捷運金線於2020年12月16日正式通車，全線只有3個車站，分別是恭吞汶里站(Krung Thon Buri)、Charoen Nakhon站和Khlong San站，其中恭吞汶里站和捷運席隆線(Silom Line)相交。

最特別的地方是，這條捷運支線原本並不在曼谷大眾運輸系統的建設計畫內，而是Siam Piwat集團專為ICONSIAM於2015年提案建造，並且所有支出皆由Siam Piwat集團承擔。除了ICONSIAM，Siam Piwat集團旗下還有Siam Center、Siam Discovery、Siam Paragon以及Siam Premium Outlets。

Charoen Nakhon站・Khlong San站　　P.110

Charoen Nakhon站・Khlong San站

捷運Charoen Nakhon站可以説是完全為ICONSIAM量身訂做的車站，和終點站Khlong San站為前往曼谷半島酒店、The Jam Factory、Lhong1919提供新的交通方式，不需只靠搭船才能前往。ICONSIAM對面的巷弄裡也有許多值得一訪的小店，若是百貨商場逛膩了可以去探險一番。

©Siam Piwat

交通路線&出站資訊

捷運BTS
◎Charoen Nakhon站→金線Gold Line
出口1◆OUM'S GREAT CREPE at OURS
出口2◆ICONSIAM、ICS、曼谷半島酒店
出口3◆ICONSIAM、ICS
◎Khlong San站→金線Gold Line
出口2◆The Jam Factory
出口3◆Lhong1919
昭披耶河水路
時間見P.042、路線圖見別冊P.4~5
◎ICONSIAM碼頭Pier 1
◎ICONSIAM碼頭Pier 4

OUM'S GREAT CREPE at OURS

小編按讚 👍

⬥別冊P.20,A4 🚉Charoen Nakhon站1號出口步行約8~10分鐘 📍240, 1 Charoen Nakhon 10 ☎0616615004 🕐週一至週五11:00~20:30、週六與週日10:00~20:30 💳可 📘www.facebook.com/OUMSGREATCREPE.OURS

讓你少女心大爆發的可麗餅專賣店，每個角落都很好拍。

OUM'S GREAT CREPE at OURS採用非常少女的粉色系美式diner風格，可麗餅口味眾多，有泰式風味的Crepe Khun Moo(豬肉鬆、腰果、Nutella榛果醬)、

OUM'S GREAT CREPE 的飲料、咖啡也頗有特色，來一杯清爽的青蘋果氣泡冰美式，可以解一解可麗餅的甜膩感。

中式風味的I was born in Hong Kong(青蔥與烤肉)、韓式風味的Hongdae's Calling(韓式辣醬、泡菜、雞肉)、日本風味的California Maki(海苔、飛魚卵、美乃滋)等16種口味。此外另有店家推薦的6種完美組合，除了Nutella榛果醬與花生醬、香蕉、泰式甜蛋絲的各種排列組合，還有甜蛋絲+起司+煉乳組合，以及鹹味的豬肉鬆佐辣椒醬口味。

ICONSIAM

小編按讚 👍

📖 別冊 P.20,B3 🚇 Charoen Nakhon 站2號、3號出口即達,或從中央碼頭搭乘免費接駁船 🏠 299 Soi Charoen Nakhon 5 ☎ 024957000 ⏰ 10:00~22:00 💳 可 🌐 www.iconsiam.com/en

> 泰國人創意無上限,只有你想不到,沒有他們做不到!

位於昭披耶河河畔的ICONSIAM是Siam Piwat集團耗資550億泰銖建成的購物中心,一共地上8層、地下3層,面積達525,000平方公尺,是亞洲最大的購物中心之一。**外觀設計仿造傳統泰式服裝的褶皺和布紋**,看起來宛如隨風飄動。

ICONSIAM有七大奇景:泰國第一條由非公家機關**出資建設的捷運支線「捷運金線」**;超過10,000平方公尺的**River Park和ICONSIAM Park**不時舉辦活動或市集,可以一邊散步一邊欣賞昭披耶河;號稱東南亞最長的**ICONIC多媒體燈光水舞秀**,每天18:30和20:00準時在River Park上映;位於GF的**室內水上市集SOOKSIAM**,集結了全泰國77府的文化、建築、美食特色;7F的True Icon Hall是泰國第一間世界級會展中心,可容納3,000人,除了辦活動、展覽、會議,甚至可以開演唱會;龐大的藝術社區,蒐集了超過100位本土和國際藝術家的作品,有些藝術品還是**專門為ICONSIAM的獨家創作**。

而購物方面,ICONSIAM當然也是最紮實炫目的!**25,000平方公尺的ICONLUXE**集齊世界各大精品名牌,且每家品牌的店面設計除了保留自家標誌性的設計,也融入了一些泰國元素,以體現ICONLUXE的「icons within icon」的奢華購物體驗。這裡也進駐了**許多泰國首家旗艦店**,像是Apple Store、高島屋百貨Siam Takashimaya、LV、Michael Kors等。

超奢華風的ICONLUXE集聚了世界各大名牌。

白天和夜晚的ICONSIAM給人完全不一樣的感覺。

中央碼頭有免費接駁船可到ICONSIAM。

6樓的室內人造瀑布,在這裡吃飯別有一番風味。廳,四周都是餐

位於7樓的星巴克從高處俯瞰昭披耶河,是泰國最大的星巴克分店。

捷運席隆線

捷運金線 BTS Gold Line

Charoen Nakhon・Khlong San

捷運蘇坤蔚線▼地鐵藍線▼曼谷周邊

小編推薦

SOOKSIAM

⌂GF　ⓊЄ www.sooksiam.com

泰國77府，一次吃好吃滿！

SOOKSIAM是ICONSIAM七大奇景之一，集結了3,000多家本土企業，以室內水上市集的方式呈現泰國77府的藝術、手工業、民族文化和美食，讓訪客可以全方位體驗真正的「泰味」。

四個角落的傳統建築分別是泰國四大區(北部、東北部、中部、南部)的建築特色，由超過200名當地藝術家合力塑造，旨在成為標誌性的泰式文創中心，讓國內外的訪客都可以欣賞傳統工藝的智慧、選購特色商品。SOOKSIAM也會不時規劃各種主題活動和表演，讓每一次的到訪都有不一樣的新體驗。

The Selected

⌂1F　ⓕ www.facebook.com/theselected

一起來發掘泰國好設計！

The Selected是一間選物店，店內販售的商品來自超過80個泰國在地品牌，多為設計及生活風格類商品。可以在此找到刻有大皇宮圖像的木質書籤、印有傳統紋路的現代服飾，或者是泰國設計師的前衛設計商品及飾品，甚至沐浴及芳香精油，種類相當多元。

ICONCRAFT

📍 4F、5F

　　橫跨兩層樓的ICONCRAFT 匯集了泰國當代最創新的藝術作品和傳統工藝品，為本土藝術家提供一個展示、販售他們的品牌和創作的平台。Siam Piwat集團設立此平台旨在支持與傳承泰國傳統工藝、智慧和技術，將它們發揚光大，讓大家從新的角度看待泰國泰國傳統工藝。ICONCRAFT精心挑選了來自全國各地超過500種創意品牌，商品小至珠寶飾品、手工小物、餐具、服飾，大至傢俱、燈飾一應俱全。除了ICONSIAM，另一據點在Siam Discovery的三樓。

kakkatoon把日常用品如MAMA泡麵、沙丁魚罐頭、辣椒醬變成色彩繽紛的可愛織品。

花春捲顧名思義就是用米紙包裹可食用花卉，搭配酸酸甜甜的辣椒醬，是一道非常有特色的前菜。

🍴 Baan Khanitha The Heritage

📍 4F

　　Baan Khanitha是歷史悠久的泰式餐廳，曾被選入2019年的米其林指南。位於ICONSIAM的分店**以殖民風格設計裝飾**，彷彿在傳統老房子裡用餐。餐廳也有室外用餐區，可以一邊享用道地泰式料理，一邊俯瞰昭披耶河。

　　整體菜單和Sathorn總店類似，但有3道特色料理是**ICONSIAM分店限定**，分別是蔬菜鮮蝦咖哩佐鹹蛋(SomRom Curry with Salted Eggs)、花春捲(Potpourri Wrapped in Rice Paper)以及扇貝椰子湯(Tom Kha with Grilled Hokkaido Scallops)，這在總店吃不到喔！

ICS

別冊P.20,B3　Charoen Nakhon站1號出口即達　168 Charoen Nakhon Rd　024957164　10:00~22:00　可　www.facebook.com/ICS.town

2023年1月開幕的ICS就在ICONSIAM對面，結合零售、飯店和辦公空間的29層大樓。ICS進駐超過200家各大品牌以及80家餐廳，地下層還有泰國第一家Lotus's Privé，為**Lotus's首家頂級超市**，除了將近27,000件商品包括新鮮的進口與本土食材、3C產品、家電等，也提供肉類、海鮮的切片、去鱗服務。

廊1919
Lhong 1919

📍別冊P.20,B2　🚇Khlong San站3號出口步行約8~10分鐘　🏠248 Chiang Mai Rd.　📞0911871919　📘www.facebook.com/lhong1919

> 昭披耶河畔又一新景點，充滿泰中歷史情懷。

文化創意和歷史脈絡總是密不可分，來到曼谷的「廊1919」，更能感受到他的不同，這個2017年年底開幕的昭披耶河畔最新景點，其實是座有**百年歷史的碼頭**，如今整修後重新開放，不只有設計商店、餐廳，還有媽祖廟、華人風格的塗鴉壁畫，能感受到濃濃的泰國華人移民歷史及氛圍。走進廊1919，絕不僅僅是走進打卡聖地而已。

廊1919的發展史

「廊1919」的前身為「火船廊」，是興建於1850年的蒸汽船碼頭。中國商人陳慈黌來到泰國後，在火船廊創立了陳黌利行，做起以暹羅米為主的出口貿易，更興建了新式碾米廠。由於當時泰中貿易繁盛，乘船移民而來的華人紛紛落腳於此，也讓此區及對岸Talat Noi一帶漸漸形成華人聚落。

火船廊的建築由黌利家族故居及倉庫組成，建築呈U字形面對昭披耶河。

5座兩層樓的建築在過去百年來都是家族員工的居所，由於建築年久失修，黌利家族後人近年決定整修房舍，修繕時發現建築有許多珍貴的中式壁畫及詩作，經過評估，決定在「火船廊」修復後做為「廊1919」開放，並且定位為泰中藝術史碼頭。

> 牆上的大型塗鴉壁畫很壯觀，有濃濃的泰華氛圍。

> 正廳兩旁掛著的巨型中式服裝，是遊客拍照打卡的首選。

> 聚寶堂中的「惠此中國」匾額，是由中國晚清大臣張之洞所提。

👁 媽祖廟

🕐8:00~18:00

在「廊1919」的園區範圍中，最醒目的就是位於正廳的「媽祖廟」，正廳前方有香爐，可以持香在此參拜，工作人員也會教導遊客如何參拜；而正廳內部有展示，也可以在此抽籤、看籤詩，正廳兩旁掛著的巨型中式服裝則是遊客拍照不可錯過的首選；而建築二樓目前僅開放供奉媽祖的聚寶堂，其他空間大多還在修復、不對外開放。

Ⓗ 曼谷半島酒店

The Peninsula, Bangkok

◎別冊P.20,B4 ◎Charoen Nakhon站2號出口步行約10分鐘，或從中央碼頭Central Pier搭飯店免費接駁船 ◎333 Charoen Nakhon Rd.，Klong San ◎020202888 ◎雙人房約18,000B起(房價每日調整) 可 ◎www.peninsula.com/en/bangkok/5-star-luxury-hotel-riverside

　即便坐落昭披耶河西岸，在開幕初期令許多人跌破眼鏡的曼谷半島酒店，卻以其坐看繁忙東岸的優雅，創造了一方度假天地，**正符合其飯店定位「City Resort」**的都市悠閒。

　曼谷半島酒店「W」型的乳白色建築偎著河岸，370間客房都享有面向昭披耶河的完整景致，客房以暖色、米色、深色拼貼的偌大空間，展現沈穩而不繁複的成熟品味。此外，在建造之初，設計師就以**當代亞洲藝術作品**為主軸，貫穿整體的裝潢與設計，如今這些從東南亞各國蒐羅的瑰麗藝術品，已然成為飯店精髓所在，從踏進大廳開始，就像進入鑑賞家的寶庫或藝廊，為飯店更添尊貴氣質。如此奢華頂級的軟硬體服務，也總讓它年年登上全球各大旅遊雜誌的最佳飯店之選。

The Oriental Spa at Mandarin Oriental, Bangkok

小編按讚

◎別冊P.20,B4 ◎Charoen Nakhon站2號出口步行約5分鐘，或從1號碼頭(N1)Oriental Pier搭飯店免費接駁船可達 ◎48 Oriental Ave, Khwaeng Khlong Ton Sai ◎026599000 ◎10:00~20:00 ◎招牌精油療程(Oriental Qi)1.5小時4,800B ◎可 ◎www.mandarinoriental.com

引領東方SPA風潮，成為頂級SPA代名詞。

　The Oriental Spa位於飯店對岸，一幢擁有蓮花池中庭的獨立建築裡。**療程以純粹泰式古法按摩與藥草學為基礎**，透過旗下受過嚴格訓練的芳療師巧妙穩健之手法，展現其注重細節、尊貴優雅的服務，它不但是泰國第一家Spa，同時成功的引領整個東方Spa的風潮，歷年來屢獲旅遊雜誌或各地Spa公開獎項評選為東南亞或亞洲最佳飯店Spa，成為頂級Spa的代名詞。

The Jam Factory

小編按讚

別冊P.20,B3　Khlong San站2號
出口步行約5分鐘　41/1~5 Charoen
Nakhon Rd.　9:00~20:00
028610950　thejamfactory.life

從**3號碼頭搭船**
即可達，舊倉庫
改建的複合式新
據點。

泰國名建築師
Duangrit Bunnag
改造廢棄工廠，
讓這裡成為近年
備受歡迎的創意
園區。

The Jam Factory和「果醬」沒有關係，而是一處由幾幢河畔的舊倉庫所改建的新興創意園區，有餐廳、咖啡廳、藝廊和商店進駐。由於所在位置比較遠離一般觀光動線，交通又有點輾轉，所以觀光客並不太多。The Jam Factory是**由泰國知名建築師Duangrit Bunnag策畫打造**，保留建築本身的架構、運用玻璃等來改善採光與空氣流動，加上區內原有的好幾棵大樹，把整體環境打造得充滿自然風味，又很寬敞開闊，既適合作為建築事務所的辦公室，又是吸引人的幽靜好去處。

li-bra-ry at Candide

028610967　9:00~20:00　www.
candidebooks.com

店家的推
薦菜黃咖
哩螃蟹。

泰國這幾年很流行把書店和咖啡廳結合在一起，吸引年輕人在優雅的環境裡靜靜地看書，li-bra-ry可說是開這種風氣之先的業者。

位於The Jam Factory的這間咖啡廳，是**由li-bra-ry和Candide Books合作**，所以前半段可看到li-bra-ry at Candide的招牌，後半段又看到Candide Books & Café的招牌，兩者之間的界線並不明顯。室內有冷氣、戶外有美景，的確是靜心讀書的好地方，所以經常座無虛席。

The Never Ending Summer

0616416952　11:00~23:00
可　www.facebook.com/
TheNeverEndingSummer

舊**倉庫改建的複**
合式新據點。

The Jam Factory的中心位置處，有一幢外表看起來斑駁的水泥建築，一旦登堂入室，會發現刻意裸露的紅磚、水泥牆雖然老舊，但是屋頂現代建材所透進的自然光，讓室內格外明亮，充滿蓬勃的朝氣。

這家名為The Never Ending Summer的餐廳，**供應的是傳統泰國菜**，用餐區和廚房之間，隔著完全透明的玻璃牆，不但讓餐廳看起來更寬敞明亮，而且廚房裡的食材品質、設備衛生程度、一舉一動，盡在消費者眼底，吃起來倍覺安心。

捷運席隆線

捷運金線 BTS Gold Line

Charoen Nakhon·Khlong San

捷運蘇坤蔚線　地鐵藍線　曼谷周邊

捷運蘇坤蔚線
BTS Sukhumvit Line

蘇 坤蔚線跨越的區域很廣，等於斜對角切開曼谷市區。北邊的蒙奇站(Mo Chit)可通知名的札都甲週末市集(不過本書是放在地鐵甘帕安碧站介紹，見P.xxx)；中段在暹羅站(Siam)和席隆線(Silom Line)交接，阿索克站(Asok)和地鐵蘇坤蔚站(Sukhumvit)有空橋相連，兩線轉乘更便利。

這條線路以奇隆站連接了兩大購物商圈最為熱鬧；接下來的那那站(Nana)、阿索克站、澎蓬站(Phrom Phong)、東羅站(Thong Lor)和伊卡邁站(Ekkamai)周邊，也是飯店、美食、百貨、市集和夜店不斷，整條路線無論何時都可謂人潮滿滿。

阿黎站Ari   P.119

勝利紀念碑站Victory Monument・
帕亞泰站Phaya Thai・
拉差裡威站Ratchathewi   P.127

奇隆站Chit Lom   P.133

菲隆奇站Phloen Chit   P.147

那那站Nana・阿索克站Asok   P.157

澎蓬站Phrom Phong   P.173

東羅站Thong Lor・伊卡邁站Ekkamai   P.185

安努站On Nut・班差站Bang Chak・
昌伊拉旺站Chang Erawan   P.200

捷運席隆線▼捷運金線▼

捷運蘇坤蔚線
BTS Sukhumvit Line

Ari

地鐵藍線▼曼谷周邊

Ari
阿黎站

阿黎地區新興的拍照打卡熱點。

阿黎站旁邊的Phahonyothin路7巷又名阿黎巷(Soi Ari)，本來是被觀光客忽略的地段，可能因為店租較便宜，陸續吸引一些有創意、想創業的店家在這裡設立據點，逐步發展成「文青區」，特色咖啡廳、美食餐廳、酒吧夜店雲集，成了時下年輕人約會、聊天的最佳去處，深得泰國文青喜愛。而且不只這條主巷子，兩旁分支小巷裡，也能找到特色店家。

交通路線&出站資訊

捷運BTS
◎阿黎站Ari → 蘇坤蔚線 Sukhumvit Line
出口1◎The Yard Hostel‧Paper Butter Burger‧Puritan Antique Gallery & Café Bistro‧Shaka Grill & Bar
出口3◎阿黎巷‧Gump's Ari Community Space‧Thongyoy Café‧A-ONE Ari‧Calm Spa Ari‧Witty Ville‧Sis & Me Bakery Studio‧DROP BY DOUGH at JOSH HOTEL ARI‧Hor Hidden Café‧Lay Lao‧Guss Damn Good (Ari)‧Ongtong Khaosoi‧Nana Coffee Roasters Ari‧Shamballa Somtam‧Tuzani Galleria‧Salt‧Thitaya
出口4◎La Villa

🅰🍴 Gump's Ari Community Space 👍 小編按讚

🏠別冊P.10,G1 🚇阿黎站3號出口步行7~10分鐘 📍25 Ari 4 Fang Nua Alley, SamsenNai, Phaya Thai ⏰24小時(各店家營業時間不一) 📱www.facebook.com/GumpsAri

每個店家都是美景，每個角落都好拍照！

很明顯，這是一處專為愛拍照的網美追蹤族開闢的天地：嶄新的兩層樓建築，交錯合抱成一個天井小廣場，廣場四周圍繞著餐廳、速食店、糕餅店、酒吧，甚至還有時髦的理容店，每家內外都妝點得風格突出，讓遊客可以在不同角落拍出不同感覺的美照；夜晚燈光亮起，又是好幾番不同的風情。

☕ Thongyoy Café

🔺別冊P.10,G1 🚇阿黎站3號出口步行7~10分鐘 🏠24 Ari 4 Fang Nua Alley, SamsenNai, Phaya Thai ☎0987484661 🕙10:00~22:00 可 f www.facebook.com/thongyoycafe

華麗的花花世界，包妳拍出令人驚豔的網美照！

Thongyoy Café共有4層樓，每層自成一個華麗的天地，**無論是牆壁、柱子還是天花板，都運用花朵布置得美輪美奐**，雖然鮮豔得有點驚人，但看得出來設計者頗有美感，在鏡頭下不會呈現不落俗套的艷麗。難得的是如此大手筆布置的環境，消費居然頗平價，眾多泰式傳統甜點，色彩和室內布置一樣艷麗。可說是CP值很高的甜點及咖啡館。

與Gump's Ari Community Space對門而立，不但外表漆得燦爛奪目，裡面更是個花花世界，完全不讓Gump's Ari Community Space專美於前。

Thirsty You Café的半露天座位區氣氛悠閒，可看到空盛桑運河和行人。

🍴 A-ONE Ari

🔺別冊P.10,G3 🚇阿黎站3號出口步行約5分鐘 🏠Soi Ari 1, SamsenNai, Phaya Thai ☎0861020009 🕙24小時 可 f www.facebook.com/aoneari

漫步在曼谷，會發現他們的建築社區很喜歡以「One」命名。A-ONE Ari是一個新的美食廣場，周圍聚集數家餐廳、咖啡廳、甜點店、冰店，甚至有理髮廳和按摩店，中央則設置著舒適的座位，整體宛如一處戶外的美食街，買好自己想吃的食物就可以自在地坐下來，不會有人驅趕，很符合這一區自在無拘束的消費氛圍。

🧖 Calm Spa Ari

🔺別冊P.10,G1 🚇阿黎站3號出口步行11~15分鐘 🏠13 Soi Ari 4 North Alley PhayathaiPhaya Thai ☎0969418645 🕙11:00~21:00 🅢招牌Calm油壓75分鐘2,000B 可 🌐calmspathailand.com

從主街道再轉進巷子裡，眼前出現一幢白色的別墅建築，樓下是咖啡廳，樓上則是2017年開幕的Calm Spa。這個在鬧中取靜的水療中心，認為美妙的放鬆感應該不只是從常規生活中逃脫而已，而是在身體獲得完美的平靜、而自己也的確沉浸其中的那一刻。所以招牌療程就是希望透過減壓的指法和優良的芳療品，讓身體的7種感官都獲得真正的舒緩。當然也提供古法泰式按摩、腳底按摩等基礎療程。

☕ Coffee No.9

☎0639962827 🕙7:00~16:00 🅗週日 不可 f www.facebook.com/coffeenumbernine

位於A-ONE Ari的入口處，是一家2013年起創立的品牌，**運用自家烘焙的咖啡豆，調製出多種口味的咖啡和茶飲品**，因為品質好、價格相對便宜，很快就成為網路爆紅的名店。

以「方便的鄰家咖啡」自許。

☕ Puritan Antique Gallery & Café Bistro

👍 小編拉讚

🔖 別冊P.10,E2 🚇 阿黎站1號或3號出口步行約15分鐘 📍 46/1 Soi Ari 5, Phahonyothin Rd. ☎ 3571099 🕐 週二至週五13:00~18:00，週六及週日11:00~18:00 🚫 週一 📘 www.facebook.com/Puritan.cafe ℹ 進門要脫鞋；甜點菜單每日更換

> 風格亂中有序的藝廊咖啡廳，招牌甜點同樣帶來強烈味覺印象。

　沿著5巷走到幾乎巷子底，如果不是門口高掛著illy咖啡的紅色標誌，不會發現這裡藏著一家咖啡廳；從入口的中庭開始，就**擺著眾多佛像、雕像、藝術作品**，看似信手拈來隨便堆疊卻又亂中有序。

　Puritan的老闆本身酷做西式糕點，曾至東京習藝，也酷愛旅遊，到處蒐購藝術作品；大約2007年決定開設這家咖啡店，把自己的收藏拿出來妝點店面，讓顧客在享受精緻美味的甜點之餘，還能飽覽來自世界各地的藝術作品。**招牌甜點清教徒蛋糕(Puritan)** 以百香果、草莓、柳橙、藍莓等多種個性強烈的水果堆疊而成，倒是與室內裝潢風格頗相呼應。

> 邁入Puritan的大門，頓時有進入另一個世界的錯覺，你很難說它是歐式、泰式還是什麼風格，整體像個包羅萬象的趣味藝廊。

🧁 Witty Ville

🔖 別冊P.10,G2 🚇 阿黎站3號出口步行4~6分鐘 📍 1766 Soi Ari 1, SamsenNai, Phaya Thai ☎ 0946393653 🕐 9:30~19:30 📘 www.facebook.com/wittyville

　Witty Ville的店面很小，小到一不留神就會錯過它的存在，但是小小的空間裡，卻**放滿多種口味的英國鬆餅(Scone)、布朗尼(Brownies)** 和一些主要從日本直接進口的陶瓷壺、杯、盤等生活小物，把空間利用發揮得淋漓盡致。店主本是一位上班族，平常酷愛親手製作英國鬆餅，後來乾脆辭去工作，專心在家烤餅，店面也交由店員打理。

　迷你的透明櫥櫃裡，擺著各種口味的鬆餅，包括原味、蔓越莓、草莓、花生醬、綠茶、白巧克力、夏威夷豆等；布朗尼也是她的拿手甜點。

至於店裡還有一些精緻的相片明信片，這些照片都出自她一位酷愛攝影及旅遊的好朋友之手。

> 店內的鬆餅都是每天現烤的，香鬆好吃，吸引不少忠實顧客。

🧁 Sis & Me Bakery Studio

🔖 別冊P.10,G2 🚇 阿黎站3號出口步行4~6分鐘 📍 Soi aree1 Phaholyothin7, 4/1 Samseannai, Phayathai ☎ 0942956645 🕐 10:30~18:30 (15:00~16:00休息) ✅ 可 📘 www.facebook.com/sisandmebakerystudio

　與Witty Ville比鄰而居，店面一樣迷你，**小巧的杯子蛋糕上面點綴著滿滿的鮮奶油、巧克力、鮮果、糖粉、堅果等，每一種都看得人垂涎欲滴**。Sis & Me Bakery Studio是以網路行銷為主的甜點烘焙坊，光是在阿黎就有兩個據點，除了這個小店，在A-ONE Ari也有店面。店內多達17種口味變化的杯子蛋糕，也有手工餅乾、布朗尼、慕斯蛋糕等。

捷運席隆線▼捷運金線

捷運蘇坤蔚線
BTS Sukhumvit Line

Ari

▼地鐵藍線▼曼谷周邊

☕ DROP BY DOUGH at JOSH HOTEL ARI

📖別冊P.10,G1 🚇阿黎站3
號出口步行11~15分鐘 📍
19, 2 Ari 4 Alley, North
Phaya Thai ☎0917013803
🕐10:00~18:00 💳可 📘
www.facebook.com/
dropbydoughatjoshhotelari

這是一家甜甜圈的專賣店，附設在一家小型旅館的地面樓，內部空間不大，只有5、6張小桌，以接受外送訂單為主。因為**手工製作的甜甜圈口味變化多端**，像是經典香草、覆盆子、京都抹茶加杏仁、檸檬酥皮、重巧克力等，拍起來又很漂亮，頗受歡迎。價格不低，但仍吸引一批粉絲。亦供應霜淇淋、咖啡等。

🍴 Lay Lao

小編按讚 👍

📖別冊P.10,G2 🚇阿黎站3號出口步行
約4分鐘 📍65 Phahonyothin7 Rd.
☎0624535588 🕐10:30~21:30

> 在地人推薦的道地口味餐廳，辣度夠勁的泰國東北菜。

由於泰國東北的地理位置相當靠近寮國，飲食習慣和口味頗受寮國影響，辣度比一般泰國菜更夠勁。**Lay Lao店裡的招牌菜Som Tam，其實就是東北口味的青木瓜沙拉**，套餐還會搭配糖心蛋、越南式香腸、泰式酸豬肉、粄條、酸菜、魚露醬等，一次遍嘗店裡的人氣小菜。即使西方客人上門，他們也不會減輕調味料的辣度，所以嗜辣的人不要錯過。從2018年起，每年都連續獲得米其林必比登推薦。

> Lay Lao並不起眼，但是頗受當地人推薦，如果想品嘗寮國料理或是泰國東北菜，來這裡就對了。

Ⓗ The Yard Hostel

小編按讚 👍

📖別冊P.10,F3 🚇阿黎站1號出口步行約
8分鐘 📍51 Soi 5, PhahonyothinRd.
☎0653285999 💰通鋪每晚550B起、雅
房每晚1,500B起 💳可 🌐www.
theyardhostel.com

> 網路評價超人氣！入住青年旅舍當文青、交朋友。

The Yard Hostel於2015年2月開始經營的**超人氣青年旅舍**，住宿的建築包圍著中庭而立，雖然是舊建築重新整理，卻布置得舒適、雅致，都具有空調設備。共有10間房和3個貨櫃屋，大致分成5種房型，包括通鋪、單人房、雙人房與家庭房等，可以適合不同型態出遊的旅客。有房客可以使用的公用廚房，中庭也很適合聚餐、聊天、認識新朋友。房價包含早餐。

🍴 Paper Butter and The Burger

☎0816491227 🕐週一至週五11:00~14:00、
17:00~22:00，週六11:00~22:00 ❌週日 📘www.
facebook.com/PaperButter

The Yard Hostel的門口有個小貨櫃屋，這是由兩個年輕朋友創業的漢堡店。每天新鮮手作的漢堡，有**豬、牛兩種肉類作基本，再分成招牌、夏威夷、重起司、清邁等4種口味選擇**，可依個人喜好加減肉、培根、起司、鳳梨片等配料，再沾上獨家特調的醬汁，頗受歡迎，店內還有炸薯條、洋蔥圈、辣雞翅等小吃。Paper Butter and The Burger也曾獲列在美國在泰協會的美食推薦名單上。

> 新鮮手作漢堡小店，多種配料、口味任君選擇。

☕ Hor Hidden Café

📖 別冊P.10,G2　🚇阿黎站3號出口步行約6分鐘　📍40, 2 Soi Ari 1, SamsenNai, Phaya Thai　☎0889740419　🕐週日至週五10:00~22:30，週六10:00~23:30　💳可　**f** www.facebook.com/HorHiddenCafe

👍 輕鬆無壓力的咖啡空間。

　站在Hor Hidden Café的門口往裡瞧，怎麼看都像是一間還沒開始營業的餐廳，正打算離開時，卻發現餐廳身旁有一條狹窄的小徑，真正的咖啡廳原來藏在小徑的深處，頓時領悟「隱藏(Hidden)」之名果然其來有自。

　2014年開始經營的Hor Hidden Café，旨在提供消費者一個輕鬆、沒有壓力的空間，所以即使只是點一杯飲料，也不會趕客人，更是當年率先提供免費高速無線上網的咖啡廳之一，因此吸引了不少當地人到此消磨時間。除了冰品、飲料、甜點外，也提供義大利麵等簡餐。

🍦 Guss Damn Good (Ari)

📖 別冊P.10,G2　🚇阿黎站3號出口步行約5分鐘　📍1199 Phahonyothin Road, SamsenNai, Phaya Thai　☎0973569268　🕐10:00~23:00　💳可　**f** www.facebook.com/gussdamngood

　2014年創立於波士頓的手工冰淇淋品牌，口感綿密，口味不斷推陳出新，包括黑巧克力、海鹽杏仁脆片、日本萊姆或柚子、草莓果醬香草、綠茶柑橘檸檬等，不但多得令人眼花撩亂，有些**光聽名字還很難想像究竟是什麼口味，讓人每種都想嘗嘗看**，不過價位並不便宜，製作愈複雜的還要加價。即使如此，它在曼谷已有十餘處分店，可見頗受歡迎。這間分店非常小，沒有座位只有幾個立位。

🍴 OngtongKhaosoi

👍 以實力取勝的泰北佳餚。

📖 別冊P.10,G2　🚇阿黎站3號出口步行約3分鐘　📍31 Phahonyothin Soi 7, SamsenNai, Phaya Thai　☎020035254　🕐9:00~20:00　💳可　**f** www.facebook.com/ongtongkhaosoi

　坐落於阿黎的主要街道，窗明几淨、沒有花俏的裝潢，從2019年起連續獲得米其林必比登的推薦肯定，OngtongKhaosoi完全以實力打天下，目前在曼谷已有4處分店。

　來自泰北的業主，旨在傳承阿嬤的食譜的味道。泰北特有的**咖哩金麵**分別搭配豬肉、雞腿或牛肉，是招牌美食；加有雞血、豬肋肉的**泰北辣湯麵**也很夠勁；如果有三五好友同行，不妨點個迷你前菜盤，可以同時吃到泰北香腸、生菜包肉末等多種泰北最具代表性的小菜。

124

Ari
阿黎站

→勝利紀念碑站·帕亞泰站·拉差裡威站→奇隆站→菲隆奇站→那那站·阿索克站→澎蓬站→東羅站·伊卡邁站

捷運席隆線→捷運金線→

捷運蘇坤蔚線
BTS Sukhumvit
Line

Ari

地鐵藍線→曼谷周邊

☕ Nana Coffee Roasters Ari

小編按讚 👍

📖別冊P.10,F2 🚇阿黎站3號出口步行7~10分鐘 🏠24, 2 Ari 4 Alley, SamsenNai, Phaya Thai 📞0839082222 🕐週一至五7:00~18:00，週六至週日8:00~18:00 💳可 🌐nanacoffeeroasters.com

> 咖啡好喝、環境優美、氣氛佳。

Nana Coffee Roasters是曼谷相當知名的咖啡品牌，**創始人從最開始不喝咖啡、到愛上後全心投入，咖啡沖泡技術經常在國際比賽獲得冠軍**，目前在曼谷有3處據點，每間的氣質不盡相同，但氛圍都很迷人。

阿黎這間分店是幢兩層樓的新穎建築，坐落在綠意盎然的熱帶庭園裡，文青風中又透著豪宅的貴氣，看得出來樹木、植栽維護得相當用心，既適合放空又適合拍照。

🍴 Shamballa Somtam

小編按讚 👍

📖別冊P.10,G2 🚇阿黎站3號出口步行約5分鐘 🏠71/1 Phahonyothin Soi 7, SamsenNai, Phaya Thai 📞023571597 🕐11:00~21:00 💳不可

> 用料鮮美的傳統小店。

位在阿黎主要街道與某條巷口的三角窗，外觀很普通，裡面雖然不大，卻也窗明几淨，既然店名以Somtam為名，涼拌青木瓜應是招牌料理。其實光是**涼拌菜，菜單上就琳瑯滿目，包括加了鱸魚乾的木瓜沙拉、加了醃螃蟹的木瓜沙拉、加了明蝦的木瓜沙拉，還有泰式生蝦沙拉、小黃瓜沙拉等**，關鍵在於用料新鮮，雖是傳統小店，呈盤卻有西餐的繽紛明亮。除了沙拉外，炒河粉、炸蔬菜、烤豬肉沾羅望子醬等，都頗受推崇。

🎁 Tuzani Galleria

📖別冊P.10,G2 🚇阿黎站3號出口步行約5分鐘 🏠71/5 Soi Phahonyothin 7 📞026170254 🕐10:00~21:00 💳可

Tuzani Galleria是個泰國本土崛起的服裝設計品牌，由一位年輕設計師主導，2013年在阿黎巷的主街上設立據點，**風格強調在簡單中展現浪漫**，期望能設計出穿起來高雅、時尚又舒適的服裝。無論是晚禮服、成衣、制服等都可接受訂製，也很樂意與盤商合作。

Thitaya

別冊P.10,E2　阿黎站3號出口步行約13分鐘　40 Soi Ari 5, Phahonyothin Rd.　0855046689　11:00~18:00　週六、週日　bakery-1928.business.site

Thitaya最早只是一家透過網路行銷的蛋糕店，**專門賣手工烘焙的蛋糕**，包括巧克力、橘子、草莓、胡蘿蔔等口味；因為生意不錯，2013年開始才設立這個實體據點。目前除了蛋糕、派餅外，也有各種口味的咖啡、飲料和簡餐。空間雖然不大，但草木扶疏，氣氛很像在朋友家的花園聚會一般。

Salt

別冊P.10,G1　阿黎站3號出口步行約6~8分鐘　111/2 Soi Ari, corner Soi Ari 4, Phahonyothin 7　0987424989　週一至週四16:00~23:00，週五16:00~24:00，週六12:00~24:00，週日12:00~23:00　可　www.facebook.com/SaltBangkok

從阿黎巷主要道路走到4巷口附近，眼光不自覺會被這家名叫Salt的餐廳所吸引，看似剝落的清水模外牆，設立大片玻璃窗，使用的家具、飾品也都走極簡風，後側還有靠木頭燃燒的烤爐。這家2011年開幕的餐廳兼酒吧，**提供法、義、日等國際風格的料理**，吃得到高品質的生魚片、壽司、生蠔，也有手工窯烤比薩，還有琳瑯滿目的葡萄酒、雞尾酒等；可在室內享受冷氣，也可在露天用餐區享受悠閒。雖然消費不便宜，仍然叫好又叫座。

Shaka Grill & Bar

別冊P.10,E2　阿黎站1號出口步行約14分鐘　50/1 Soi Ari 6, Phahonyothin Rd.　0830124495　11:00~14:00、17:00~24:00　週一　可　www.facebook.com/ShakaGrillandBar

Shaka是2015年開業的啤酒屋，餐點以美式、義式墨西哥式和燒烤為主，服務人員雖然英語溝通能力不強，但很活潑熱情，**打算營造成像美洲的墨西哥家庭一樣圍著營火、喝啤酒、吃烤肉的溫馨用餐氣氛**。

Shaka有室內跟戶外座位，門外餐桌上擺著一個大大的烤爐，而室內到處擺設滿滿的啤酒瓶；餐點包括牛排、烤肋排、墨西哥捲餅、漢堡等，燒烤的口味在網路上獲得相當高的評價。除了生啤酒外，從德國、蘇格蘭、緬甸等世界各地進口的啤酒選擇也相當多。

捷運席隆線→捷運金線

捷運蘇坤蔚線
BTS Sukhumvit Line

Ari

地鐵藍線→曼谷周邊

🍴 La Villa

📍別冊P.10,G2 🚇阿黎站4號出口，出站即達 🏠356 Phahonyothin Rd. ⏰7:00~22:00(各店不一) 🌐shop.villamarket.com

La Villa是由Villa Market公司所主導的複合式休閒中心，3個樓層的空間裡分布著許多餐廳、咖啡館、甜品店、服飾店等，包括Starbucks、HOBS Away、CHOB、FUJI、After You等，還有Boots藥妝店和超級市場，消費類型相當多元，又因為距離不遠處的阿黎巷(Soi Ari)颳起咖啡廳風潮，吸引年輕人湧入，而**LaVilla就在阿黎站旁，占盡地利之便**。

La Villa和阿黎巷兩地相輔相成，為這個地區帶來蓬勃朝氣。

🎁 Villa Market

📍1F 📞027791000 ⏰7:00~22:00 🌐shop.villamarket.com

Villa Market創立於1974年，是**泰國相當早期出現的超級市場**，當第一個據點出現在蘇坤蔚路的Soi 33時，某種程度地扭轉了泰國人在露天市集採購生活用品的習慣，提供大家更舒適的採購環境。

Villa Market的貨品以進口商品為主，蔬菜、水果、肉品、海鮮、糕餅、罐頭等幾乎無所不包，它也率先提出客人滿意保證等售後服務，顯示對產品品質的自信與負責。目前在泰國共有24個據點，這間分店屬於中型規模，超級市場外圍還有一些藥房、餐具、臥室用品的小鋪位，生活所需相當齊全。

🍴 HOBS Away

📍GF 📞026130572 ⏰12:00~22:00 ✅可

HOBS是「啤酒屋(House of Beers)」的縮寫，2008年開始出現在泰國，逐漸擴張發展成為相當受年輕人歡迎的啤酒屋品牌。HOBS企圖重現大約11到13世紀比利時人經常聚著喝酒聊天的餐廳的情景，當然加入不少現代的元素；**店裡供應許多比利時知名的啤酒，當然也有從世界其它國家進口的啤酒；菜單也出現不少獨特的下酒菜，讓食客體驗歐式的啤酒文化**。位於La Villa這家據點還多了點速食店的味道，所以名稱又冠上「Away」一字。

🍴 Bon Chon Chicken

📍3F 📞0833629986 ⏰11:00~22:00 ✅可 🌐www.bonchonthailand.com

Bon Chon中文翻譯為「**本村**」，是一家從美國發跡的韓式炸雞企業，不但紅回韓國，還在菲律賓、泰國、印尼、新加坡等國陸續開設分店，油炸火候的拿捏、獨家口味的沾醬，還有夠味的雞翅、章魚、薯條等，難怪很快就征服許多國家人們的胃，光是在曼谷已有58個據點，幾乎人氣最集中的美食區，都會看到它的招牌。也可以吃到泡菜、拌飯、豆腐鍋等韓式料理。

捷運席隆線➡捷運金線➡

捷運蘇坤蔚線
BTS Sukhumvit
Line

Victory Monument · Phaya Thai · Ratchathewi

地鐵藍線➡曼谷周邊

Victory Monument · Phaya Thai · Ratchathewi

勝利紀念碑站·帕亞泰站·拉差裡威站

佇立在四條大馬路中央的勝利紀念碑,如一把長劍,也像埃及的方尖碑,記錄的了在1940年間,和法國爭柬埔寨、寮國屬地的短期戰爭中失去生命的泰國軍官。其周邊的大圓環因為是部份上班族必經路線,周邊便宜衣飾的市集也應運而生。轉進捷運站附近的Rang Nam路,有小吃、免稅店,也有五星級飯店。帕亞泰站附近有皇族白菜園宮殿,而且因為鄰近機場快線RachaPrarop站,前往機場很方便。而拉差裡威站離席隆線(Silom line)和蘇坤蔚線(Sukhumvit Line)的交會轉運點的暹羅站很近,這一帶不僅是交通轉接點,也是曼谷市區最熱鬧的商圈。

交通路線 & 出站資訊

捷運BTS

◎勝利紀念碑站Victory Monument→蘇坤蔚線Sukhumvit Line
出口2◇Isan Rod Ded·光海鮮·王權免稅店·普曼王權
出口3◇勝利紀念碑·Café Narasingh
出口4◇勝利紀念碑市集·Saxophone Pub·Boat Noodle Alley·fyn Hotel·昶隨創意園區

◎帕亞泰站Phaya Thai→蘇坤蔚線Sukhumvit Line
出口4◇白菜園宮殿

◎拉差裡威站Ratchathewi→蘇坤蔚線Sukhumvit Line
出口2◇VIE Hotel Bangkok

☕ Café Narasingh

📖別冊P.10,E4　🚇勝利紀念碑3號出口步行約15分鐘　🏠315 Ratchawithi Road　☎0644623294　🕐週一至週五8:00~18:00,週六至週日8:30~18:00
📘www.facebook.com/CafeNarasingh

> Café Narasingh位於原本國王晉見外賓的貴麗室,店內保留了歐式的裝飾細節。

Phaya Thai Palace原本為國王拉瑪六世的行宮,而其中Café Narasingh的位置,則是**當時國王用來接見外賓和等待晉見客人的貴賓室**,目前則做為咖啡館經營,古色古香的歐式裝潢細節和家具擺件,充滿了懷舊的歐式風情。

推開厚實的木門,Café Narasingh從天花板的繁麗圖繪、拱廊門窗,人字拼木地板,以及沙發桌椅的選擇,無一不典雅精緻,像是電影中的浪漫場景。因Café Narasingh提供平價的咖啡和甜點,也吸引了不少當地人客群,店內可見年輕的大學生、觀光客,以及鄰近醫院的員工等,不過餐點水準則一般,不須有太大的期待。

捷運席隆線 捷運金線

捷運蘇坤蔚線 BTS Sukhumvit Line

Victory Monument · Phaya Thai · Ratchathewi

昶隨創意園區

Chang Chui Creative Park

別冊P.3,A1　從勝利紀念碑站轉乘計程車約20分鐘可達；最近的地鐵站為Bang Yi Khan站，從2號出口轉搭計程車或計程摩托車，車程約5分鐘　460/8 Sirindhorn Rd.　0818172888　每日11:00~23:00(部分攤位屬於夜市，16:00才開業)　www.changchuibangkok.com

> 昶隨的地標就是這架大型飛機。

要是以為到曼谷逛市集就是吃吃喝喝，那來到傳說中的「飛機市集」一定會頗為驚喜。

這裡的正式名稱為昶隨創意園區(Chang Chui Creative Park)，2017年6月開幕後就迅速成為新興人氣景點，也因為園內一台巨大的飛機，而被台灣遊客暱稱為「飛機市集」。不過，與其說這裡是一個市集，不如說是一座聚合泰國創意的大型園區，裡頭進駐了不少可逛可買的商店，設計服飾、文創小物頗為豐富，甚至還有live house、戲院、髮廊進駐，餐飲部分則有多間餐廳、咖啡廳、酒吧，包括來自華欣的知名茶館The Tea House等等，而穿插於其中的藝廊及裝置藝術、塗鴉更令人感到驚喜。這座園區看似毫無章法，但泰國式的創意，在此展露無疑。

其實這座創意園區是由泰國藝術家Somchai Songwattana一手打造，利用老舊的木條窗框、鐵皮、甚至是退役飛機打造而成，這些廢棄物在這裡重獲價值，混搭出這片創意天地，無處不在的設計美感也成為園區的一大亮點。

入夜後，到巨大飛機底下聽聽現場演出，變化的燈光、不時噴灑的水霧，令大家在昶隨的夜晚更加愜意悠閒。

> 小編按讚

白菜園宮殿

SuanPakkad Palace Museum

別冊P.10,E6　帕亞泰站4號出口直行轉進Sri Ayudhya Rd.再直走，約3~5分鐘可達　352 Thanon Si Ayutthaya, ThanonPhaya Thai, Ratchathewi　022454934　9:00~16:00　門票100B　www.suanpakkad.com

> 園內有多個主題展覽，喜愛泰國傳統藝術的人不要錯過！

博物館所在地的前身只是一座菜園(泰文為SuanPakkad)，爾後成為朱拉隆功大帝皇孫ChumbhotParibatra王子的住所，就直接命名為白菜園宮殿，現為基金會代管。

從售票處進場的2樓藝廊不定期展出現代藝術畫作，1樓展覽室收藏有東北地區萬清(Ban Chiang)出土的史前文物。循著參觀動線進入園區8座傳統柚木建築，每座都有主題展覽，包括當時貴族收藏的藝術品、器皿等，其中最美的漆器涼亭(Lacquer Pavilion)是整幢從大城移來的大城時期建築，精緻的手工壁畫展現泰國傳統工藝的精湛技巧；而另一座以泰國傳統箜劇為題的展館，則詳細說明箜劇的由來並展示戲服和面具。

🍴 Boat Noodle Alley

船麵小巷

🔺別冊P.10,F4　🚇勝利紀念碑站4號出口步行約8~10分鐘
🏠2/16-18 Phahonyothin Road, SamsenNai, Phaya Thai　🕐9:00~20:30(有些店家週一休)　❌不可

> 份量少、又便宜，可以叫上滿滿一桌，把所有味道都嘗遍。

　一碗麵16泰銖，有沒有搞錯？沒錯，這就是傳說中的「船麵」，小小一碗僅夠打牙祭，想吃飽就多點幾碗，正好符合觀光客什麼都想嘗一點的小確幸。

　在1700年代後期，曼谷的運河是交通和貿易的樞紐，划著小木船的攤販們用碗盛著湯汁不多的麵給顧客，以免船身晃動不小心灑了出來。隨著大都市的發展，運河交易逐漸退卻，船麵也不再那麼容易吃到了。

　勝利紀念碑北邊的Khlong Samsen運河旁，目前還存在著好幾家供應船麵的店家，形成船麵小巷，因為好吃又便宜，用餐時間總是排著長龍，尤其橋的左邊這家Baan KuayTiewRuathong生意更是興隆，建議非尖峰時間前往，可省下不少排隊的時間。

🏨 fyn Hotel

🔺別冊P.10,F5　🚇勝利紀念碑站4號出口步行約8~10分鐘　🏠17, 1 Soi Ratchawithi 9, ThanonPhaya Thai, Ratchathewi　☎022454300
💲雙人房每晚1,350B起　⭕可
www.fynhotel.com

　勝利紀念碑站雖然不是觀光要站，但是居中的地理位置，搭乘捷運南來北往很方便，而且捷運只要1站就可以轉接上往返機場的機場快線，所以是暢遊曼谷頗理想的據點。

　備有49間客房的fyn Hotel布置簡單、明亮、舒適，會客大廳隨時提供免費的咖啡、菊花茶、杯子蛋糕、布朗尼等簡單飲料與甜點，方便房客隨時可解渴或打打牙祭。

🛍️🍴 王權免税店

King Power/King of Duty Free

🏠別冊P.10,F5　🚇勝利紀念碑站2號出口沿Century the Movie Plaza大馬路再轉進Rang Nam Rd.，步行約5~8分鐘　🏠8 Rangnam Rd.　📞026778888　🕐10:00~20:00　💳可　💻www.kingpower.com　❗必須攜帶護照，進場消費前要先到登記櫃檯辦理手續，才可以帶著免税折扣券購物

> 國際精品雲集，還有名店齊聚的美食廣場，逛起來很舒適。

這間王權免税店是**該集團在曼谷市區裡最大的精品免税店**，經過改裝與擴建之後，在2018年重新開幕，為顧客帶來更嶄新舒適的購物空間。入口處呈半球型的玻璃建築裡，商場1到2樓有Hermes、Prada、Burberry、Gucci等世界知名精品，2樓包括珠寶、美妝、名錶，3樓則是泰國品牌像是著名的泰絲品牌Jim Thompson及各式泰國手工藝品、伴手禮、香氛、精油製品等，都是送禮自用兩相宜的商品，**更有佔地頗廣的餐飲區Thai Taste Hub**，齊集曼谷知名的餐廳和街頭小吃，如nara、胖哥釀豆腐麵等，甚至有鬼門炒河粉的分店——而且不必排隊。

🍴 Isan Rod Ded

> 小編按讚 👍

🏠別冊P.10,F5　🚇勝利紀念碑站2號出口沿Century the Movie Plaza大馬路再轉進Rang Nam Rd.，步行約3~5分鐘　🏠3/5-6 Rang Nam Rd. (皇權免税店對街)　📞022464579　🕐11:00~22:00

> 口味酸辣夠勁，堪稱是Rang Nam路上最好吃的東北料理。

在曼谷發行的《bangkok101》在地導覽書，強力推薦這一家，它堪稱**Rang Nam路上最好吃的東北料理**。餐廳有大家熟知的東北烤雞(Gai-yang)、青木瓜沙拉(Somtam)、酸辣蝦湯、打拋等；而將魚肉炸的酥鬆、拌上青芒果絲、撒上花生後上桌的涼拌菜，則是路邊攤也少見的傳統泰式小菜。因為口味道地，店家酸辣口味絕對夠勁，如果不嗜辣，則可以請店家酌量料理。

> 光海鮮營業到半夜，適合半夜還想大啖美食的夜貓子。

🍴 光海鮮

Kuang Seafood

🏠別冊P.10,F5　🚇勝利紀念碑站2號出口沿Century the Movie Plaza大馬路再轉進Rang Nam Rd.，步行約8~10分鐘　🏠107/12-13 Rang Nam Rd.　📞026425591　🕐11:00~24:00　💳可　f

www.facebook.com/Kuangseafood.soirangnam

位於Rang Nam路上的這家光海鮮營業時間很長，從早上一直到半夜，加上它離機場快線Ratchaprarop站也近，若住在附近的飯店又搭晚班機進曼谷，或是想在離開曼谷前再好好大啖美食，這裡會是不錯的選擇。**各式海鮮料理像是咖哩螃蟹、酸辣蝦湯等都是店家招牌菜**，且價格不算高，3、4人一同用餐最划算。

H 普曼王權
Pullman King Power

別冊P.10,F5 勝利紀念碑站2號出口沿Century the Movie Plaza大馬路再轉進Rang Nam Rd.，步行約3~5分鐘 8/2, Rangnam Rd. 026809999 雙人房約4,250B起(房價每日調整) 可 www.pullmanbangkokkingpower.com

　Pullman Bangkok King Power Hotel是Pullman進軍亞洲的首次出手，和Sofitel同屬法國Accor店管理集團。有別於五星級的奢華，飯店設計風格以簡約俐落為主，1樓大廳挑高4層樓，藉由整幕落地玻璃將自然光引進室內，坐在室內，視野所及的是圍繞中庭的小花園，別有一番風景。客房共計354間，強調**選用高級寢具材質，並關注旅客入住後舒適度**。此外，飯店直接和王權免稅店相連結，周邊的Rang Nam路一到傍晚也是熱鬧非凡，住在這裡飲食購物都很便利。

勝利紀念碑市集
Victory Point

別冊P.10,F4 勝利紀念碑站4號出口沿著空橋往北走步行約3分鐘 捷運勝利紀念碑站旁 約傍晚最熱鬧

　就在捷運站空橋下，Victory Point像是一個市集廣場，有成衣攤也有各式各樣的美味小吃，由於攤商**價格經濟實惠**，像是背心、成衣、長版洋裝、襯衫等都很便宜，吃碗炒粿條也只要幾十泰銖，因此吸引眾多學生、年輕人聚集。

Saxophone Pub

別冊P.10,F5 勝利紀念碑站4號出口沿著空橋往北走步行約3~5分鐘 3/8 Phaya Thai Rd. 022465472 18:00~02:00 可 www.saxophonepub.com

> 小編推薦
> 這裡有高水準現場音樂，來度過浪漫的薩克斯風之夜吧！

　在Victory Point旁邊的巷子裡，有一家以薩克斯風為主題的Saxophone Pub，從1987年開幕至今，吸引不少國內外喜歡薩克斯風、爵士樂或藍調音樂的人士，到此度過浪漫的薩克斯風之夜。**它是酒吧也是餐廳，提供口味道地的泰式料理，還有選擇眾多的雞尾酒單。**

　Saxophone Pub裡面的布置充滿歐洲風情，東方與西方的音樂完美交融、高度水準的現場音樂，從1999年以來就被英國的Metro雜誌肯定為「泰國最佳Pub」。此外，每月都有不同畫家的繪畫展出，畫展的收益捐給Sound and Vision基金會做為兒童們的藝術教育基金。

H VIE Hotel Bangkok

別冊P.7,C2　拉差裡威站2號出口步行約3~5分鐘
117/39-40 Phaya Thai Rd.　023093939　雙人房約
4,150B起(房價每日調整)　www.viehotelbangkok.
com

　VIE飯店隸屬於法國連鎖集團Accor旗下的
MGallery系列，是一間精緻、具設計感的五星級精品
時尚飯店。飯店建築請來法國著名建築師J.H.Boiffils
設計，進入飯店後能感受到濃厚的度假氛圍，而這裡
最大特色是擁有一座位於頂樓的游泳池，一側使用
透明玻璃牆設計，置身其中彷彿在天空中優游！

　飯店內共有153間客房或套房，房內以木質裝潢為
主要風格，帶來沉穩而放鬆的感受。值得一提的是，
每間客房和衛浴皆超乎想像地寬敞，且絲織品皆使
用頂級泰絲品牌Jim Thompson，沐浴
用品則是國際知名品牌Aigner或
BVLGARI，並提供免費迷你酒
吧(Mini Bar)。

飯店位於市中心，不僅鄰
近捷運拉差裡威站，搭乘
捷運或步行幾分鐘的距
離也可前往Siam Center、
BACC周邊商圈。

🍴 La Vie

11F　早餐週一至週五7:00~10:30、週六至週日7:00~11:00；午餐每天
12:00~15:00；晚餐週一18:00~22:00

　號稱曼谷最多星級主廚到訪的法式餐廳La Vie，在2018曼谷米其林指
南中也備受肯定和推薦，位在Vie Hotel的11樓，展示櫃上擺滿了知名星
級主廚來此客座時簽名留念的紀念盤子。

　La Vie餐廳內提供**創意法式料理**，用餐氛圍精緻而舒適，大片的紅酒
櫃更是吸引目光，此外，從大面積的落地窗景可以遠眺Jim Thompson
博物館，日夜皆有不同風情，而**La Vie餐廳所採用的泰絲靠枕及薑蘭燈**
飾，透過泰國的文化特色，呼應眼前所見的都會美景。

Chit Lom
奇隆站

奇隆站連接了三大購物商圈，一個是和奇隆站連接的Central World、Central Chidlom、Gaysorn、Amarin，其中以Rajadamri Rd為主軸，並向四周發展的Phloenchit Rd、Wireless Rd和Rama 4 Rd共4條路圍成的Ratchaprasong區，更被視為曼谷的中心「Central Bangkok」；沿著空橋往暹羅站(Siam)步行，則可直達Siam Square和Siam Paragon等購物中心；另外，捷運空橋進Gaysorn百貨後，再接新建的步行空橋到Big C，甚至還可延伸到水門市場。這個重要的捷運站可說串連起曼谷最龐大的購物重心，每天無論何時人潮都川流不息、熱鬧非凡。

交通路線 & 出站資訊

捷運BTS
◎奇隆站Chit Lom→蘇坤蔚線Sukhumvit Line
出口1◆Gaysorn·Arnoma Hotel·Big C·Central World·三面神·Centara Grand at Central World·Red Sky·紅大哥水門海南雞飯·Kuang Heng·Platinum Fashion Mall·水門市場·Indra Square
出口2◆四面佛·Amarin Plaza·Grand Hyatt Erawan Bangkok
出口4◆Mercury Ville·Chang Foot Spa·King Kong日式燒肉·星巴克Langsuan
出口5◆Central Chidlom

香、燭、花環等供品可以在四面佛廣場裡面買，有公定價。

小編按讚 👍

👁 四面佛
Erawan Shrine

🔖 別冊P.6,E4　🚶 奇隆站2號出口步行約3~5分鐘　🏠 Grand Hyatt Erawan Bangkok旁

四面佛源自印度的布茹阿瑪神，在印度三位一體、至高無上的三相神(Trimurti)——布茹阿瑪(Brahma)、維斯紐(Vishnu)和希瓦神(Shiva)中，布茹阿瑪是宇宙和所有生物的創造之神，四面佛寺內供奉的就是能帶來好運及幫助實現願望、擁有四張臉及四隻手臂的布茹阿瑪神。

曼谷四面佛建於1956年，落成於知名的Erawan Hotel(現為Grand Hyatt Erawan Bangkok)開幕後的1年，該飯店的名稱即取自布茹阿瑪神33頭神象之名「Erawan」。四面佛之所以會坐落在飯店附近的十字路口上，據傳是1956年Erawan Hotel幾近完工時，特別請星象師挑選一個良辰吉日開張，星象師卻表示飯店動土立基的日期不好，建議在特定位置上蓋一座四面佛，改掉當初的錯誤，祈求未來營運順利。於是，飯店請來泰國藝術部門根據傳統協助設計及鑄造四面佛像，並於1956年11月9日安置在飯店旁。

有求必應、香火鼎盛的四面佛，心想事成後一定要還願！

曼谷的四面佛因為台、港兩地藝人皆為其信眾，加**上傳說其有求必應，每天都有許多在地人和遊客前往參拜**，就算沒有華麗的廟宇供奉仍香火鼎盛。據說只要參拜固定方向，並留意每個方位該供幾柱香，加上誠心許願就能心想事成。但當地人告誡，**心願成真後一定要來還願**，一旁的涼亭裡，不時有舞者表演Lakhon Chatree傳統舞蹈，就是民眾來還願的方式之一，而這4分鐘的舞蹈，舞者會朗誦還願者的姓名，還願者則跪在舞者前、面朝四面佛。

拜四面佛不燒香！

從2018年3月中開始，基於環保及健康因素，四面佛已公告請信眾勿點香或蠟燭，以往香煙繚繞的情況已不復見。不過這個規定並不是全面取消持香，其實還是有販售香燭，所以參拜方式幾乎和往常一樣，只是不點燃香燭而已。

奇隆站周邊其他印度神

奇隆站周邊除了四面佛之外，其實還有不少印度神的神像，如果有興趣，不妨一一走訪。

三面神Trimurti

Ⓐ別冊P.6,E3 Ⓖ伊勢丹百貨前方

這尊三面神是印度教裡的創造者大梵天(Brahma)、運作者威斯奴(Vishnu)和毀滅者溼婆神(Shiva)，據傳在此求愛情相當靈驗，而且要選在每週四21:30，三面神下凡的時間，帶著紅玫瑰、紅蠟燭、9吋香祭拜祈願最靈。西洋情人節則是另一個祈願高峰。

那羅延Narayana

Ⓐ別冊P.6,E3 ⒼInterContinental Bangkok前

那羅延是毗濕奴的化身，是印度教中的保護之神、仁慈之神，其坐騎是大鵬金翅鳥迦樓羅(Garuㅤa)。神像坐落於洲際飯店前方，保護周邊和生意興隆。

吉祥天女Lakshmi

Ⓐ別冊P.6,E3 ⒼGaysorn 4樓 ⏰10:00~20:00

位於Gaysorn 4樓的吉祥天女拉克什米(Lakshmi)，在大樓開放時間才能進入參拜。袖是那羅延(Narayana)的妻子，身著粉紅沙麗，站在蓮花上方。信眾常來此祈求生育及財運。

雪山神女Uma

Ⓐ別冊P.6,E3 ⒼBig C前

雪山神女烏瑪(Uma)是溼婆神的愛妃，袖有許多化身，信眾來此祈求神力保佑。

象神Ganesha

Ⓐ別冊P.6,E3 Ⓖ伊勢丹百貨前方

在三面神旁邊的象神格涅沙(Ganesha)是溼婆神的兒子，想求生意財富、智慧靈感，別忘了獻上水果、牛奶等供品，對袖誠心一拜。

因陀羅Indra

Ⓐ別冊P.6,E4 ⒼAmarin Plaza旁

因陀羅是吠陀經記載之眾神之首，這尊神像為翡翠色，不少民眾會來此參拜，並且獻上大象雕像和萬壽菊。

🛍 Central World

🔺別冊P.6,E3　🚆奇隆站先往1號出口方向(但不出站)，再沿空橋指標可直達商場
📍999/9 Rama 1 Rd.　☎026407000
🕐10:00~22:00　💳可　🌐www.
centralworld.co.th

> 不斷求新求變的超大型百貨，多方面搶佔消費者的心。

Central World面積寬達830,000平方公尺(近17萬坪)，裡頭有**超過500間店鋪**，其中多間為旗艦店或首間開在曼谷的店，此外還有100間餐廳、大型超市、電影院、溜冰場。多年來Central World仍不斷求新求變，在2014年又推出了面積達20,000平方公尺的Groove，打造新的美食中心。

Central World主打年輕、休閒與時尚路線，擁有許多深受年輕人喜愛的平價品牌，如Camper、Ted Baker、CK Jeans、Mango、Zara……另外，不少知名的泰國設計品牌也進駐Central World，像是Fly Now III、JASPAL、SODA；愛美的人，則可以進來享受Spa按摩，或是到Harnn、Thann或Karmakamet購買芳療用品；曼谷包NaRaYa分店很多，在Central World這家人氣很旺。

另外，為了服務國際旅客，Central百貨公司也安排會說多國語言的人員進駐，只要看到身上有配戴「我會說中文」的服務人員，就儘管提出你的需求。

💡 **外國遊客優惠Tourist Privilege**

觀光客只要憑護照到遊客服務櫃檯，即可當場申辦一張「遊客優惠卡」(The 1 Card)，之後只要到有貼有「The 1 Card」標籤的專櫃消費，可以獲得5~50%不等的優惠。這樣優惠同樣適用於Central集團名下的百貨公司，包括Central Chidlom和Central Embassy、Central Village等，喜歡購物的旅客可以多多利用。

2023年12月31日以前憑護照辦理The 1會員，便可取得價值5,000B的購物優惠券及現金折價券。若出示消費金額滿1,500B的發票可兌換一份飲料，滿5,000B則可使用VIP貴賓休息室，以上消費都需在同一張發票上方可兌換成功。

🔻Central World 1F兌換櫃檯
(Victoria's Secret旁)

> 餐桌邊會擺放手搖鈴和自家品牌的護手霜。

> 歐式下午茶必備的點心司康。

☕ Divana Signature Cafe

📍2F　☎022522614　🕐10:00~21:30　📘www.
facebook.com/divanasignaturecafe

頂級SPA品牌**Divana**也跨足餐飲業了！設店在**Central World**的**Divana Signature Café**為旗下第一間咖啡館於2018年2月開幕，利用歐式的圓形拱廊和大量的花卉植栽，與人來人往的百貨區優雅畫出分野，形成了一處浪漫自然的歐風下午茶花園。

餐桌邊會擺放SPA時用的手搖鈴，點餐時只要輕輕搖晃，店員便會到桌邊服務，此外桌旁也有提供Divana自家品牌的護手霜提供客人試用。餐點部分選擇性較少，提供簡單的輕食和下午茶、飲料等，經典雙人下午茶是每桌到訪Divana Signature Café必點餐點，飲品也十分有特色，玫瑰荔枝蘇打飲喝起來有著玫瑰花和荔枝果肉的芳香，並加入金箔增添精緻感，若在百貨區逛累了，也不失為一個休息的好地方。

🍴 Hug Thai

> Hug Thai的交易只接受儲值卡付款喔！

📍1F, Hug Thai / Street food zone

Central World全新的美食廣場Hug Thai主打泰國經典街頭小吃，像是海南雞飯、泰式炒河粉、醃豆腐魚丸湯麵、芒果／榴槤糯米飯、椰子冰淇淋……和曼谷其他購物中心的美食廣場一樣，這裡也需要先購買一張儲值卡，再以卡片點餐付款，若儲值卡有剩餘的金額可以交由服務人員計算並退回剩下的現金。若想搭乘接駁車前往Central集團的精品Outlet——**Central Village**，上下車的地方就在Hug Thai區的大門外，每天有3班車次。

🧖 TAZiTA Spa and Art Design

📍7F (Central百貨裡的角落) 💲按摩300~500B、美甲700B起 📘www.facebook.com/tazitaofficial

隱藏在百貨公司角落的TAZiTA，除了提供基本的按摩與護膚療程，也可以做手部和足部的指甲彩繪。隱密的入口處用綠色植物裝飾，彷彿進入一個小小的花園，讓人感到心平氣和，逛街逛累了不妨到這裡放鬆一下。

> 美食廣場旁的good goods是Central集團推廣本土手工藝術的平台，可以選購富有特色的伴手禮。

🎁 NaRaYa

📍1F, Zone Beacon ☎022559522

若說許多人來曼谷一定要逛的百貨公司是Central World的話，那NaRaYa很可能是他們非得拜訪的首站。這家分店的規模不是最大，但生意很好。

羅站‧伊卡邁站➡安努站‧班差站‧昌伊拉旺站

137

捷運席隆線➡捷運金線➡

捷運蘇坤蔚線 BTS Sukhumvit Line

Chit Lom

➡地鐵藍線➡曼谷周邊

VIERA by RAGAZZE

📍2F, Zone E　☎026131028

進口頂級牛皮，再在本地設計與製造，**手工泰國皮件品牌**VIERA by RAGAZZE在這幾年很受歡迎，它的做工細膩，皮質摸起來也很舒服。目前在曼谷各大百貨商場或購物中心設有多家專櫃，在華欣、芭達雅和普吉島也有店面。

Tops Food Hall

📍7F, Zone Dazzle

雖然名為Food Hall，但它不是只賣食物，2,481坪的空間堪稱是全亞洲最大的超市，裡頭從零食、蔬果肉類、小吃、麵包店到生活用品、藥妝……什麼都有，大家最愛的泰國小物、零嘴在這裡也幾乎可以滿載而歸。

KARMAKAMET

📍1F, Zone Groove　☎026131397　🌐www.karmakamet.co.th

採用天然配方、古法研製的各式身體保養商品。

　　KARMAKAMET是泰國本地著名的芳療品牌，店內有各式精油、香氛、香膏等室內芳香或身體保養商品，分類陳列尋找起來很方便，也都會有試用品讓人使用；KARMAKAMET的每一樣商品都採用天然配方，再以古法研製而成，非常受到客人歡迎，目前在曼谷有10家分店；其中在Central World的店面還設有咖啡座，可以來這裡品嘗泰式熱茶、點心，享受精緻芬芳的下午茶。

ⓗ Centara Grand at Central World

🚇 別冊P.6,E3　🚉 奇隆站1號出口或從空橋穿過Central World，步行約10~15分鐘　📍 999/99 Rama 1 Rd.　📞 021001234　💲 雙人房約5,100B起(房價每日調整)　✅ 可

www.centarahotelsresorts.com/centaragrand/cgcw

位在Central World範圍的五星級飯店Centara Grand於2008年12月和曼谷會議中心(Bangkok Convention Centre)一同開幕，讓Central World的複合功能更完整。

這裡共有505間套房，包括有8家餐廳以及酒吧，其中位在51樓的行政樓層提供私人的空間，客人可以享有管家以及咖啡、下午茶的服務；設施方面包括健身中心、室內戶外游泳池、網球場，而位在25樓的Spa Cenvaree則提供各式按摩與舒壓體驗。

🍴 Red Sky

🏢 55F　📞 021006255　🕐 17:00~01:00(最後點餐24:30)　✅ 可　CRU不可著短褲、背心、拖鞋入場

> 曼谷知名Sky Bar，以國際料理和夜景景色最出名。

Red Sky最顯眼的就是**在戶外座位區設計了大型的拱型屏障**，夜晚點燈後投射七彩燈光，非常漂亮。店內可容納230名客人，餐飲以單點為主，前菜、主菜、飲料一頓下來大約要2,000~3,000B，再點瓶酒價格更高。這裡的酒藏非常特別，以兩層樓的圓柱形玻璃設計呈現，藏酒有2,000多瓶，服務生拿酒還得吊鋼絲，也是奇景之一。

從Red Sky還可以搭乘透明膠囊電梯前往59樓的 **CRU Champagne Bar**(簡稱CRU)，平均消費略高於Red Sky，最受歡迎的調酒Swallow's Nest盛裝於鏤空金屬籠子中，紫紅色的調酒以伏特加為基底，加入君度橙酒、石榴汁、甜菜汁、百香果汁、萊姆汁等調製而成，清爽果香中帶有伏特加的醇烈韻味，搭配精巧外觀，相當受女性顧客歡迎。

> 泰國商店現在都不提供免費塑膠袋了，可自備購物袋或是另外花錢購買店家的環保袋。

🏪 Big C Supercenter Ratchadamri

🚇 別冊P.6,E3　🚉 奇隆站1號出口步行約6~10分鐘　📍 97/11 Ratchadamri Rd.　📞 022504888　🕐 8:00~21:00　✅ 可　🌐 www.bigc.co.th

> 旅客最愛掃貨點，零食、泡麵、料理包……一袋袋搬回家！

Big C是泰國大型連鎖超商之一，商品皆為批發價，光是成衣價格就和周邊的水門市場有得拚，而**生鮮超市最受旅客歡迎的就是大包裝的零食、泡麵和各種泰式料理包**，買回家自用送人都划算，倘若需要添購旅行日常用品，開架式美妝品和小份量的洗髮精、沐浴乳都有，對旅人來說相當方便。此外，Big C美食街也很精采，消費比同區賣場略低。

Central Chidlom

📖別冊P.6,F4　🚇奇隆站5號出口，從空橋可直達商場　📍1027 Ploenchit Rd., Lumpini, Pathumwan　☎027937777　🕙10:00~22:00　💳可　Ⓜ️
www.central.co.th

　　Central Chidlom是曼谷最受歡迎的百貨公司之一，擁有不少國際頂級精品和獨家品牌。Central Chidlom最特別的在於提供「**個人時尚造型服務**」(**Personal Shopper Service**)，只要一通電話，就有專業的造型師給予客人最貼切的建議，而且完全免費。

　　更值得一提的是，觀光客只要憑護照到遊客服務櫃檯，可申辦**遊客優惠卡「The 1 Card」**，之後到配合的專櫃消費，即可獲得折扣優惠；這項福利不僅適用Central Chidlom，在它的姐妹百貨公司，如Central World、Central Embassy都可以多加利用。

> Officine Universelle Buly全曼谷僅在Central Chidlom設有唯一的專櫃，別無分號。

🎁 Officine Universelle Buly

📍2F　☎02793777　💳可　Ⓜ️buly1803.com

　　Buly是**來自法國的藥妝店**，由集香水蒸餾師、調香師及化妝品專業於一身的Jean-Vincent Buly創立於西元1803年，所有的產品像是身體滋潤油、香皂、護手霜等皆採用天然配方，**不含人工添加物、化學防腐劑、矽靈等**，香氛產品亦不含任何會干擾氣味的成分，運用最先進的科技把自古流傳下來的美容配方加以改良，將可能造成敏感的因素降至最低。品牌於2014年重返巴黎，並引發美妝界的熱門話題，獨家以水為基底的香水是最具品牌精神的商品之一。
店內裝潢重現19世紀風靡貴族與名媛的優雅風情，產品在外包裝上採用手繪插圖，生動地展現商品的特性。店員們還會根據顧客的需求，在外盒標籤印上客人的姓名等字樣，量身訂製獨特的攜帶包裝。

🍴 美食空間

📍2F

　　百貨公司的二樓，通常是兵家必爭之地，多半是高價商品的天下。Central Chidlom卻拳出奇招，在這個重要的樓層開闢了美食空間，**齊集多家不同風格、口味的高檔美食餐廳**，像是Four Seasons、Paul、An Com An Ca、Thai Terrace、TWG等。

捷運席隆線➡捷運金線

捷運蘇坤蔚線
BTS Sukhumvit Line
Chit Lom

➡地鐵藍線➡曼谷周邊

☕ 灰狗咖啡館Greyhound Café

🏠4F　📞022556964　可　🌐www.greyhoundcafe.co.th

　　Greyhound Café主打泰式料理，實際卻融合了日式、義式美食特色的Fusion風格；招牌推薦菜有複雜麵(Complicated Noodle)，吃時將像河粉一樣的Q彈麵皮，依喜好加上肉醬汁、加了薄荷的辣椒醬、香菜，再和生菜包在一起食用，口味清爽，一份就有飽足感，適合炎炎夏日品嘗。

　　辣醬生鮭魚片(Salmon Sashimi in Spicy Hot Sauce)其實口感不會太辣，反而因為鮭魚吃起來鮮美香嫩，加了薄荷醬汁就更加開胃；荸薺椰子冰(Tub Tim Krob Greyhound Style)是常見的泰式甜品，Greyhound添加了椰肉和椰奶，味道濃厚香甜，是絕佳消暑良品。

同一櫃位還有來自義大利佛羅倫斯的重量級香氛Dr. Vranjes，亦強調自然萃取的怡人香氣，如紅酒擴香、青蘋果白蘭地擴香等。

👜 香朵娜 Donna Chang

🏠5F　可　🌐donna-chang.co.th

　　泰國有眾多香氛品牌，其中香朵娜(Donna Chang)是連泰國皇室也愛用的品牌，旨在利用天然的材質創造最精緻的產品，以花朵、香草等為基底，不含礦物油、防腐劑和其他化學成分，力求讓日常生活充滿舒適的香氣，所以名稱也令人聯想到亞洲女性的溫婉之美。目前以擴香最受歡迎，分別有梔子花、杏仁香草、荳蔻檀香等高雅香氣。

👜 Pañpuri

🏠5F　可　🌐www.panpuri.com

　　Pañpuri是泰國相當知名的奢華香氛品牌，以金色孔雀作為商標，強調天然萃取，不添加任何對人體有害的成分，是全泰國第一個完成國際兩大天然有機機構認證的品牌，推出後很快便打進高檔的居家生活市場。產品線眾多，包括香水、擴香、滋養油、按摩油、護手霜等；還有特別設計的薰香包，隨身攜帶即可鎮日散發淡淡的怡人清香。

Ⓗ Grand Hyatt Erawan Bangkok

🚇別冊P.6,E4 ➡奇隆站2號出口步行約6~8分鐘，或捷運席隆線拉差當梅站4號出口步行約8分鐘 ⌖494 Rajdamri Rd. ☎022541234 💰雙人房約7,335 B起（房價每日調整）📶可 🌐bangkok.grand.hyatt.com/en/hotel/home.html

Grand Hyatt Erawan飯店**結合高階商務性能與度假設施**，各式餐廳則提供義大利、亞洲、傳統歐洲、泰式等多國料理。位於飯店5樓的i.sawan Residential Spa & Club，由美國知名室內設計師Tony Chi設計，設有室外泳池、頂級Spa別墅、健身中心、美甲美髮沙龍等多項設施。在泰文中，「i.sawan」的意涵為「天堂的第五層」，便是希望旅客在這裡能遠離城市喧囂，盡情享受度假氛圍。

🛍 Gaysorn Village

🚇別冊P.6,E4 ➡奇隆站先往1號出口方向(但不出站)，再沿空橋指標可直達商場 ⌖999 Ploenchit Rd. ☎026561149 🕙10:00~20:00 📶可 🌐www.gaysornvillage.com

Gaysorn取自創辦人曾祖母的名字，商場主打頂級精品，擁有許多國際最具知名度的品牌。建築物中央特意保留最舒適的挑高空間，引進從天井流洩的自然光源，更顯建物的明亮貴氣。

商場空間從Lobby Level至3樓，共有5層樓，除了全球精品之外，3樓著重生活家飾精品和泰國時尚設計品牌，而泰國Spa精品如**THANN和Pañpuri**在這裡也找得到。逛累了，商場提供多種美食料理，像是法、義料理、泰國創意菜等，每家餐廳提供的不僅是美味，更是悠閒的用餐回憶。

Thann Sanctuary

🏢3F ☎026561423 💰Thann Sanctuary招牌按摩90分鐘3,000B 📶可 🌐www.thannsanctuaryspa.info

小編按讚

全球最棒的SPA之一，專業按摩師運用自家芳療產品，為顧客回復身心健康。

在Gaysorn百貨公司的3樓，不但有Thann的產品專櫃、Thann的主題咖啡廳，還有一間**Thann的Spa療程中心Thann Sanctuary**，讓專業的芳療師運用Thann的產品，幫助消費者回復心理和身體深層的健康，並曾在《Condé Nast Traveler》的讀者票選中，榮登全球最棒的55個Spa之一。

Thann Sanctuary在百貨公司裡布置出一個寧靜祥和的環境，讓人一踏進就感覺輕鬆。療程眾多，包括泰式按摩、泰式芳療按摩、藥石按摩、瑞典式按摩、護臉、護腳等。其中，**招牌按摩療程是一種深層組織的油壓按摩**，芳療師透過手掌和拇指的按壓，緩解並撫療客人肌肉的疫疼。

捷運席隆線➡捷運金線➡

捷運蘇坤蔚線
BTS Sukhumvit Line

Chit Lom

地鐵藍線➡曼谷周邊

水門市場Pratunam Market

🔺別冊P.6,E2　🚇奇隆站1號出口或從空橋穿過Central World，步行約15~18分鐘　🏠Ratchaprarop Rd.和Phetchaburi Rd.路口　🕙10:00~19:00

　水門市場是曼谷最大的外銷成衣市場，價格相當低廉，彎彎曲曲的市場內巷道，藏著許多成衣店鋪，**以簡便樣式的成衣居多，一樣可以講價**。水門市場歷史悠久，雖然吸引許多人造訪，但開放式的店鋪相當炎熱；後來對面因此2004年以批發為主的商場Pratunam Center在其對面開幕，後來這座商場又改為**The Palladium World Shopping Mall，內部以批發為主**，觀光客也可用較為便宜的價格零買商品，包括服裝、手工藝品到薰香製品都有，還有小吃攤、咖啡店和SPA店。

> 不只水門市場是最大的成衣市場，整個水門地區(Pratunam)可說是曼谷批貨中心，集中很多批發商場和購物中心。

> 這家海南雞飯不只平價、好吃，連米其林指南也選入必比登推薦！

紅大哥水門雞飯(總店) Go-Ang Pratunam Chicken Rice

（小編按讚）

🔺別冊P.6,F2　🚇奇隆站1號出口步行約12~15分鐘　🏠962 Phetchaburi Rd　🕙6:00~14:00、15:00~21:30　f
www.facebook.com/GoAngPratunamChickenRice

> 雞肉軟嫩、沾醬口味好，顧客川流不息的老字號店家。

　海南雞飯在泰國到處可見，細嫩的白切雞肉、白飯，加上一些大黃瓜片或細蔥和一盤沾醬，基本條件每家店都一樣，差別在於雞肉口感以及最重要的沾醬。這家**位於水門市場附近的老字號店家**，據說絕大部份曼谷的計程車司機都知道，營業時間跨三餐加宵夜，不分時段客人都川流不息；這裡雞肉烹調恰當肉質軟嫩不柴、米飯口感適中，最厲害的就是沾醬，豐富了平淡雞飯的味道。

Kuang Heng

🔺別冊P.6,F2　🚇奇隆站1號出口步行約12~15分鐘
930 Phetchaburi Rd　☎022518768　🕙7:00~22:00　f
www.facebook.com/kuangheng1932

　Kuang Heng開業自1932年，目前在街上共有兩間店面。因為店員都穿綠色制服，所以遊客常說他是**「綠色制服海南雞飯」**，和粉紅制服的紅大哥水門雞飯做區隔。店內**除了有海南雞飯，也有雞肉和豬肉沙嗲**，沙嗲口味不錯，價格也很便宜，另外也有泰式奶茶、烤吐司甜點等。

Platinum Fashion Mall

📖別冊P.6,E2 🚇奇隆站1號出口或從空橋穿過Central World，步行約15~18分鐘 📍222 Petchaburi Rd. ☎021218000 🕐9:00~20:00 🅿可 🌐www.platinumfashionmall.com

　　Platinum Fashion Mall是**曼谷當地人和跑單幫的朋友不約而同推薦的逛街聖地**，想要購物搶便宜又不準備到週末市集曬太陽，這裡是非常合適的購物中心。商場地上8層、地下1層，每一層店家少說上百間，總共有超過2,000家的店鋪，衣、飾、包、鞋等用品都有，單價原本就比其他夜市便宜，尤其是成衣，一件百元泰銖的標價到處可見，或購足店家的批發標準，殺價空間更大。

> 這裡是搶便宜又不用曬太陽的逛街好選擇！

Indra Square

📖別冊P.6,E2 🚇奇隆站1號出口或從空橋穿過Central World，步行約15~20分鐘 📍120/126, Rajaprarop Rd. ☎026860497 🕐9:00~20:00

　　鄰近Indra Regent飯店的Indra Square，是一棟購物商場，**總計約400家商店**，部份店家在週末市集也有攤位，售價確實便宜，Bling-Bling手拿包、皮夾也以百元泰銖起跳，不時可見旅客拖著小行李箱或是兩手拎滿購物袋，看起來很像批貨跑單幫的自營老闆們。

Bliston Suwan Parkview Hotel

📖別冊P.6,F4 🚇奇隆站4號出口步行約5分鐘 📍9 Soi Tonson, Phloenchit Rd. ☎026587979 💲標準雙人房2,800B(房價每日調整) 🅿可 🌐www.blistonresidence.com

　　坐落在曼谷鬧區中，交通便利，Bliston飯店沒有都市的繁忙，反倒有著與綠意融合的氛圍。房間寬敞設有廚房，原木地板配上白色、棕色為主的裝潢，溫暖、簡潔的風格讓人十分放鬆；**除了一般的單雙臥室房型，飯店也提供3間臥室的套房房型讓旅客選擇**。而緊鄰的公園則為飯店增添一份愜意，綠意環繞下的泳池更顯清涼。

捷運席隆線➡捷運金線

捷運蘇坤蔚線 BTS Sukhumvit Line

Chit Lom

地鐵藍線➡曼谷周邊

H Baiyoke Sky Hotel

別冊P.6,E1 奇隆站1號出口或從空橋穿過Central World，步行約20~25分鐘，建議搭計程車或嘟嘟車前往 222 Ratchaprarop Rd. 026563000 雙人房約2,500B起(房價每日調整) 可 baiyokesky. baiyokehotel.com

標高309公尺、總計88層樓，**Baiyoke Sky在The Dome和Red Sky等頂樓餐廳蔚為風氣之前，是曼谷第一且唯一擁有展望台餐廳的飯店**。接待大廳位於18樓，從大廳旁的落地窗望出去，就可見市區櫛比鱗次的高樓大廈， 22~74樓的住房，每一間都能俯視不同角度的曼谷市區。

若想伸展筋骨，可至20樓延伸至戶外的泳池，仿羅馬式圓弧的造型，雖然空間不大卻在視覺營造開闊景象。走出飯店大門，就是水門市場；**飯店也為住客提供免費接駁車**來往機場快線站Ratchaprapop以及捷運帕亞泰站(Phaya Thai)、拉差裡威站(Ratchathewi)和暹羅站(Siam)，購物逛街都相當便利。

🛍 Amarin Plaza

別冊P.6,E4 奇隆站2號出口，從空橋可直達商場2樓 496-502 Phloenchit Rd. 026504704 10:00~21:00 可 www.amarinplaza.com

Amarin Plaza早年有SOGO百貨進駐，在捷運開通、沒有這麼多大型購物商場之前，曾是相當熱門的購物中心。沈寂幾年後經過重新整修，其他樓層的本地品牌仍有忠實客人回流消費，**4樓的美食街The Cook集齊曼谷最厲害的街頭小吃名店**，書店加進連鎖速食咖啡店、無線網路吸引年輕族群，商場似乎慢慢拾回往日風華。

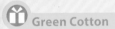

🎁 Green Cotton

2F 026845964 www.greencotton.co.th

小編按讚 👍

對環境無害，同時也保護肌膚的棉質服飾。

Green Cotton主張使用對環境**無害、不加人工染色漂白的棉質衣物，不僅保護地球**，也可以免除對人體皮膚的傷害，無論是浴袍、室內拖鞋、泰式寬綁褲、T-Shirt、遮陽帽等，全數都採用天然棉，店內品項多樣，以標榜環保商品的售價來說價格也不算貴。

H Arnoma Grand Bangkok

📖別冊P.6,E3 🚇奇隆站1號出口或從空橋穿過Gaysorn，步行約5~8分鐘 📍99 Ratchadamri Rd. ☎026555555 💲雙人房約2,800B起(房價每日調整) ✅可 🌐www.arnoma.com

　　總計有369間客房，Arnoma Grand Bangkok因為**坐落曼谷最大購物商圈中央，鄰近捷運站，地理位置絕佳**，一直都是國籍航空公司自由行的住宿人氣之選。飯店特別針對商務旅客設計商務樓層，除了提供無線網路服務之外，還有快速辦理住、退房手續、商務樓層專屬酒吧等設施。4樓也有泰國連鎖SPA品牌Let's Relax。

H Amari Watergate Hotel

📖別冊P.6,E2 🚇奇隆站1號出口或從空橋穿過Central World，步行約15~18分鐘 📍847 Petchburi Rd. ☎026539000 💲雙人房約3,485B起(房價每日調整) ✅可 🌐www.amari.com/watergate

　　Amari原為**泰國老字號的觀光飯店品牌**，重新整修後變身為四星級飯店，用色明亮、裝潢風格更新穎，增設行政樓層提供注重隱私的住客更多住宿選擇。飯店就位於水門市場邊，對街是批貨天堂 Platinum Fashion Mall，往奇隆站或拉差裡威站(Ratchathewi)則大約15分鐘路程。

H Citin Pratunam

📖別冊P.6,E1 🚇奇隆站1號出口或從空橋穿過Central World，步行約25~30分鐘；或拉差裡威站4號出口，步行約15~20分鐘，建議搭計程車或嘟嘟車前往 📍117 Soi Chunladit, Thanonphayathai, Ratchathewi ☎021208999 💲雙人房約1,200B起(房價每日調整) ✅可 🌐www.citinpratunam.com/en

　　Citin Pratunam是**該區頗受好評的平價商務旅館**，步行不到15分鐘的距離就有水門市場、Platinum Fashion Mall、Indra Square等著名的批貨商場，從捷運拉差裡威站一路往北搭可以到週末市集，往南走到奇隆站方向，有Central World，如果願意再逛遠一點到暹羅站，就有Siam Paragon三大購物商場。這裡不僅地理位置佳，客房設備也齊全，無線網路免費使用，房價也合理。

捷運席隆線▶捷運金線
捷運蘇坤蔚線 BTS Sukhumvit Line
Chit Lom
地鐵藍線▶曼谷周邊

☕ 星巴克 Langsuan

小編按讚👍

📍別冊P.6,F4 🚇奇隆站4號出口步行約5分鐘 📍30 Soi Langsuan ☎026841525 🕐7:00~22:00 可 🌐www.starbucks.co.th

> 店鋪裝潢別具特色，悠閒喝咖啡的同時，也能幫助當地咖啡農。

　　星巴克陸續在世界各國開設了不少別具特色的門市，這間Langsuan門市就是其一，不僅是美國海外首間社區店(Community Store)，更是星巴克在泰國第二間獲得LEED金級認證的綠建築門市。**這間門市以協助泰國北部山區農村發展為宗旨，每出售一杯飲品，便會捐出10B給當地的咖啡農。**

　　建築的裝潢風格以傳統泰式民居為主題，融入了泰國北部農村風格。主要素材為木材，室內擺放不少木製桌椅，搭配竹籃、木箱、陶器及麻布袋等裝飾，並擺放了以農村為主題的攝影作品，營造出暖色系且充滿民族文化的空間。

> 還有庭院座位區，可以在草木環繞的環境中，悠閒享受咖啡時光。

> 裝潢融入泰國北部農村風格，極有特色！

🛍️ Mercury Ville

📍別冊P.6,F4 🚇奇隆站4號出口，出站即達 📍540 Mercury Tower, PloenchitRoad, Lumpini, Pathumwan ☎02-658-6218 🌐www.themercuryville.com

　　搭捷運經過奇隆站，從列車上就能看到一幢櫻桃紅色的5層樓建築物，相當醒目。這是2013年底開幕的中型購物中心，內部聚集眾多餐飲店家，**包含泰式、日式、韓式、歐式等不同口味特色的店家齊聚一堂**，像是本地的Savoey、泰國東北料理Have a Zeed、主打韓國炸雞的Bon Chon、來自新加坡的亞坤甜品等，其間還夾雜著一些規模不大的服裝店、飾品店、按摩店、Spa，以及Boots便利商店等。不過經過疫情之後，店家撤出不少，人氣明顯比以前冷清，看來還需要一些時間重振雄風。

> 這裡不以購物為主，而是以美食為主。

Phloen Chit
菲隆奇站

菲 隆奇站算是進入蘇坤蔚路的第一站，周邊有2014年開幕的Central Embassy百貨，與Central Chidlom百貨以空橋相連，可以由此一路逛到奇隆商圈。雖然此站相較於阿索克站(Asok)或那那站(Nana)的熱絡稍嫌青黃不接，但由於捷運站連結另一條Wireless Rd.，沿路有美國大使館、紐西蘭大使館、越南大使館等外國駐泰使館，加上周邊四、五星級觀光或商務飯店不少，住在附近可享受到進可攻進觀光商圈、退可享受住房寧靜的好處。

交通路線&出站資訊

捷運BTS
◎菲隆奇站Phloen Chit→蘇坤蔚線Sukhumvit Line
出口1◇Central Embassy‧Nai Lert Park Heritage Home
出口3◇Ariyasom Villa

出口4◇Ariyasom Villa‧Novotel Bangkok Ploenchit Sukhumvit‧Baan Glom Gig‧里昂法國美食
出口5◇曼谷大倉酒店‧曼谷雅典娜皇家艾美酒店‧Dean & Deluca‧Grande Centre Point Phloenchit

據說二戰時遭到炸彈轟炸，後來乾脆就將炸出的坑洞改為池塘。

另外還設有餐廳，只要用餐就可以到宅邸的花園走走，但不能進入參觀喔。

泰國第一部私家汽車。

👁 Nai Lert Park Heritage Home

🏠別冊P.6,G3 🚇菲隆奇站1號出口步行約8分鐘 📍4 Soi Somkid, Ploenchit Rd. ☎022530123 🕐參觀導覽時間為週三至週日9:30、11:30、14:30、16:30；餐廳11:00~22:00(各家餐廳不一) 🈺週一、週二 💲門票250B 🌐nailertgroup.com/en

隱藏在Central Embassy百貨後方，Nai Lert Park Heritage Home是已有百年歷史的傳統建築。這幢宅邸歸Nai Lert家族所有，Nai Lert家族是不僅是泰國第一個擁有私家汽車的家族，還將巴士系統引進泰國，財力十分雄厚。在經歷三代以後，他們將此處開放為私人博物館，柚木地板、精緻家具，還擺有許多骨董與藝術品，精美的擺設吸引不少藝文活動在此舉辦，沒有活動的話，只要預約導覽，就可以進到豪宅內，一窺泰國豪紳的生活風貌。

捷運席隆線▶捷運金線▶

捷運蘇坤蔚線 BTS Sukhumvit Line

Phloen Chit

地鐵藍線▶曼谷周邊

以「無限」為整體設計概念，無論建築外觀或內部都呈現極為簡練時尚的流線型設計，令人過目難忘。

小編按讚

Central Embassy

📖 別冊P.6,G4 🚆 菲隆奇站1號出口步行約3~5分鐘 📍 1031 Ploenchit Rd. ☎ 021197777 🕙 10:00~22:00 💳 可 www.centralembassy.com

流線造型引注目，內部眾多奢華品牌、美食餐廳齊聚。

　　2014年2月，充滿話題的Central Embassy隆重開幕，這座強調奢華、高檔的百貨商場，是Central集團的力作。商場在建築中占了8層樓的空間，而5星級的Park Hyatt Hotel則進駐當中的30樓。Central Embassy不僅與隔壁的Central Chidlom百貨以空橋相連，更同時鄰近菲隆奇和奇隆這兩個捷運站，購物、交通區位皆十分便利。

　　既然被視為最奢華的貴婦百貨，Central Embassy中進駐了眾多國際精品品牌，包括**Prada**的旗艦店，另外大約有3成為首次進駐曼谷。百貨中也有如**Sretsis**等泰國設計師品牌，而各品牌的櫃位設計也很精采。

　　逛完時裝精品，上樓就能品嘗**Bonchon**、**Broccoli Revolution**、鼎泰豐等餐廳，都是人氣之選。特別的是，來自英國、世界上最古老的理髮店**Truefitt& Hill**也在此開設分店，其他如瓷器、樂器、家飾、書店和美容等商店和電影院也應有盡有，一次滿足顧客的所有需求。

🍴 Open House

🕕 6F

　　從2017年5月開幕便成為熱門話題的Open House，由東京蔦屋書店設計團隊**Klein Dytham architecture**所設計，在敞亮的空間中加入清新的木質設計和綠色植栽布置，像是漂浮於曼谷都會的有機綠洲，吸引不少遊客來此參觀、打卡。

　　融入生活概念的Open House，空間氣氛安靜而輕鬆，在這個複合式空間內，**集合了藝術書店、設計品牌、精緻美食、甜點、親子遊戲區，以及共同工作空間等**，相當適合待上一整天。Open House最大的亮點為兩層樓高的書店，內部共有超過2萬冊的藏書，並設有沙發提供顧客舒適的閱讀體驗，此外，精選的美食店家也不可小覷，如近年相當受歡迎的有機純素餐廳Broccoli Revolution，給予旅客閱讀和美食的饗宴。

Open House集合了藝術書店、設計品牌、精緻美食等多樣化的商店，給予旅客閱讀和美食的生活饗宴。

深受外國旅客及本地年輕人歡迎的Broccoli Revolution也進駐Open House。

⭐ Embassy Diplomat Screens

🏠6F　☎021605999　💲CoCoon型座位單人約1,500B起，雙人約3,000B起　⭕可　🌐www.embassycineplex.com

　　Embassy Diplomat Screens位於Central Embassy六樓，電影院擁有最新的Real-D XL設備及先進的音響系統，更吸引人的是，這裡「重新定義觀影體驗」的奢華、舒適環境。Embassy Diplomat Screens共有5間影廳，多數配備CoCoon型沙發座位，其中最特別的當屬1廳，36個座位中，共有兩人座沙發、沙發床等選擇，並設有酒吧，就像個豪華的起居室。放映廳之外，電影院的休息區也十分寬敞華麗。

Eathai不僅是種類豐富的美食街，超市區域也非常大，想買什麼伴手禮通通都有，環境舒適，完全不用人擠人，吃、喝、買都能滿足！

🍴 Eathai

🏠LG　☎021605995　⭕可　🌐www.centralembassy.com/eathai

超多好料任你選，一次嘗遍泰國各地美食。

　　泰式海鮮酸辣湯、咖哩麵、烤雞、炒河粉、現烤海鮮、奶茶、芒果糯米、椰子冰淇淋……**Eathai美食街位於Central Embassy地下LG層**，將泰國的傳統美食全部濃縮在這裡，味道也令人回味無窮，不過畢竟是百貨公司美食街，這裡的餐點價位會比一般小吃店高。

　　經過擴建、裝修後，**全新的Eathai於2016年7月底正式開幕，內部擴增為13區**，包括泰國東北菜、南方、北方、中部、海鮮、飲料、泰式甜點、街頭小吃及超市、咖啡館等區域。超市部份商品種類齊全，基本上遊客最愛買的伴手禮這裡都買得到，小老闆海苔、老大哥花生豆、Cha Tra Mue茶葉、Pocky都是基本款，就連大家瘋搶的皇家牌牛奶片和小條裝蜂蜜也有機會能買到；Eathai也販售23種泰國有機米，還有食譜、紀念品等。吃和買的選擇都很多，飽餐一頓後別忘了逛逛，挑些伴手禮。

👕 Massimo Dutti

🏠2F　🌐www.massimodutti.com

　　Massimo Dutti是**1985年創立的西班牙時尚品牌，和Zara隸屬於同一集團**，最初以設計男裝為主，1995年也開始製作女裝，風格囊括從休閒到尖端時尚。2003年，Massimo Dutti又投入兒童時尚設計產業。Massimo Dutti的服飾相當注重材質與剪裁，講求舒適性，風格俐落大方，雖然時尚又不太會退流行，頗耐看、實穿。Massimo Dutti在Central Embassy的店面佔地廣闊，橫跨3、4個店面，產品線相當齊全。

🎁 Sretsis

📍2F 🌐 www.sretsis.com

Sretsis就是英文的「姐妹」倒過來拼成的創意字，是一個泰國的時尚品牌，由3個姐妹在2002年共同創業。老二從小就會幫妹妹們縫縫補補，不但興趣濃厚，後來更直接選讀服裝設計；小妹負責珠寶設計，進而催生了珠寶品牌Matina Amanita；攻讀大眾傳播的大姊則負責行銷。

Sretsis的服裝風格偏向浪漫夢幻，還隱藏著些許幽默，看起來年輕活潑卻又難掩高雅的氣質，因此征服的年齡層相當廣。2014年，Sretsis在日本東京的青山開設了旗艦店，正式向國際流行舞台進軍。

🍴 Water Library Brasserie

📍5F ☎ 0947037777、0652469794
🌐 www.waterlibrary.com

> 靈感來自1920年代的巴黎，添加現代創意的法式料理。

2014年創立的Water Library，是走高檔路線的法式料理餐廳，靈感來自1920年代釀酒業高度發展的法國巴黎，所以裝潢氣氛即摹擬那個時期巴黎的酒吧餐廳。餐廳以傳統的法式料理為基礎，再添加現代創意，食客可透過半透明的廚房欣賞大廚的廚藝；**大量進口法國各酒莊的葡萄酒**，也進口眾多不同品牌、口味的氣泡水，配餐選擇眾多。由於經營特色鮮明，頗被消費者接受，因此發展相當快速。

> 看著咖啡上的獨角獸拉花，讓人忍不住讚嘆泰國人真是太浮誇了！

🧁 Sretsis Parlour

📍2F ☎021605875 ⏰可 📷
www.facebook.com/
SretsisParlour ❗店員提醒禁止用相機拍照，只能用手機拍照

> 從拱頂天花板的天空、壁紙及沙發上的動物印花圖案，到地上的小花圖案，都展現出帶有奇幻感的歐式奢華風格。

這間2017年底才開設的咖啡店，**出自泰國知名時裝品牌Sretsis**，整間店充滿歐式的奢華奇幻風，茶點也很有夢幻有特色。

Sretsis Parlour的店鋪開在Sretsis旁，其實店內空間很小，不過因為非常奇幻浮誇的風格，剛開幕就引起注目。店內設計請來英國倫敦的著名品牌House of Hackney操刀，店裡也販售House of Hackney的同花色杯盤組合。不僅裝潢令人目不轉睛，店裡的特色下午茶也是焦點，最受歡迎的蛋糕首推「**Pineapple Princess**」(鳳梨公主)，是香蕉蛋糕和鳳梨和奶油的絕佳組合，蛋糕上更撒了金箔，整體賣相更顯誇張，讓人拍照的手完全停不下來。飲料部分則推薦特調咖啡拿鐵，**上頭的拉花有獨角獸或獅子等圖案**，為隨機出現，味道雖然稍嫌普通，但拍照打卡絕對一流。

想在如此夢幻的地方享用下午茶的代價可不小，因為店家規定每個客人都必須點一份午茶套餐，每份的價位大約在400~500B起，果真是貴婦百貨中的貴婦下午茶。

Dii Wellness Med Spa

🏢4F ☎021605850 ⏰10:00~23:00（最後預約時間20:00）💰Organic Warm Aromatic療程90分鐘2,500B、Andaman La Lunar療程270分鐘18,500B 🌐www.dii-divana.com

> 加入輕醫美元素的高階SPA品牌，按摩同時也保養護膚。

Dii是曾奪下2015年亞洲年度最佳醫療SPA 的Divana SPA推出的高階品牌，位在貴婦等級的百貨公司，所提供的SPA服務自是與眾不同。店面以兩支巨大DNA螺旋狀作為柱體，宣示了**融合醫療科技與傳統SPA的特色**。從店面進入後方的SPA房，氣氛立即轉換，精心設計的低光靜謐空間裡，上方閃爍著宛如星空的水晶，讓人放鬆享受療程。推薦的**Andaman La Lunar**療程裡，包括技法細膩的按摩之外，還使用含氧高壓水柱去角質，接著用含海洋酵素的膠白蛋白抹臉部全身，最後用溫暖的電毯包住全身，再輔以紅外線排毒……最後讓人在浪漫星空的包圍下，沉沉睡去。

> 彷彿徜徉星空下，享受輕柔的治療。

Vivienne Westwood

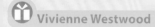

🏢1F 🌐www.viviennewestwood.com

有「龐克教母」之稱的Vivienne Westwood，屹立英國時尚圈將近45年，至今這位祖母級設計師仍常為時尚圈帶來炙手可熱的新話題，且常常出現在Vivienne Westwood的型錄及廣告上。**Vivienne Westwood向來以驚人的創意見長，她熱愛龐克和搖滾，也對傳統布料和17世紀的藝術情有獨鍾**，她毫不畏懼地一再向時裝設計挑戰，作品在服界界獲得極高評價。她的作品在東方流行之都曼谷毫無違和感，有空不妨去看看她又有哪些新創意。

Ⓗ 曼谷柏悅飯店

Park Hyatt Bangkok

🗺別冊P.6,G4 🚇同Central Embassy 🏢88 Wireless Rd. ☎020121234 💰雙人房約12,000B起（房價每日調整）🌐www.hyatt.com/en-US/hotel/thailand/park-hyatt-bangkok/bkkph

泰國首間柏悅飯店位在有貴婦百貨之稱的**Central Embassy**，在2017年5月正式開幕，與同期開業的Open House同樣備受關注，柏悅為凱悅飯店旗下的奢華品牌，以細緻的住宿服務和豪華的住宿體驗而聞名。

曼谷柏悅飯店面對英國大使館的綠地景色，坐擁著曼谷都市美景，內部裝潢因應泰國宗教文化，融合蓮花和東方禪風的元素，奢華中帶有內斂簡約之美。**34~36樓是Penthouse Bar + Grill**，包含窯烤餐廳及高空酒吧等，為複合式宴飲空間，採時髦的歐美風格設計，夜間小酌、用餐更具有情調。

徜徉在室外無邊際泳池，還能看見對面Central Embassy百貨的建築。

🍴 Elements法式餐廳

👍小編按讚

🏠25F ⏰週三至週日18:00~22:30

🚫週一、週二 ❗建議提前預約

2018~2023年米其林一星餐廳。

　　融合了亞洲和歐式料理精髓的Elements法式餐廳，位居於大倉酒店的 25樓，並鄰近於高空泳池畔，在行政主廚Antony Scholtmeyer的帶領下，以新鮮的當地食材，搭配精緻法式烹調品味和擺盤，2018年摘下曼谷米其林一星榮譽。

　　Elements餐廳以大量的粗獷木紋、皮革坐椅等，瀰漫著時髦而悠閒的歐式氛圍，並透過開放式的廚房設計拉近與顧客之間的距離，在用餐之餘也能欣賞精湛的廚藝表演，另外，也可以選擇來到**戶外的The Terrace Bar**用餐小酌，享受曼谷都會的夜晚。

H 曼谷大倉酒店

The Okura Prestige Bangkok

🏠別冊P.6,G4 🚇菲隆奇站先往5號出口方向(但不出站)，再沿空橋指標可直達飯店 🏠Park Ventures Ecoplex, 57 Wireless Rd. ☎026879000 💲雙人房約6,500B起(房價每日調整) 💳可 🌐www.okurabangkok.com/en

　　2012年5月，日本大倉酒店集團旗下的曼谷大倉酒店在曼谷開幕。**以日本大倉酒店為設計藍圖，並融入泰式風格。**飯店坐落於企業園大廈(Park Ventures Ecoplex)24樓以上的樓層，不論徜徉在泳池、用餐、住宿，就連Check-in都是一種高空中的享受。飯店240間客房占據26樓以上的樓層，其中「皇室套房(Royal Suite)」和「總統套房(Presidential Suite)」更位在最高的34樓；全飯店客房最大的「皇家套房(Imperial Suite)」不僅足足有302平方公尺大，房裡的大浴缸特意設在落地窗旁，讓泡澡的享受更上一層樓。

🍴 Yamazato山里日本料理

📍24F　🕐11:30~14:30、
18:00~22:30　❗建議提前預約

©The Okura Prestige Bangkok

　漫步曼谷街頭，不難發現日本料理多如過江之鯽，可見泰國人對日本料理喜愛的程度。和台北大倉久和飯店一樣，曼谷大倉酒店也有一個Yamazato山里日本料理，**純正的日本懷石料理，成為粉絲心目中的高標竿。**

　Yamazato餐廳備有一個壽司吧檯、兩個鐵板燒餐檯、一個私人包廂，除了眾多日本進口食材、每天從築地市場空運而來的海鮮外，更會隨著日本節慶或是季節變化，推出特色各異的季節性菜單。

©The Okura Prestige Bangkok

©The Okura Prestige Bangkok

©The Okura Prestige Bangkok

🍴 Up & Above Restaurant & Bar

小編按讚 👍

📍24F　🕐6:00~23:00、下午茶14:00~17:00

　曼谷大倉酒店有4間風格各異的餐廳，房客可以在其中3間享用早餐，包括位於Lobby樓層的Up & Above Restaurant & Bar，以提供國際口味的菜色為主，最棒的是它的**戶外座位可以一邊小酌一邊俯瞰繁華的市區**，左近的Central Embassy百貨公司、捷運線等都近在眼前。

> 可以俯瞰市區景色的頂級下午茶，針對季節設計的主題很受歡迎。

　Up & Above Restaurant & Bar的下午茶非常受歡迎，尤其**針對不同季節設計的特色下午茶**，例如春天櫻花季的櫻花下午茶，引人垂涎。

> 傍晚時分在此飲杯調酒、一邊賞景，享受城市特有的浪漫情懷。

©The Okura Prestige Bangkok

©The Okura Prestige Bangkok

©The Okura Prestige Bangkok

🧖 The Okura Spa

📍25F　🕐10:00~20:00　💲Okura Gateway療程60分鐘3,600B起

　氛圍寧靜的The Okura Spa有如一處遠離塵囂的園地，這裡的理療師個個技術純熟、訓練有素；在此所喝的茶、所使用的精油、香皂等，都是天然有機的產品；而且高居25樓，享受療程可同時欣賞市景，的確是放鬆身心的好地方。

　在進行任何一項療程前，理療師都會先作一番諮詢，以了解你身體的狀況。The Okura Spa內共有5間獨立的療程室，其中一間還備有可容納兩個人使用的按摩浴缸。由於紫水晶能幫忙趕走憤怒、恐懼、焦慮，提高自身的穩定度，名為**大倉之門(Okura Gateway)** 的經典療程，會運用紫水晶放在第三隻眼也就是頂輪之處，以助平衡身體、心理與情緒的能量。療程內容不斷推陳出新，可隨時上網了解最新訊息。

捷運席隆線➡捷運金線➡

捷運蘇坤蔚線
BTS Sukhumvit Line

Phloen Chit
菲隆奇站

➡地鐵藍線➡曼谷周邊

☕ Dean & Deluca

📍別冊P.6,G4 🚶菲隆奇站5號出口步行約2分鐘 🏠Unit 104, 1st Floor, Park Ventures Ecoplex, 57 Wireless Rd. ☎021082200 🕐7:00~18:00，週末假日到17:00 💳可 🌐deandeluca.co.th

來自紐約蘇活區的Dean & Deluca，從1977年創業至今，**旨在供應消費者各種優質的食物，包括生鮮食材、調味料、咖啡豆、麵包蛋糕等**，已經從單純的食品店變成多角經營的飲食品牌，也確立了高品質的形象。

Dean & Deluca在日本、韓國、新加坡等眾多亞洲國家都設有據點，目前在泰國也開設了14間咖啡廳與餐廳。在這間咖啡廳裡除了可以坐下來品嘗咖啡、甜點外，也可以買到Dean & Deluca所出品的咖啡豆、海鹽、紅酒醋、糖果、咖啡杯、手提包等。

🍴 里昂法國美食

Lyon French Cuisine

📍別冊P.6,G5 🚶菲隆奇站4號出口步行約8分鐘 🏠63/3 Soi Ruamrudee 3. ☎2538141 🕐11:30~14:00、18:00~22:00 💳可

📘www.facebook.com/lyonfrenchcuisinebkk

屹立在現址已經超過30年的里昂法國美食(Lyon French Cuisine)，是**曼谷頗有名氣的法式料理餐廳**，因為就在Conrad Hotel附近，加上鄰近有不少其他飯店，所以慕名而來的國際觀光客相當多。無論是麵包、海鮮、牛排等，口味、品質都頗受推崇；還有一個專屬酒窖，保存眾多法國品牌的紅白葡萄酒，任食客佐餐搭配。

Ⓗ 曼谷雅典娜豪華精選酒店

The Athenee Hotel, a Luxury Collection Hotel, Bangkok

📍別冊P.6,G4 🚶菲隆奇站先往5號出口方向(但不出站)，再沿空橋指標經過曼谷大倉酒店飯店可達 🏠61 Wireless Rd. ☎026508800 💰雙人房8,000B起(房價每日調整) 💳可 🌐www.marriott.com/en-us/hotels/bkkla-the-athenee-hotel-a-luxury-collection-hotel-bangkok/overview

一踏進飯店，接待大廳兩邊直達2樓的迴旋梯相當有氣勢，客房以沉穩的原木為基調，裝潢雍容華貴卻不落俗套，2008年曾獲《**Condé Nast Traveler**》旅遊雜誌票選為亞洲十大飯店之一。入住飯店最不能錯過的就是精緻自助早餐，配菜、裝盤都顯出不凡品味，更遑論那令人滿足的好味道，一早就被美食和英式茶或illy咖啡香喚醒，幸福感十足！此外，飯店頂樓游泳池架有泰式涼亭、傳統雕塑，特別營造程度假村的氣氛，亦可在涼亭預約泰式按摩，度假享樂莫過於此。

餐廳每天都會有今日推薦特餐，價格更實惠，不妨參考。

🍴 The House of Smooth Curry

🕐11:30~14:30、17:30~22:00

飯店裡的泰式餐廳The House of Smooth Curry **曾獲當地美食雜誌評鑑為全泰國精選餐廳之一**，菜色以**中部料理**為主，遵循傳統調味再加進些許新意。像是以紅咖哩烹煮鮭魚，採用泰國味十足的醬料，和全球旅客熟悉的食材，對於不了解泰國料理的客人來說，較容易點菜。

H Ariyasom Villa

🔖 別冊P.6,H3 🚇 菲隆奇站3或4號出口步行約10分鐘 📍65 Sukhumvit Soi 1 ☎022548880 💲雙人房約6,797B起(房價每日調整) 💳可 🌐 www.ariyasom.com

別看這不到30間房、隱身在古豪宅的精品旅館,所有配備設施都是五星級飯店標準,床頭閱讀燈、電子觸控房間電源、免費無線網路,當住客從炎熱街頭回到飯店時,冰箱還提供兩罐洛神花茶和菊花茶等健康飲品消暑解渴。

此外,飯店餐廳旁有Som Sen Spa,Spa用品出自Prann,閱覽室樓層的頂端設有冥想室,每隔週會請和尚來帶領冥想課程,週一晚上也有會講英語的師父授課,完全符合飯店名Ariyasom的泰文原意——「寧靜庇護的源頭」。

🍴 Na Aroon

餐廳以供應有機健康的蔬食為主,偶而也會有海鮮料理。

位於Ariyasom Villa接待區旁的Na Aroon,是座典雅溫馨的餐廳,挑高近兩層樓的木屋,白天有自然光灑進來,晚風微風輕吹,用餐環境舒適。餐廳料理所用的食材,絕大部份是由旅館主人David嚴選,**多數取自泰國皇家計畫的有機農場蔬果,或是附近市場當天新鮮食蔬**。以供應蔬食為主,並沒有太多的崇高理由,純粹是想料理一道道有機、健康、美味的菜餚,偶而會有魚肉等海鮮料理,讓客人有不同的選擇。

H Novotel Bangkok Ploenchit Sukhumvit

🔖 別冊P.6,G4 🚇 菲隆奇站4號出口步行約1分鐘 📍566 Ploenchit Rd. ☎023056000 💲雙人房約2,880B起(房價每日調整) 🌐 www.novotelbangkokploenchit.com

隸屬於Accor國際酒店集團,這間Novotel酒店**不僅鄰近市中心、多家購物商場,離捷運站也很近**,交通便利,商務機能十分完整。酒店共有370間套房、會議室、酒吧、健身房,以及景觀優美的戶外無邊際泳池。整體裝潢簡單中不失精緻,設備齊全。預定Premier及套房房型就可以享有位於29樓的貴賓室,以及每日17:00~19:00的Happy Hour優惠。

捷運席隆線▼捷運金線 捷運蘇坤蔚線 BTS Sukhumvit Line Phloen Chit ▼地鐵藍線▼曼谷周邊

🍴 Baan Glom Gig

📍別冊P.6,G5 🚇菲隆奇站4號出口步行約8分鐘 🏠25 Soi Ruamrudee 1, Phloenchit Rd. 📞028539218 🕐10:00~18:00 💳可 🌐www.instagram.com/baanglomgig

這間位於巷子裡的泰國料理餐廳，雖然沒有很好找，但因為美味的盛名遠播，仍有許多國際旅客不辭辛勞專程走一遭。

Baan Glom Gig是位於巷弄深處的一家泰國料理餐廳，建築本身是一幢殖民風格的白色樓房，門前還開闢了一處小花園，環境相當宜人。這裡提供看起來精緻化的泰式料理，**包括魚餅、烤河蝦、泰式咖哩牛肉、豬頸肉配糯米飯等，口味仍堅持傳統風味，**備受稱譽。

🏨 Grande Centre Point Phloenchit

📍別冊P.6,G4 🚇菲隆奇站5號出口步行約5分鐘可達 🏠100 Wireless Rd., Lumpini, Patumwan 📞020559000 💲雙人房約8,500B起(房價每日調整) 💳可 🌐www.grandecentrepointploenchit.com

Grande Centre Point Phloenchit的室內裝潢走典雅路線，在現代化中融入泰國傳統的風味。飯店共277間房，分屬7種房型，皆配備互動式智慧電視。由於定位為可適合長住型的住宿設施，所以**每間客房或套房都有廚房、微波爐、冰箱、洗衣機等設施，更難得的是每間房都有觀景陽台。**此外，這裡的大廳隨時提供免費咖啡、果汁和電腦等，全飯店區域內皆可免費無線上網。而戶外泳池、健身房、會議室、宴會廳等周邊設施一應俱全。

Grande Centre Point是泰國本土的五星級飯店連鎖集團，在曼谷有3家據點。

💆 Let's Relax Spa

🏠30F 📞026515224 🕐10:00~24:00 💲傳統泰式按摩2小時1,200B 💳可 🌐www.letsrelaxspa.com ❗建議事先預約

Grande Centre Point Phloenchit的水療中心位在30樓，享受療程之餘兼可居高臨下，賞心悅目。Let's Relax Spa的療程項目選擇眾多，除了傳統的泰式按摩、腳底按摩外，還有先進的精油、熱石、去角質、護臉、溫泉等不同選擇，若想一次體驗泰式足部、手部和肩頸按摩，可試試1.5小時的**Dream Package**。

Nana · Asok
那那站·阿索克站

蘇 坤蔚路是曼谷最早期的商業區，整條路以西從那那站開始最為熱鬧、繁華，既有不少餐廳、Spa店圍繞四周，晚上也有夜店、酒吧可以流連玩樂；而許多阿拉伯人聚集的小中東區也在這一帶，讓這裡增添另一種神秘迷人的異國情調。

交通路線 & 出站資訊

捷運BTS
◎那那站Nana→蘇坤蔚線Sukhumvit Line
出口1⇨小中東區·Foodland
出口3⇨Citadines Sukhumvit 11·Citichic by icheck inn·Radisson Suites Bangkok Sukhumvit
出口4⇨Prai Raya Phuket Cuisine·ON8 Sukhumvit·Adelphi Suites Bangkok·Citadines Sukhumvit 8
◎阿索克站Asok→蘇坤蔚線Sukhumvit Line
出口1⇨Terminal 21·Grande Centre Point Terminal 21
出口2⇨Sheraton Grande Sukhumvit·時代中心·Sukhumvit Plaza·高麗菜與保險套餐廳
出口3⇨Grande Centre Point Terminal 21·Admiral Premier·Kamthieng House·Pullman Bangkok Grande Sukhumvit
出口4⇨urban retreat·Park Plaza Sukhumvit Hotel, Bangkok·Foodland·Maitria Hotel Sukhumvit 18
出口5⇨Robinson·Dream Hotel·Mövenpick Hotel Sukhumvit 15 Bangkok

黃咖哩蟹肉米線雖然不便宜，但嘗起來十分美味，讓人覺得很值得。

Prai Raya Phuket Cuisine

▲別冊P.13,B2　▲那那站4號出口步行約6分鐘　○59 Soi Sukhumvit 8　☎0918789959　⏰11:00~22:30　f www.facebook.com/PraiRayaPhuket

來自普吉島的美味，招牌黃咖哩蟹肉米線很受歡迎！

路過蘇坤蔚路(Sukhumvit)8巷，有一幢具有葡萄牙風味的建築非常吸睛，然而它不只是建築有特色，餐點的口味更吸引近悅遠來，它就是來自普吉島的Prai Raya。

2015年3月才開幕的Prai Raya，其實早從1994年就在普吉島創立，曼谷店的主事者是普吉本店的姪女，強調料理忠於原味。**招牌的黃咖哩蟹肉米線，剝得乾乾淨淨的蟹肉又鮮又大，搭配香辣濃郁的咖哩醬汁，以及Q彈爽口的米線，的確十分美味。** 此外，還有南方咖哩豬肉、酸辣黃咖哩、蒜香胡椒燉豬肚等都很受歡迎。

Ⓗ Sheraton Grande Sukhumvit, Luxury Collection Hotel

🅐別冊P.13,C2 🅐阿索克站2號出口步行約2分鐘 🅐250 Sukhumvit Rd. 🅑026498888 🅢雙人房每晚7,100B起（房價每日調整）🅞可 🅙www. sheratongrandesukhumvit.com

位在曼谷市中心的樞紐地段，眼看著捷運、地鐵從無到有，眼看新的五星級飯店一家又一家地冒出，即使強敵環伺，屹立超過20年的Sheraton Grande Sukhumvit住房率卻仍經常維持在九成以上，實力與魅力令人心服口服。

「經常保持新鮮感」應該是Sheraton Grande Sukhumvit魅力得以歷久彌新的重要原因之一。Sheraton Grande Sukhumvit的主建築高達33層樓，共有379間客房及42間套房，每年固定維修更新部分

客房，好讓內部的裝潢風格能符合時代的潮流與顧客的需求。飯店內共有6個餐廳或酒吧，不但每個都獨樹一幟、特色分明，而且個別都會舉辦活動、推陳出新，讓即使經常入住的常客也一直都有新鮮感，所以回客率特別高，從飯店的貴賓樓層竟然比普通樓層還要多得多，略可窺見一二。

Sheraton Grande Sukhumvit的地理位置交通非常方便，捷運阿索克站的2號出口即可直通Lobby樓層，前往Terminal 21百貨公司、地鐵站都在步行可達的距離。客房空間寬敞，即使最小的房間面積也達45平方公尺，布置融合泰文化的優雅與現代化的便利舒適，可上網的互動式衛星電視、免費無線上網、通訊功能完備的辦公桌、淋浴、浴缸等一應俱全。

Sheraton Grande Sukhumvit, Luxury Collection Hotel

🏃 The Grande Spa

🅐3F 🅑026498121 ⏱10:00~22:00 🅢泰式傳統按摩60分鐘2,400B

早從20年前飯店創立開始，The Grande Spa就已存在，因為優越的環境、專業的療程，不但這些年來獲獎無數，連很多曼谷當地人都是固定會員，可見頗受肯定。

The Grande Spa結合古老的智慧與現代科技，運用取拮自天然原料製成的芳療產品，研發出眾多療程，包括泰式傳統按摩、瑞典式按摩、多種芳香療法、臉部、手部、足部護理等，幫助消費者身心靈重獲平衡。此外，飯店有提供住宿加Spa的特惠專案，某些療程如果透過網路線上預約可獲優惠。詳情可隨時上飯店網站了解。

🍴 The Sala與戶外泳池

🏠3F 📞026498365 🕙9:00~20:00

Sheraton Grande Sukhumvit裡最迷人的景觀，非它的戶外游泳池莫屬。這座戶外泳池，因為綠蔭濃密，游泳時也不怕太陽曬；而且只要來到水面下，就可以聽到水中有音樂流瀉，游再久也不怕無聊。池畔的The Sala比一般池畔酒吧還精采，除了口味多樣化的飲料、雞尾酒，還可以吃到麵、飯、小吃、披薩，甚至享受一頓池畔烤肉大餐。

> 林蔭圍繞的戶外泳池，池畔餐廳讓人在迷人景觀中小酌、用餐。

> 泳池水道穿梭在傳統建築、棕櫚樹、緬梔樹等熱帶林木環抱的叢林間，很難想像這裡其實是曼谷最繁華的市中心。

©Sheraton Grande Sukhumvit, Luxury Collection Hotel

🍴 Rossini's

🏠1F 📞026498364 🕙週一至週六7:00~10:30、17:30~22:30，週日7:00~10:30、12:00~15:00、17:30~22:30 🌐www.rossinisbangkok.com ❗建議事先預約

Rossini's入選**2022年米其林指南**，裝潢採用托斯卡尼別墅風格設計，在米其林主廚以及由專業紅酒雜誌《Wine Spectator》讚賞的葡萄酒酒單「primoVino」加持下，可以說是曼谷數一數二的義大利餐廳。早上供應行政套房的早餐自助餐，晚上則是浪漫優雅的義式套餐，適合情侶、家庭聚餐。**帕馬森乾酪松露燉飯**(Risotto ai funghi nel "parmigiano" al tartufo nero)是Rossini's的招牌料理，服務人員端上桌前，會將燉飯倒在一輪帕馬森乾酪裡攪拌，最後再撒上滿滿的松露。

> 幾乎每桌都會點的帕馬森乾酪松露燉飯。

©Dine In The Dark

🍴 Dine In The Dark

🏠B1 Bar Su裡 📞026498888 🕙週三至週六18:00~22:00 💲每人4道菜1,943B ✓可 📘www.didexperience.com、www.facebook.com/DIDBangkok ❗座位有限，需事先預約

> 源於瑞士的獨特用餐體驗，屏除視覺，以味覺、嗅覺和觸覺感受面前的料理。

> 這是一場打開感官的摸黑晚宴，絕對夠特別！

「**Dine In The Dark**」是源自瑞士的獨特用餐體驗，由一位真正眼睛看不到的導遊帶領，進入全然黑暗的空間，享用四道菜的正式晚餐。用餐過程中，你完全看不見周遭環境、看不見餐具、看不見食物，必須倚賴導遊的指示和幫助，靠著觸覺、嗅覺、味覺等，來感受身邊的一切。用餐完畢，回到Bar Su，服務人員會展示剛剛所吃食物的照片，讓你明白自己視覺和味覺究竟有多大的差異。

藉此機會，用餐者能夠真正體驗視障者的切身感覺，也許更珍惜自己對周遭事物的感受能力，也更體貼生活中遇見的視障者。餐費收入會依固定比率捐贈給泰國愛盲協會。

來到小中東區，就像走進轉角的另一個國度。

👁 小中東區

📍 別冊P.13,A1　🚇 那那站1號出口步行約5分鐘　🏠
Sukhumvit Soi 3

　　走進蘇坤蔚路3巷和3/1巷，商店餐廳的招牌瞬間轉換成各式中東文，餐廳門口的露天廚房從湯湯水水轉成肉串燒烤，往來人們的衣著多了頭巾、長袍，招呼的服務人員也成了濃眉大眼落腮鬍的中東人。在這條巷子裡，有不少標榜著**印度咖哩、中東菜、埃及菜**的餐廳，想換口味，就轉進這裡嘗嘗烤餅和烤肉吧。

☕ Foodland

📍 別冊P.13,B1　🚇 那那站1號出口步行約3分鐘　🏠 87 Soi
5, Sukhumvit Rd.　📞 022542179　🕐 24小時　可 ⏱
www.foodland.co.th

　　Foodland是泰國僅見全天候**24小時營業的超級市場**，雖然規模沒有Big C那麼大，但是生鮮蔬果、冷凍食品、泡麵、麵包、衛浴用品等日常生活所需樣樣齊全，而且價格幾乎和Big C一樣便宜，的確非常方便。而那那站附近的夜生活頗為活躍，這間Foodland分店的存在更顯得有其必要性。

　　有Foodland的地方，也幾乎都會附設**Took Lae Dee快餐廳**，運用超市裡的新鮮食材現場烹調，同樣24小時營業，可以吃到美式早餐、亞洲料理、西式餐點等，對住在附近的人來說是方便的好鄰居。

🏨 Citadines Sukhumvit 11

📍 別冊P.13,B1　🚇 那那站3號出口步行約5~6分鐘　🏠
22/22 Sukhumvit 11　📞
022646777　💲 Studio房型
約1,900B(房價每日調整)
可 ⏱ www.discoverasr.
com/en/citadines/thailand/citadines-sukhumvit-
11-bangkok

　　捷運站就在飯店巷口，步行不到3分鐘有Villa Market超市，整條巷子周邊夜店、餐廳、路邊攤都有，餐飲、購物、娛樂條件齊備，交通也很方便，重點是**以商務客為訴求的房間空間寬敞**，且有無線網路服務和便利的廚房設備，也適合一般自由行旅客。

🏨 Citichic by iCheck inn

📍 別冊P.13,B1　🚇 那那站3號出口步行約8~10分鐘　🏠 34
Sukhumvit Soi 13　📞 023423888　💲 雙人房約1,500B
起(房價每日調整)　可 ⏱ www.citichichotel.com

　　很難不注意到坐落在巷弄轉角的Citichic，尤其是在晚上，室內燈光從玻璃帷幕透出來，有點像時尚Lounge、也像個可愛發亮的糖果盒。**旅館房間數不多，但頗受到自由行旅客的喜愛**，周邊有不少Spa、餐廳，走出巷子就是捷運站，即便飯店在巷子裡也不會不方便。

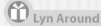

Lyn Around

G lynaround.com

Lyn Around是泰國Jaspal集團旗下的子品牌，Lyn Around主打年輕的女性族群，以活潑的剪裁設計、甜美豐富的色彩，更能呈現出年輕女性的活力和朝氣，打中不少青春少女心。Lyn Around在東南亞有超過30間分店，除了Terminal 21，在曼谷主要的百貨公司如Central World、Siam Center、Emquatier都有分店進駐。

走古靈精怪路線的Lyn Around，不但服飾及包款外型甜美亮眼、質感顏佳，包款的細節做工部分也十分精緻，且價格並不算太昂貴，相當受到泰國年輕女孩的歡迎。Lyn Around每季皆會推出不同的設計系列，新奇又時尚的設計風格，也深受許多歐美和泰國女星的喜愛。

> 來到這裡不僅可以購物，很多人還忙於拍照，堪稱是曼谷最有特色的購物中心。

> 小編按讚

Terminal 21

別冊P.13,C2　阿索克站1號出口，或地鐵蘇坤蔚站3號出口，皆從空橋可直達商場　88 Sukhumvit Soi 19(Wattana) Sukhumvit Rd.　021080888　10:00~22:00　可　www.terminal21.co.th/asok/home/en

> 百貨設計極有看點，邊逛邊拍就像環遊世界！

Terminal 21整座商場的設計與它的名字不謀而合，**以國際機場和航站為設計概念**，將每層樓手扶梯前的入口設計成登機門，過了登機門就能前往各樓層，而每個樓層又分別以世界著名城市為主題，整體的裝潢和布置都與這個城市的風情相關，不但設置了不少裝置藝術，工作人員或警衛的制服都與之相符，甚至連廁所造景也花盡巧思布置。

泰國百貨公司的樓層

泰國的大樓除了1、2、3樓，還常看到BF、GF或MF，這分別代表的是「BF=Basement Level」、「GF=Ground Level」、「MF=Main Floor」，所以一般進入百貨公司以為是1樓的樓層其實是MF，GF就是地下1樓，BF則是地下2樓。

Boots

LG www.th.boots.com

若想在泰國採買藥妝，除了屈臣氏之外，在曼谷大街小巷都可見到分店眾多的Boots，藍色招牌的英國藥妝店Boots在泰國發展得相當不錯，無論是英國品牌保養美妝No.7、Botanics，或是泰國本土品牌的Mistine睫毛膏、眼線液、ele晚安面膜等，都可在此入手。國內外品牌齊全的Boots，**有時可以買到比台灣更便宜的美妝價格**，Boots也時常舉辦促銷及特價活動，常常有買一送一的優惠，非常划算，若消費金額達2,000B也能夠辦理退稅服務。

逛街之餘，看看Terminal 21的樓層設計吧

【LG】Caribbean
在加勒比海要做什麼呢？當然要悠閒吃吃喝喝，這一層有美食小吃街，還有大型超市及藥妝店。

【MF】Paris
名為巴黎的這一樓以品牌服飾以及女裝為主，H&M在此有一間不小的店面。

【GF】Rome
以羅馬神柱、雕像和溼壁畫為主題的這一層，集合了女裝以及運動休閒品牌。

【1F】Tokyo
充滿著日式風情的樓層以東京為主題，讓人可以穿梭高掛燈籠的大街小巷，還有大型相撲選手塑像可供合影拍照；進駐這一層的店面大多是設計師或個性品牌。

捷運席隆線↓捷運金線↓

捷運蘇坤蔚線
BTS Sukhumvit
Line

Nana・Asok

↓地鐵藍線↓曼谷周邊

【2F】London
店面以男裝和潮服為主的2樓以倫敦為主題，倫敦的雙層巴士、電話亭和白金漢宮的衛兵都是合影拍照的好焦點。

【3F】Istanbul
以伊斯坦堡命名的3樓布置充滿著中東風情，這層有不少鞋店、皮件店、手感文具和首飾、家居飾品店。角落也有一家添好運。

【4~5F】San Francisco
以舊金山為主題的4~5樓有許多有趣的造景，其中以金門大橋最為吸引人，這兩層餐廳林立，還可以到設計成漁人碼頭的美食街用餐。

【6F】Hollywood
叫做好萊塢，可想而知這一層以娛樂休閒為主題，包括一間電影院，以及Let's Relax這家知名Spa。

Cha Tra Mue

📍4F ⓦchatramue.com

來泰國必喝手搖！

來到泰國，一定得來喝杯道地的泰式奶茶，Cha tra mue手標茶自1945年起開業，商標為一隻豎起大拇指的手代表「最好的茶」，在泰國街頭巷尾都可以看到攤販或店家使用手標茶製作飲料冰品，而手標茶也自行開設店面，進駐Terminal 21和Siam Paragon等百貨公司、BTS站，甚至是機場內，除了茶葉之外，也賣起現泡飲品，以及開賣期間限定的經典口味。

在Cha tra mue可以買到各式沖泡飲品，如檸檬紅茶、泰式紅茶、奶綠，和蜂蜜等。

Cha tra mue最經典的紅色包裝為泰式紅茶，也是泰式奶茶不可或缺的基底茶；綠色包裝為綠奶茶；金色包裝則為特級茶，以及自2017年開賣的玫瑰茶系列，並在2017年的泰國母親節，以蝶豆花玫瑰奶茶作為期間限定的口味。

Baan Ying

📍5F

Baan Ying一開始只是Siam Square上的一家小小餐廳，1999年開業時只有9張桌子，如今以「媽媽的味道」的傳統泰式料理吸引國內外的饕客。除了常見的道地菜色，如Pad Thai、酸辣蝦湯、各式咖哩⋯⋯其中最有特色的是蛋包飯(Omelette Rice)。蛋包飯一共有8種口味選擇，包括XO醬蝦仁、冬陰功、蒜味辣椒螃蟹等，你也可以從27種配料種組合自己專屬的蛋包飯。

H Grande Centre Point Terminal 21

📍別冊P.13,C2 🚇阿索克站1號出口，或地鐵蘇坤蔚站3號出口，步行約1~2分鐘 🏠2 Sukhumvit Soi 19, Sukhumvit Rd. ☎0569000 💲雙人房約4,502B起(房價每日調整) 🅿可 ⓦwww.grandecentrepointterminal21.com

Grande Centre Point Terminal 21位在曼谷最繁華的地區之一，而且鄰近地鐵站和捷運站，隨時可以到Terminal 21逛逛，可說占盡地利之便。Grande Centre Point是泰國本土舉足輕重的飯店管理集團，一踏進會客大廳，就會對它的壯麗氣勢讚嘆不已；共有498間客房或套房，同樣在簡潔的線條與色調中彰顯出尊榮的質感，40吋的液晶電視、冰箱、微波爐、免費無線上網等都是基本配備，房客還可事先要求有簡單廚房、烤麵包機、洗衣機、乾衣機、DVD放映機的房型。

此外，飯店特別開闢F樓層，提供各式休閒設施，除了健身房、戶外無邊際泳池、三溫暖、兒童遊樂室外，更有網球場、瑜珈教室、迷你高爾夫球練習場、卡拉OK包廂等，都可免費提供房客使用。

Soi Cowboy牛仔街

別冊P.13,C2 阿索克站3號出口步行8~10分鐘，或地鐵蘇坤蔚站2號出口步行約5分鐘 Soi Sukhumvit 21與Soi Sukhumvit 23之間, Klongtoey, Khlong Toei 入夜後 可

蛋黃鬧區之中一條長約150公尺、狹窄的巷子，巷口掛著大大的「Soi Cowboy」字樣，白日裡安安靜靜、人煙稀少，停著不少尚未營業的攤販推車，到了晚上亮起七彩霓虹燈，街上多的是打扮性感的辣妹，以及「逛街」的男人。這裡是**曼谷知名的紅燈區**，雖然不鼓勵到此消費，但沒到過紅燈區的人，不妨到這裡長見識。建議結伴而行。

The Local

別冊P.13,D2 阿索克站3號出口步行10~12分鐘，或地鐵蘇坤蔚站1號出口步行約10分鐘 32-32/1 Soi Sukhumvit 23, Khlong Toei Nuea, Watthana 026640664 11:30~14:30、17:30~23:00 可 thelocalthaicuisine.com

繁華的鬧區之中，赫然出現一幢古色古香的庭園建築，高大的樹木、蓊鬱的綠葉，環繞著泰式傳統的木造迴廊，心情不覺也跟著沉靜了下來。這家名稱很直白的餐廳，「local」這5個字母逐字拆開來分別是：本土(local)、老配方(old recipe)、文化(culture)、道地(authentic)和學習(learning)的寓意，也是他們一貫的自我期許，**家傳了好幾代的古法烹調，頗受當地居民肯定，常被作為宴請外國賓客的首選地。**

Y'est Works Coffee Roastery

別冊P.13,C2 阿索克站3號出口步行約10分鐘，或地鐵蘇坤蔚站1號出口步行約10分鐘 41, 1 Soi Sukhumvit 23, Khlong Toei Nuea, Watthana 0902193142 週一至週五7:00~18:00，週六至週日10:00~18:00 可 www.thailandcoffee.net

Y'est Works是曼谷一個咖啡烘焙的連鎖品牌，它不只是個賣咖啡的商鋪而已，而是以專業的咖啡烘焙工坊自許，提供一個**讓人們找到最適合自己咖啡的場地**。這裡隨時備有上百種咖啡豆，知識淵博的服務人員很樂意**根據顧客的個人喜好，提供專業的諮詢與推薦。**如果你是個四處尋找好喝咖啡的人，來這裡準沒錯。

巴拉尼
Bharani

別冊P.13,D2 阿索克站3號出口步行8~10分鐘，或地鐵蘇坤蔚站2號出口步行約8~10分鐘 96/14 Soi Sukhumvit 23, Khwaeng Khlong Toei Nuea, Watthana 026644454 10:00~21:00 週一 可 www.bharani1949.com

開業至今超過70個年頭的Bharani，是曼谷最早提供西餐的餐廳之一，目前傳承至第三代，**菜色以著重食物原味的泰式家常菜為主，也加入不少西餐的代表性料理。**招牌菜相當多，像是鹹牛肉炒飯、小牛肉咖哩、燉牛舌或豬舌等都頗有口碑；煙燻火腿、辣椒沙拉、牛肉塔可披薩等開胃菜也都值得一試。粉紅蓮花色的牆壁、昏暗的燈光和藤椅、懷舊的照片與掛畫，營造出一種讓食客賓至如歸的感覺。

捷運席隆線➡捷運金線

捷運蘇坤蔚線
BTS Sukhumvit Line

Nana · Asok

地鐵藍線➡曼谷周邊

It's "Happened to Be" a Closet

🏛別冊P.13,D2　📍阿索克站3號出口步行10~15分鐘，或地鐵蘇坤蔚站2號出口步行約10分鐘 🍴124 /1 Soi Sukhumvit 23, Khlong Toei Nuea, Watthana ☎0815652026 ⏰10:00~22:00 休週一 ✅可 🌐itshappenedtobeacloset.wordpress.com

悠閒的庭園、搞怪的店名，It's "Happened to Be" a Closet是間外表歐風的義大利餐廳，2004年創立品牌以來，從暹羅廣場、考山路搬到現址，提供披薩、義大利麵、牛排、手工甜點等餐飲選擇，**內部裝潢則走混搭的波希米亞風，許多擺設與飾品其實是待售的商品。**

BKK Bagels

🏛別冊P.13,D2　📍阿索克站3號出口步行15~20分鐘，或澎蓬站1號出口步行10~15分鐘 🍴27/1 Sukhumvit 33 Alley, Khlong Tan Nuea, Watthana ☎026621070 ⏰7:00~17:00 休週一 ✅可 🌐bkkbagels.com

BKK Bagels是由兩個好朋友共同創業，決定把紐約風的貝果引進泰國，以手工發酵、捲製、烘焙等技術，烤出具嚼勁的貝果，搭配獨家調製的抹醬。此外，BKK Bagels也沿用美式輕食店的吃法，**把貝果或麵包加上香腸、培根、燻雞等，組合成美味又有飽足感的三明治**，很快便引起曼谷年輕人的注意，目前在曼谷已開設2家分店。店裡提供的咖啡也有所講究，是選用泰國1,400公尺山區栽植的上選咖啡豆，自行烘烤出帶有煙熏香氣和淡淡堅果味的咖啡，不妨一試。

Kamthieng House

🏛別冊P.13,C2　📍阿索克站3號出口步行約5分鐘，或地鐵蘇坤蔚站1號出口步行約2~3分鐘 🍴131 Asoke Montri Rd. (Soi 21巷口) ☎026616470 ⏰週二至週六9:30~16:30 休週日、週一 💲自由捐贈 🌐www.siam-society.org

認識泰北的建築與傳統文化。

Kamthieng House是**曼谷市區最完整的泰北傳統建築**，木屋原建於1844年，坐落於清邁濱河邊，為泰國皇族Mae Saed所有，之後經過世代傳遞、承襲，直到19世紀，最後持有者將其捐贈出來，並仔細拆解至曼谷重新組裝，現以博物館形式開放大眾參觀。

泰北最經典的建築特色就是屋頂前緣交叉、象徵守護屋子的「Galae」，而高腳屋的方柱腳是為了防蛇，屋子裡則分別展示泰北早期庶民生活的用具。小提醒，進入木屋參觀需脫鞋。

不僅可以認識泰北建築的真實樣貌，也可粗略了解泰北人民生活與對自然環境的崇敬。

H Radisson Suites Bangkok Sukhumvit

別冊P.13,B1　那那站3號出口步行約8分鐘　23/2-3 Sukhumvit 13　026454999　雙人房約2,300B起（房價每日調整）　可　www.radissonhotels.com/en-us/hotels/radisson-bangkok-sukhumvit

　Radisson Suites Bangkok Sukhumvit共有149間客房、5種房型，有著Radisson向來俐落簡潔的都市飯店樣貌。因為是針對商旅客層，飯店提供免費無線網路，而且為讓住客睡得舒適，飯店特別準備**床單與枕頭選單**，住客可視自己的習慣或需求，請飯店代為更換。

H Adelphi Suites Bangkok

別冊P.13,B2　那那站4號出口步行約2分鐘　6 Sukhumvit Soi 8　026175100　Studio房型約4,000B起（房價每日調整）　可　www.adelphihospitality.com/destinations/adelphi-suites

　公寓式飯店之所以在曼谷深受旅客喜愛，就是因為價格不高，設備齊全，就算不在飯店用餐，從路邊或超市採買回來自己動手做就可以省下一筆花費。坐落在蘇坤蔚路8巷的Adelphi Suites Bangkok基本客房約10坪大小，除了有廚房配備、DVD放映機、視聽音響等設備俱全，**在旅遊評論網站《TripAdvisor》的評價相當高，也曾獲選為曼谷30大人氣飯店之一。**

H On8 Sukhumvit Nana Bangkok

別冊P.13,B2　那那站4號出口步行約1分鐘　162 Sukhumvit Soi 8　022548866　雙人房約2,300B起（房價每日調整）　可　www.on8bangkok.com/en

　這家平價精品旅館於2009年開業後，立即被旅遊網站《TripAdvisor》評論為**最超值的住宿選擇**。雖然旅館規模不大，總計不過40間客房、兩種房型，但旅館為了提供住客更舒適的住宿環境，特別採用五星級飯店等級的埃及棉寢具，並配備LCD電視、全區免費無線上網等硬體，加上近捷運站、地理位置佳，也難怪廣受海外旅客青睞。

Ⓗ Citadines Sukhumvit 8

🔼別冊P.13,B2　🚶那那站4號出口步行約8分鐘　🕐77/7
Sukhumvit 8, Sukhumvit Rd.　☎022572277　Ⓢ
Studio雙人房約2,000B(房價每日調整)　⊙可　🌐www.
discoverasr.com/en/citadines/thailand/citadines-
sukhumvit-8-bangkok

　蘇坤蔚路上因為商辦大樓多，針對國內外商旅族群
的需求，在那那站和阿索克站之間有許多平價公寓飯
店，Citadines Sukhumvit 8也是其中經常在討論板上
被推薦的熱門住宿之選。大廳以原木色系為主，設計
基調延伸至住房，橘色或帶點金邊的椅墊設計呼應主
色調，具時尚感卻也不會過度設計，**客房設備齊全、
服務人員親切的態度也是住客一再回住的原因**。另
備有免費嘟嘟車接送客人至捷運站。

Ⓗ Admiral Premier Bangkok

🔼別冊P.13,D2　🚶阿索克站3號出口步行約10分鐘，或地
鐵蘇坤蔚站1號出口步行約8分鐘　🕐138 Soi 23
Sukhumvit Rd.　☎021208000　⒮Premier Studio約
2,500B起(房價每日調整)　⊙可　🌐www.
admiralpremier.com

　公寓式飯店Admiral Premier不但受到商務客的喜
愛，不少度假常客也會指定入住。這裡除了有公寓式
飯店的基本房型和功能，更有**各種貼心的服務獲得
旅客信賴**，像是免費嘟嘟車接駁至阿索克站、蘇坤蔚
站的服務，地下室的停車場也免費提供長期住客使
用，如果入住的房型沒有洗衣設備，除了交給飯店處
理，Admiral Premier也有設置自助洗衣間，讓旅客自
行使用，讓他們在外地的生活也能很便利。

Ⓗ Pullman Bangkok Grande Sukhumvit

🔼別冊P.13,C2　🚶阿索克站3號出口步行約5~8分鐘，或地鐵蘇坤蔚站1號出
口步行約3~5分鐘　🕐30 Sukhumvit 21 (Asoke) Rd.　☎022044000　Ⓢ雙人
房約4,250B起(房價每日調整)　⊙可　🌐all.accor.com/hotel/A096/index.
en.shtml

　飯店前身為Grande Millennium Sukhumvit Bangkok，坐落於熱鬧的
蘇坤蔚路上，近地鐵、捷運站，觀光購物都相當便利。**由於建築外觀圓
弧線條猶如揚起風帆，也曾被旅客稱為曼谷帆船飯店。**

　飯店住房以金、銀、棕、白四色為基調，風格傾向俐落高雅的現代
設計，共計325間住房，最基本的豪華房型也約有12坪。飯店擁有自家
Spa、頂樓小高爾夫球場、泳池等設備，餐飲部分共有3間餐廳及1間酒
吧，提供泰國菜及西餐等料理，滿足來自各地住客的不同飲食習慣。

捷運席隆線↓捷運金線↓

捷運蘇坤蔚線
BTS Sukhumvit
Line

Nana‧Asok

↓地鐵藍線↓曼谷周邊

時代中心

Time Square

📖別冊P.13,C2 🚇阿索克站先往2號出口方向(但不出站)，再沿空橋指標可直達商場 🏠246 Sukhumvit Rd. ☎022539333 🕙約10:00~22:00(各店不一) 💳可 🚇 www.timessquare.co.th

　樓高27層的時代中心僅有樓下4層為購物商場，其他樓層是做為停車場和辦公之用，這樣的商場規模在今日大型購物中心林立的曼谷市區實在不起眼，比較算是地方型的購物中心，只有幾間速食店、漢堡店和咖啡館在用餐時間還算有人氣，所幸**3樓有幾間Spa店和美甲店還蠻出色**，有興趣的人可以前往一試。

My Spa

🏠3F ☎026530905 🕙9:00~22:00 💰精油按摩75分鐘1,400B 💳可 🌐my-spa.com/en

　由於是日本人經營，服務人員都可以日文接待並擁有豐富的Spa相關知識，可以給予客人適當的建議，而且芳療師的手技純熟，受到不少日本旅客的喜愛。My Spa除了提供傳統按摩和Spa療程，也採用不少先進科技儀器操作臉部美容的療程，同時也自行研發Spa相關產品，其中又以富含維他命B、C的山竹製品最受客人歡迎。

Vonae Beauty

🏠3F ☎022500006 🕙9:30~20:00 💰肩頸頭部舒壓療程120分鐘1,900B 📘www.facebook.com/VonaeBeauty

　Vonae Spa強調的是**韓式的臉部美容和瘦身療程**，尤其是臉部按摩，採用高周波美顏器輔助，所有的保養用品也嚴選自韓國進口的「LAFIANTE」，是泰國女性消費者心中高級的保養品。

urban retreat

別冊P.13,C2　阿索克站4號出口,出站即達　348/1 Sukhumvit Rd　022294701　10:00~22:00　Spa療程2小時1,200B、夏威夷果精油按摩1小時1,200B、兩人四手肩頸按摩1小時1,800B　可　www.urbanretreatspa.net

緊鄰捷運阿索克站的urban retreat是曼谷連鎖Spa品牌,店內沒有誇張的裝飾或沈色昏黃的氣氛燈,空間設計簡潔明亮。**urban retreat有自家研發的精油、乳液等Spa用品,複合式Spa療程和精油按摩選項多**,可以留意店家不時推出的優惠專案,感覺會特別划算。

> 客人在Cabbages & Condoms的部分消費,也會捐出用於慈善。

> 不只布置用了許多保險套,還有人形模特兒穿上保險套的衣服。

Sukhumvit Plaza／Korean Town

別冊P.13,B2　阿索克站2號出口或從空橋經過Time Square,步行約3~5分鐘　位於Sukhumvit Rd.和Soi 12交叉口

與其說這是一家商場,不如說是**曼谷的韓國城(Korean Town)**,因為許多住在這裡的韓國人都會聚集在這一帶,這個廣場裡也有不少韓式餐廳,或是由韓國人開的服飾店;另外有間韓國人開的按摩店**King and I Spa & Massage**也頗有名,如果不提早預約往往會撲空。

高麗菜與保險套餐廳

Cabbages & Condoms

別冊P.13,B2　阿索克站2號出口或從空橋經過Time Square,步行約6~8分鐘　10 Sukhumvit Soi 12　022294610　11:00~23:00(最後點餐22:30)　可　cabbagesandcondomsbkk.com

走進Cabbages & Condoms或許會讓人有點臉紅心跳,因為這家以保險套為主題的餐廳,裡頭的**布置就以各形各色的保險套為主**。不過千萬不要用有色眼光看待這家餐廳,Cabbages & Condoms其實是**由創立於1974年的非營利組織PDA所經營的餐廳,目的是宣傳保險套與安全性愛的重要**。

Cabbages & Condoms的規模很大,包括室內用餐區和戶外庭園區,有私人包廂,也有咖啡座和Lounge、酒吧區,還能舉辦私人派對;菜色則以泰國菜為主,其中搭配雞、牛或羊的瑪莎曼咖哩(Massaman Curry)和泰式海鮮酸辣湯(Tom Yam Goong)都是熟客必點。

每天16:00~17:00在飯店內有「巧克力時光」(Chocolate Hour)，這是每間Mövenpick Hotel都有的活動，住客可以來吃點甜食放鬆一下！

H Park Plaza Sukhumvit Hotel, Bangkok

🅐別冊P.13,C3 🅟阿索克站4號出口步行約3~5分鐘 🅰16 Ratchadapisek Rd. 📞022635000 💲雙人房約2,100B 起(房價每日調整) 📶可 🌐www.radissonhotels.com/en-us/hotels/park-plaza-sukhumvit-bangkok

Park Plaza明亮的接待大廳懸掛的燈飾和休憩區座椅，全出自優雅的北歐設計品牌，雖然公共場域的用品不是取決飯店好壞的重要關鍵，但是Park Plaza善用北歐設計的線條與色調，在空間配置上，就先給來客一種溫馨、舒適卻不失品味的第一印象。然而，**最窩心的還是櫃檯人員和餐廳服務人員都會記得住客的名字，以減少飯店和住客之間的距離感，**並隨時提供個人化的服務，這是一般商務型飯店少見的貼心對待。

H Mövenpick Hotel Sukhumvit 15 Bangkok

🅐別冊P.13,C1 🅟阿索克站5號出口步行約7分鐘 🅰47 Sukhumvit Soi 15 📞021193100 💲雙人房約3,000B 起(房價每日調整) 📶可 🌐movenpick.accor.com/en/asia/thailand/bangkok/movenpick-sukhumvit-bangkok

Sukhumvit 15 Bangkok為**瑞享酒店於曼谷設立的五星級飯店，鄰近捷運及地鐵站，交通位置十分便利，由於位於巷弄之中，環境十分清幽**，宛如都市中的綠洲。酒店共有363間客房、11種房型，所有客房均提供免費Wi-fi、迷你酒吧、46英吋液晶電視等設備，以及**24小時往返捷運及地鐵站的嘟嘟車免費接送服務**；其中，入住最高級的行政套房，還可欣賞迷人的天際線全景。

酒店設有提供泰式和歐風料理的Lelawadee餐廳，若想要小酌一番，也有頂樓的Rainforest屋頂酒吧可以選擇。其他設施還包括健身房、屋頂游泳池、會議室、宴會廳等，以多元的服務提供賓客五星級的享受。

H Maitria Hotel Sukhumvit 18

別冊P.13,C3 阿索克站4號出口步行約8分鐘 26 Sukhumvit Soi 18 023025777 雙人房每晚2,220B起(房價每日調整) 可 www.maitriahotels.com/sukhumvitbangkok

蘇坤蔚路的18巷,可說是飯店雲集,而路口的對街就是鼎鼎大名的Terminal 21百貨公司,既有捷運阿索克站、又離地鐵蘇坤蔚站入口很近,無疑是曼谷中心的交通樞紐區。Maitria Hotel Sukhumvit 18就是坐落在這樣的環境中。

Maitria Hotel Sukhumvit 18屬於Chatrium飯店集團旗下的一員,偏向都會型的精品飯店。Maitria這個名字取自梵文,有友善、親切、聯繫的意思,正是這家飯店秉持的服務宗旨;Maitria Hotel Sukhumvit 18共有**131間客房或套房,最小的客房面積也達34平方公尺**。每間房裡都有互動式的衛星電視、免費無線上網、完整的廚房設備、大容量的冰箱等。**飯店的規模雖然不大,休閒設施卻相當完備**,頂樓有個露天游泳池以及健身房。

H Dream Hotel

別冊P.13,C2 阿索克站5號出口步行約5~6分鐘 10 Sukhumvit Soi 15 022548500 雙人房約3,500B起(房價每日調整) 可 www.dreamhotels.com/bangkok

設計旅館Dream Hotel主打**超現實主義混搭風**,吧台以英國品牌Paul Smith的經典彩虹線條為背景,座椅椅墊則採用傳統泰絲,這些看來不太搭調的東西元素都被大膽地融合在一起,營造出迷離夢境的氛圍,吸引不少曼谷時尚界和音樂創作者在此聚集。最有趣的是酒吧洗手間的水族館,還可以和對面洗手的客人隔著魚群打招呼。總計168間客房和26間套房,每個房間皆以白色為主要色調,但床底打上藍色光,一開燈,整張床好像半浮在空中,有點冷調也帶些夢幻。

Robinson百貨公司

別冊P.13,C2 阿索克站5號出口方向(但不出站),再沿空橋指標可直達商場 259 Sukhumvit Rd., North Klongtoey (Soi 17巷口) 10:00~22:00 可 www.robinson.co.th

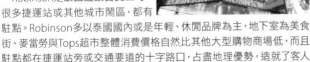

Robinson是**泰國連鎖百貨公司**,很多捷運站或其他城市鬧區,都有駐點。Robinson多以泰國國內或是年輕、休閒品牌為主,地下室為美食街、麥當勞與Tops超市整體消費價格自然比其他大型購物商場低,而且駐點都在捷運站旁或交通要道的十字路口,占盡地理優勢,造就了客人購物的便利性。

Phrom Phong

澎蓬站

② 015年，Emquartier百貨於此站周邊開幕，與隸屬於同集團的Emporium形成「EM District」商圈，成為蘇坤蔚路上又一大型購物商圈；鄰近的33/1巷有日本街之稱，短短的街道中聚集多家日本餐飲及超商，而24巷有許多SPA店和餐廳。

交通路線 & 出站資訊

捷運BTS
◎澎蓬站Phrom Phong→蘇坤蔚線Sukhumvit Line
出口1◇Emquartier・Lofty Bamboo・Sometimes I Feel・Let's Relax Sukhumvit 31・Breakfast Story Phrom Phong
出口2◇Emporium・Center Point Massage & Spa・Asia Herb Association・Li-bra-ry・The Davis・Vistro-Vegan Cafe & Restauran

出口3◇Ici BKK・(un)FASHION District S39・Brekkie Organic Cafe & Juice Bar・Mr. French・Treasure Factory Thailand
出口4◇榮泰・K Village・Flow House
出口5◇Urban Retreat Spa・Ceresia Coffee Roasters
出口6◇Karmakamet Diner・班哲希利公園・Holiday Inn Bangkok Sukhumvit 22・Admiral Suites

小編按讚 👍

🎎 Lofty Bamboo

🅐別冊P.12,E3　🚶澎蓬站1號出口步行約5分鐘　🏠2F 20/7 Soi Sukhumvit 39　☎022616570　🕐9:30~18:30　Ⓤ www.loftybamboo.com

> 來自泰國村落的產品，喜歡手工飾品、服飾的人不要錯過。

Lofty Bamboo以飾品、包包等小物件比較多，這些色彩鮮艷的手工飾品和背包分別來自泰北南奔、歷蘇族、東北部烏東塔尼、南部攀牙府等地，都是山區或村落人民以手工製作，樣式精緻不俗、工法也算細緻。日本老闆Toshinori Takasawa表示，店內只販售「公平交易」的商品，他和W.F.T.O公平交易協會合作，希望這些美麗且富質感的商品能銷售到更多旅客或消費者手上。

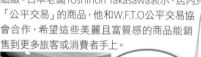

> 店內只賣公平交易商品，大家可以多多支持村落藝術家的精美作品。

👜 Emporium

🅐別冊P.12,E3　🚶澎蓬站2號出口，從空橋可直達商場
🏠622 Sukhumvit Rd.　☎2691000　🕐10:00~22:00
◎可　Ⓤemporium.co.th

Emporium是曼谷第一家以精品百貨現身的購物商場，舉凡Cartier、LV、Dior等名牌收藏迷們，都可在這商場內逛個過癮。1樓主攻年輕消費群以及泰國設計品牌；2樓的Emporium百貨有運動品牌的專櫃；3樓有Jaspal Home、Jim Thompson等家居飾品及Home Spa品牌Harnn；4樓一部分是包括手工藝品、純正香精油、薰香、瓷盤等的泰國精品，另一部分則是提供飲食休憩的美食街，以及眾多進口食品超市Gourmet Market；5樓有豪華電影院。

The Helix的6~9樓為美食餐廳區，該區設計成迴旋走道，慢慢往上或往下走就能瀏覽盡所有餐廳，而且每間店鋪的設計也都很有特色。

小海按讚

Emquartier

📖 別冊P.12,E3　🚇 澎蓬站1號出口，出站即達　📍695 Sukhumvit Road
📞022691000　🕙10:00~22:00
www.emquartier.co.th

與Emporium形成超人氣EM District百貨商圈。

由The Mall打造的Emquartier百貨，與對面同集團的老牌百貨公司Emporium都緊鄰著澎蓬站，形成曼谷一大重點百貨商圈。Emquartier百貨共由3棟造型設計新穎的建築構成，分別為**The Waterfall、The Glass和The Helix**，各有不同的定位主題。The Waterfall和The Glass的地下樓層美食街，聚集了泰、日、台、韓等多國的料理，另外也有許多人喜歡採購伴手禮的Gourmet Market。

其中The Helix最為人所津津樂道的就是其6到9樓的美食區，聚集了50多家時下最熱門的本地及國際餐廳，樓層間設計成獨特的迴旋走道，無須爬樓梯，慢慢往上坡或往下坡走，數十間餐廳就這樣擦身而過。

Another Story

📍 4/F, The Helix Quartier
020036138　📘www.facebook.com/AnotherStoryOfficial

Kiddee Tamdee將居家香氛融合泰式元素和極簡風格。

Another Story占地十分寬廣，為了喚起世界對泰國設計的重視，Another Story秉持著讓藝術走進生活的概念，以及可負擔的價格，這裡集合了大量的泰國設計品牌，及志趣相投的國外設計，每樣商品都會有簡單的解說牌，由設計師的理念發想、設計、製造開始，闡述品牌及商品背後的故事，透過新零售概念的集合商店，述說設計與人之間的生活連結。

Sleeveless Garden所設計的包款融合建築概念，簡約俐落，也不失立體感。

Another Story內商品販售的商品包羅萬象，從服飾、鞋包配件、絲巾、家具家飾、設計文具、餐廚用具、香氛、音響，以及3C周邊配件等，其中值得一看的泰國品牌，如由三個好朋友所創立的Sleeveless Garden以天然的皮件融合建築概念，創作出簡約卻十分有立體感的設計包款，而Kiddee Tamdee則將居家香氛融合泰式元素和極簡風格，帶來清爽放鬆的舒適感受。

Quartier Water Garden

📍5F, The Helix Quartier

買東西、吃東西，逛累了若想休息或放鬆一下，不妨來商場中的Quartier Water Garden走走。花園中種植了許多熱帶植物，也有池塘、擺飾及燈光造景，展現了一派悠閒的氣息。從這裡可以眺望周邊的都市景色，也有座椅可以讓人稍作休息，這裡偶而也會做為舉辦活動的場地。

商場內竟然有一座空中花園？逛累了就來這裡休息一下吧！

Roast

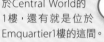

📍1F, The Helix Quartier　📞954546978　💳可　🌐www.roastbkk.com

> 每間分店都人氣滿滿，在地媒體也大推薦的咖啡、甜點、早午餐。

Roast目前共有3家店舖，一間位於東羅區的The Commons內，另一間位於Central World的1樓，還有就是位於Emquartier1樓的這間。

> 招牌的冰磚拿鐵。

Roast提供美味的自家烘焙咖啡和料理，這裡的早午餐和甜點也很受歡迎，像是草莓鬆餅、巧克力舒芙蕾、半熟蛋糕等，份量蠻大，適合和朋友一同分享。飲品部分，招牌咖啡有「冰磚拿鐵」(Iced Espresso Latte)，上桌時，店員會端來一個裝滿濃縮咖啡冰塊的玻璃杯，做為冰塊後的咖啡口味會更加濃郁，顧客可依個人喜好在杯中倒入牛奶和糖漿。這裡的菜單設計成一本品牌風格雜誌，其中更精美地陳列了各種菜式及照片，讓點餐成為一種享受，點完餐還想繼續閱讀。

> 不論何時經過Roast，店門口總有人潮，讓人想不注意都難。

> Assorted Bean in Longan Syrup Set，甜點配料共12道，搭配冰和龍眼糖蜜攪拌後享用。

South Tiger

> 精緻美味的泰南菜和傳統甜品。

📍6F, The Helix Quartier　📞020036314　📘www.facebook.com/southtigerrestaurant

來到South Tiger泰南菜餐廳，蔚藍色的店面和黑色的老虎圖騰是最明顯的店面特徵，融合現代擺盤方式和傳統泰南菜色，相當適合3~4人的聚會用餐。時尚新潮的South Tiger店內，揉合工業風的裸露元素、不規則花磚地板，也保留了傳統木製門窗、紡織花布等材質，菜色以溫醇濃郁的泰南口味為主，怕辣的朋友也可以輕鬆享用。

South Tiger最受歡迎的餐點為甜點**Assorted Bean in Longan Syrup Set**，甜品配料以12道天然食材為主，包含糖漬蓮藕、銀杏、薏仁、椰果、仙草、大豆、果乾……盛裝於陶盤中，可隨喜好搭配冰和龍眼糖蜜，味道相當清爽。

> 經典的咖哩炒螃蟹。

Nara

> 高知名度泰菜餐廳，以不同的裝潢增添傳統泰式風情。

📍7F, The Helix Quartier　📞020036258　💳可　🌐www.naracuisine.com

Nara是知名度極高的泰菜餐廳，亦曾多次獲得泰國最佳餐廳的認定，在曼谷的Central World、Siam Paragon、王權免稅店等多地都有分店，而位於**Emquartier**內的這家nara有著不同於其他分店的風格，木頭色的裝潢中綴以亮眼的紫色元素，加上繪有僧侶的大片繁複牆飾，為餐廳增添了不少泰式風情。除了裝潢華麗，店內料理自然也是一絕，開胃菜拼盤可以一次品嚐豬肉沙嗲、魚餅、春捲以及清爽的柚子沙拉，經典的**咖哩炒螃蟹**不單可以嚐到蟹肉的鮮甜，濃郁的咖哩及蛋香更是口齒留香，吃完美味料理後，別忘了點上椰子冰，還可以自行選擇多種配料，為用餐體驗畫上繽紛的結尾。

捷運席隆線▶捷運金線▶

捷運蘇坤蔚線 BTS Sukhumvit Line

Phrom Phong

▶地鐵藍線▶曼谷周邊

🍸 Escape Bangkok

📍5F, The Glass Quartier ♿
📞020036000 ⏰17:00~24:00 Ⓜ
www.escape-bangkok.com

　　2018年2月開幕的屋頂酒吧「Escape Bangkok」，以繁茂叢林的花園為概念，**打造瀰漫熱帶雨林風情的酒吧**。酒吧空間採用粉紅色調與木質家具相互搭配，配上微微的燈光與深綠色植栽的擺飾，多了些大自然風情的點綴，給予人們更加放鬆的聊天氛圍。

> 這裡洋溢著一股悠閒的法式風情，同時供應泰式及西式料理。

🍴 Audrey Cafe des Fleurs

📍8F, The Helix Quartier 📞020036244 ⏰11:00~22:00
♿可 Ⓜ www.audreygroup.com/AudreyDesFleurs

　　由泰國女星Janista Lewchalermvongse (Bam)開設的Audrey餐廳，自從2011年開設首間餐廳後，目前已有6家分店，每間分店各有不同主題，但都以古典、優雅為風格，征服許多人的心。位於Emquatier的這間分店，主題為「花神咖啡館(Cafe des Fleurs)」，還未進入餐廳，就能在櫥窗中看見多種色彩的花朵盆栽蛋糕，店內座位分為一般室內區及靠近窗台的區域，還有一個角落布置了街景造景，加上眾多的植栽裝飾，洋溢著一股悠閒的法式風情。餐廳主打新派泰式料理及西式料理，甜點如**Mango Rosy、泰式奶茶蛋糕、美祿蛋糕**等也都很受歡迎。由於價格不算太高，不論正餐或下午茶時段人潮也很多。

> 這碗冰就連製作過程也很引人注目，看店員一層一層加上料，實在很期待！

🧁 Pang Cha Cafe

📍6F, The Helix Quartier 📞020036301 ♿可 f www.facebook.com/PangchaThaiteaCafe

　　Lukkaithong(標誌為一隻金色的公雞，因此也被稱為金雞餐廳)在Emquartier分為餐廳和供應甜點的Pang Cha Cafe兩個區域，其招牌甜點就是**巨型泰式奶茶冰(Pang Cha)**，由於壯觀的外型、頗受好評的口味，在曼谷有著超高人氣。

　　瞧店員在堆疊的如同一座小山的刨冰上，一邊旋轉刨冰，一邊均勻淋上濃郁的泰式奶茶，接著擠上鮮奶油、煉乳，還撒上大珍珠、小珍珠及杏仁片，一碗巨大的泰式奶茶冰就宣告完成了！由於**冰品份量極大，建議可以由2~3人一同分食**，入口有滿滿的泰式奶茶香，配料的珍珠增添了吃冰的口感，而刨冰底下還有吸滿泰式奶茶的吐司塊，層次非常豐富。整體吃起來甜而不膩，在炎熱的日子裡不妨來上一碗。

> 👍 小編按讚
> 第一拍照打卡！第二大啖口感豐富的奶茶冰！

🍴 Karmakamet Diner

🔖別冊P.12,E4 🚇澎蓬站6號出口步行約5分鐘 🏠30/1 Soi Metheenivet, Klongton,Klongtoey ☎022620700 🕐10:00~20:00 🌐karmakamet.co.th
❗可線上訂位；不歡迎5歲以下兒童；有服裝限制，不可穿短褲、拖鞋、涼鞋

小編按讚 👍

> 香氛秘境裡的情調西餐，值得細細品味的迷人空間。

以天然香氛起家的Karmakamet，旗下的餐廳品牌Karmakamet Diner，相較於充滿人潮百貨區，反而將餐廳設在隱密的巷弄中，Karmakamet Diner周圍環繞著綠意，建築以低調神秘的黑色為基調，推開門就能聞到若有似無的香氛氣味，以醫藥倉庫為靈感的空間，老舊的復古擺設、舊報紙、信件餐紙，以及牆面上的琥珀色瓶罐，滿溢懷舊工業風的氣息。

Karmakamet Diner出入口分為兩側，一側可直接到達餐廳，另一側則通往香氛商品區，用餐後也能挑選喜愛的香氛用品。Karmakamet Diner以精緻的西式餐點為主，著重有機的食材和健康的烹調方式，餐廳內也有下午茶、經典調酒等選擇，而幽靜、有情調的用餐環境，吸引不少女性顧客到此用餐、拍照，不過價格也相較曼谷其他餐廳消費水準高。

> Karmakamet Diner以醫藥倉庫為靈感，店內擺設許多琥珀色的瓶罐和藥櫃裝飾。

🍴 榮泰

Rung Rueang

小編按讚 👍

🔖別冊P.12,E4 🚇澎蓬站4號出口步行約2~4分鐘 🏠10/3 Soi Sukhumvit 26 ☎0845271640 🕐8:00~17:00 🚫不可 📘 www.facebook.com/Rungruengnoodles26

> 用餐時間人滿為患，魚丸紮實、價格便宜的傳統麵店。

> 榮泰的好滋味也受到米其林指南推薦喔！

一家傳統的麵店，沒有任何裝潢、沒有冷氣，還不到用餐的時間居然也人滿為患，這就是人人稱讚的榮泰魚丸米粉湯。這裡的魚丸用料紮實，又大又有彈性，湯頭因為加了肉燥，滋味更加豐富，而且價格便宜，所以即使用餐空間闊達兩間屋子，仍然座無虛席。

若於旺季或週末前往Asia Herb Association，建議先預約。

班哲希利公園

Benchasiri Park

📖 別冊P.13,D3　🚇 澎蓬站6號出口，出站即達
⏰ 4:30~22:00

　　班哲希利公園占地約14,000多坪，是**1992年為慶祝泰國詩麗吉皇后60大壽而建**。公園內部有12座大型現代雕塑，皆出自泰國本地藝術家，而大片綠油油的草地、噴水池塘邊，不時有附近的居民在此駐足休憩或運動。公園門口一到傍晚下班下課時間，就有路邊攤聚集，在公園裡發呆休息夠了，回頭在門口攤上買點小吃回飯店，正好。

🤸 Asia Herb Association

📖 別冊P.13,D4　🚇 澎蓬站2號出口步行約3~5分鐘　📍 50/6 Sukhumvit Rd., Soi 24　☎ 022617401　⏰ 9:00~24:00(最後可預約時段22:00)
💰 泰式按摩90分鐘900B、泰式藥草球按摩90分鐘1,300B　💳 可　🌐 asiaherb.asia/en

小編按讚 👍 頗具知名度的連鎖SPA，使用新鮮有機藥草製作傳統藥方。

　　來自日本的老闆Yumiko Kase曾受腰痛之苦，在曼谷接受泰式按摩療程而痊癒，因為希望這樣的療法讓更多人受惠，進而開設Asia Herb Association。為了能夠延續傳統藥方，**店家堅持使用新鮮有機藥草，甚至還擁有自家香草園。**

　　在療程前，客人得先填寫需求表，手法要輕、要重，哪個部位受傷不能碰等，在開始按摩前，芳療師就已經瞭解客人的基本需求。此外，療程的商品從按摩精油、香皂、到沐浴球，都可以在店內購得，每一種商品都包裝的精緻又可愛。

☕ 星巴克

Starbucks Camp Davis

📖 別冊P.13,D5　🚇 澎蓬站2號出口步行約12~15分鐘，或地鐵藍線詩麗吉國際會議中心站1號出口步行約15分鐘　📍 88/8 Sukhumvit 24 Alley　☎ 0844387343　⏰ 6:30~20:00　💳 可

小編按讚 👍 英倫風星巴克，是曼谷年輕人的打卡聖地。

　　這家位於The Davis Bangkok Hotel底層的星巴克分店，其歐式建築風格在一群辦公樓之中鶴立雞群，彷彿來到了倫敦街頭。店門口還設了英式電話亭和復古柱鐘，吸引許多攝影愛好者前來打卡留念，也有不少學生到這裡拍攝畢業照。

Center Point Massage & Spa (Sukhumvit 24)

🏠別冊P.12,E4 🚇澎蓬站2號出口步行約1分鐘 ☎2/16 Soi Sukhumvit 24, Sukhumvit Rd. 📞026636696 🕙10:00~24:00(最後可預約時段22:00) 💲泰式按摩60分鐘450B，泰式草藥按摩90分鐘1,050B 🌐www.centerpointmassage.com

　　Center Point Massage & Spa的Sukhumvit 24分店，裝潢採用歐式風格，樓高5層，從按摩房至水療房，都以乳白色作為空間基調，店內處處擺放雕塑品與大師畫作，如克林姆、慕夏畫作都成為裝潢一景。客人可以於此享受優質的按摩服務，**不少人推薦足部按摩**，當然，價格也非常實惠，不時也有折扣優惠。

☕ Li-bra-ry

🏠別冊P.13,D4 🚇澎蓬站2號出口步行約5~8分鐘 ☎2 Soi Metheenivet, Soi 24 Sukhumvit Rd. 📞022592878 🕙9:00~20:00 📘www.facebook.com/librarycafe

　　拆開看不明白這個店名的意思，合起來唸就是英文的「圖書館」。這家咖啡廳坐落在一幢獨立的雙層樓房裡，**內部設計成類似圖書館**，甚至比圖書館還舒服，架上擺滿了各式各樣的書籍，消費者可以坐在沙發上慢慢閱覽，更像是坐在文人布置的書房裡看書，非常愜意。環境寧靜的氣氛，讓人進門後也不禁輕聲細語了起來。這裡的招牌甜點是做成**尖塔狀的鬆餅**，不論拍照或口味都很受歡迎。

🛍 K Village

🏠別冊P.12,E5 🚇澎蓬站4號出口步行約15~20分鐘 ☎95 Sukhumvit Soi 26 📞022589919 🕙10:00~22:00(各店不一) 🅿可 🌐www.kvillagebangkok.com

　　K Village在2010年開幕，集合23家泰、中、日、韓、越、西式餐廳，包括當地標榜豐富葡萄酒藏的**Wine Connection**；另有**Villa Market超市**，數家咖啡廳、Spa、衣飾店等，形成一座複合式生活廣場。週末也會舉行市集，每週主題不一。

🍴 Flow House

🛈 別冊P.13,D5 🚇 澎蓬站4號出口步行約15~20分鐘 📍 A-Square, 120/1 Sukhumvit Soi 26 Klong-Toey 📞 021085210 🕐 週一至週三11:00~21:00，週四至週日10:00~22:00 () 💲衝浪1小時成人990B、12歲以下690B 💻 flowhousethailand.com ❗衝浪需事先預約

　　國際連鎖品牌Flow House在曼谷市中心打造了**人造衝浪休閒中心**，提供衝浪客一個享受刺激的休閒好去處。店家提供複合式服務，有餐廳和酒吧，供應客人美味泰式和美式簡餐、飲料和啤酒，也有付費的衝浪設施、小型泳池，不論想動、想放鬆，想飽口福或小酌，在Flow House都能得到滿足。

想品嘗美味的咖啡，來Ceresia Coffee Roasters就對啦！

☕ Ceresia Coffee Roasters

日本巷內的小咖啡店，少量烘焙咖啡，維持最美好的味道。

🛈 別冊P.12,E3 🚇 澎蓬站5號出口步行約3分鐘 📍593/29-41 Sukhumvit Soi 33/1(在Fuji Supermarket對面) 📞 0982514327 🕐 8:00~17:00 📘 www.facebook.com/Ceresiacoffee

　　走進33/1巷，周邊盡是日式餐廳和商店，而在巷弄裡的Fuji Super Market對面，坐落著白色店面的Ceresia Coffee Roasters，內部設計以白牆、磚牆搭配木桌椅及吧台，風格簡單純淨。店內**供應當季的單品及特調咖啡**，這些咖啡來自世界各地，且店家為了維持咖啡最美味的原味，都是少量烘焙；除了內用之外，也可以購買咖啡豆回家，店員會熱誠地介紹每款咖啡豆的風味。如果想搭配食物，**店內也有可頌、三明治，以及蛋糕、檸檬塔類等糕點可選。**

H Holiday Inn Bangkok Sukhumvit 22

🔺別冊P.13,D3　🚶澎蓬站6號出口步行約3~5分鐘　🏠1 Sukhumvit Soi 22　📞026834888　💲雙人房約2,880B 起(房價每日調整)　🌐www.ihg.com/holidayinn/ hotels/us/en/bangkok/bkkhi/hoteldetail

　　坐落於蘇坤蔚路22巷的入口轉角處，Holiday Inn Hotel最特別的是，奉行「**Kids Stay & Eat Free**」 策略，標榜12歲以下兒童入住免費，自助式午餐也不 用錢，讓一家大小開心入住。酒店共有300間套房，設 計簡單時尚明亮，還有健身房設施，以及寬敞的室外 泳池，戲水同時可飽覽曼谷天際線。除了服務貼心， 這裡也有地利之便，距離商業、餐飲娛樂區只有幾分 鐘路程，並且鄰近捷運站，要到任何地方都很方便。

H Admiral Suites

🔺別冊P.13,D4　🚶澎蓬站6號出口步行約8~12分鐘　🏠 38, 38/14 Sukhumvit Soi 22　📞026634000　💲雙人房 約1,452B起(房價每日調整)　✅可　🌐www. admiralsuites.com

　　和知名購物商場Emporium隔一條巷子，位於 Soi 22的Admiral Suites周邊有許多Spa店、路邊攤、餐 廳，在旅遊網站上，大部份住客都因為**飯店員工親切 的服務、絕佳的地理位置，以及完善的設施**而給予 極高評價。飯店共有4種房型，每一間都有自己的陽 台，由於是公寓式飯店，客房也都有廚房設備。

Ici BKK

🔺別冊P.13,D2　🚇澎蓬站3號出口步行12~15分鐘　🏠24 Sukhumvit Soi 27　☎020073113　🕐10:00~18:00　🈺週一　可💳　🌐www.icibkk.com

ICI 是一家專門供應甜點的餐廳，糕點師Arisara "Paper"在17歲時即發現了她對糕點的熱情，在法國南部糕點學校完成了正規教育後，有幸陸續在里昂、巴黎、布魯塞爾等地的工作場合與好幾位糕點大師一起工作、學習。

2011年回到泰國後，成為屢獲殊榮的Issaya Siamese Club的行政糕點主廚，也創立Issaya Cooking Studio，並開設了Ici BKK。她創作的甜點充滿童趣，例如以鳳梨果干、堅果、馬斯卡彭慕斯等製作的美麗黃色甜點「海星」，就備受米其林指南推崇，此外還有「新加坡的辣椒螃蟹」、動物園冰淇淋等，因為製作繁瑣，想嘗試特殊造型的甜點記得事先預約，否則現場吃不到喔！

Let's Relax Sukhumvit 31

🔺別冊P.13,D3　🚇澎蓬站1號出口步行約10分鐘　🏠5/2-3 Sukhumvit Soi 31　☎020191181　🕐10:00~24:00　💲120分鐘泰式按摩1,200B　可💳　🌐letsrelaxspa.com

和Sometimes I Feel分享同一幢神秘建築的Let's Relax，是泰國目前**頗受歡迎的按摩服務連鎖品牌**，已在不同區域設立了13家分店，提供優質的泰式古法按摩、腳底按摩和多種其他護理療程。也可以選擇升級到四手泰式按摩，由兩位專業按摩師透過輕柔的伸展和指壓技術，幫忙解開緊繃疲累的神經。

Sometimes I Feel

🔺別冊P.13,D3　🚇澎蓬站1號出口步行約10分鐘　🏠5/1 Sukhumvit Soi 31　☎892231493　🕐週二至週五9:30~18:30，週六至週日10:00~19:00　🈺週一　可💳

馬路旁一幢三層樓房，靠馬路這一側被蕨類植物覆蓋得密密麻麻，幾乎看不到門與窗，就像在長滿鬍鬚的臉上找不到嘴巴一樣，Sometimes I Feel就躲在這樣一幢綠意盎然的建築裡，提供多種精心烘焙的手工咖啡、特調飲料，以及自製蛋糕、冰淇淋等，希望提供人們在家與辦公室之外又一可以分享笑語、心情的場所。**創意飲品像是海鹽焦糖咖啡、髒泥咖啡、開心丸咖啡等，好喝又具趣味性**；也有多款含酒精和無酒精的雞尾特調。2020年曾獲選為泰國80家最佳咖啡廳之一。

☕ 🎁 (un)FASHION District S39

⬆ 別冊P.12,E3　🚇 澎蓬站3號出口步行5~10分鐘　📍 19/5
Sukhumvit Soi 39　☎ 0804461650　🕐 每日
10:00~19:00　📷 www.instagram.com/
unfashiondistrict39

　有鑑於好東西都禁得起時間的考驗，即使物換星移，雋永的品質還是非常具有吸引力，「沒有時尚的問題」，因此(un)FASHION在伊卡邁區開了(un)FASHION Vintage Collection，是許多曼谷人尋找「沒有時尚問題」的寶物小站，旁邊同時開設(un)FASHION Café，提供飲料、簡餐和手工點心。

　目前咖啡廳已搬遷至澎蓬站附近，兩層樓的空間同樣有二手精品店，展售整理得宜的皮包、皮鞋、皮靴、衣服、帽子、配件和陶瓷品等，以及寧靜溫馨的咖啡廳。

1樓是Hair of the Dog酒吧，專門提供精釀啤酒。

招牌早餐Breakfast Story，包含3片鬆餅、2顆蛋、培根、烤馬鈴薯、水果和糖漿。

🍴 Breakfast Story Phrom Phong

⬆ 別冊P.12,E3　🚇 澎蓬站1號出口步行約5分鐘　📍 2F,
593/27 Sukhumvit Rd　☎ 022581461　🕐 7:00~23:00
🚫 不可　🌐 www.breakfaststorybkk.com

　Breakfast Story標榜泰國第一家「早餐店」，旨在運用最好的食材，像是加拿大楓糖漿、希臘酸奶、有機雞蛋、新鮮水果和真正的黃油等，製作出**格蘭諾拉麥片、焦糖法式吐司、鬆軟的捲餅等令人驚嘆的美式早餐**。目前在曼谷已有3家分店，其中靠近澎蓬站的這家分店空間不大，但生意非常好，**號稱全曼谷最棒的「全天候供應早餐」的餐廳**。

🍴 Brekkie Organic Cafe & Juice Bar

小編按讚 👍

🔺別冊P.12,E2 🚇澎蓬站3號出口步行15~18分鐘 🏠6/9 Soi Promsri North ☎0836566141 🕘9:00~18:00 💳可

www.brekkiebangkok.com

> 健康餐版本的早餐店。

Brekkie也是一家「全天候供應早餐」的餐廳，標榜**運用有機栽培的各種蔬果原料**，製作出營養美味的早餐，選擇相當豐富，像是全麥煎餅、水果優格／果昔碗、煙燻鮪魚三明治、紅藜麥沙拉、鱷梨吐司、法式吐司等，每樣看起來都精緻又可口，不過價位並不便宜。還有巴西莓冰沙、能量冰沙、抹茶拿鐵或新鮮果汁等飲料也頗受好評。也有新鮮製作好的飲料可供外帶。

> Brekkie的果昔碗有11種口味，每一碗的配料都是新鮮蔬果，既賞心悅目也健康好吃。

> 上門的顧客既可以盡情尋寶，也可以帶著自己的寶物待價而沽。

🎁 Treasure Factory Thailand

小編按讚 👍

🔺別冊P.12,E3 🚇澎蓬站3號出口步行約10分鐘 🏠29 Soi Sukhumvit 39 ☎022588980 🕘10:00~19:00 💳可 f

www.facebook.com/trefac.thailand

> 日本著名二手商店，一起來挖寶！

Treasure Factory是一家在日本各地擁有上百間店舖的舊貨和寄售商店，品項無所不包，**從服飾、配件、玩具、廚房用品、家具、家電、樂器、照相器材到整套的高爾夫球具、健身器材等應有盡有**。所有收購到的商品經整理乾淨之後，分門別類陳列，每件價格標示清楚，且往往能以很便宜的價格買到很不錯的商品，目前是

，在曼谷有3處據點。尚未進門，就看到玻璃櫥窗外展示著許多座椅、嬰兒推車、寵物用品等，進去之後更像是進入五花八門的寶窟，應該很難空手出門。

🍴 Mr. French

🔺別冊P.12,F2 🚇澎蓬站3號出口步行15~20分鐘 🏠195 Sukhumvit Soi 49 ☎0880808010 🕘17:00~24:00 💳可

坐落於一幢獨幢的白色建築，**樓下是主打歐美進口食品的Tops超市**，樓上則是高檔的法國酒吧兼餐廳，標榜提供生蠔、蝸牛、韃靼牛肉、香檳等法式風味料理。室內有現場音樂演出，戶外座位設置成舒適的沙發圍坐，可以慵懶地俯瞰鄰近街區，氣氛浪漫迷人，還附設一間雪茄室。

Thong Lor · Ekkamai

東羅站·伊卡邁站

東羅站和伊卡邁站過去比較像市區邊緣地帶，然而隨著周邊設計商店和酒吧增加，也有部份移居在曼谷的日本人從澎蓬站往外延伸生活圈，旅客開聚焦東羅路，也就是蘇坤蔚路55巷。此區聚集了不少特色酒吧和餐酒館，無疑成為週末夜曼谷年輕男女逗留駐足的熱門之選。另外也有很多複合式商場可以逛，今日的東羅和伊卡邁兩站，可說是白天可逛可買，晚上享受夜生活的好地方。

通路線&出站資訊

捷運BTS
◎東羅站Thong Lor→蘇坤蔚線Sukhumvit Line
出口1◇Paintbar·Bo.lan·Broccoli Revolution
出口2◇IR-ON Hotel
出口3◇Urban Oasis Spa·蘇坤蔚路55巷·MAE VAREE芒果飯·海鮮煎蛋·Asia Herb Association·Doi Kham皇家農產品專賣店·Somerset Sukhumvit Thonglor Bangkok·J Avenue·Roast·Rabbit Hole·#FindTheLockerRoom·The Commons·Roots Coffee·72 Courtyard·The Blooming Gallery·The Salil hotel at Sukhumvit 57
◎伊卡邁站Ekkamai→蘇坤蔚線Sukhumvit Line
出口1◇Café Classique·Ekamai Beer House·Health Land Spa & Massage·伊卡邁購物中心·郭炎松·One Ounce for Onion·Pompano Cafe du Musee·Hannari Café de Kyoto·The Earthling Café
出口2◇曼谷天文館
出口4◇Gateway Ekamai

Bo.lan連續多年獲選亞洲50大餐廳，更在2018年米其林指南曼谷版獲得一星。

如果不擅長吃辣，可於點餐時告知服務生，餐廳可以為每位客人專門調整辣度。

🍴 Bo.lan

品嘗主廚夫婦的「混血」料理，層次豐富的泰國料理令食客著迷。

Ⓐ別冊P.14,B4 ◇東羅站1號出口步行約5分鐘 Ⓖ24 Soi Sukhumvit 53 Ⓢ022602962 Ⓢ每人4,800B起 ◇可 www.facebook.com/BolanBangkok ⓘ採預約制，粉專會不定時公告日期，每次只接待12位客人。

Bo.lan是泰文中「古早」之意，也是主廚夫婦——泰籍的Bo及澳洲籍的Dylan兩人名字的結合。**Bo.lan連續多年榮獲Asia's 50 Best Restaurants的殊榮**，餐廳坐落於充滿傳統泰式氛圍的木屋中，周遭林木扶疏，環境十分靜謐優雅。Bo.lan的料理也非常講究傳統美味與創意的結合，**多道菜餚講究品嘗順序，從開胃菜起，酸、鹹、甜、辣等滋味便在口中精采呈現**，交疊出複雜而又饒富趣味的滋味，足見老闆夫婦為了發揚泰國料理精神可謂下足功夫。

捷運席隆線➡捷運金線➡

捷運蘇坤蔚線
BTS Sukhumvit
Line

Thong Lor · Ekkamai

➡地鐵藍線➡曼谷周邊

白天像未完工建築，晚上變身為富有設計感的特色大樓。

H IR-ON Hotel

🔖別冊P.14,A5 🚇東羅站2號出口步行5~8分鐘 🕐10/10
Soi Sukhumvit 36 ☎020740806 💲雙人房每晚
1,500B起 💳可 🌐www.ir-onhotel.com

　誠如它的名字一般，IR-ON的外觀彷彿尚未拆除的鷹架，讓人懷疑是不是還沒完工？加上從屋頂覆蓋下來的藤蔓植物，在曼谷的驕陽底下感覺降溫了不少；入夜之後，燈光從室內透出來，整幢建築宛如一個偌大的燈籠，展現另一種截然不同的氣質，難怪獲得室內設計大獎的肯定。

　在泰國鋼鐵業奮鬥超過30年的業主，2017年買下舊華廈改建成IR-ON，表裡一致的工業風，表明「不忘初心」的設計理念。共有22間大小不等的客房與套房，所有細節在美觀與實用間獲得完美的平衡。

🍴 The Jungle Bar Salad

🔖GF ☎0962544655 ✅
9:30~19:30 休週三

　位於飯店的入口處，斑駁的牆面、挑高兩層樓的空間、通透的自然光，充分體現以金屬作為主要元素的設計風格。這間融合**咖啡廳與酒吧功能的餐廳**，提供精美的咖啡、飲料，以及以西式烹調為基礎的國際性餐點，氣氛悠閒，是住客們可以多方利用的綜合休閒場所。

📖 Common Room

🔖2F

　IR-ON Hotel的規模雖然不大，但還特地開闢出一間閱覽室，作為房客們的多功能交誼廳。一貫的工業風設計空間裡，許多精心挑選的回收材料製成的**復古風家具**，不但提供兩部**可以自由使用的公共電腦**，也陳設著一些書籍，好讓回到飯店的國際旅客除了住宿的房間之外，還有其他可以沉澱心靈的寧靜空間。

> 飯店結合浪漫的歐式新古典風格，吸引不少女性顧客。

🍴 Broccoli Revolution

小編按讚 👍

📖 別冊P.14,A4 🚇 東羅站1號出口步行約6分鐘 📍899 Sukhumvit Road, Klong-Nua, Watthana ☎026625001 🕐10:00～21:00(最後點餐20:45) 💳可 🌐www.broccolirevolution.com

美味精緻的純素餐點，清爽無負擔！

明亮的草綠色和復古紅磚牆，店內裝潢也十分清新，無論是不是素食者，肯定都會愛上這間素食餐廳Broccoli Revolution。**主打純素料理的餐廳**，餐點以南美洲、義大利等西式料理為主，並融合越南、緬甸、泰國的料理精髓，Broccoli Revolution不使用人工製造的素肉，而是以真正天然的蔬食，讓每一位顧客都能吃到食材的新鮮原味。例如份量頗大的Green Smoothie bowl，以火龍果、莓果打成的冰沙，撒上大量的南瓜籽、核果、芝麻、葡萄乾等，以及新鮮的石榴和香蕉片，一口嘗到果昔的酸甜滋味和豐富的雜糧穀物，非常有飽足感。客群裡西方面孔的比例頗高；因為早上10點便開始營業，吸引不少早午餐的食客。

Smoothie in a bowl。

Broccoli Revolution用餐空間清新明亮。

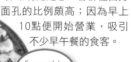

The Salil Hotel Sukhumvit 57 – Thonglor

> 每層樓皆賦予不同的手繪藝術花鳥主題，且將主題從公共空間延伸至房間內，風格獨具。

🏨 The Salil Hotel Sukhumvit 57 – Thonglor

📖 別冊P.14,B4 🚇 東羅站3號出口，步行約6分鐘 📍24 Soi Sukhumvit 57 (Baan Kluy Nua) ☎020722882 💲 雙人房約3,100B起(房價每日調整) 🌐www.thesalilhotels.com/sukhumvit57

2017年4月開幕的The Salil Hotel Sukhumvit 57 – Thonglor，裝潢走浪漫而夢幻的歐式新古典路線，從酒店的建築外觀，以及客房、餐廳等空間裝飾的設計美感，都相當優雅和講究，並受到不少中國、韓國、台灣等地的亞洲旅客歡迎。

飯店內共有8個樓層，透過藝術家手繪的花鳥主題牆，沿著樓層間的天井樓梯連貫延伸，並且每層樓皆賦予不同的主題，相當具有話題性。**目前飯店內共提供130間客房**，每間房內皆附有免費的零食飲料**Mini Bar**，套房還有小型的廚房流理台等，而頂樓處則設有洗衣房、交誼廳及泳池等公共設施，生活機能非常便利，此外在一樓大廳處，更可選購由飯店精選的設計好物、香氛品牌等商品。

捷運席隆線▶捷運金線▶

捷運蘇坤蔚線
BTS Sukhumvit
Line

Thong Lor · Ekkamai

地鐵藍線▶曼谷周邊

👁 蘇坤蔚路55巷

🅐 別冊P.14,B4~C1　🅑 東羅站3號出口步行約1~2分鐘
🅖 Soi 55, Sukhumvit Rd.

蘇坤蔚路的55巷雖然名為「巷」，但其實又寬闊又長，千萬不要「小」看它，如果不打算邊走邊逛，只想去特定店家，建議從捷運站直接搭車前往。沿路而行，會發現道路兩邊幾乎都是日本料理的天下，舉凡拉麵、燒肉、割烹、居酒屋、日式火鍋等想吃什麼就有什麼，讓人有置身日本街頭的錯覺。

🎁 Doi Kham皇家農產品專賣

🅐 別冊P.14,B4　🅑 東羅站3號出口
步行約5~8分鐘　🅖 1F, 55th
Tower, Thonglor soi 2,
Sukhumvit 55 　☎ 0639055374 6　🕙 10:00~21:00 　f
www.facebook.com/pg/DoikhamFP

> 👍小編按讚
> 採買伴手禮的好地方，到專賣店把受歡迎的商品都買齊！

皇家牌牛乳片、蜂蜜、水果乾等產品，因為價格便宜、品質有保證，一直都是大家喜歡採購的泰國伴手禮。這些商品出自泰王拉瑪九世——蒲美蓬推動的皇家農業計畫，計畫主要目的是改善農民生計，也能讓一般民眾能吃到營養且健康的食品。

熱門的皇家牌商品常可在超商、超市買到，來到專賣店則可以看到更多種類的商品，包括果汁、水果乾、果醬、乳製品、蜂蜜、穀物類製品。位於Fifty Fifth Thonglor中的Doi Kham皇家農產品專賣店距離東羅站很近，商品種類也很齊全，而皇家計畫商店(Royal Project Shop)在蘇汪納蓬機場和廊曼機場也有分店。

MAE VAREE芒果飯

小編按讚 👍

🏠別冊P.14,B5 🚇東羅站3號出口步行約1分鐘 ☎023924804 ▾6:00~22:00

> 到泰國必吃經典甜品,香、甜、鹹味在嘴中蹦出絕妙滋味!

　　芒果糯米飯是泰國相當傳統且經典的甜品,**新鮮的芒果配上香Q糯米飯,淋上椰奶,再撒上鹹脆的綠豆仁,香、甜、鹹味在嘴裡咀嚼出一種絕妙的平衡美味**,互相拉提的回韻讓人忍不住吃到盤底朝天。MAE VAREE水果店以芒果糯米飯著稱,芒果厚實,給料不手軟,

而且不會因為非產季缺貨,全年都會提供這項甜點。因為MAE VAREE的芒果糯米飯是公認的美味,雖然價格不便宜,且幾乎年年漲價,客人還是絡繹不絕。另外,店家也販售新鮮芒果、芒果乾等商品。

> 可以選擇白色糯米或三色糯米,價錢都一樣,端看個人喜好。

> 店家在2017年重新裝修店面後看起來更高級了!

海鮮煎蛋

Hoi-Tod Chaw-Lae

小編按讚 👍

🏠別冊P.14,B4 🚇東羅站3號出口步行約1~2分鐘 ☎0851283996 ▾8:00~20:30

> 人氣路邊小吃攤,海鮮煎蛋用料豐富好滿足。

　　捷運東羅站周邊有很多好吃的路邊攤,多數都被當地電視台報導過,這家位於Soi 55巷子裡的小吃攤,門口大大的圓盤炒鍋很容易認,週間中午用餐時段擠進不少上班族,老闆大鍋炒泰式炒麵和煎各種口味煎蛋的手沒停過。**海鮮煎蛋看起來有點像台灣的蚵仔煎,底下鋪滿豆芽菜,上面有青蔥、蚵、蝦、花枝等**,桌上有各式沾醬可自行調味。

> 曼谷備受歡迎的speakeasy酒吧Rabbit Hole。

小編按讚 👍

🍸 Rabbit Hole

🏠別冊P.14,B3 🚇東羅站3號出口步行約10分鐘 🏠125 Thonglor Sukhumvit 55 ☎0985323500 ▾19:00~1:00 rabbitholebkk.com

> 隱身在曼谷的微醺角落。

　　推開厚重木門進到Rabbit Hole,就像是墜入愛麗絲夢遊仙境的兔子洞一樣,裡面的世界,與你想像的並不一樣。**酒吧空間為三層樓挑高,裸露磚牆混搭著工業風,展現帶有點粗獷,卻又不失自信的優雅風格。而這裡的首席調酒師,以豐富的經驗和精采的手法,設計出許多令人眼睛一亮的雞尾酒。**

　　Rabbit Hole在疫情結束後重新規劃了調酒單,以A～Z設計了了26杯各有風味的調酒:Apple、Beauty、Chocolate、Disco……另外也有經典調酒,像是「White Truffle Martini」,是將坦奎瑞琴酒以特殊的油洗技法,注入白松露油的醇厚香氣,顯得高雅別致。

190　阿黎站➡勝利紀念碑站➡帕亞泰站➡拉差裡威站➡奇隆站➡菲隆奇站➡那那站➡阿索克站➡澎蓬站

Thong Lor·Ekkama
東羅站　　伊卡邁站

捷運席隆線➡捷運金線

捷運蘇坤蔚線 BTS Sukhumvit Line

Thong Lor·Ekkamai

地鐵藍線➡曼谷周邊

The Commons Thonglor 👍小編按讚

別冊P.14,B2　東羅站3號出口步行約18分鐘　335 Thonglor 17, Sukhumvit 55　約8:00~1:00(各店不一)　thecommonsbkk.com

位於東羅的新潮小社區，氣氛好悠閒。

The Commons在2016年開幕，這個新潮的空間由Roast和Roots的經營團隊打造，是附近潮人的聚集點。空間共分為4個部分，最頂層的Top Yard有超人氣的Roast餐廳，2樓的Play Yard有瑜珈教室及商店，1樓的Village則有花店及服飾店，至於最底層的Market則是國際美食及酒吧的聚集區，最知名的就是團隊經營的Roots Coffee，其他還The Beer Cap精釀啤酒，以及The Lobster Lab的龍蝦及海鮮等。半開放式的建築中留有大量空間，不論是坐在中庭悠閒地享用咖啡美食，或是在各層樓的座椅上放空，感覺都很愜意舒適，當微風吹過，實在讓人很想在這裡慵懶度過一整個下午。

Roots每個月都會推出不同的特調冷萃咖啡，口味常令人驚喜。

人氣手工冰淇淋Guss Damn Good也有進駐The Commons。

The Commons不時會舉辦音樂或主題活動，尤其是週末顯得更加熱鬧。

☕ Roots Coffee 👍小編按讚

位於The Commons的Market　0970594517　8:00~19:00　100B起　rootsbkk.com

在Roast喝到的咖啡出自這兒，招牌冷萃咖啡值得一試。

Roots Coffee和Roast出自同一個團隊，店鋪位於The Commons底層的Market中，開放式的空間中可以看見咖啡師正在沖泡咖啡，而一旁有幾個吧檯的座位。店內供應的產品非常簡單──只有咖啡，沒有甜點、沒有麵包，專注於咖啡的品質。Roots的咖啡豆不僅自世界各地採購而來，有些更是與泰北的咖啡農直接合作，能有良好的質量更能保障農民生計。咖啡品項有基本的濃縮咖啡系列及招牌的冷萃咖啡系列，而且Roots每個月還推出不同口味的特調冷萃咖啡，喜歡嘗鮮的人可以試試。在這裡也可以買到Roots的咖啡豆。

🍴 72 Courtyard

> 72 Courtyard匯集多樣化的異國料理及酒吧，成為當地夜生活的重心。

📍別冊P.14,C2 🚇東羅站3號出口步行約18分鐘
🏠72 Sukhumvit 55 ☎0632376093 🕐約
11:00~2:00(各店不一) 📘www.facebook.
com/72Courtyard

這座工業風的新潮建築是Thong Lo商圈的一座餐飲熱點，建築為半開放式，聚集了**多間酒吧、餐廳及一間夜店，店家大多自晚上開始營業，也因此每到晚上就成為當地的時尚夜生活重心。**

這裡較受歡迎的店家像是Beer Belly，店家供應約20款精釀啤酒，店內還有乒乓球桌和撞球桌；而美式酒吧Evil Man Blues則主打經典及創意調酒，週末也會有現場音樂演出；其他還有供日本料理及酒類的Lucky Fish等。建築一、二樓都有戶外用餐區，入夜後氣氛很是熱鬧。

> Roast為複合式的咖啡廳兼餐廳，氣氛悠閒、餐點美味。

🍴 Roast

📍位於The Commons頂層的Top Yard ☎0963403029 🕐8:00~22:00 💳可 🌐www.roastbkk.com

> 新潮建築中的排隊名店，人氣早午餐、甜點及咖啡都出自自家之手。

位於The Commons頂樓的Roast開幕後便成為附近的排隊名店，2011年前後創立的**Roast是氣氛輕鬆的咖啡廳兼餐廳，經營的宗旨在以最新鮮的食材、烹調出高品質的食物**，端上桌的每道佳餚，都是自家廚師在廚房裡調製出來的，麵包、咖啡豆也都是自家烘焙，不少香草、植物也都自己栽培種植，力求供應顧客好喝的咖啡和好吃的食物。Roast之前坐落在東羅街13巷，2016年才搬至現址，目前在Emquartier百貨也有分店。

> 招牌調酒The Blooming。

> Egg Benedict with Salmon Cake。

> The Blooming Gallery店內宛如玻璃花屋般自然、明亮。

🍴 The Blooming Gallery

📍別冊P.14,B3 🚇東羅站3號出口步行約15分鐘 🏠LG, Ei8ht Thonglor, Sukhumvit 55 ☎020635508 🕐10:30~21:00
📘www.facebook.com/thebloominggallery/

> 每個角落都美到翻天！網美最愛的花園系下午茶。

明亮的陽光、清新的綠蕨植栽和大量的花朵，如玻璃花屋般的The Blooming Gallery是許多泰國網紅、女明星的熱門打卡地點，不過店面位置可不好找，The Blooming Gallery隱身在Ei8ht Thonglor商圈的地下樓層，**到達The Blooming Gallery最快的方式是由Argentina Steak House旁的樓梯前往**，也可以從商圈內搭手扶梯往下到達。

店內裝潢以歐式工業風為主，黑色的鐵件門窗、磚紅色的牆，完美襯托出了植物的蓬勃生命力，**The Blooming Gallery的每個角落都充滿驚喜**，布置了大量的綠色植栽和乾燥花，就連桌上放入了花卉植物的擺設。在餐點的部分也絕對不會失望，早午餐推薦班尼迪克蛋佐鮭魚蛋糕，或者來杯招牌特調The Blooming，每嘗一口，都讓人心花朵朵開。

☕ One Ounce for Onion

📍 別冊P.14,D3　🚇 伊卡邁站1號出口步行約20分鐘　🕐
19/12 Ekkamai12, Sukhumvit 63 Rd.　☎021166076
🕘 9:00~18:00　📱 www.facebook.com/
oneounceforonion.ekamai12

在曼谷的一處靜謐後巷，One Ounce for Onion是
一座旅人可以品嚐泰國本土咖啡的實驗場。這裡是
店主Ekameth和同窗好友一同建立的店面，他負責咖
啡、對方則開了一間選物店，小小的空間裡，瀰漫著
來自清萊、清邁、南邦、楠所生產的咖啡香。

儘管泰國種植咖啡豆的時間並不長，卻也有著讓
人好奇味道的優點，**店內也販售特別的飲料搭配，
像是「Black Chinotto」，就是在黑咖啡中加入
苦橙汽水和柳橙片，充滿獨特的清爽滋味。**One
Ounce for Onion同時提供了許多美味
的餐點，例如美式早午餐、鬆餅等，
讓你能配著咖啡，享受悠閒的午後。

> 在店內也可享
> 用豐盛美味的
> 美式早午餐。

> 咖啡館結合選物
> 店Onion，充滿咖
> 啡香和工業風的
> 舊貨用品。

👜 Gateway Ekamai

📍 別冊P.14,C6　🚇 伊卡邁站先往4號出口方向(但不出
站)，再沿空橋指標可直達商場　🕐982/22 Sukhumvit
Rd.　☎021082888　🕙10:00~22:00　💳可　📱www.
facebook.com/gatewayekamai/

Gateway Ekamai百貨公司在2012年開幕，從捷運
的4號出口，就可看到一座巨大的招財貓，已成遊客
拍照留念的最愛。**Gateway Ekamai的設計以呈現
出日本的文化與生活為概念，賣場分布在8個樓層，**
其中M樓的周圍環繞著眾多日本料理店，全然日式的
招牌、裝潢，的確讓人產生身在東瀛的錯覺，有些還
曾經是入駐泰國市場的第一家店；2樓則有眾多日籍
和泰國本土設計師的品牌小店；其餘樓層則有其他服
飾店、餐廳、3C產品、Day Spa、超市等。目前定位已
經趨向地區性的平價商場。

#FindTheLockerRoom

小編按讚

🍸 別冊P.14,C3 🚶 東羅站3號出口步行約15分鐘 🏠406 Thonglor Rd(從醫美診所旁的巷子進入) ☎0982871898 ⏰18:00~1:30 💳可 @www.instagram.com/findthelockerroom.bkk

喝酒前先來一場密室逃脫！

看到店名時別懷疑自己的眼睛！光是入口處就要花一些時間才能找到，這裡給大家一個小提示：從Absolute Beauty Clinic旁的巷子進去就對了。要進入酒吧必須先過兩道門，而這「門」就藏在一面置物櫃後方，想喝到酒就得想辦法開門。解謎成功後喝到的酒，也會有雙倍的快樂！

#FindTheLockerRoom**由5位來自新加坡、東京、台北和曼谷的專業調酒師共同創立**，酒單的主題為「過去、現在和未來」，在這裡可以喝到許多經典的調酒如血腥瑪麗(Bloody Mary)、The French Connection(法蘭西集團)等，也可以喝到調酒師們用自己的方式調配的變化版。

酒單設計和調酒名稱也很有趣，除了說明成分，也會提到調酒的由來；這杯是三色漸層的「70' s: Who Wears Short Shorts?」。

至於要如何進入酒吧，就不破梗了，留給大家慢慢解謎～

🎨 Paintbar

🍸 別冊P.14,A3 🚶 東羅站1號出口步行約15分鐘 🏠6F, Piman 49, 46/4 Sukumvit Soi 49 ☎0622516635 ⏰10:00~22:00，每次課程2小時 ❌週一(假日例外) 💲繪畫課程799B，餐點額外付費 💳可 paintbarbangkok.com ❗只接受透過Line預約

Paintbar位在2014年開幕的大樓Piman 49的6樓，外露磚牆、黑色鐵絲網的工業LOFT風格，是曼谷逛街購物、用餐咖啡的新場所。**若是想到Paintbar學畫，可上網挑選自己喜歡的主題後預約，這裡會提供所需的一切畫材：壓克力顏料、畫布、畫筆，甚至還有圍裙。**最有趣的是，課程中還可以享用美食！邊畫邊用餐在想像中是多麼優雅閒適的畫面，不過大多數人都辦不到，不是畫得太入迷而忘了吃飯，就是餐點太美味而忘了畫畫。

🧖 Urban Oasis Spa

🍸 別冊P.14,C1 🚶 東羅站3號出口步行32~35分鐘 🏠59 Soi Ekkamai 21, Khlong Tan Nuea, Wattana ☎022622122 ⏰10:00~22:00 💲King of Oasis/Queen of Oasis 2小時3,900B起 💳可 🌐www.oasisspa.net

Oasis Spa是泰國知名的連鎖按摩店，2003年後陸續在清邁、曼谷、普吉島和芭達雅設店。位在伊卡邁路21巷這家分店，**外觀頗有些阿拉伯風情，推薦Queen of Oasis和King of Oasis兩種療程**，前者按摩的力道較為輕柔，正如其名是為了伺候女王嬌嫩的皮膚，而後者則是力道偏大的薰香按摩，適合喜歡扎實感受的旅客。除了優秀的技術和精緻的SPA療程外，親切有禮的服務人員也會講一些中文，有任何需求就可以安心地提出。

J Avenue Thonglor

📖別冊P.14,B2　🚇東羅站3號出口步行約16~20分鐘
323/1 Sukhumvit Soi 55　📞0918184189
10:00~22:00 ✅可

在東羅站這一帶，如果説到吃的，就一定要到J Avenue Plaza。**這裡就像大型的戶外美食廣場，包括了遠近馳名的Greyhound Café及After You、泰國貴婦最愛逛的超市Villa Supermarket**等等，為東羅提供了一個吃喝休息的場所，也更增強了這一區的多元性。

走都會雅痞風的Somerset Sukhumvit Thonglor，房間裝潢簡約而舒適。

H Somerset Sukhumvit Thonglor Bangkok

📖別冊P.14,B4　🚇東羅站3號出口步行約8~10分鐘
115 Sukhumvit 55(Thonglor), Sukhumvit Rd.
📞023657999　💰雙人房約3,800B起(房價每日調整)　✅可
🌐www.discoverasr.com/en/somerset-serviced-residence/thailand/somerset-sukhumvit-thonglor-bangkok.html

Somerset Sukhumvit Thonglor Bangkok屬於Ascott集團旗下Somerset公寓式飯店系列，有別於Somerset在曼谷的其他駐點的家庭氣氛，Somerset Sukhumvit Thonglor偏向都會雅痞風，**簡潔用色與裝潢有種日系「無印良品」的調調**。因為在日本旅客聚集的區域，住客用早餐的地點也是飯店特別設置的日本料理餐廳——Mai；而262間客房，同樣具有廚房設備、DVD播放器等設施。**飯店對街就是Market Place超市**，周邊夜店娛樂多，適合年輕自由行族群入住。

以椰子代替碗盤盛裝的泰式椰奶石榴冰

室內以綠色、木製傢俱和大理石裝潢，營造非常端莊優雅的氛圍。

Health Land Spa & Massage

📖別冊P.14,C4　🚇伊卡邁站1號出口步行約10~15分鐘
📍96/1 Soi Sukhumvit 63　📞023922233　🕐9:00~23:00　💰傳統泰式按摩2小時650B　💵1,000B以上可　🌐www.healthlandspa.com

Health Land是泰國一家連鎖經營的Spa店，建築外觀打造成獨幢英國殖民風味的樓房，內部裝潢也很明亮，**使用的保養品還是澳洲知名品牌Jurlique**，氣氛相當高雅，然而收費卻和一般路邊的Spa差不多。Health Land的療程相當多樣化，包括香氛身體按摩、泰式草藥按摩、腳底按摩、身體去角質、碧璽三溫暖(Tourmaline Sauna)、臉部護理等，傳統的泰式按摩只是其中之一。

Waan Thai

📖別冊P.14,B3　🚇東羅站1號出口步行約13~15分鐘　📍131 Soi Sukhumvit 53　📞0942153945　🕐11:00~17:00　✓可　🌐waanthai.com

如藝術品般精緻的傳統泰式甜點。

小編按讚 👍

Waan Thai由**米其林二星餐廳R-HAAN的兩位創辦人**——Piti Bhirombhakdi和主廚Chumpol Jangprai於2022年開設，主打泰式傳統甜點和下午茶。Wann Thai 的每一份甜點經主廚重新詮釋，化為一件件藝術品，讓人捨不得下手。招牌甜點是**泰式椰奶石榴冰**，特別的是主廚以椰子代替碗盤盛裝甜點，上桌前利用乾冰製造冒煙的效果，視覺和味覺都是一番享受！另外也有仿效英式下午茶的**High Tea Set**，包含用三層架呈現8種泰式甜點，以及任選一壺茶或咖啡作搭配。

Tamnak Isan

📖別冊P.14,C4　🚇伊卡邁站1號出口步行約10分鐘　📍86/1 Sukhumvit Road Prakhanong Nue　📞0957701268　🕐11:00~22:00

口味濃厚、香辣夠味的道地東北料理。

小編按讚 👍

Tamnak Isan的店面很小，小到一不留神就會錯過它的存在，但是由於口味道地、價格便宜，不但擁有眾多當地的忠實主顧，在網路上也飽受好評，吸引不少觀光客慕名而來。

從名字就明顯宣示出它屬於泰國東北地區的料理，多以油炸方式處理，**口味較為濃重**，招牌菜像是炸魚、炸鴨舌、炸雞翅等，搭配香辣的醬料就很開胃，還有香辣豬柳、香辣海鮮沙拉等，都很受歡迎。菜單都都有英語翻譯，對於外國人點菜頗有助益。

☕ Pompano Cafe du Musee

🅰別冊P.14,C2　🚇伊卡邁站1號出口步行約25分鐘　⏱281
4-5 Soi Sukhumvit 63, Khlong Tan Nuea, Watthana
📞917042566　🕘9:00~18:00　❌週一　💳不可

　位於大街上一隅，店面小小的一間咖啡廳，不小心很容易錯過。裡面空間不大，卻**收集了眾多具有藝術風格的家具、擺設、收藏品**，像是個小型的博物館，且經過巧妙的規劃，讓每張桌子周遭都形成一個近乎獨立的空間，每組客人各自擁有專屬的照明與氛圍，彼此之間不太會互相干擾，非常適合單獨旅行、或是兩兩成雙的旅客，在這裡找到寧靜的角落。

☕ flat+white Cafe

🅰別冊P.14,C2　🚇東羅站3號出口步行約25分鐘　⏱
810/5 Thara Rom 2 Alley, Khlong Tan Nuea, Watthana　📞924255533　🕘9:00~18:00　📷www.instagram.com/flatwhite.tl

　遠道來此的人們，應該沒幾個是為了這裡的飲料或餐點，而多半是為了來這裡狠狠地拍一些美照的吧！**無論外觀或室內，整體漆成大面積的純白色**；兩層樓的空間，只有幾張同樣純白色系的桌椅，幾乎沒什麼裝潢，讓空間感覺更加廣闊，很有「夢境」的況味。最顯眼的是一樓和二樓之間一道懸浮階梯，簡單的線條搭配藝術設計的燈光照明，活脫脫就是模特兒的伸展台，隨時可看到全身打扮亮麗的美女在階梯上擺出各種姿態，企圖捕捉最美麗的倩影。

🍴 郭炎松Wattana Panich

🅰別冊P.14,D2　🚇伊卡邁站1號出口步行約20分鐘　⏱336-338 Sukhumvit Soi 63, Ekkamai Soi 18　📞023917264　🕘9:00~19:30

　老闆是泰國華僑，招牌和店內菜單都是中泰文並列，牛肉麵價格為每碗100泰銖左右，**以藥燉牛肉、羊肉等補湯料理為主，湯頭濃郁、香氣足**，經營數十年，在當地也是相當有人氣的餐館。

🍴 Café Classique

📖 別冊P.14,C5 🚇 伊卡邁站1號出口步行約7分鐘 🏠 1 Soi Ekamai 2 Sukhumvit 63 ☎ 0942426696 ⏰ 11:00~15:00、17:00~22:00 休 週一 💳 可 f www.facebook.com/cafeclassiquebkk

Café Classique收藏不少來自各國的可樂瓶,都是老闆的珍愛收藏。

踏進Café Classique,**迎面看到的東西幾乎都與可口可樂有關**,玻璃櫥櫃裡整齊擺著各式各樣的玻璃瓶裝可口可樂、可口可樂的陳年海報以及眾多罐裝可口可樂等,這些都是店主走訪世界各地所帶回來的戰利品,也成了妝點餐廳的絕佳飾品,果然堪稱經典。餐廳主要供應泰式料理,佐餐的飲料當然少不了可口可樂!菜單上有照片,可以看圖點菜,非常方便。

🍸 Ekamai Beer House

📖 別冊P.14,C5 🚇 伊卡邁站1號出口步行5~8分鐘 🏠 56-56 /1 Soi Sukhumvit 63 (Ekkamai soi 2) Rd. ☎ 027143924 ⏰ 11:30~01:00(16:00~19:00為Happy Hour時段) 💳 可 🌐 www.ekamaibeerhouse.com

位於大馬路旁,這家頗大眾化的啤酒屋**平日供應西式餐飲和泰式小吃**,週六、日更推出烤肉大餐,非常受當地家庭的歡迎。

此店聲名遠播的特色之一,是現場提供生啤酒與手工啤酒的種類眾多,**從在地釀造的到國外進口品牌,達20種之多**,足以滿足不同消費族群的需求。此外,來自不同洲的葡萄酒單同樣琳瑯滿目,敢驕傲地宣告這裡是蘇坤蔚路(Sukhumvit)上擁有最佳招牌葡萄酒(House Wines)的酒吧。每週一、三晚間都有現場樂團表演。

一秒飛到京都!

☕ Hannari Café de Kyoto

小編按讚 👍

抹茶控、焙茶控甜點的天堂!

📖 別冊P.14,C3 🚇 伊卡邁站1號出口步行18~20分鐘 🏠 111/5 Thonglor 10, Ekamai, 5 Soi Sukhumvit 63 ☎ 021011591 ⏰ 10:30~21:00 💳 可 f www.facebook.com/hannari.thailand

來到Hannari Café de Kyoto,的確彷彿**瞬間進入了京都**:榻榻米的和室座椅、鵝卵石鋪地的走道、手工紙糊提燈,引領消費者走進洋溢著東瀛風的小天地。

Hannari Café de Kyoto內部空間也很小巧,分布在三個樓層,餐點走**和洋式的混血風格**,加有宇治抹茶的甜點、飲料和餐點最受歡迎;也有展售紀念品的角落,販賣一些來自日本的精緻小物。在Central World購物中心也有分店。

捷運席隆線‧捷運金線

捷運蘇坤蔚線 BTS Sukhumvit Line

Thong Lor · Ekkamai

地鐵藍線‧曼谷周邊

🍴 Khun Churn

📖別冊P.14,C6 🚇伊卡邁站2號出口步行1~2分鐘 🏠952 Sukhumvit Road, Khlong Toei ☎816607031 ⏰10:00~20:30 💰300B以上可刷卡 ✆www.facebook.com/KhunChurnSukhumvit42

　　Khun Churn是從清邁發跡的素菜餐廳，**擁有超過20年的歷史，專業以泰國本土所產的新鮮蔬果，烹調出各式各樣美味、健康的佳餚**。這間分店原本位於Gateway Ekamai旁邊Bangkok Mediplex大樓的地下

室，目前則搬到大樓旁一幢公寓的地面樓，就在捷運出口下方，位置更容易找到。因為Khun Churn在泰國素食界已有知名度，吸引不少食客慕名而來。

👁 曼谷天文館 Bangkok Planetarium

📖別冊P.14,C5 🚇伊卡邁站2號出口步行約3~5分鐘 🏠928 Sukhumvit Rd., Klongtoey ☎3921773 ⏰週二至週日9:00~16:00 🚫週一和國定假日 💰門票全票50B、半票30B 🌐sciplanet.org

　　2009年泰國票房奪冠的《下一站說愛你》純愛電影，劇中男女主角第一次約會的取景地就在天文館，**片中浪漫的天文館2D影片和互動式天文探索等場景，讓曼谷人再次憶起小時候校外教學的日子，同時也讓外國遊客認識這個寓教娛樂的景點**。曼谷天文館其實是包括在整個科學教育中心裡，園區另有自然科學、海洋館和市民活動中心。

🍴 The Earthling Café

📖別冊P.14,D3 🚇伊卡邁站1號出口步行約20分鐘 🏠Park Avenue, Floor 1-2, 126/33 Soi Sukhumvit 63 ☎0644737188 ⏰週二至週四9:30~21:00，週五至週六9:30~22:00 🚫週一 💰可 🌐www.earthlingbangkok.com

　　2022年3月嶄新開幕的The Earthling Café是一家強調崇尚大自然的餐廳，秉持著「**食物就是最好的藥材**」理念，以農場種植的植物為食材，在最少加工、甚至沒有加工的狀態下，以最接近原始的面貌呈現在餐桌上。

　　除了以植物為主外，採用當地、當季盛產的食材，也是最大程度減少浪費、讓地球永續經營的重要原則，目標是透過食物讓地球變得更健康、更快樂、更美麗。

捷運蘇坤蔚線
BTS Sukhumvit Line
Thong Lor‧Ekkamai
地鐵藍線→曼谷周邊

伊卡邁購物中心

別冊P.14,C3 ◆伊卡邁站1號出口步行約10~15分鐘
3 Charoen Mit Alley

蘇坤蔚路63巷與伊卡邁路10巷的交會處，有一座伊卡邁購物中心，裡頭集結了數家不同型態的餐廳、咖啡廳，雖然規模比Gateway Ekamai小很多，但對從伊卡邁站出來往北探索的人，這是一個可以滿足不同餐飲需求的地方。

> 在這裡可以找到不退流行的時尚二手精品，包括復古風皮鞋、皮包、外套等。

(un)Fashion Vintage Collection

027269592 ◆9:00~18:00 ◆可 ◆www.instagram.com/unfashion_vintagecollection

以二手精品為主的(un)Fashion Vintage Collection於2011年左右在這裡設置據點。有鑑於好東西都禁得起時間的考驗，即使物換星移，雋永的品質還是非常具有吸引力，「沒有時尚的問題」，因此起名「Un Fashion」，這個小店成了很多曼谷人尋找「沒有時尚的問題」寶物的小站。

捷運席隆線➡捷運金線➡

捷運蘇坤蔚線
BTS Sukhumvit
Line

On Nut・Bang Chak・Chang Erawan

地鐵藍線➡曼谷周邊

On Nut・Bang Chak・Chang Erawan

安努站・班差站・昌伊拉旺站

安努站位於曼谷市區的東側蛋白地帶，可能店租成本比較低，所以捷運站附近即有很多大型購物中心，也可以比較便宜的價格獲得其他地區同等的享受。

班差站和昌伊拉旺站已經是蘇坤蔚線末端的幾站，人潮漸漸稀少，但可以感覺到另一番在地生活的閒適情調。班差站有Jim Thompson Outlet加持，而於2018年12月通車的昌伊拉旺站就在三頭象神博物館附近。

交通路線&出站資訊

捷運BTS

◎安努站On Nut→蘇坤蔚線Sukhumvit Line
出口1◇Big C Extra On Nut・安努生鮮市場・安努按摩街
出口2◇Best Beef Sukhumvit・Cheap Charlie's Bar・Rolling Stone
出口3◇Avani Sukhumvit Bangkok Hotel
出口4◇The Wood Land
◎班差站Bang Chak→蘇坤蔚線Sukhumvit Line
出口5◇Jim Thompson Factory Sales Outlet
◎昌伊拉旺站Chang Erawan→蘇坤蔚線Sukhumvit Line
出口1◇三頭象神博物館・76府縮影

小編按讚 👍

🍴 Best Beef Sukhumvit

📖 別冊P.12,G5　🚇 安努站2號出口，步行8~10分鐘
🏠 1490, 2 Sukhumvit Road, Khwaeng Phra Khanong, Khet Khlong Toei　☎ 027429416　🕐 週一至五15:00~24:00，週六、日11:00~24:00　💰吃到飽每人329B起，加汽水喝到飽399B起，再加啤酒喝到飽539B起
💳 可　🌐 bestbeefrestaurant.com/en/branch

對曼谷來說，安努站已經是有點偏遠的蛋白地帶，而這間Best Beef燒烤火鍋店因為食材的品質好、價格便宜，讓曼谷人和國際觀光客都不辭辛勞特地到此飽餐一頓。

這裡的食材和飲料，供應方式都很大氣：以300多泰銖的價位，不但可以牛肉、豬肉、蔬菜吃到飽，甚至還可以吃到牛舌、干貝、鮮蝦、鮮蠔、淡菜等同樣無限量供應；飲料也是每桌滿滿的一壺奉上；加價50泰銖即可有無限量供應的火鍋湯；搭配的醬料也很可口。難怪偌大的場地一到用餐時間就食客盈門，假日還經常一座難求。

台幣300元左右就可以飽啖牛舌、澳洲和牛、個頭碩大的生猛海鮮，這樣的火鍋店哪裡找！？

Ⓗ Avani Sukhumvit Bangkok Hotel

🔺別冊P.12,H5　🚇安努站3號出口，步行3~5分鐘　🏠2089 Sukhumvit Road, Prakanong Nua,Watthana　☎020797555　💲雙人房每晚3,100B起　🅿可
Ⓜ www.avanihotels.com/en/sukhumvit-bangkok

隨著曼谷的捷運系統向東逐步擴展，Avani飯店2019年7月在安努區站穩了一個絕佳據點：樓下是知名的電影世紀大樓（Century the Movie Plaza），旁邊是安努捷運站，三者之間有空橋與電梯相連，讓房客在**交通、購物、娛樂方面都有非常方便的管道**，這就是Avani Sukhumvit Bangkok Hotel。

33層樓高的Avani Sukhumvit Bangkok Hotel，可以居高臨下俯瞰曼谷東邊的市容，共有382間客房或套房，以乾淨、明快的色彩和設計，營造出煥發活力的清新氛圍。

> AvaniFit健身房設備齊全，房客只要持有房卡，即可全天候免費入內健身。

🍴 Greenhouse and Terrace Restaurant

🏠7F　🕐6:30~24:00

風格簡潔的Greenhouse and Terrace Restaurant，是飯店的主要餐廳，從早餐即開始為房客服務。既可吃到酸辣蝦湯等道地的泰式美味，也有眾多國際性的佳餚，在品味與創意之間取得微妙的平衡。時尚的地點與自在的氛圍，使Greenhouse成為享用美食的好去處。每週四晚上7點開始，會有DJ播放優美的樂曲；每週五和週六晚上則有現場音樂演奏。

🏃 AvaniSpa

🏠9F　🕐10:00~20:00　💲招牌按摩90分鐘2,001B　🅿可

飯店的休閒中心位於9樓，包含一個健身房、一座戶外泳池，以及提供多種療程的AvaniSpa水療中心。

AvaniSpa的招牌按摩，是專業**的理療師運用舒緩的精油按摩與拉伸手法**，加強護理肩膀、肩胛骨、上臂和上半身，幫消費者消除肌肉的緊張，提升能量。另有具節奏感的芳香精油按摩、古法泰式按摩、腳底按摩、身體去角質、臉部護理等，選擇眾多。

安努生鮮市場
On Nuch Fresh Mart

📖別冊P.12,H3　🚇安努站1號出口，步行8～10分鐘　📍On Nut Rd, Phra Khanong Nuea, Watthana　🕐5:00～18:00　🚫不可

拜訪異國，最接地氣的行程莫過於逛一逛當地的傳統市場。安努生鮮市場是已經經過現代化改良的傳統市場，規劃整齊也維持得頗乾淨，雞、鴨、魚、肉、蔬菜、水果、乾貨、生米、熟食等應有盡有，一應俱全。雖然不遠處已經矗立起Big C Extra大型超市，傳統市場仍有它忠實的客群。這裡屬於早市，所以大概中午開始就會陸續收攤，要逛最好上午前往。

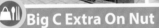

Big C Extra On Nut

📖別冊P.12,H5　🚇安努站1號出口，步行5～8分鐘　🚌114
On Nut Rd, Phra Khanong Nuea, Watthana　🕐8:00～22:00　✔可

Big C是泰國最受歡迎的大型連鎖超市，物美價廉有口皆碑，如今的台灣遊客幾乎每個人回國前都要到Big C掃貨一番。但是市中心的Big C因為交通方便、知名度高，經常人滿為患，結帳時往往要花費不少時間。而安努站的Big C賣場闊達三層樓，商品和市中心的分店一樣齊全一甚至更齊全，**觀光客很少，所以採買起來更順暢、舒服。**

> 如果行程上有安排到安努站附近，不妨留點時間來這裡血拚。

安努按摩街
On Nut Massage Street

📖別冊P.12,H5　🚇安努站1號出口，步行約5分鐘　📍Sukhumvit 77/1 Alley, Phra Khanong Nuea, Watthana　💰泰式按摩1小時250B

曼谷到處都可以看到按摩店，目前大致往兩個方向走：連鎖經營的按摩店品質較有固定水準，但是價位愈來愈偏高；獨立的店家價格往往比較平易近人，但是品質就要賭運氣囉！

安努站的Soi 77/1後半段，聚集了不少家按摩店，號稱「按摩一條街」，一個小時的泰式按摩只要**250泰銖**，這種價格在曼谷鬧區裡已經愈來愈難找到了。然而在這條街上因為店家眾多、競爭激烈，品質仍是在水準之上，其中的TakraiHom和Tree Massage都有不錯的評價，值得一試。

The Wood Land

📙別冊P.12,H5 🚇安努站4號出口，步行3~5分鐘 🏠17 Sukhumvit 52 Alley, Phra Khanong 📞0613911754 🕐週一至五9:00~18:30，週六至週日8:30~19:30 ❌週二 ✓可 📷www.instagram.com/thewoodlandofficial

在城市叢林中，居然有這樣一片青翠的天地！The Wood Land是**在鬧中取靜的一家咖啡館**，從入口處到主體建築之間，需經過一片大樹遮蔭、綠草鋪地的庭園，庭園裡還有一座旋轉樹梯，可以登高眺望，是大城市裡難得的綠洲。

The Wood Land提供早午餐和多種特調的飲品，讓大城市裡的居民偶爾可以來此偷得浮生半日閒；這裡也很適合在家遠距離工作的上班族們。

Cheap Charlie's Bar

📙別冊P.12,G5 🚇安努站2號出口，步行約5分鐘 🏠12/2 Sukhumvit 50 Ally, Phra Khanong, Khlong Toei 📞0870968444 🕐17:00~24:00(週四至23:45) ✓可 📘www.facebook.com/CheapCharlieBar

> 小編按讚 👍
> 不想理誰，只想簡單喝杯小酒，付完錢輕鬆就座，很乾脆。

這間店面小小的酒吧，氣氛很輕鬆自在，酒單標價條列清楚，只要選定項目、在收費櫃檯下訂和繳好費用，就可以自己找座位坐下來放空一整晚；常被提問的事項也都明白地寫在櫃台前，感覺上任何廢話都無須多說。

Cheap Charlie's Bar的裝飾很混搭、國際化，應該是業主周遊各國之後，把心愛的收藏拿來巧手布置。啤酒主打**寮國進口的啤酒**，價格便宜又不常在其他地方看到；其餘還有葡萄酒、威士忌等各式進口酒和調酒。

Rolling Stone

📙別冊P.12,G5 🚇安努站2號出口，步行約5分鐘 🏠The Beacon Place, Sukhumvit 50 Ally, Phra Khanong, Khlong Toei 📞0838745972 🕐週一至週四16:00~24:00，週五至週日15:00~24:00 ✓可 📘www.facebook.com/pizzarollingstone

和Cheap Charlie's Bar坐落於同一個美食社區裡，店門口一座大大的窯烤爐，昭示著香脆的披薩是Rolling Stone的招牌料理，還有香辣雞翅、沙拉、義大利麵等都頗獲好評。

Rolling Stone的**披薩口味眾多，像是培根、雞肉、辣香腸、起司、瑪格麗特、帕瑪火腿、慢烤牛肉等，也有多款適合素食者的選項**；搭配自家精釀的啤酒，更是絕配。

Jim Thompson Sukhumvit 93 Outlet Store

📙別冊P.12,H6 🚇班差站5號出口步行約5~8分鐘 🏠153 Sukhumvit Soi 93, Prakanong 📞023326530 🕐9:00~18:00 ✓可 📷www.jimthompson.com

Jim Thompson是泰國的泰絲代表品牌，但是價格也實在不便宜，所以雖然喜愛又往往下不了手。有心人不妨前往位於曼谷郊區的暢貨中心去看看，也許會有斬獲。

> 因為是暢貨中心，過季品折扣有時可高達4折，雖然仍算不上便宜，但是已經比較具親和力了。

這家位於班差站附近的Jim Thompson規模相當大，**占據一整幢大樓的5個樓層**，其中1到3樓都以陳列布料為主，包括絲質和棉質的布料；4樓應該是消費者最有興趣的部分，陳列著包包、鞋子、衣服、娃娃等；5樓則是寢具的天下，包括一整套的床單、床罩、枕頭套，以及抱枕、桌巾等。

捷運席隆線→捷運金線→

捷運蘇坤蔚線

BTS Sukhumvit Line

On Nut・Bang Chak・Chang Erawan

→地鐵藍線→曼谷周邊

● 人間

　　人間的主體設計是以傳說中的守護魚神圍繞大廳，第一層階梯兩端是以景泰藍瓷拼貼的三頭象，第二層階梯左右兩端分別是金那利人鳥神，兩邊手扶把也是黃銅打造的象頭作為支撐，大廳的四座柱子，皆由製錫師傅按古法，親手敲捶出伊斯蘭教、印度教、佛教、基督教等世界四大宗教故事，中央角亭雖是泰國樣式，供奉的卻是中國隋朝觀音像，而頂端的彩繪玻璃，則是聘請德國工匠製作的世界地圖。

　　整座廳堂內部按著泰國中部Patburi府的傳統建築裝飾工法，用椰糖、紅石、檳榔、糯米、砂石等以及景泰藍傳統瓷器，用拼貼的方式處理所有裝飾，工法細膩。

人間就是支撐象身的粉紅色建築。

◉ 三頭象神博物館 Erawan Museum

🔖 別冊P.2,F6　🚇 昌伊拉旺站1號出口步
行約8~10分鐘　🏠 99 Kanchanaphisek
Rd, Bang Mueang Mai, Samut Prakan
📞 023713135　🕐 9:00~18:00　💲 門票全票400B、半票
200B　💻 www.erawanmuseum.com　❗ 可至班里站1號
出口停車場搭免費接駁車，由於班次不多，出發前請至官網
確認營運時間表

（小編按讚）耗資數千萬泰銖打造，戲劇張力十足的博物館！

　　泰國富商Lek Viriyapant保留傳統工藝和彰顯自己對世界和平的想法，斥資數千萬泰銖，集合各家傳統工法打造這座戲劇張力十足的博物館。主建築一分為二，上半部是由手工藝師們以純銅片打製的三頭象，頭部重量約150公噸、象身重量為100公噸、高度29公尺、前後長度39公尺、寬12公尺，加上支撐象身的粉紅色歐泰式混風建築，總高度為43.6公尺。內部則分為地宮、人間、天堂等三部份。

◉ 地宮

　　展示著創辦人所有私藏骨董，陶瓷器、家具、神像，並以圖文、影片播映方式說明博物館的建造緣由，以及三頭象神的傳說，接著從地面出口才進入最精采的人間和天堂。

天堂

沿著木造迴旋梯拾級而上，牆上滿是工藝師手繪的飛天神仙，彷彿被這些神仙引領至天堂。整個天堂的布置，同樣沿襲四海一家的概念，穹頂是手繪的12星象圖，兩旁寶藍色牆面前立著8尊從泰國各地蒐羅、不同朝代和材質製作的佛像。

關於大象

三頭象(Airavata，泰文音為Erawan)是印度神話裡的天神坐騎，在天堂裡的形體共有33個象頭，下凡則化成一般大象的形體。在泰國，到處可見以大象為型的裝飾物品或圖騰，像是曼谷的市徽就是天神騎著大象下凡照顧這座天使城市的圖樣。此外，大象過去是泰國皇族的坐騎，也有象徵權貴的意思，據傳當初丹麥人到泰國，就是看到象牙在泰國皇室使用頻繁，認定是尊貴的象徵，爾後丹麥皇室、貴族的徽章，也使用象牙材質。

對一般遊客來說，走遍泰國77府並不容易，但走一趟這裡，就可以大致了解泰國古蹟和傳統生活。

許多當地遊客向著中央的立佛虔敬坐拜，伴隨著梵樂，廳堂氣氛變得肅穆。

👁 77府縮影 The Ancient City

📖別冊P.2,G6　🚇Kheha站3號出口搭計程車，車行約10分鐘　📍296/1 Sukhumvit Rd., Bangpoo, Samut Prakan　☎020268800-9　🕐9:00~19:00　💲門票全票700B、半票350B，門票包含1.5小時的電車導覽　www.muangboranmuseum.com/　❗園區龐大，也可租用腳踏車(每小時150B)或電動車(3小時250B，續借每小時100B)

77府縮影位於距曼谷市區約半小時車程處，整座主題公園占地超過320公頃，園區按著泰國國土形狀規劃，116個古蹟景區都按照原址方位分區設置，走一遍園區如同翻閱一部立體的泰國歷史書，所有泰國古蹟和傳統生活盡收眼底。

園區景物重現的方式分為4種：一個是模擬原建物，二是將半毀的殘垣斷壁帶回整修，抑或是依據歷史記載按圖索驥重建，也有以雕塑呈現民間傳說故事。整個重現工程算是考究，沒有舊物新料的不真實感。

祭祀台

離開象身，庭園也有祭祀桌讓信眾拈香敬拜，有趣的是，在桌前有一個銅製的大象，據傳在象神前許願，只要女生可以用非慣用手的食指、男生以無名指，將大象提起，就表示願望得以實現。

地鐵藍線
MRT Blue Line

曼谷的地鐵藍線先後完成「華藍蓬站—Lak Song站」和「邦蘇站—Tha Phra站」的延伸工程，於2020年3月正式形成一個環狀線。以往必須從華藍蓬站走路15~20分鐘才能抵達中國城最熱鬧的地帶，如今有了龍蓮寺站(Wat Mangkon)，出站即達中國城！而莎南蔡站(Sanam Chai)和山優站(Sam Yot)也讓前往大皇宮、蘇泰寺還有考山路的路程更輕鬆。

莎南蔡站Sanam Chai・
山優站Sam Yot   P.207

龍蓮寺站Wat Mangkon・
華藍蓬站Hua Lamphong   P.237

山燕站Sam Yan   P.248

倫披尼站Lumphini   P.251

碧差汶里站Petchaburi・
帕藍9站Phra Ram 9・
泰國文化中心站Thailand Cultural Centre・
惠恭王站Huai Khwang   P.255

樂拋站Lat Phrao・
塔宏猶清站Phahon Yothin   P.259

札都甲公園站Chatuchak Park・
甘帕安碧站Kamphaeng Phet   P.262

Sanam Chai · Sam Yot

莎南蔡站·山優站

以前若想遊覽舊城區，不是得坐計程車、就是必須依賴水路輾轉抵達，對遊客而言相當不方便；現在地鐵藍線一路向西拓展，對觀光客真是一大福音：因為莎南蔡站的設立，大皇宮、臥佛寺等重要景點變得近在咫尺；有了山優站，鬼門炒河粉、Jay Fai、KorPanich Sticky Rice等一些知名美食老店也不再那麼遙不可及。曼谷的舊城區真的愈來愈方便了。

交通路線&出站資訊

地鐵MRT
◎莎南蔡站Sanam Chai→藍線Blue Line
出口1◇大皇宮·暹羅博物館·Supanniga Eating Room, Tha Tien·東京安南·Make Me Mango·Arun Residence·Eagle Nest Bar·臥佛寺按摩學校·瑪哈泰寺·席帕空大學藝廊·瑪哈拉碼頭·國立博物館·海軍夫人協會商鋪·曼谷城市柱·阿姆列市集
出口2◇臥佛寺
出口3◇帕空市場
出口4◇Farm to Table, Hideout·Flora Cafe at Napasorn

◎山優站Sam Yot→藍線Blue Line
出口1◇翁昂河岸步行街·鬼門炒河粉·Jay Fai·曼谷之鑰頒贈處·叻差那達寺·瑪哈坎碉台
出口3◇曼谷皇家劇院·安樂園·迷彩軍用品街·帕蘇瑞商圈·老暹羅購物中心·KorPanich Sticky Rice·World at The Corner書店·double b hostel Bangkok·考山路·Madame Musur·Adhere 13th Blues Bar·Karim Roti Mataba·帕蘇梅砲台·查納頌勘寺·Riva Surya Bangkok Hotel·僧王寺·民主紀念碑·蘇泰寺·大鞦韆·慕丸·邢泰記·Mont Nomsod烤吐司店

昭披耶河水路（時間見P.042、路線圖見別冊P.4~5）
◎6號碼頭（N6)Memorial Bridge
◎7號碼頭（N7)Rajinee
◎9號碼頭（N9)Tha Chang
◎10號碼頭（N10)Prannok
◎12號碼頭（N12)PhraPinklao
◎13號碼頭（N13)PhraArthit

店內外的裝潢擺設簡單、部分略顯陳舊，正正凸顯了老字號的懷舊感。

餐點主要有早午餐和土司系列，價格都很平價。

90年老字號早餐店，主打泰式風格的美式早午餐。

🍴 安樂園

On Lok Yun
📍別冊P.17, D5　🚇山優站3號出口步行3~5分鐘　📍72 Charoen Krung Rd.　📞0858090835　🕐6:00~14:30　f www.facebook.com/onlokyun

位於石龍軍路上、曼谷皇家劇院附近的安樂園，是一間歷經90年風華的老咖啡餐室。**安樂園由泰國華人創立於1933年，店內販售的是泰式風格的美式早午餐**，週末時兩層樓的空間坐滿客人，阿姨、叔叔等級的員工親切招呼客人，坐下後剛點完餐，招待的茶水就送上了，令人感動的不僅是熱騰騰上桌的早餐，更是老曼谷人的待客之道。

餐點分為早午餐和吐司系列，早午餐選項非常簡單易懂：**1或2顆煎蛋或炒蛋，加上培根、火腿、香腸或廣式臘腸，想吃豐盛一點就全部都加，價位不超過100B**。吐司系列從最基本的奶油加糖、奶油煉乳、奶油果醬到咖椰醬都有，各有各的擁護者，吐司烤得鬆鬆脆脆確實很迷人。另外這裡的法式吐司外皮煎得香脆，和我們一般認知不太一樣；至於飲料不外乎是咖啡、奶茶、美祿、茶飲等等。安樂園供應的正是這樣簡單的好滋味，店內不僅有上了年紀的熟客，也吸引著年輕人或觀光客前來造訪。

曼谷皇家劇院

Sala Chalermkrung

🔖別冊P.17,D5 🚇山優站3號出口步行3～5分鐘，或6號碼頭(N6)Memorial Bridge步行約10分鐘 📍66 Charoen Krung Rd 📞022258757 ⏰9:00～18:00，箜劇週一至週五13:00、14:30、16:00 💰門票400B起 🌐www.salachalermkrung.com ❶大皇宮500B聯票包含一場箜劇表演

　　曼谷皇家劇院於1933年7月2日開幕，以建築師Chalerm之名命名，是當時泰國第一座有空調的電影院。

　　現在劇院裡唯一常態演出的「箜劇」(Khon)是泰國傳統面具舞，過去只在皇家演出，直到1910~1925年間，才流傳到民間。2006年為慶祝時任泰國國王蒲美蓬登基60週年，劇院和泰國國家資產局(Crown Property Bureau)合作推出紀念劇，此後就成為劇院的定目劇。**將近2小時演出的故事內容以《羅摩衍那》(Ramayana)神話故事為本，藉以傳達人民對國王的尊重**。泰國箜劇演員在演出時著面具，沒有對話，以舞蹈和肢體演出，搭配場邊吟唱者和傳統樂團緩緩述說整個故事。劇院不定期另有慶典或慈善演出。

拉瑪

　　在曼谷大皇宮或是以曼谷為首都的卻克里王朝(Chakri)時期所建的廟宇或相關建築，都會提到《羅摩衍那》(Ramayana)這部印度梵文史詩巨著。故事大概講述主角Rama，天神在人世間的正義化身，和妻子Sita、弟弟Lakshmana共同生活，但惡魔羅波圖悉多貪戀Rama妻子的美色，趁兩兄弟外出打獵，便設計將Sita帶回城裡。Rama為將妻子尋回而和惡魔奮鬥，過程中獲得猴神Hanuman幫助，最後邪不勝正，Rama成功制服惡魔。
大城王朝的卻克里將軍在終結大城王朝和以鄭信王為首的吞武里王朝混亂情勢後，建立卻克里王朝，並以羅摩衍那故事為主角的名字拉瑪(Rama)為頭銜，自他以降，國王皆以拉瑪為王號，也就是泰國人稱泰國國王為拉瑪一世、拉瑪九世等，而拉瑪一世(卻克里將軍)也以此神話編撰了Ramakien，目前所見的箜劇，也多以此為演出腳本。

往碼頭方向走，可以看到泰國料理的食材原形──打拋葉、香蘭葉、泰國檸檬、九層塔、臭豆等當地農產蔬菜。

小編按讚👍

帕空市場

Pak Khlong Talat

🔖別冊P.17,C6 🚇莎南蔡站3號出口步行約5分鐘，或6號碼頭(N6)Memorial Bridge、7號碼頭(N7)Rajinee步行約3分鐘 ⏰24小時(5:00~中午最熱鬧，下午攤商較少)

以花市最出名的花果市場，熱帶花草水果大集合！

　　和曼谷市一般傳統市場略有不同，**這裡以花果批發為主，其中又以花市聞名**，每天清晨5點前進貨，中午之前交易最活絡。各式花卉提供佛寺參拜、餐廳、飯店或婚喪喜慶不同活動場合使用，有盆花、花束，也可以散買單把回家當裝飾。至於泰國最出名的水果，榴槤、紅毛丹、山竹、鳳梨、波羅蜜等，隨季節出現在攤商推車上，價格相當便宜。

泰國的博物館不僅將設計創意展現在商品上，同時也在文化傳播上努力耕耘，暹羅博物館就是很好的例證。

小編按讚👍

暹羅博物館

Museum Siam

🔖別冊P.17,C5 🚇莎南蔡站1號出口步行約3分鐘 📍4 Sanam Chai Rd., PhraNakhon(有兩個進出口，分別在Maharat Rd.和Sanam Chai Rd.) 📞02252777 ⏰週二至週日10:00~18:00 ❌週一、潑水節、除夕 💰門票外國人100B 🌐www.museumsiam.org

多媒體展覽寓教於樂，讓旅客更深入了解泰國文化。

　　暹羅博物館占地2.8公頃，主要展館是一幢建於拉瑪六世的新古典主義樣式的建物，隸屬於政府學術發展研究單位。**館方以多媒體和各項互動視聽設備呈現泰國的過去、現在、未來，換個角度讓生硬的文化歷史展覽更有趣**，寓教於樂，不僅讓當地年輕學子更深入探索本國文化，也提供旅客另一種角度認識泰國。另外一個有咖啡廳的展館則以短期展覽為主。

👁 三寶宮

Wat Kanlayanamit

🏠別冊P.17,B6 🚇從7號碼頭(N7)Rajinee搭船到對岸Wat Kanlayanamit碼頭後步行約1分鐘,或從Itsaraphap站1號出口步行約16~20分鐘 💲門票免費 🕐7:00~17:00

　　三寶宮的建築處處可見中國傳統寺廟的樣貌,還供奉著土地神,其實中文廟名是華人給它的暱稱,廟宇也並非華人所建。三寶宮是拉瑪三世王的丞相To Kanlayanamit捐出自家土地,於1825年建廟送給國王,國王為表感謝,便賜丞相的家姓當作廟名,以紀念彼此真誠的友誼,因此泰國人也相信可到廟裡**求人緣、遠小人**。之所以採中式廟宇建築是因為拉瑪三世鍾情中國文化,且當時和中國往來貿易頻繁,寺**廟的大堂和佛像是由三世王規畫,所以呈現濃厚的中國風。**

> 在泰國又稱這種佛像為「成功佛」。

👁 佛堂大佛

　　佛堂大佛高15.45公尺、寬11.75公尺,線條圓潤、美**麗,是曼谷最大的坐佛。**佛像呈半盤坐,一隻手輕放在膝蓋上,另一隻手心向上端放在腿上,據傳是釋迦牟尼佛在悟道最後階段阻擋妖魔的姿勢。

👁 大雄寶殿佛像

　　大雄寶殿佛像也造型特殊,佛像**雙腳呈90度,像在石頭或椅子上端坐,腳踩蓮花,左右各面對一隻猴子和大象,塑像是根據釋迦牟尼在森林裡,有大象和猴子前來要供奉祂**的故事打造。可惜大雄寶殿不一定開放參觀,廟方另塑一尊同樣的小型佛像,供奉在大雄寶殿外。

👁 全泰國最大的鐘

　　三寶寺裡的鐘重達13噸、鐵製、直徑長192公分,於1931年(泰國宣布君主立憲前一年),**請來日本工匠鑄造。**泰國寺廟裡以敲鐘提醒僧侶做早、晚課,中午用膳則以擊鼓通知。信眾可以敲鐘,表示我來廟裡祭拜、捐獻、做善事了。

👁 大雄寶殿屋頂、壁畫

　　三寶寺大雄寶殿屋頂兩頭的**山牆和屋簷都以瓷片拼貼,**屋簷上貼有蝙蝠、蝴蝶、花卉等代表福氣的圖樣,山牆上則有青花瓷盤。而殿內壁畫,以棕色為底的粉色牡丹圖案更顯傳統中國元素。

🍴 Supanniga Eating Room, Tha Tien

小編按讚 👍

📖別冊P.17,B5　🚶莎南蔡站1號出口步行約7分鐘　📍392/25-26 Maharaj Rd.　☎0922539251　🕐週一至週五11:00~22:00、週六週日節假日7:30~22:00　📘www.facebook.com/SupannigaEatingRoom

> 美到忘記回家！適合和情人約會的浪漫景點。

位在昭披耶河河畔，並獲得2018年米其林指南曼谷版推薦的Supanniga Eating Room擁有著絕佳的地理位置，餐廳二樓的露天用餐區，風景更是令人驚艷，建議**在下午4點左右到訪，可以近距離觀賞鄭王廟和夕陽日落的美景。**

> 非常精緻又好吃的Supanniga Coconut Rice Cake。

二樓的露台區包含酒吧和用餐區域，經常有公司、家族等到此包場聚會，家具選用色彩繽紛的桌椅和沙發，顯得更加活力、明亮，除了風景優美之外，料理的美味程度也是不遑多讓，料理以現代泰菜為主，**招牌甜點Supanniga Coconut Rice Cake**，以椰奶和米漿蒸製的小巧粿糕，放上青蔥、玉米、芋頭，以及金箔等點綴，不但看起來精緻，吃起來也十分可口。

SUPANNIGA EATING ROOM BY KHUNYAI

🍴 東京安南

Tonkin-Annam

📖別冊P.17,B5　🚶莎南蔡站1號出口，步行8~10分鐘　📍69 Tha Tien, Maharat BoromaMaharajawang, Phra Nakhon　☎934692969　🕐11:00~16:00、17:00~21:00、週二休　💳可　📘www.facebook.com/tonkinannam/

距離臥佛寺不遠處的巷子裡，餐廳門口寫著中文「東京安南」，不過別誤會，**安南是越南的古名，所以東京不是指日本的東京，而是越南的「東京」——河內。**這家外觀時尚帶點文青風的越南餐廳，內部陳設同樣簡約、低調。餐飲以越南烹調為基礎，加上現代人追求原味、健康、有趣的原則，呈現出改良式的越南佳餚，從2018年起連續獲得米其林必比登的推薦。

文化中心站→惠恭王站→樂拋站→塔宏猶清站→恰圖恰公園站→甘帕安碧站

211

捷運席隆線→捷運金線→捷運蘇坤蔚線

地鐵藍線 MRT Blue Line

Sanam Chai・Sam Yot

曼谷周邊

Make Me Mango

📖 別冊P.17,B5　🚇 莎南蔡站1號出口步行約8分鐘　🏠 67 Maharat Rd.　☎ 026220899　🕐 週一至週五10:30~20:00，週六至週日10:30~~20:30　📱 www.facebook.com/makememango

芒果的繽紛饗宴，讓你吃芒果吃到不要不要！

　　店名Make Me Mango昭示著店內是專賣芒果的Mango Cafe，白色和黃色調的裝潢帶來一股清新感，看著牆上的甜品插畫，感覺炎熱的溫度都散去不少，店內座位錯落於三個樓層之中，還有室外陽台以及可供坐臥的網床。店內招牌是「Make Me Mango」同名甜品，集合了新鮮芒果、糯米飯、綠豆仁、椰奶、芒果冰淇淋、芒果奶酪及泰式布丁的豐盛組合；除此之外還有Mango Bingsu(芒果綿綿冰)、Mango Smoothie(芒果冰沙)等，同樣既消暑又受歡迎。

Make Me Mango的同名芒果甜品，光看擺盤就覺得很豐盛，感覺在泰國吃芒果可搭配的元素都在這裡了！

鄭王廟

Wat Arun

📖 別冊P.17,B5　🚇 搭乘橘旗船或藍旗船到Wat Arun碼頭，步行約1分鐘，或從Itsaraphap站1號出口步行約13分鐘　🏠 158 Thanon Wang Doem, Wat Arun, Khet Bangkok Yai　🕐 8:00~18:00　💲 門票100B　📱 www.facebook.com/watarunofficial

美麗的建築剪影成為泰國觀光局官方標示。

鄭王廟是昭披耶河畔的經典景色，連帶著對岸河畔的景觀餐廳都很受歡迎。

　　坐落昭披耶河西岸的鄭王廟又稱為破曉寺或黎明寺，**夕陽時分的建築剪影一直是曼谷風景明信片的常見地標之一**。正確的建寺年代無從考究，傳說當時鄭王為大城王朝驅逐緬甸軍後帶領部隊順水而下，黎明時分經過寺廟，便停船上岸禮佛。鄭王建立吞武里王朝後下令重修佛寺，並改名為黎明寺，1778年還曾移請玉佛到黎明寺供奉。

　　拉瑪二世有意興建新的大雄寶殿、佛殿和講經樓等，但未動工便駕崩了，最後興建工程在1847年，拉瑪三世時完工。

大乘塔

塔上鋪貼許多彩色碎陶瓷，在陽光下炫麗奪目。

　　三世王增建的中央大乘塔高67公尺，四個角落分別有小高棉佛塔，以及4座方型塔，塔上鋪貼許多彩色碎陶瓷，其中不乏中式的青花瓷，並有猿猴、金那羅(神將)、金那利(女天神)等塑像。

　　接近塔頂的三面神龕中各有一座因陀羅(Indra)騎著三頭象神的雕像，加上4座小高棉塔上安有溼婆神的三叉戟，整座佛塔結合了泰國民間不同文化的傳統信仰。目前旅客可登上大乘塔的第2層，眺望昭披耶河景。

大雄寶殿

　　據說鄭王晚年是在此寺出家，塔前的古佛殿裡還有一張御床為證，大雄寶殿位於大佛塔的西北邊，供奉著120尊伏魔式泥塑雕像，圍繞大雄寶殿的4座石牌之間，一共陳列120隻姿態各異的中國石獅，周邊還有很多貌似文官的塑像，和大乘塔周邊身著戰甲的武官像，有著相當明顯的區隔。

H Arun Residence

別冊P.17,B5　莎南蔡站1號出口，步行8~10分鐘　36-38 Soi Pratoo Nok Yoong, Maharat Rd., Rattanakosin Island　022219158　可　www.arunresidence.com

視野極佳景觀餐廳。

正對著鄭王廟、看著往來昭披耶河的船隻，**Arun Residence賣住宿、賣景也提供老城區的懷舊氣氛**，輕鬆步行就可一網打盡曼谷重要的景點。像是巷口對街就是臥佛寺，路邊也有不少小吃和商家；願意走遠一點，也可以散步到大皇宮，或是往反方向去暹羅博物館看看不同的曼谷印象。累了，臥佛寺有純正泰式按摩，回到飯店，有景有美食，享受老城區的小旅行，輕鬆恢意。

The Deck最大的賣點就是坐擁河岸美景，夕陽時分、夜景都好吸引人！

The Deck

位於Arun Residence　11:00~22:00

Arun Residence旅館巧妙地將**The Deck餐廳**設在河岸邊，有半開放空間、露天座位也有舒適的室內用餐區。白天提供住客現點現做的精緻早餐，到了夜晚，尤其是週末夜，許多當地消費者光顧，一邊看河岸夜景、一邊和三五好友小酌對談。餐廳供應的菜色以西式料裡為多，加上一些泰風創意料理，酒吧的自創調酒也相當美味。

Eagle Nest Bar

別冊P.17,B5　莎南蔡站步行約8分鐘　47-49 Soi Phen Pi Marn,Tha Tien, Phrabarommaharajchawang　026222932　週一至週四16:00~22:00、週五至週日16:00~00:00　www.salaarun.com

除了曼谷市區的高空酒吧，曼谷還有哪些夜貓子的好去處呢？位在昭披耶河畔的露天酒吧Eagle Nest，**雖然僅有5樓高度，卻正對著鄭王廟和絕美的昭披耶河夜景**，沒有高樓建築的阻撓視線，有著相當遼闊的視野，從日落時分直到夜晚的瞬息萬變，更能看見不一樣的曼谷河岸情調。

從Eagle Nest可看見鄭王廟與昭披耶河夜景。

Eagle Nest的另一側則鄰近臥佛寺，可看見佛塔尖頂。

Eagle Nest Bar為Sala Arun河景餐廳的天台酒吧，同時Sala Arun也提供住宿服務，地處在隱密的巷子中，每到夜晚便有不少外國客人到此小酌一番，酒吧內除了鄭王廟夜景之外，酒吧另一側也能看到臥佛寺的佛寺尖頂，圍繞在歷史古蹟和河岸之間，帶來了截然不同的曼谷視角。

臥佛寺

Wat Pho

📖 別冊P.17,C5 🚇 莎
南蔡站2號出口步行
約5分鐘 🏛 2
Sanamchai Rd., Prakorn 📞
0830577100 🕐 8:00~18:00 💲 門
票200B 🌐 www.watpho.com

> 曼谷最古老的廟，臥佛殿中供奉長46公尺的金臥佛。

臥佛寺(Wat Pho，或稱Wat Chetuphon)又稱菩提寺、涅盤寺，是**全曼谷最古老的廟**，也是全泰國最大的廟宇。這座從大城王朝(或稱艾尤塔雅王朝)時代留下的古寺很受卻克里王朝皇帝的喜愛，從拉瑪一世到四世都曾重修，加蓋了3座塔及臥佛殿，持續到現在。特別提醒，來這裡參觀時要注意衣著，需整齊、不要太暴露，著長褲、裙為佳。

> 金碧輝煌的臥佛像，令人嘆為觀止！

臥佛

一進寺廟最先看到的就是臥佛殿，門拱及窗拱繪以花瓶及花束裝飾，裡面供奉著一尊臥佛，脫鞋進入便可看到長46公尺，高15公尺，外面敷滿金箔的臥佛，5公尺長的腳掌上面以貝殼鑲嵌成108幅吉祥圖案，每位造訪的遊客，都會獻金在臥佛前銅缽中。佛殿四面牆壁上皆有壁畫，每50年會邀請畫師自願入寺進行修復工作。

佛塔

臥佛寺中有99座佛塔，其中最大、最顯眼的就是臥佛寺附近的四王塔，塔上都以碎瓷盤裝飾，展現特別的中國味。拉瑪一世可以說是佛像保留的大功臣，他從大城遺址中尋得1,200多個雕像，目前有689座放在臥佛寺中，其中大部分都沿著大雄寶殿外兩層走廊擺放，或放在塔頂。

> 可以在臥佛寺體驗最正宗的傳統按摩服務！

傳統醫藥學院

◎2 Sanamchai Rd., Prakorn(臥佛寺內)　◎022212974　◎8:00~18:00　⑤傳統泰式按摩、足部按摩30分鐘320B，1小時480B　⑥www.watpomassage.com

臥佛寺至今仍是研究草藥及健康按摩的中心，寺中後方就有一間傳統醫藥學院及一間按摩房，想試試傳統按摩也可以在此享受專業服務。

庭院·排亭

拉瑪三世將此寺改造成開放式的大學，並在寺中大部分的牆上繪出和戰爭、醫療、天象學、植物學、歷史學等學科相關的壁畫，介於四王塔與主殿之間的排亭裡就有泰式按摩的手法與文字說明，花園裡也有很多骨擺有按摩姿勢的人形塑像。此外，據說園中的菩提樹也是從印度引進的樹種。

> 這些壓艙石造型特殊，是來自中國商人的獻禮。

壓艙石

寺中有許多壓艙石，都是19世紀時中國商人載貨到中國貿易，回程時因為貨品較少，所以便載了一些雕刻為**中國的門神、戴著高帽子的外國人、動物、細緻的七寶塔**等壓艙石回來，獻給拉瑪三世，拉瑪三世將它們放在佛寺中。

一週7天7個顏色7尊神

若問泰國人生日，他們一定都記得自己是在星期幾出生，因為他們相信一週7天，每天都有保護神，所以在寺廟大殿外，按釋迦牟尼成道故事、不同姿態分別設立每天的保護神像，可以挑自己出生那天的守護神祭拜，或是8尊拜一輪。

此外，源自印度星宿說，泰國人有每日「顏色星座」，表示原生性格和幸運色。例如週一是黃色，拉瑪九世王蒲美蓬就是週一出生，所以2006年為慶祝當時泰皇登基60年，所有公務員都會在週一穿上繡有國王徽章的黃衫。

	佛像	顏色
週一	立佛。右手舉起、手心向前。當時是為阻止皇家親戚爭吵。	黃色／月亮
週二	臥佛。告知弟子祂將長眠不起，敬告弟子要按祂傳的道去行。	粉紅色／火星
週三／早	托缽。堅定出家信念，並將落髮交給父親以明志。	綠色／水星
週三／晚	坐姿。在森林遇大象、猴子欲供奉，猴獻蜂蜜，但佛不殺生，大象以熱水替代。	
週四	盤坐。期許自己堅持悟道、成道。	橘色／木星
週五	雙手交叉胸前。陷入傳道與否的長考。	藍色／金星
週六	盤坐、背有Naga多頭龍。在森林打坐遇大雨，多頭龍Naga從背後替祂遮風擋雨。	紫色／土星
週日	雙手交錯在身體前方。	紅色／太陽

DIY 臥佛寺按摩學校

Chetawan Traditional Massage School

小編按讚 👍

被認為最正統的教學體系，推薦給想學泰式按摩的旅人。

🗺別冊P.17,B5 🚇莎南蔡站1號出口步行約5分鐘 🏠392/33-34 Maharat Rd. ☎026223551 🕘9:00~16:00 💲General Massage 13,500B(含教材、文具，上課時數5天共30小時) 💳可 🌐www.watpomassage.com

泰式按摩其實在各地的手法各異，一般認為由臥佛寺教授的系統比較正統，由於學習按摩的需求增加，目前臥佛寺的按摩教室設在寺廟之外，最靠近寺廟的校區就位在8號碼頭附近，基本課程為傳統泰式按摩，為期5天，每天開課，一位師傅平均帶4位學生，皆以簡單的英語教學，課程從早上9點開始，下午課程

至4點結束。最後一天由學校老師驗收，通過者即可獲得一張證書。此外，按摩學校另售自製藥油，強調採用天然素材製作，有舒緩酸痛之效。

基本禮儀與注意事項

・如果已經預訂按摩或Spa療程，建議提早5分鐘到，一方面讓自己喘口氣，若有些Spa中心必須先填寫身體狀況問卷，也可以有充裕時間完成。

・小費，一般來說，在結束療程後都會給按摩師或芳療師一些小費，大概是20~50B起跳，隨自己當時的感受決定。

・除非是淡季，不然建議最好在前一天或至少3小時前預訂，已經預訂但必須取消或更改時間，請在約定時間前儘早去電告知，當個有禮貌的觀光客，也不會讓Spa中心浪費準備好的敷料。

・最好在吃完飯的2小時後再進行療程，如果女生碰到月事或身體有某些地方受傷，在進行療程前務必詳實和Spa中心說明。

・按摩完多喝水，可以排去身體乳酸也可以加速身體代謝。

舒筋活骨的泰式按摩

泰國傳統按摩是由一位北印度醫生Jivaka Kumar Bhaccha研發，並於2~3世紀傳進泰國，現今在曼谷臥佛寺還能看到部份人體經脈的醫療圖案史料，發展至目前，藉由各家飯店和Spa中心的包裝與研發，泰國的按摩與Spa的療程配搭更是豐富。以下介紹幾種經典療程：

傳統按摩Traditional Massage
每個地區的泰式傳統按摩順序和步驟大同小異，多半從腳開始，按摩師順著經脈以手指、手掌按壓，以曼谷臥佛寺按摩學校的說法，身體每個部位都得有3段針對不同反射經絡做點線式按摩。此外，泰式傳統按摩還有一個重點是伸展，由按摩師拉到或拱起身體做正、反向伸展，也因此被稱為是「瑜珈按摩」。

藥草包按摩
Compress Massage
在棉布包裡裝進數種泰國香草、辛香料，包括香茅、黃薑、泰國檸檬皮(Kaffir Lime)等，前端用棉繩綁成一個手握範圍，蒸熱後再按壓在患處，可更加舒緩疲累或緊繃的肌肉。

醫療Spa Medical Treatment
泰國醫療旅遊已經推廣多年，從過去單純的放鬆Spa療程，逐步進階到健康、醫療的套裝療程。特色是都有附帶某種醫療效果的療程，這些量身定製的療程會結合上述按摩或Spa，加上特殊儀器，配合飲食和瑜珈課程，有的著重排毒、瘦身，有些則表示有改善身體小毛病的效果。

熱石按摩Hot Stone
在背部、腳底等指定穴位放置熱石後，以溫熱石頭按摩全身，可以活絡經脈並促進血液循環。

水療Hydrotherapy
源自歐洲，利用水流、水溫的不同特性，在專業治療師的協助和指導下，得到健康和放鬆。

精油按摩Oil Massage
泰國本地就有多種草本香料、香草，有些頂級Spa中心會自製天然草本精油或是採用泰國Spa精品品牌，主要是藉由精油本身就有的舒緩或鎮靜肌膚的功效，藉由油質的潤滑，順著肌理推揉，散發的淡淡馨香也能讓人打從心裡放鬆。

阿育吠陀按摩Ayurvadic
近年來在泰國很風行的按摩方式。以溫熱精油滴在額頭上作為療程起點，從頭部開始以精油細心按摩，據說是來自印度傳統醫學的按摩療法。

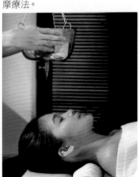

招牌按摩／療程Signature Massage／Treatment
大部分的店家都會有招牌療程，通常會有幾種不同的按摩組合，例如精油按摩加身體敷膜等，如果不知如何選擇可以由此下手。

身體護理療程Body Treatment
這部分就不見得是泰國獨有，但在曼谷或清邁，舉凡五星級飯店的Spa或是一般Spa連鎖店，都有自行設計的護理療程，包括去角質、全身裹敷、花瓣浴、香草蒸氣等，或是將這些療程混搭為90分鐘至3小時或甚至半天、一天的包套療程。

花瓣浴Flower Bath
進行完重點療程之後的花瓣浴，扮演著「中場休息」的功能，浸泡在滿是花瓣和香草的溫暖水池中，是沐浴也是另一種放鬆。

肩背按摩
Back & Shoulder Relaxation
針對肩頸和背部的泰式按摩，在路邊的小按摩攤還滿常見的，通常除了按壓之外，最後還有比較像瑜珈的拉筋式放鬆。

臉部療程Facial Treatment／Relaxation
結合清潔、按摩和敷臉，能幫助臉部放鬆，也有護膚之效。

兩人四手按摩
Four Hands Massage
由2名按摩師以相同的節奏和韻律按壓推揉，可以讓身體達到完全的舒緩與肌肉放鬆。

足部按摩Foot Massage
按摩師用手或小圓木椎，加上乳液或精油從腳指、腳底按壓到小腿，原理和中國所謂的穴倒反射點相關，經由按壓推揉腳底和小腿上的穴道，也可以達到放鬆或減緩身體某處疼痛的效果。

大皇宮

The Grand Palace

> 遊曼谷必訪景點！建築格局重現大城時代的皇宮建築。

> 在陽光下閃耀金碧輝煌的大皇宮完全仿照艾尤塔雅的皇宮建築，包括濱河位置和內部格局。

- 別冊P.17,B4
- 莎南蔡站1號出口步行約15分鐘，或從9號碼頭(N9) Tha Chang步行約5~7分鐘
- 026235500
- 8:30~15:30
- 門票聯票500B(含大皇宮、維曼默宮、錢幣博物館)
- www.royalgrandpalace.th/en/home

大皇宮面積有218,400平方公尺，由拉瑪一世親手擘畫，興建於西元1783年。原本鄭王以河的另一岸作為皇宮根據地，拉瑪一世將國都遷到東岸，並將原來的中國人聚集區搬移到皇宮範圍之外。現任的泰皇已不住在皇宮裡，內部有部分區域開放民眾參觀，其中的玉佛寺就是皇室舉行宗教儀式的地方。入內需注意服裝儀容，不得穿短於腳踝以上的短裙、短褲、無袖上衣和拖鞋。

玉佛寺

Wat Phra Kaew

- 別冊P.17,B4

> 大皇宮內的參觀重點，皇家宗教儀式之地。

玉佛寺位於大皇宮內，是進入大皇宮後最早開始參觀的地方。玉佛寺由拉瑪一世在興建大皇宮時一併建造，並於1784年3月27日迎請玉佛到寺中供奉。不僅是皇室舉行宗教儀式的地方，亦為曼谷最重要的寺廟。目前玉佛供奉在寺中的大雄寶殿內，每年換季時分，國王都會親自來替玉佛更衣。

節基皇殿

Cakri Group

參觀路線由玉佛寺進入大皇宮，左手邊就是據傳八世皇被刺殺身亡的地點Boromabiman Hall，繼續往右手邊走，就可以看到節基皇殿，這是拉瑪五世於西元1876年訪問新加坡和爪哇回來後興建的，兼具歐式與泰式風格。最頂層存放歷代國王、皇后的靈骨，中間層是謁見廳，接待各國使節和臣民的地方，**最重要的參觀重點就是撐著九層華蓋的御座**，最下層是御林軍的總部，目前為兵器博物館。

阿蓬碧莫亭

AphonphimokPrasat Pavilion

節基皇殿的右手邊有一個精美絕倫的小涼亭——阿蓬碧莫亭，這座涼亭位於宮牆上方，是**拉瑪四世來作為登上御座大象用的**，在1958年比利時布魯塞爾舉行的萬國博覽會上，泰國文化藝術廳蓋了一座複製品，得到各國人士的讚美，於是成為泰國知名的建築之一。

兜率皇殿

Dusit Hall

最後一個參觀重點——兜率皇殿是一棟十字型的建築，屋頂有一個7層尖頂，是一棟純正的暹羅建築。殿內也有一個御座，是拉瑪一世時指派工匠利用鑲嵌貝殼做的，已被列為泰國第一級的藝術品。

關於顏色

泰國國旗的紅、白、藍，分別表示人民土地、佛教信仰和皇室。最早的泰國國旗只是一塊紅布條，拉瑪五世即位時，在紅旗中央加了一頭泰國傳說裡天神的坐騎——白象。直到拉瑪六世，在巡視鄉間時發現有村民誤將國旗掛反，為避免具象的圖騰誤植而帶來不好的觀感，便將國旗改為三色並沿用至今。

從這樣的演進來看，加上生日代表色，對照之前泰國政爭抗議所使用的顏色標籤，黃色保皇、紅色為人民發聲等，其延伸的背後意義就更容易理解了。

參觀玉佛寺

大雄寶殿 Chapel of The Emerald Buddha

玉佛供奉於大雄寶殿內，佛前的兩尊佛像則分別代表一世皇與二世皇，殿內四面均繪有壁畫，前後為拉瑪一世時完成，左右兩面則是三世、四世時的作品，門、窗都是方形尖頂狀，框上貼滿金箔與彩色玻璃，門板及窗板鑲有貝殼，工法相當精緻。

圍繞在寺廟邊的大鵬鳥，是拉瑪二世的徽記，現在是代表皇室的圖騰。

碧隆天神殿 PrasartPhraThepBidon

在大雄寶殿北邊的大台基上有許多金碧輝煌的建築，首先，最東邊的就是碧隆天神殿，呈十字形，殿頂有一個高棉塔，神殿四周圍繞以12角柱，柱頭皆以蓮花裝飾，算是皇室宗廟，僅於每年4月6日開放。碧隆天神殿前方的兩個角落各有一座金塔，是拉瑪一世為了紀念父母所建。

藏經閣 PhraMondop

藏經閣位於大台基的中間、碧隆天神殿旁，擁有方形尖頂，屋簷呈特殊的鋸齒狀，4個門口都有夜叉駐守。藏經閣前有一些小亭子陳列著代表每一世泰皇的白象及國徽。在藏經樓北邊的吳哥窟模型小巧逼真，是拉瑪四世時下令依照柬埔寨的吳哥窟而建，對照幾年前兩國曾為了爭奪吳哥王朝遺址和邊界的世界遺產事件，相當令人玩味。

樂達納舍利塔 Phra Sri Rattana Chedi

位於大台基的最西邊、藏經閣隔壁，這座圓形金塔於拉瑪四世的時代建造，內部有一座供奉佛陀舍利子的小塔。

迴廊壁畫

圍繞整個玉佛寺的迴廊上共有178幅圖畫與韻文，講述《羅摩衍那》(Ramayana)神話故事，這幅環廊壁畫在拉瑪一世時繪成，後經兩朝國王及藝術部門整修，完整保存傳奇故事及泰式描繪風格。

瑪哈泰寺

Wat Mahathat

📍別冊P.17,B3　🚶莎南蔡站1號出口步行約25分鐘，或從9號碼頭(N9) Tha Chang步行約10分鐘、Maharaj碼頭皆步行約6分鐘　📍位於Na Phra That Rd.和Phra Chan Rd.交叉口　☎022226011　🕐9:00~17:00　🌐www.watmahathat.com/vipassana-meditation　❗靜坐課程需事前打電話確認

瑪哈泰寺建於大城王朝時代，在吞五里王朝時一度成為皇家專屬的廟宇，寺廟擁有曼谷最大的大雄寶殿，可同時容納1,000多位和尚。經過歷任國王更名、改建、更改建物使用等，目前是全泰國相當具權威的佛學研究單位，內設Maha Chulalongkorn Ratchawitthayalai佛教大學，寺廟後方的黃色建築便是僧侶學校、行政機關和僧侶居住的地方，該建築已納入國家保護文物之列。此外，廟方有靜坐中心，提供**Vipassana Meditation**相關課程並開放外國人參加。

席帕空大學藝廊

Art Center Silpakorn University

📍別冊P.17,B3　🚶莎南蔡站1號出口步行15~20分鐘，或9號碼頭(N9) Tha Chang步行約10分鐘、Maharaj碼頭步行約2~3分鐘　📍31 Na PraLarn Rd., PhraNakorn　☎022213841　🕐週一至週六9:00~18:00　🌙週日、國定假日　🌐www.art-centre.su.ac.th

席帕空大學是曼谷知名的藝術學校，在**ThaPhra**校區裡設有一間自由參觀的藝廊，不定期展出國內外藝術家的作品，或是學生作品發表，展覽內容多半以現代藝術為主。看完展覽後，可以沿著建物往後方走，穿過一幢優雅的歐風建物就是一個小小的雕塑公園，有不少學生或附近住民坐在水泥平台或雕塑旁休憩、聊天，學生上課的系所和紀念品暨咖啡店也在藝廊後方。

逛完大皇宮、臥佛寺後可以來此用餐、吃甜點，是個消磨時光的休閒好去處。

After you 小編按讚👍

☎020241328

◆週一至週五11:00~21:00，週六至週日、國定假日10:00~21:00 ⓤwww.afteryoudessertcafe.com

總是大排長龍的超人氣甜點店，蜜糖吐司和特色冰品，激發你的甜蜜少女心！

After You門口總是排著長長的人龍，這間堪稱最有人氣的甜點店，在曼谷有多間分店，像是Central World、Siam Paragon等百貨公司都可以找到。

招牌蜜糖吐司烤得外酥內軟，與冰淇淋及鮮奶油搭配出最甜蜜的滋味。這裡的冰品也很受歡迎，有阿華田、好立克、草莓，以及季節限定的芒果糯米飯等口味，冰品很扎實，口感有別於台灣的剉冰和綿綿冰。

After You的甜點份量都很足，適合與三五好友一同分享。

🍴 **瑪哈拉碼頭**

Tha Maharaj

🅰別冊P.17,B3 🚇莎南蔡站1號出口步行約20分鐘，或從9號碼頭(N9) Tha Chang步行約10分鐘、Maharaj碼頭下船即達 🏠1/11 Trok Mahathat, Maharaj Road ☎020241393 ◆10:00~21:00(各店不一) ⓤen.thamaharaj.com

河畔新興生活風格據點，週末還有小市集！

2015年3月正式開幕的瑪哈拉碼頭，共由7棟建築組成一處開放式的生活風格景點，區內進駐的店家以餐廳最多，**包括Savoey、After You、Bonchon、等人氣餐廳及甜點店**，也有星巴克和Favour Café等咖啡店。另外，週末這裡會常會舉辦露天小型市集，逛起來更熱鬧！

由於瑪哈拉碼頭鄰近大皇宮、臥佛寺等重要景點，遊客從大皇宮步行幾分鐘即可抵達，**也可以搭乘藍旗船直達此處，輕鬆串連起河畔一日行程。**

招牌的蜜糖吐司及特色冰品，讓人不惜排隊幾十分鐘，也要嚐上一口。

Sanam Chai · Sam Yot
莎南蔡站　　　山優站

地鐵藍線 MRT Blue Line

Sanam Chai · Sam Yot ➡曼谷周邊

從裝潢到餐點處處可見店主的巧思及溫度。

☕ Favour Café

📞0909096751　🕒9:00~19:00　👍www.facebook.com/favourcafe

小店外擺放大量植栽，Favour Café就像是綠洲一樣，吸引著來往的人們，讓人想趕緊逃離炎熱的氣候，躲進去感受屬於曼谷的悠閒。

店內供應咖啡、水果冰沙，餐點部分有沙拉、早午餐可選擇，還有一區販售服裝商品，是一間**結合咖啡和時尚的複合式小店**。店主很自豪的表示，店內裝潢擺設都是他們自己設計的。紅磚牆、木地板、乾燥花、隨處擺放的玩偶公仔，還有造型特殊的椅子，在在顯得溫馨且別具巧思。

Savoey端出的道地泰國菜餚在食客間有著好口碑。

🍴 Ros'niyom

📞020241329　🕒10:00~21:00　⭕可
🌐rosniyom.com

主打泰國街頭小吃及麵食料理，Ros'niyom是iberry集團旗下另一連鎖餐廳，店名在泰文有「被廣泛接受的口味」之意。餐廳設計充滿傳統街頭氛圍，有麵攤、椅凳、牆上的櫃子裡還擺放了傳統三層便當盒、竹篾及茶壺。

店內提供包括泰式炒麵(Pad Thai)、泰北咖哩麵(Khao Soi)、醃豆腐麵(Yen Ta Fo)等料理，而飯類則以脆豬肉飯和咖哩雞肉飯最受歡迎，飯後則可以來點仙草牛奶、椰奶等泰式甜點。既然主打街頭小吃，桌上也少不了「調味四天王」——糖、魚露、辣椒粉及辣椒水。

除了在瑪哈拉碼頭之外，Ros'niyom在Siam Paragon、Silom Complex等百貨公司也有分店。

🍴 Savoey

📞0863418472　🕒10:00~22:00　⭕可　🌐www.savoey.co.th

Savoey最早開業於1972年，至今已有**40餘年的歷史**。店家使用最新鮮的食材、最傳統的烹調方式，**有許多招牌海鮮料理**，像是咖哩螃蟹(Stir-fried Curry Crab)、青檸蒸魷魚(Steamed squid in spicy lime sauce)、炸蝦餅(Deep-fried shrimp cake)、酸辣蝦湯(Sea prawn Tom Yum Soup)等，另外像鳳梨烘飯、炸雞也很推薦。如果想點些飲料消暑，也有像斑蘭葉冰沙這樣深具東南亞特色的飲料。店內裝潢雅致，室外的座位區可以欣賞河畔景色。

🏛 國立博物館

National Museum

展示泰國傳統文物及現代藝術的國家級博物館。

🔺別冊P.17,B2 🚇莎南蔡站1號出口步行約26~28分鐘，或從9號碼頭(N9) Tha Chang步行約12~15分鐘、瑪哈拉碼頭步行約10分鐘 📍4 Na Phra That Rd. ☎2241333 🕐9:00~16:00 ❌週一、週二、國定假日 💲門票200B

曼谷國立博物館是**東南亞地區規模最大的國家級博物館**，建於1874年，最初僅展示拉瑪四世的文物與皇室收藏，隨後將博物館轉移至公主宮殿前，更名為Wang Na，到了1926年才成為今日的國立博物館，**除了泰國傳統文物，1993年之後開始收藏現代藝術**。

如今館藏主要可分成3個主要的展示區，入口最前端依泰國王朝年代展示泰國歷史藝術；正中央就是一棟貨真價實的寺院，而在舊皇宮內，展出包括文學、音樂、織品、陶瓷、木雕等骨董珍品以及皇族的回憶館。

👁 曼谷城市柱

The City Pillar Shrine

🔺別冊P.17,C3 🚇莎南蔡站1號出口步行約15分鐘，或從9號碼頭(N9) Tha Chang步行約8分鐘 📍位於Lak Mueang Rd.和Sanam Chai Rd.交叉口 🕐6:30~18:30 💲門票免費

1782年4月21日拉瑪一世在此定下曼谷城市柱，代表城市的地基，柱子地上高度274.32公分、地下埋進200公分，柱身以波羅密樹製成，在泰文裡波羅密樹的名稱有著可依靠的意思，傳統泰國人蓋新房子時，都會在家附近種下波羅密樹，表示房子可以長住久安。**拉瑪四世在位時，曾更換過曼谷城市柱，並以大城王朝建築為藍本，打造一座廟來安置，也就是現今所見的白牆金頂寺廟。**

城市柱呈蓮花向上生長的樣子，在頂端蓮花裡放有曼谷建城的日期和時間，雖然看來有點陽具崇拜的意味，但從雄性等於保護者的聯想來看也相當合理。至於城市柱的地點，則是由堪輿師依皇宮方位取決位置。

路過時不妨進來吹吹冷氣，也許會有意外收穫。

🛍 海軍夫人協會商鋪

Navy Wives Association Shop

設計風格明確的家常小物，簡單卻有亮眼之作。

🔺別冊P.17,B4 🚇莎南蔡站1號出口步行16~18分鐘，或從9號碼頭(N9) Tha Chang步行1~2分鐘 📍77 Maharat Rd. ☎021062939 🕐週一至週五8:00~17:00、週六至週日10:00~17:00 ❌不可

如店名所直接明示，這是一家由泰國海軍的夫人們所發起經營的商店，**一邊是小型的咖啡廳，另一側是紀念品店，陳列著許多以「海軍」為主題的商品**，像是海軍藍條紋或船錨圖案的錢包、提包、抱枕、碗盤、T恤、時鐘，或是海軍造型的娃娃、泰迪熊等，商品雖然不算多，但仍持續推陳出新，常可找到獨特的創意之作，而且價格很親民。

迷彩軍用品街

別冊P.17,C3 ◆山優站3號出口步行約15分鐘 ◆ Atsadang Rd.

　　在陸軍總部的後側，有一條與昭披耶河平行的道路，名為阿莎當路(Atsadang Rd.)，從偏北側的ThanonAtsadang門牌10號到60號左右，集結了許多家軍用品店，**店裡迷彩服、迷彩包、軍用背心、軍用背包、軍靴等款式眾多**，品質看起來參差不齊，仍吸引一些人專程前往。不過若說這是迷彩軍用品街，裡面同時又夾雜著好幾家吉他店，大大小小的手工吉他也相當迷人。

阿姆列市集

Amulet Market

別冊P.17,B3 ◆莎南蔡站1號出口步行約20分鐘，或從9號碼頭(N9) Tha Chang步行約10分鐘、Maharaj碼頭步行約5分鐘 ◆Maharat Rd.、Phra Chan Rd ◆ 09:00~16:00 ◆週日 ◆market-1786.business.site

　　大約是從Maharat Rd.慢慢走到Phra Chan Rd.，沿街都是樓高兩層的排屋、路樹成蔭，**騎樓下有許多小販，兜售各種佛教用品**；另外就是各種藥粉、藥膏、按摩用的器具或是藥草包，價格很便宜。另一個吸引人的就是路邊小吃，因為近中國城，熟悉的鍋巴米香、包子等反而是攤上常見的誘人美食。

Wanglang市集

別冊P.17,A3 ◆搭船到10號碼頭(N10)Prannok再步行約3分鐘 地點：Tha Wang Lang碼頭旁 ◆9:00~18:00

　　Wanglang市集比其他碼頭邊的市場規模更大一點，以碼頭為起點，甜甜圈店、咖啡店打頭陣，沿著街邊走，衣飾店、蔬果食材、甜點飲品或是炸物熟食、正餐、水果等一應俱全。因為是**在地人常光顧的市集**，衣服售價自然比河對岸的觀光夜市便宜。

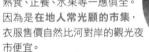

鐘寺
Wat Rakang

📖 別冊P.17,A3　🚤搭船到10號碼頭(N10)Prannok再步行約6分鐘　🕐8:00~17:00

　　Rakang在泰文意指「鐘」，鐘寺原名為Wat Banwatyai，建於拉瑪一世，之後改名為「鐘寺」。在大雄寶殿外如其名的掛了很多鐘，據傳來此祭拜、敲鐘，鐘敲的越大聲，就越容易功成名就，也因此有不少泰國明星來此祈願。此外，由於廟門外有階梯深入河中，有很多曼谷人會來此向小販買魚進行「放生」儀式，或買麵包餵魚做功德。

泰國人相信來這裡敲鐘越大聲，越容易功成名就。

傳奇高僧龍坡度
Luang Po Do

如果對泰國鬼片不陌生，大概都聽說過《幽魂娜娜》，而最後法力足以收服兇鬼的高僧，就是龍坡度（Luang Po在泰文裡指大師、高僧）。這位大師出生於拉瑪三世時代，由於行事直率、有智慧，加上高深道行，在四世王時最受注目，曾被請進宮為國王講經，也曾在白天點蠟燭進皇宮，暗諷朝廷太多事情見不得光。現在龍坡度最被泰國人傳頌的除了收服鬼怪，還有就是他生前製作的佛牌，據傳法力無邊，刀槍不入，在佛牌市場上甚至叫價百萬。

老暹羅購物中心
The Old Siam Shopping Plaza

📖 別冊P.17,D5　🚇山優站3號出口步行3~5分鐘　📍12 Tri Phet Rd, Wang BuraphaPhirom, Phra Nakhon　📞022260156　🕐9:00~20:00　💰因店而異
theoldsiam.co.th/welcome

　　老暹羅購物中心被Tri Phet路、Burapha路、Phahurat路和部分石龍軍(Charoen Krung)等道路所包圍，外觀看起來相當龐大，不過較靠地鐵站側一整幢其實是停車場，商店則從南側入口處開始展開。有別於鬧區其他購物中心，老暹羅比較像是有空調的室內市場，大致分為街頭小吃區和購物區，每個單位各自獨立，規模都不大，逛到這裡不妨抱著「逛市場」的心情，比較容易有所斬獲。

帕胡瑞商圈／小印度區
Phahurat Market

📖 別冊P.17,D5　🚇山優站3號出口步行約7分鐘　📍Soi LueanRit一帶(老暹羅購物中心對面)　🕐6:30~18:30(各店不一)　💰不可

　　在帕胡瑞商圈開店的大部份是印度人，小巷弄中一字排開的店鋪幾乎全是布店，一匹匹棉質、紗質色彩艷麗的布料令人目不暇給。布店門口人形模特兒展示的衣飾都像是從寶來塢電影裡的華麗風格，路邊也有不少賣著印度婦女的必備配件、手環、Tika等，價格很便宜，想要買一身寶來塢風格的配飾或衣料，到帕胡瑞準沒錯。此外，由於這一區的回教徒多，若要拍照，最好先詢問，以免誤觸禁忌、失了禮貌。

翁昂河岸步行街

Ong Ang Walking Street

📍別冊P.16,E5 🚇山優站1號出口步行8~10分鐘 🏠
PGV3+Q4M, Wang BuraphaPhirom, Phra Nakhon
🕐週五至週日14:00~22:00 📱www.facebook.com/
profile.php?id=100047534534473

位於昭披耶河北側的翁昂運河（Klong Ong
Ang），曾經被汙染得有如臭水溝，經過政府啟動老
城區改建計畫，目前已整治得整齊乾淨，河水已足以
倒映出兩岸的風光。隨著地鐵站建構完成，2020年規
劃為步行街，運河兩岸布滿餐廳、甜品店、商鋪，成
為遊客新的熱門去處。

翁昂步行街**兩側都是刻滿歲月痕跡的老房子，經
過拉皮、化妝，加上鮮豔活潑的塗鴉彩繪，以及奇招
百出的街頭藝人，重新顯得朝氣蓬勃。**

Farm to Table, Hideout

📍別冊P.17,C5 🚇莎南蔡站
4號出口步行5~10分鐘 🏠
15 Soi ThaKlang, Wang
BuraphaPhirom, Phra
Nakhon 📞020048771
🕐9:00~19:00 🚫週三
不可 📱www.facebook.
com/farmtotablehideout

穿梭在羊腸小巷中，
忽然發現一處綠意盎然
的庭院，木造的門窗看起
來雖然古老，卻是窗明几

淨，在這一區域顯得鶴立雞群。這家Farm to Table,
Hideout是網路上評分相當高的**有機咖啡廳**，從店名
似乎就可以聞到驕傲的氣息：食材從田地裡到餐桌
上，既安心、實在，又充滿新鮮的味道。**從早上供應早
午餐開始，冰淇淋、咖啡和餐點都強調健康取向，素
食者也有眾多選擇。**

Flora Cafe at Napasorn

📍別冊P.17,C5 🚇莎南蔡站4號出口步行5~10分鐘 🏠2F,
67 Chakkraphet Rd, Wang BuraphaPhirom, Phra
Nakhon 📞994684899 🕐9:00~19:00 🚫週二 🚫不可
📱www.facebook.com/floralcafe.napasorn

藏身於花市之中，樓下還是一家花藝店，但是穿過
樓梯登上二樓，眼前赫然出現繽紛的花花世界：**一朵
朵火紅的玫瑰，把梁柱包裹得宛如拱門、拱窗，原本
單調的牆面也用花朵裝飾得美輪美奐，每面牆都成
了創意的畫布，蕨類植物還可以編織得像是水晶燈，
很難想像是怎樣的一雙巧手，能把平凡無奇的市場
裡的二樓變成一個如夢似幻的世界！**

儘管環境營造得吸引力已經爆表，餐點和飲料的
品質仍毫不含糊，而且價格合理，在眾多網美咖啡店
裡算是CP值頗高的選擇。

 H double b hostel Bangkok

📍別冊P.17,D3 🚇山優站3號出口步行約15分鐘 🏠35 Trok Nava Alley, Sao Chingcha, Phranakorn ☎022246953 💰通鋪床位約630B，雙人房1,300B起 ✓可

　　純白的外觀，讓這家小型旅館在舊城區裡顯得特別亮眼。踏入內部，發現double b hostel比外表看起來規模大得多，而且充滿設計感，客房空間雖不算大，但整齊、乾淨，樓下還有間Bite & Bond咖啡廳，非常適合年輕人。雖然距離地鐵站有點遠，但前往蘇泰寺、大皇宮等舊城區景點頗方便，鬼門炒河粉、邢泰記等知名小吃也在左近，適合打算探索曼谷舊城區的旅行者。

🧁 KorPanich Sticky Rice

📍別冊P.17,D3 🚇山優站3號出口步行約15分鐘 🏠431&433 ThanonTanao, San Chao Pho Sua, Phra Nakhon ☎022213554 🕐7:00~18:00 ✕不可 📘www.facebook.com/　　　-Kor-Panich-193628510706972

　　雖然距離地鐵站有點遠，但衝著被米其林肯定、又被推崇為「**全泰國最好吃的芒果糯米**」，KorPanich Sticky Rice仍然吸引當地人和國際遊客不辭辛勞地來這裡追尋好吃的泰式甜點。

　　這家1932年營業至今的甜品店，據說是皇家御廚退休後所開設的，香甜有嚼勁的糯米飯配上新鮮的芒果、椰漿、糖粉等，從2019年起連續獲得米其林推薦為最佳路邊小吃之一。小小的店面擺著多種泰式甜點，只有一張桌子提供少數幾個座位，因此外帶的遠多於現場食用。旁邊還有新鮮芒果攤。

📖 World at The Corner書店

📍別冊P.17,D3 🚇山優站3號出口步行約15分鐘 🏠1 Mahannop 1 Alley, Sao Chingcha, Phra Nakhon ☎896997074 🕐週五至週日10:00~19:00 ✕不可 🌐readthecloud.co/world-at-the-corner-bookshop

　　距離大鞦韆不遠處一條寧靜的小巷裡，坐落著這幢兩層樓的老屋，屋外以些微斑駁的木板裝飾著牆面、門窗和圍籬，頗有南歐的摩爾風，屋裡收藏了各種與旅行相關的書籍，歡迎人們一起藉著這些從不同國家收集來的小說、攝影集、傳記、食譜等，展開對世界的探索。

　　World at The Corner的策劃者是著名攝影師Nat Prakobsantisuk和他的妹妹，兩人都是經驗豐富的旅行者，2018年開設了這家書店。書籍之外，也有兄妹倆所拍照片製成的明信片，以及來自世界各角落的紀念品。

Madame Musur

➊別冊P.17,C1 ➋山優站3號出口步行約30分鐘，或從13號碼頭(N13)PhraArthit步行約5分鐘 ➌41 Soi Chana Songkram ☎022814238 ➥

店主曾是五星級飯店經理人，餐飲、服務都受好評。

8:00~23:00 ➎www.facebook.com/madamemusur

　　位在從13號碼頭前往考山路其中一條路線的必經途中，Madame Musur擺設在門外的木桌、竹椅、三輪車、成蔭的綠葉等散發著濃郁的度假氣息，懶懶斜倚著的客人成了最佳活廣告。Madame Musur是一家餐廳兼酒吧，以竹子為主要裝潢，竹牆上掛滿泰北風情的畫作和飾品，空氣中則流瀉著60年代的懷舊音樂。**開放式的廚房，以供應泰北佳餚為主**，由於店主曾經是五星級飯店的經理人，所以無論餐飲品質、服務態度等都頗獲好評。

Adhere 13th Blues Bar

➊別冊P.17,D1 ➋山優站3號出口步行約30分鐘，或從13號碼頭(N13)PhraArthit步行約10分鐘 ➌13 Samsen Rd. ☎0897694613 ➋18:00~00:00 ➎www.facebook.com/adhere13thbluesbar

　　位於運河旁，距離考山路有一些距離，外觀看起來毫不起眼的Adhere 13th Blues Bar，是**當地相當知名的藍調音樂重鎮，經營已超過10年**。小小的大廳裡，表演舞臺就佔去了相當的空間，因為常有泰國籍和來自不同國度的藍調或爵士歌手到此獻唱，擁有一群忠實的藍調音樂愛好者，所以熟門熟路的當地人佔大多數，也口耳相傳吸引來其他同好。

每晚都有現場樂團演奏，由於室內座位有限，週末門外更是經常排著等待入場的長龍，有興趣的話不妨早點到此座。

Karim Roti Mataba

➊別冊P.17,C1 ➋山優站3號出口步行約30分鐘，或從13號碼頭(N13)PhraArthit步行約5分鐘 ➌136 PhraAthit Rd. ☎022822119 ➋週一至週四9:30~21:30，週五至週日9:30~22:00 ➎www.facebook.com/karimrotimataba

　　顧名思義，**店家專賣甩餅(Roti)，甜、鹹口味、搭配咖哩醬汁或是包餡的鹹餅都有**，比起路邊加巧克力醬或煉乳的甜甩餅，店家口味選擇多很多。目前已經是第三代接手經營，店面很小，大部份是附近學生外帶，餐檯上有多種咖哩醬汁可選，至於配菜，因為店家是回教徒，所以另提供炸雞或烤雞塊和印度炸餃子。

帕蘇梅砲台
PhraSumen Fort

砲台已於1949年公告為國立歷史遺址，不開放參觀，但傍晚打上燈光的景致還是很迷人。

🔖別冊P.17,C1 🚇山優站3號出口步行約30分鐘，或從13號碼頭(N13)PhraArthit步行約2~3分鐘

帕蘇梅砲台坐落在昭披耶河支流口，當初拉瑪一世為了防禦外敵從運河支流攻占曼谷，便在市區設立了十多座砲台，**目前僅剩帕蘇梅砲台和鄰近金山塔寺的瑪哈坎坎砲台(Maha Kan Fort)**。帕蘇梅砲台在當時是相當堅固的堡壘，地下深入2公尺，地面高18.9公尺，內部分3層樓，其中一層還規劃38個放置武器和軍火的儲藏室。另外，如果行程不趕，也可以到一旁的山提柴帕堪公園(Santi Chai Prakan Park)，賞河景、眺望拉瑪八世橋。

查納頌勘寺
Wat Chana Songkhram

🔖別冊P.17,C2 🚇山優站3號出口步行約25分鐘，或從13號碼頭(N13)PhraArthit步行約8分鐘 🕐8:00~17:00

寺廟建於曼谷拉瑪王朝之前。在拉瑪一世時期，這一區曾經是泰國總督規畫給緬甸Mon族人和僧侶的居住地，爾後也成為拉瑪一世召集Mon族士兵一起攻打緬甸的軍營，在幾次勝仗後，**拉瑪一世便將這座廟改名為「Chana Songkhram」，在泰文意指「勝戰、勝利」。**

目前廟裡設有僧院，教導和尚巴利文，曼谷政府將其列為曼谷九大重要廟宇之一。

Ⓗ Riva Surya Bangkok Hotel

🔖別冊P.17,B1 🚇山優站3號出口步行約30分鐘，或從13號碼頭(N13)PhraArthit步行約5分鐘 🏠23 PhraArthit Rd. ☎026335000 💲雙人房約4,100B起(房價每日調整) 🌐www.rivasuryabangkok.com/en

坐落於昭披耶河畔，**Riva Surya是一間懷舊風精品旅店**，內外裝潢多使用幾何圖形、木質雕花裝飾，展現濃濃殖民風情。Riva Surya提供河景套房和臨河露天泳池，旅客無論是回房放鬆，或是到泳池享受spa，都能飽覽河畔的悠閒景致。飯店不僅交通方便，也鄰近考山路等街區，白天可參訪寺廟，讓傳統文化陶冶身心，入夜後還可一探曼谷熱鬧夜生活。

拉瑪六世時期打造的Suphannahongse Royal Barge。

皇家船博物館
Royal Barge National Museum

拉瑪九世王使用的The Narai Song Suban。

🔖別冊P.17,A1 🚢從12號碼頭(N12)PhraPinklao步行約10~15分鐘 🏠801 Arun Amarin Rd, Arun Amarin ☎024240004 🕐9:00~17:00 ⓧ12月31日、1月1日、潑水節 💲門票100B、拍照100B 🌐www.finearts.go.th/museumroyalbarges ❗進入博物館須穿過民宅巷道，得注意路邊指標

早期泰國因為水道交錯縱橫，從皇家到平民使用最多的交通工具就是船，皇家船博物館目前由泰國皇家海軍管理，**館內展示8艘泰國歷屆國王或皇室使用的船隻**，以及過去150年皇家船艦的使用及發展歷史，同時肩負維護文物的工作。展示船隻中，被喻為最美的Suphannahongse Royal Barge是拉瑪六世時期打造，而寬3.2公尺、長44.30公尺、深1.1公尺的The Narai Song Suban則是拉瑪九世王所使用，可乘載50人，如遇皇家慶典時，也會現身昭披耶河。

考山路是老外和背包客的大本營。

🍴 考山路
Khao San Rd.

📍別冊P.17,C2D2　🚶從山優站3號出口步行約23分鐘，或從13號碼頭(N13) PhraArthit步行5~8分鐘；從地鐵華藍蓬站搭乘計程車或嘟嘟車前往，車程約15分鐘

背包客最愛，旅館、餐廳、酒吧聚集的熱鬧街區。

👍 小編按讚

30多年前，考山路因為距離玉佛寺、大皇宮等景點不遠，加上消費便宜，周邊民宿、旅館、餐廳、旅行社甚至是夜店、酒吧都逐年增加，口耳相傳之下，聚集了不少國際背包旅客在此交換旅遊情報，儼然老外和背包客的大本營。

新冠疫情過後，考山路整體蕭條不少，道路兩旁原本生意興隆的商店紛紛關門，眾多小販佔據了路面取代了店家的生意，讓人看著不免有些傷感。最主要的原因可能是曼谷捷運網愈來愈擴大，而考山路偏偏位於距離BTS和MRT都頗遠的地點，對深度倚賴大眾交通系統的背包客而言著實不便，終於逐漸沉寂下去。

優點是少了觀光客，卻多了些悠閒的風情，所以走「浪漫」路線的店家還能繼續生存，看來不久後考山路應該還會改頭換面，讓咱們拭目以待。

🍸 Hippie De Bar

👍 小編按讚

📍別冊P.18,G2　🏠46 Khao San Rd.　☎0818202762　🕐16:00~2:00　💳可　👍www.facebook.com/Hippiedebar46/

經營十多年的老字號酒吧，裝潢洋溢嬉皮年代的調調。

Hippie De Bar是考山路上經營十餘年的**老字號酒吧**，即使躲在小巷裡，因為氣氛親切、食物好吃，頗受當地人歡迎，所以泰國本地的客人相當多，西方面孔反而較少數，屬於細水長流的熱門酒吧。

Hippie De Bar坐落於建築環抱的中庭裡，有室內也有戶外的座位，裝潢布置洋溢著嬉皮年代的調調。雖然沒有現場樂團，但是播放的歌曲很有獨家的風格，所以吸引不少忠實的擁護者。

人氣極旺夜店，每到午夜就音樂震天。

🍸 The Club

📍別冊P.18,G2　🏠123 Khao San Rd.　☎0842051709　🕐21:00~2:00　💲入場免費120B~150B　👍www.facebook.com/theclubkhaosanbkk

The Club可說是考山路這一帶人氣最旺的夜店，不但**場地寬闊、飲料又不貴**，吸引當地人和來自世界各國的遊客，每到午夜就音樂震天，跳舞的人群摩肩擦踵。它還曾經是泰國知名電影《拳霸》的場景之一。The Club有一間大型的、義大利式裝潢的室內空間，裡面通常擠滿東方面孔，西方人則大多數喜歡擠在戶外露天區。

捷運席隆線→捷運金線→捷運蘇坤蔚線

地鐵藍線
MRT Blue
Line

Sanam Chai‧Sam Yot

→曼谷周邊

> 來到Tom Yum Kung，絕對不能錯過這道以陶鍋盛裝的酸辣蝦湯。

🍴 Tom Yum Kung

📖別冊P.18,G2　📍9 Khaosan Rd　☎0655193000
16:00~02:00　可

> 經典泰式酸辣蝦湯。

餐廳名字就取自泰國招牌料理酸辣蝦湯Tom Yum Kung，典雅的白色建築是拉瑪六世時代的木造樓房，保留了老房子的格局，家具也有些年代感。

餐廳提供250道泰國料理，最經典的就是酸辣蝦湯，以及泰式炒麵和其他特色涼拌菜。店內酸辣蝦湯上桌時是以陶鍋盛裝，底下有酒精可點火維持熱度，湯頭口味道地，也吸引不少當地人光顧。泰式炒麵也是供應基本款味道，附上檸檬、香蕉花，讓客人依口味喜好自行添加。

🧍 Charlie Massage & Beauty Salon

📖別冊P.18,H2　📍207 Khao San Rd.　☎022822348
8:00~24:00　💲泰式按摩1小時250B　可

> 物超所值的傳統按摩院，力道拿捏精準，讓人感覺分外舒暢。

在考山路熙來攘往的街頭，可以看到一家按摩院，店門口總是躺滿正在享受腳底按摩的觀光客。店看起來不怎麼樣，價格又很便宜，位於2樓泰式按摩區的床墊一張緊挨著一張，非常擁擠，就只是很傳統的泰式按摩院。但是按摩師的工夫紮實，雖然看不出特別專業，但是**力道和部位拿捏精準，按摩後感覺分外舒暢**，比起一些看似高檔的按摩院，還要物超所值，有路過時不妨試試看。

> 不可貌相之優質按摩！

🍸 Molly Bar

📖別冊P.18,H2　📍108 Rambutri Rd.
☎026294074　🕐12:00~2:00　可
📱www.facebook.com/mollybar

Molly Bar的戶外露天木桌椅是其招牌，同樣有現場演唱，但演唱者不一定在室內，非週末的晚上多半是歌者抱一把吉他，坐在戶外座位區演唱泰文歌，氣氛更輕鬆自在。

Buddy Beer

🔖別冊P.18,H2　📍201 Khao San Rd.
📞0655065929　🕐12:00~1:00　可
f www.facebook.com/
buddybeerkhaosan

老字號酒吧品牌，新鮮海鮮、豐富酒單擁有超人氣。

Buddy Beer其實是泰國老字號的酒吧品牌，已有超過20年歷史，2014年11月重新設立據點，很快成為受歡迎的酒吧，包括來自東方國家、西方國家或泰國本地的顧客，高朋滿座。

Buddy Beer除了是酒吧外，也是知名的海鮮餐廳，當天直送生鮮漁獲，各式海鮮菜單，還有其它眾多國際口味美食，引人垂涎三尺。加上豐富的酒單選擇，難怪短時間內便躍居熱門酒吧。全區域內皆可免費無線上網。

每到牡蠣盛產的季節，Buddy Beer還會推出生蠔特餐。

H Buddy Lodge

🔖別冊P.18,H2　📍265 Khao San Rd.　📞026294477
雙人房約1,400B起　可　buddylodge.com

Buddy Lodge是藏身於熱鬧的考山路上的一家精品飯店，共有76間客房，融合東方的裝潢風格和西式的先進設施，每間房都有獨立的陽台，備有健身房、三溫暖等休閒中心，以及附設的Spa水療中心，樓頂還有一個相當具規模的游泳池；提供免費無線上網。

🍸 紅磚酒吧Brick Bar

🔖別冊P.18,H2　📍265 Khao San Rd.　📞026294556
18:30~2:00　可

由Buddy Lodge同一集團經營的紅磚酒吧，位於同一幢建築物後側的底層，是一間新潮的酒吧，內部空間廣闊，刻意裸露的紅磚牆顯得古意盎然，布置也大量運用一些懷舊的用具、飾品；足以容納1,200人，氣氛熱鬧。旗下栽培有8個樂團，**每天會有3個樂團輪流上場，演奏出最受歡迎的現場音樂。**

僧王寺

Wat Bowon Niwet

🅐 別冊P.17,D2 🚇 山優站3號出口步行約23分鐘，或從13號碼頭（N13）Phra Arthit步行約10分鐘 🅒 248 Phra Sumen Rd 🕐 8:00~17:00

　　僧王寺外觀看起來很低調，其實是**拉瑪王朝多位國王出家的修行地**。寺廟建於1829年，廟裡有座漂亮的金色佛塔，從寺廟裡的石獅和中式雕塑即可以判別是在拉瑪三世時打造。若不趕時間，大殿裡由泰國著名的**僧侶畫家Khrua In Khlong**繪製的壁畫可以細細端詳，據說他最擅長的就是使用西式透視畫法繪製寺廟壁畫，但有趣的是，他從來沒去過歐洲。此外，大殿供奉的佛像是典型的素可泰時期樣式，而且前後兩尊佛並坐也相當少見。

拉瑪九世蒲美蓬和拉瑪四世、七世王都曾在僧王寺修習佛法。

民主紀念碑

Democracy Monument

🅐 別冊P.17,D2 🚇 山優站3號出口步行約15分鐘 🅒 位於Ratcha Damnoen Klang Rd.和Din So Rd.交會圓環

　　民主紀念碑建於1939年，是為**紀念1932年6月24日泰國正式由君主專政改制為君主立憲**。紀念碑是由一位入籍泰國的義大利雕塑家Slipa Bhirasi所設計，也就是後來席帕空藝術大學的創辦人。紀念碑共有4座高24公尺的天使之翼，原有75座小加農砲，這樣的數字意義是為了符合立憲那年的佛曆2475年而設計。

蘇泰寺

Wat Suthat Thepwararam

🅐 別冊P.17,D4 🚇 山優站3號出口步行約10分鐘 🅒 146 Bamrung Mueang Rd 🕐 8:30~21:00 💲 門票100B

　　蘇泰寺泰文原名是「好的、仙人、國家級一等」寺廟的意思，西元1807年，拉瑪一世先建了一座婆羅門廟與巨鞦，再興建蘇泰寺，拉瑪二世完成了主僧院，並開始興造大雄寶殿，直到拉瑪三世才完成全部工程。

　　僧院有兩層台基，外圍有琉璃牆，牆上有許多中式寶塔石雕，而前後兩邊也都陳列著來自中國的壓艙石。僧院裡供奉一尊高8公尺、寬6.25公尺的素可泰遺留佛像，是拉瑪一世從素可泰瑪哈泰寺迎請而來，拉瑪八世的靈骨也安放在此佛座之下。穿過僧院迴廊的小門就是大雄寶殿，佛殿四周是繪於拉瑪三世時的壁畫，已剝落大半，殿外並有一對佛腳印供人膜拜。

大鞦韆

Giant Swing

🅐 別冊P.17,D3 🚇 山優站3號出口步行約10分鐘 🅒 239 Dinso Rd, Bamrung Mueang Rd.

　　位於蘇泰寺北側，**大鞦韆是根據婆羅門教迎接天王、天神來人間時舉行儀式用**，以柚木建造的鞦韆高21公尺，建於蘇泰寺之前，一直都是曼谷的經典地標之一。過去在每年的農曆2月的神祇降臨日，會有婆羅門教祭司來此，坐在架上座台的鞦韆，另架一個15公尺高、綁上錢袋的竹竿，祭司必須盪高並用嘴咬下錢袋。由於每年都有祭司因此墜落身亡，當時拉瑪七世下令中止之後，僅剩目前所見的空架子。

金山塔寺

The Golden Mount Temple (Wat Saket)

小編按讚👍

曼谷重要地標之一，還可以俯瞰曼谷市街。

🔺別冊P.16,E3　🚶山優站1號出口站步行約15分鐘　🚌344 Thanon Chakkraphatdi Phong, Ban Bat, Pom Prap Sattru Phai　🕐7:00~19:00　💲門票100B

金山塔寺原泰文是Wat Srakesa Rajavaramahavihara，建於拉瑪三世王，已逾300多年的歷史，**沿著山丘圍繞塔邊的323層階梯可直接攀到塔頂**，鳥瞰曼谷市街；供奉佛像的正殿牆壁上，繪有釋迦摩尼佛修練成道的故事，精細的手工繪圖，不用佛經教條，直接由繪圖傳達所訓誡的教義。

塔內有拉瑪五世自從印度請來的佛陀舍利子，原存在皇宮，後由九世王遷至塔裡供奉。屬於金山塔寺的土地約有160萬平方公尺，除了山下的和尚學校，四周的民房都建在該寺廟的土地上，據當地人說，塔寺讓民眾建屋居住，並不收地租也沒有年限。

🍴 Jay Fai

小編按讚👍

Jay Fai為唯一一獲得米其林一星的小吃店，一時之間聲名大噪。

🔺別冊P.16,E3　🚶山優站1號出口站步行約10分鐘　🏠327 Samran Rat intersection, Phra Nakhon　📞0927249633　🕐週三至週六9:00~21:00　🚫週日至週二　🌐www.instagram.com/jayfaibangkok

在2018年米其林指南曼谷版摘下一星榮譽的Jay Fai，是位在民主紀念碑附近10分鐘路程的街邊熱炒小吃店，**店內常見70多歲的傳奇人物「痣姐」Supinya Junsuta戴著護目鏡，為客人烹煮一道道熱炒海鮮美食。**

自從摘星後，Jay Fai從國外慕名而來的客人越來越多，吸引不少到店打卡的客人，反而忽略了眼前的食物，痣姐希望顧客能好好享用美食，甚至曾有歸還米其林星星的念頭。因店內人手較少，若想到Jay Fai用餐，可能動輒等上幾個小時，建議及早去排隊取號碼牌。Jay Fai**招牌菜色為泰式蟹肉蛋捲**，以金黃的蛋液包裹豐實的蟹肉，料理過程相當繁複，半煎炸至外表金黃酥香，內部則豪邁地放入大量軟嫩多汁的蟹肉，不過價格也不算便宜。

戴著護目鏡為客人料理餐點的老闆娘痣姐，是店內最大的特色。

🍴 鬼門炒河粉

Thipsamai Pad Thai

Pad Thai知名老字號，50年的好口味！

🔺別冊P.16,E3　🚶山優站1號出口站步行約10分鐘　🏠313-315 Mahachai Rd. (7-11斜對面)　📞022266666　🕐09:00~00:00　🚫週二　🌐www.thipsamai.com

雖說各店泰式炒河粉的食材用料差異不大，但要看到真正的大火快炒，還真非ThipSamai莫屬了。

要說到曼谷的國民料理，必定會提到泰式炒河粉或炒粿條(Pad Thai)。位在Mahachai Rd.上，**1966年開業至今的ThipSamai，以專賣泰式炒河粉聞名**，店門口的三座大炒鍋是店家最引人注目的招牌，廚師直接在門口揮舞鍋鏟，迅速分工完成各種炒麵，一到用餐時間，座位區會延伸到紅磚道，內用、外帶的客人擠滿店家門口。店家提供6種口味，要點傳統、蔬菜、蝦仁還是只要炒料的Pad Thai Salad，任君挑選。

捷運席隆線▼捷運金線▼捷運蘇坤蔚線▼

地鐵藍線 MRT Blue Line

Sanam Chai・Sam Yot

▼曼谷周邊

慕丸現在已傳承至第四代，現任老闆氣質出眾典雅，就像慕丸給人的感覺一樣。

慕丸的每一份藥草都維持傳統，手工製作，精緻的包裝很適合送禮。

慕丸
MOWAAN

📍別冊P.17,D4 🚶山優站3號出口步行約10分鐘，或從蘇泰寺、大鞦韆步行約2分鐘 🏠9 Soi Thesa, Bamrung Mueang Rd ☎022218070 🕙9:00~17:00 🚫週日 www.mowaan.com ❗建議前往之前先打電話詢問

這小洋房來頭可不小，是成立於1924年有著近百年歷史的泰國傳統手工藥草店慕丸(MOWAAN)。每一份藥草都堅持手工製作，因此無法量產。**最受歡迎的是「行軍散」(YaHom)**，以當歸、肉桂、甘草、乾薑、薄荷等製成，小小一片含在口裡，腹脹或消化不良彷彿都在草本清新中化解了。

邢泰記
KopeHya Tai Kee

📍別冊P.16,E3 🚶山優站3號出口步行約10分鐘 🏠Siri Phong Rd, Samran Rat, Phra Nakhon ☎0626783003 🕙7:00~20:00 📘www.facebook.com/kope.htk

復古的木裝潢、大理石圓桌、椅凳，讓開業自1952年，歷史已超過一甲子的邢泰記，洋溢著濃濃的復古情調，邢泰記目前在泰國共有4間分店，全日提供平價美味的早餐，採自助式的點餐方式，不過因黑板上的菜單都是泰文，**點餐前可先向櫃台索取有圖片的菜單**。最多人推薦的料理「**Kai KraTa+Baguette Sandwich**」，為鐵鍋煎蛋料理和烤至香脆的香腸麵包組合，以熱燙的煎鍋，將蛋煎至半熟，並放上肉臊、青豆和香腸，配料十分豐富，雖然味道較為一般，但在富有懷舊氣氛和充滿歷史感的餐廳用餐，也不失為一種享受。

招牌料理Kai KraTa+Baguette Sandwich。

店內復古的花磚地板和別緻的桌椅，可見懷舊而細緻的空間質感。

抹醬有多種口味可以選擇。

小編按讚 👍

Mont Nomsod烤吐司店

📍別冊P.17,D3 🚶山優站3號出口步行10~15分鐘 🏠160/1-3 Din So Rd. ☎022241147 🕙13:00~22:00 🌐www.mont-nomsod.com/

開業超過半世紀，一直擁有超人氣的美味烤吐司。

1964年開幕，專賣抹醬烤吐司的Mont Namsod開業逾半世紀，現已由第二代接掌，在曼谷共有3間分店。店老闆說，店裡的麵包和醬料都是自己做的，**口味除了最基本的烤糖吐司，還有抹上煉乳、巧克力、奶油玉米、奶油芋頭、花生、椰子、咖椰醬、橘子醬及草莓醬的選擇**；飲料選項同樣精采，除牛奶以外，還有自製菊花茶和香茅茶。好味道讓許多客人從高中一路吃到念大學還繼續回來光顧，就連泰國歌手藝人都愛，還在店內留影替美味掛保證。

曼谷之鑼頒贈處

Royal Pavilion Mahajetsadabadin

ⓘ別冊P.16,E3　🚶山優站1號出口步行約15分鐘　🏠2 RatchadamnoenKlang Rd, Wat BowonNiwet

　　位於大馬路旁、叻差那達寺前方，這座華麗的涼亭幾乎和一座小廟的規模差不多，主要是歡迎國外重要和友好貴賓來訪，舉行曼谷市長贈送城市之鑼儀式的地點。涼亭旁有拉瑪三世的塑像，也就是打造叻差那達寺的國王。

瑪哈坎砲台

Maha Kan Fort

ⓘ別冊P.16,E3　🚶山優站1號出口步行約15分鐘

　　拉瑪一世即位後，隨即從寮國找來5,000位工人，**為曼谷打造所有昭披耶河分支運河進出口的城牆與砲台，以保護首都的安全**。最初是以紅磚築牆、木造頂座，到拉瑪三世才重修至現在所見的堅固堡壘。直到拉瑪五世，城市重新規畫發展，部份堡壘砲台因開路而移除，經過時代更迭，而今僅剩這座瑪哈坎砲台和帕蘇梅砲台。

37個尖塔屋頂代表37個啟蒙時所需的美德。

登上王孫寺最高層，有著很好的視野，能360度俯瞰曼谷舊城。

叻差那達寺

Wat RatchanatdaramWorawihan (LohaPrasat)

ⓘ別冊P.16,E3　🚶山優站1號出口步行約15分鐘　🏠Maha Chai Rd.　🕐8:00~17:00

　　叻差那達寺又稱為王孫寺，是拉瑪三世送給孫女的禮物。造型非常華麗，總計37座塔都是由鐵鑄成，這不僅在泰國獨一無二，也是**全世界繼印度、斯里蘭卡之後唯一完整保存以鐵鑄塔的廟宇**。寺廟樓高7層，中央迴旋木梯共有67階，步行至上層，每轉一層樓，就有一尊佛像供在對向的窗前。頂層更是一定要登上的地方，除了供奉著一顆佛陀舍利，更有好視野。

捷運席隆線→捷運金線→捷運蘇坤蔚線↓

地鐵藍線 MRT Blue Line

Sanam Chai · Sam Yot

↓曼谷周邊

Wat Mangkon・Hua Lamphong

龍蓮寺站・華藍蓬站

來 到龍蓮寺站和華藍蓬站主要是前往中國城，這個曼谷華人聚集的大本營，主要道路是耀華力路(Yaowarat Rd.)，這條街的周邊到處都是金行、鐘錶店或藥材行，一路寫著中文招牌的店家，常常讓人搞不清楚現在究竟是身在何處。

交通路線＆出站資訊

地鐵MRT
◎龍蓮寺站Wat Mangkon→藍線 Blue Line
出口1➡中國城．和成興大金行．林真香．路邊海鮮攤．陳億粿條．黃炳春魚丸攤．南星魚翅燕窩．碳烤麵包．中國城銀都酒樓．上海精品飯店．中國大酒店．T&K海鮮．八號甜

蜜．Akirart Cafe Studio
出口2➡香港麵店．真真JINGJING Ice-cream Bar and Cafe．熟食市場．三聘批發商圈
出口3➡龍蓮寺．Nai Mong Hoi Tod 蚵仔煎．I'm Chinatown
◎華藍蓬站Hua Lamphong→藍線 Blue Line

出口1➡松記沙爹．金佛寺．中華門．記雙葫蘆涼茶．新嘉坡餐室珍多椰奶冰
出口2➡華藍蓬火車站
出口3➡八號．TEP BAR．Teens of Thailand．Wallflowers Cafe．Pompano café 咖冰館．Akirart Cafe Studio

華人在曼谷

曼谷中國城的主要道路是耀華力路(Yaowarat Rd.)，也是當地人對中國城的別稱，這條路由當時的拉瑪五世所建，路名在泰文的意思指的便是「年輕的國王」。

最初落腳在中國城的華人多半來自潮州、海南和廣東等中國沿海一帶，他們各自帶著原生地區的專才在曼谷討生活，例如潮州人多半在銀行、金飾店、保險業有好成績，海南人做建築出色，廣東人開餐館或飯店在行，他們彼此交互合作，不僅維持中國城的活絡，甚至將商業觸角延伸到Silom區，整個曼谷都有不少地主或企業主出生自華人家庭。

◎ 中國城

China Town
🅐別冊P.3,C3 🚇龍蓮寺站1號出口即達

華人移民最早的落腳處，中文、泰文夾雜的招牌常讓人忘記身處曼谷。

　　曼谷的中國城是曼谷最早有華人移民的地區，也是當時相當活躍的商業中心。中國城至今還是曼谷地價居高不下的地方，從耀華力路(Yaowarat Rd.)一眼望過去，滿街皆是金行、鐘錶店，寫著中文的招牌經常讓人忘了身在曼谷。大馬路兩旁縱橫交錯的小巷內商店，陳列著醃漬品、乾貨、糖炒栗子、茶葉、魚翅燕窩、漢藥等，金飾店比鄰而居地閃耀著金光，交易依舊熱絡。

👁 龍蓮寺
Wat Mangkorn Kamalawat

🚇別冊P.19,B1　🚶龍蓮寺站3號出口步行約3分鐘　🕐週一至週五8:00~16:00，週六至週日8:00~17:00

龍蓮寺建於1871年，當時在位的拉瑪五世王認為應該讓中國城的華人擁有自己的信仰中心，遂下令按傳統中國寺廟的樣式打造這座廟宇，大雄寶殿前還立著刻有清光緒年間的對聯。廟宇至今仍香火鼎盛，並設有自己的僧侶學校，專門教導小沙彌或年輕和尚，不僅是讀經書，一般學校該教授的課目，在廟宇學校也不會少。另外要提醒，寺廟大雄寶殿內不能攝影。

據說當地人喜歡用生菜來祭拜馬爺將軍，以求「生財」，也有人求平安、家庭和睦，香火非常興旺。

👁 關帝古廟／馬將軍爺廟
Chao Por Ma and Guan Yu Shrine

🚇別冊P.19,B2　🚶龍蓮寺站1號出口步行約5分鐘　📍189, 385 Soi Yaowarat 11, Chakkrawat, Samphanthawong　🕐7:00~17:00

在曼谷中國城的鬧區有間關帝古廟，招牌下又寫著「馬將軍爺」，原來三國時期的關羽戰功彪炳、義薄雲天，被後人尊崇為關公、關聖帝，而他的座騎赤兔馬神勇無比，也被尊為馬爺將軍、馬神，一起供奉在這座廟裡。昔日華人到異鄉打拚，很需要精神寄託，關公和馬爺將軍便成為這些人的精神支柱。

女生最愛的價廉飾品批發地。

🛍🍴 三聘批發商圈
Sampeng Market

🚇別冊P.19,A2　🚶龍蓮寺站2號出口步行約10分鐘　📍以Ratchawong Rd.為中央，Soi Wanit 1往南的Mang Kon Rd.、Soi Aner Keng，往北的Soi Yaowarat 35、Phao Phanit Rd.一直到Mahajak Rd.都是商圈範圍。　🕐約8:00~17:00(各家不一)　🚫不可

三聘批發商圈原本就是華人最早定居、開發的地點，過去商業活動頻繁，而今橫跨4條街的商店街一點也不遜色。

整個商圈以女生的飾品批發為主，如手環、髮飾、耳環、鏈子、墜子等，造型樣式各異包括Bling-Bling風、誇張阿哥哥樣式、繽紛可愛款，**價格一概批發價**，一般比週末市集還便宜，客人中不乏中東或日本遊客，拎著大背包或登機箱來掃貨。

💡 出家也是積功德

泰國男生出家當和尚對於家族來說是件光榮的事、是替自己的父母祈福、做功德，對自己來說，也可當作沈潛再出發的短暫修行。出家時間可以是3天、1週、1個月或1年，由出家者自己決定，只要和廟裡的住持確定心意就可以剃度。

曾出家多年的當地導遊說，在寺廟裡不僅可向高僧住持靜心修課，學習佛經，若廟裡有附設學校，甚至有機會學習巴利文等一般難有機會接觸的課程。

🍴 紅大哥水門雞飯

📍別冊P.19,B2　🚇龍蓮寺站2號出口步行約5分鐘　📍 Pichaiyat Building, 663-665 Mangkon Rd　☎020034502　🕐09:00~20:00　📘www.facebook.com/GoAngPratunamChickenRice

　想吃大名鼎鼎的紅大哥水門雞飯**不需到總店大排長龍了，中國城就有開設一家分店。**位於一家小型商場的地面層，菜色和其他分店相似，但由於座位不多，中午用餐顛峰時間幾乎滿座，也常會看到外送人員在餐廳外等待取餐。

50年老字號的正宗海南雞飯。

🧁 八號甜蜜

Ba Hao Tian Mi - Yaowarat

📍別冊P.19,C2　🚇龍蓮寺站1號出口步行約2分鐘　📍8 soi Phadung Dao　☎097-995-4543　🕐10:30~21:30　📘www.facebook.com/bahaotianmi/

　八號酒吧的姊妹店八號甜蜜，主打港式甜品與飲料。**布丁味道濃郁、口感綿密，吃起來類似雙皮奶，**一共有8款固定口味的布丁，分別是經典的黑芝麻和花生、清爽的枸杞和菊花梅凍、水果風味的龍眼、芒果與紅毛丹以及茶類的珍奶和紅豆抹茶。每月不時會推出限定口味，到曼谷旅遊時不妨到臉書或IG看看有沒有驚喜吧！

🍴 Kua Kai Suan Mali

📍別冊P.16,F4　🚇龍蓮寺站1號出口步行約10分鐘　📍260 Soi Thewi Worayat, Wat Thepsirin, Pom Prap Sattru Phai　☎022224047　🕐16:00~22:00　📘www.facebook.com/KuaKaiSuanMaLi　❶使用Google地圖搜尋時可直接輸入「Suan Mali Chicken Noodle at Rong Phayaban Klang Junction」定位更精準。

　Kua Kai (全稱Kuay Teow Kua Kai)直譯就是雞肉炒粿條，Suan Mali則是這個地區的名稱。走進這條巷子，會先聞到充滿焦香的鑊氣，也可以看到好幾個炒麵、炒粿條的攤位任君選，因此這裡也被當地人稱為雞肉炒粿條的大本營。而這家60年老店因連續**2018~2022年都入選米其林而聲名大噪**，吸引許多外國遊客前來朝聖。

　這和一般常吃到的泰式炒粿條(pad thai)不太一

酥脆又涮嘴的炸雞皮也值得一試！

樣：廚師先用傳統炭燒大火翻炒雞蛋、粿條和雞肉後，接著像煎煎餅的方式不斷翻鍋，最後再加一顆蛋並蓋上鍋蓋悶至半熟。因此，Kua Kai的賣相反而比較像韓式 煎餅，口感也是外酥內軟。

捷運席隆線→捷運金線→捷運蘇坤蔚線→

地鐵藍線
MRT Blue
Line

Wat Mangkon・Hua Lamphong

曼谷周邊

八號

小編按讚

Ba Hao

📖 別冊P.19,D2　🚇 華藍蓮站3號出或龍蓮寺站1號出口步行約8分鐘　📍8 soi Nana (Chinatown) Mitrichit Rd.　📞0624645468　🕐17:30~00:00(最後點餐23:00)　📅週一　🌐www.ba-hao.com

絕對難忘的藥酒特調，深深感受到中國城的氣息。

中國城近年出現不少令人驚豔的酒吧，最值得一提的莫過於八號Ba Hao，三層樓的建築就位在nana街的轉角處，因門牌號碼為8號，酒吧也直接取名為中文音譯的「ba hao」。店內以大膽的鮮紅色為主題色，搭配帶有中式氣息的雕花門窗、燈籠擺件，讓人不禁聯想到古代的客棧，目前一樓為酒吧的所在地，二、三樓則可提供旅客住宿。

來到八號，一定要點杯由Jamie Oliver's Search of Cocktail Star的冠軍Dheeradon Dissara所發明的特調「Opium鴉片」，調酒中加入了人參酒，嚐起來帶著中藥的甘苦滋味，以及濃烈的酒味後韻層次，在中式風格的空間中品飲，別有一番情調。

Ba Hao為結合酒吧、旅館的複合式空間，外觀則像是古代客棧。

Ba Hao特調鴉片，融合人參藥酒，味道醇厚、後勁強烈。

TEP BAR

📖 別冊P.19,D2　🚇 華藍蓮站1號出口步行約6分鐘　📍69-71 Soi Nana, Charoen Krung Rd.　📞0984672944　🕐18:00~00:00　📘www.facebook.com/TEPBARBKK

調和草藥和蜂蜜的Ya Dong Set，可搭配漬物飲用，味道層次更加豐富。

位置相當隱密的TEP BAR，必須從Nana街邊的小巷中穿入才能抵達，雖然地點十分低調，但經常不到7點便已經滿座，從裝潢、餐點、調酒等皆融合了泰國的傳統特色，店內顧客以泰國當地人為主，不定時會有泰國傳統樂團到此演出。

TEP BAR裡最著名的特調為Ya Dong Set，幾乎每桌都會點上一份，Ya Dong Set為3小杯的特調組合，分別為Seven Eleven、Lion King和Pussy Whipped，不過3杯味道其實差異不大，若僅想嘗試也可以單點。Ya Dong酒內結合草藥和蜂蜜，熱情的調酒師表示，Ya Dong Set具有促進血液循環和保護心臟的效果，可搭配附上的漬物一起飲用，味道十分特別，不過值得特別注意的是，Ya Dong的後勁十分強烈，若酒量較淺還是淺嚐為好。

[中國城 Soi Nana 小潮區]

中國城的Soi Nana一帶開了多間風格咖啡店、酒吧、餐廳、青旅等等，新店家和此區的懷舊況味產生絕妙的融合，很適合來此逛逛。
這裡要提醒大家，如果搭計程車到這一帶，記得強調是到「China Town」，否則司機很可能會誤會你要到「Nana」區喔！

🍴 Teens of Thailand

📖 別冊P.19,D2 🚇華藍蓬站1號出口步行約6分鐘 📍76 Soi Nana, Charoen Krung Rd. ☎0970031173 🕐18:00~24:30 📱www.facebook.com/teensofthailand

灰色樸拙的水泥牆、老舊的厚實木門，牆面上還貼滿了各種彩色貼紙和塗鴉，復古又新奇的外觀，吸引了不少泰國年輕人來到Teens of Thailand夜晚小酌。店內空間不大，約可坐下15~20人，吧檯同樣貼滿了貼紙，這裡以琴酒為主，發展出豐富多樣的琴酒調酒。

有趣的是，Teens of Thailand酒單上竟出現了泰式奶茶(Thai Tea)的品項，不過，酒裡並沒有泰式奶茶的成分，調酒師在琴酒內加入浸漬過泰式紅茶的橙皮，和特殊的香料，增加琴酒的厚度和層次，橘紅色的酒液盛裝在高腳玻璃杯內，喝起來則有淡淡的橙香和肉桂氣味，和泰式奶茶十分相像。

> Thai Tea是一款特別的琴酒特調，有著如泰式奶茶般的濃郁層次。

貼滿彩色貼紙的灰色水泥牆、老舊的厚實木門，造就了Teens of Thailand獨特的第一眼印象。

🚊 華藍蓬火車站

Hua Lamphong Train Station

📖 別冊P.18,E2 🚇華藍蓬站2號出口，出站即達 📍191 Rong Mueang Rd.

從地鐵華藍蓬站2號出口一出站，便會抵達華藍蓬火車站。**華藍蓬火車站是曼谷最大的火車站，於1916年落成，由此搭火車可前往泰國各處**，雖然火車速度較其他交通工具為慢，也比較容易誤點，但因為票價便宜，也成為不少背包客前往其他城市的選擇。在車站大廳可以看見眾多旅客，有些坐在椅子上，有些則乾脆帶著大小行李席地而坐，一旁有不少商店和小吃攤。

🍴 松記沙嗲

📖 別冊P.19,D3 🚇華藍蓬站1號出口，往金佛寺的方向轉進Soi Sukon可達，步行約3~5分鐘 📍84-88 Sukon 1 Alley, Talat Noi, Samphanthawong ☎022361171 🕐9:30~17:30 ❌不可

> 以獨特配方醃製而成的串燒咖哩沙嗲。

相當靠近金佛寺的松記，是一家串燒咖哩沙嗲的專賣店，姓梁的第一代店主於1940年代開始以販賣沙嗲維生，1960年左右搬到現址，落地生根，目前由第二代繼續經營。

松記的沙嗲只有豬肉和豬肝兩種，以獨家配方的香料咖哩略醃之後，用竹籤串起，再用炭爐烤至軟硬適中，吃的時候再搭配特調的醬汁、小黃瓜、洋蔥、吐司麵包等一起入口，彼此的味道互相調和，非常香甜爽口，嗜辣的人還可以夾一些生辣椒，1個人吃10串恐怕還不過癮。

🧁 真真

JING JING Ice-cream Bar and Cafe

📖 別冊P.19,B1 🚇龍蓮寺站2號出口步行約5分鐘 📍154 Soi Charoenkrung 14 ☎0966426241 🕐9:30~17:30 ❌週二 📱www.facebook.com/JingJingIcecreamBarandCafe

> 中國城裡的冰淇淋潮店。

走進中國城的巷子裡，視線所及都是傳統店家，這間掛著「真真」霓虹燈管招牌的小店顯得特別潮。

JingJing Ice-cream Bar and Cafe販售冰淇淋和咖啡、全日早餐，多種口味的手工冰淇淋是這裡的招牌，主打食材新鮮且真材實料，也因此店名取為「真真」。可以在此找到不少特殊口味，像是Gin Tonic、Chang Beer、Bailey's Caramel Biscuit等酒類口味特別多，而有些水果類、茶類的組合也很少見，濃郁冰淇淋或清爽雪酪的都任君選擇，其中店員相當推薦椰子及藍莓優格口味；店內每月也會推出限定冰淇淋及飲料，口味絕對特別，有興趣的人不妨一試。

> 限定口味的醃豆腐(Yentafo)冰淇淋吃起來鹹鹹甜甜的，還有附上炸豆皮。

在瞭解時空背景後再往上到4樓金佛寺，看到穩坐在正殿中央的金佛，絕對另有一番感受。

小編按讚

👁 金佛寺

Wat Traimit

🔖別冊P.19,D3　🚇華藍蓬站1號出口步行約5分鐘　☎661 Charoen Krung Rd.　🕐8:00~17:00　💲門票100B　❶須脫鞋進入，可裝進廟方提供的裝鞋袋，並自行保管

大殿內供奉大城時代打造的純金佛像，堪稱是世界上最昂貴的聖物。

金佛寺舊建築是由3位華人出資建造，原名San-Jin，在泰文裡便是「三位華人」之意，而今Wat Traimit則取自巴利文，意義相同。**之所以別稱金佛寺，是因為在大殿供奉了大城時代打造的純金佛像。**

2007年，為了慶祝泰國國王拉瑪九世的80歲大壽，由皇家財政部門出資重建嶄新的佛寺，白牆金頂，比原建築高出兩層樓，氣勢非凡。2009年，廟方將金佛搬移至新建築的4樓，並於3樓展示廳介紹金佛的由來、歷史與製作過程。

🏛 耀華力唐人街歷史中心

Yaowarat Chinatown Heritage Center

🕐2樓

據估計，目前居住在曼谷的華裔人口約占總人口數的15%，而最早的移民記錄可追溯至大城時代，當初有一群福建移民落腳在昭披耶河西岸，接續到吞武里王朝，大批潮州人湧進東岸，據稱是和當時鄭王的父親來自潮州有關，當時華人群居在現今大皇宮的位置，一直到曼谷卻克里王朝，拉瑪一世計畫建築王宮時，才將華人社區遷到三聘區(Sampeng)，也就是現在中國城一帶。

在耀華力唐人街歷史中心裡，**先以一段影片概述中國城的發展，並以圖文詳實記錄中國人當時移居的歷史和地方演進**，同時運用蠟像、歷史文件和街景模型重現當時華人胼手胝足的過往，以及今日的中國城，相當值得一看。

金佛小故事

金佛寺裡的純金佛像(Phra Buddha Maha Suwanna Patimakorn)重達5.5公噸，正式的歷史記載不可考，但可從雕像渾圓的線條、寬胸窄腰、臉帶微笑、雙腳單盤坐在平台基座上的造型研判是素可泰時代(Sukhothai)，其國力與佛教藝術到達巔峰時所鑄的佛像。

其實金佛在1955年之前，都被厚厚的泥灰覆蓋，要外加泥灰的說法有二，一是15世紀素可泰王朝沒落之際，當時人們為保護佛像不被大城王朝侵奪才糊上泥灰，另一說是大城王朝(Ayuttaya)將金佛迎回城堡供奉，為避免緬軍用火攻掠奪純金佛像，才以泥灰覆蓋，進而躲過一劫。曼谷王朝續位後，佛像最初被移到帕崖垓寺(Wat Phraya Krea)供奉，1935年移到現址，當時都只是灰撲撲的石像樣子，一直到1950年5月25日，寺廟計畫將佛像移至精舍供奉，由於佛像太重，才搬移不到一個手掌高的距離，粗繩就應聲斷裂，導致佛像摔落，經過一夜大雨沖刷，質地精純的閃亮金身才被住持發現。1991年，金佛曾以「世上最昂貴的聖物」列入金氏世界記錄，當時的總價值估計為2,110萬英鎊，在金價高漲的今日，價值更是難以估算。

🏛 金佛展覽室

Phra Buddha Maha Suwanna Patimakorn Exhibition

🕐3樓

金佛展示室清楚的用模型、文字描述，加上歷史圖片以及模擬場景，以11段進程說明金佛鑄造的過程，與其遷移路線一直到被發現金身的過往，包括金身佛像如何從泥塑胚模一直到澆鑄黃金、分件組裝的過程。

Ⓗ 中國大酒店
Chinatown Hotel
ⓐ別冊P.19,C2 ⓜ龍蓮寺站2號出口步行約5分鐘 ⓖ526 Yaowaraj Rd., Sumpuntawong ☎022250204 ⓢ雙人房約1,280B起，價格請以飯店官網公告為準 ⓒ可 ⓤwww.chinatownhotel.co.th

　中國大酒店雖然已經有幾十年的歷史，但硬體設備包括免費無線網路、有線電視、酒吧、餐廳等一樣不少，客房依大小分有5種房型，而且房價非常便宜。由於距離地鐵站近，周邊市場、路邊攤又多，就價位和地理位置來說，確實是便宜又方便的選擇。

Ⓙ 恳記雙葫蘆涼茶
小編按讚

ⓐ別冊P.19,C2 ⓜ龍蓮寺站1號出口步行約5分鐘 ⓖ670 Charoen Krung Rd. ⓞ8:00~20:00 ⓕwww.facebook.com/KankeeNamtaothong

> 兩種家傳配方涼茶，路過不妨來一杯！

　恳記茶行每天供應兩種家傳配方煉製的草茶，店內兩個大銅壺，分別裝盛茶色淡、帶甜味的八寶涼茶，以及茶色深褐色的苦茶，賣茶方式很傳統，由服務人員將茶水注入玻璃杯中，客人上門，直接拿起杯子就喝，**價格便宜、味道純正**，生意好到站在店門約15分鐘也沒見服務人員手停過。

　門口掛著「民國十七年」的招牌，牆上貼有老老闆手呈藥草給泰王浦美蓬的照片，有種多年老店加上皇室掛保證的意味。

> 曼谷天氣熱，來杯苦茶或涼茶最是清熱解渴！

> 飯店強烈的主題風格不僅吸引外國旅客，也成為當地舉辦主題晚宴的最佳場所。

Ⓗ 上海精品飯店
Shanghai Mansion Bangkok
ⓐ別冊P.19,C2 ⓜ龍蓮寺站1號出口步行約5分鐘 ⓖ479-481 Yaowaraj Rd., Samphantawong ☎022212121 ⓢ雙人房約2,100B起，價格請以飯店官網公告為準 ⓒ可 ⓤwww.shanghaimansion.com

　旅館樓下招牌是張細緻的鳳眼美女像，搭上手扶梯，一片中國紅引領旅客進入1930年的老上海。**中庭高掛色彩繽紛的燈籠，到處可見中國式的桌椅家私，以及當時融合西方奢華情調的水晶吊燈與圖騰花色**，強烈的主題風格不僅吸引外國旅客，也成為當地舉辦主題晚宴的最佳場所。若只住在主題客房還不過癮，飯店也提供旗袍、馬褂等中國服，讓住客扮裝並在旅館任一角落留影。

(244) 莎南蔡站·山優站→

Wat Mangkon · Hua Lamphong
龍蓮寺站　　　華藍蓬站

→山燕站→倫披尼站→碧差汶里

捷運席隆線→捷運金線→捷運蘇坤蔚線

地鐵藍線 MRT Blue Line

Wat Mangkon · Hua Lamphong

→曼谷周邊

不同檔次魚翅燕窩，中國城都有

在曼谷要吃魚翅、燕窩不必走跳到高級餐廳，到中國城的耀華力路上不同價格、檔次餐廳或路邊小店，都有賣這兩樣印象中屬於高價位的料理，而且價格並不貴。

若以餐廳來說，中國城銀都酒樓、海外天魚翅酒樓、南星魚翅等都是當地老字號餐廳，魚翅一份約500B起跳，燕窩最低價約200B，在消費金額上已經平實許多。而燕窩，在曼谷各家7-11的冰櫃裡就有，中國城路邊看起來像賣豆花的小攤，也有一碗50B的燕窩，至於品質、花費和味道好壞，就憑個人需求與喜好來評斷了。

如果不愛魚翅、燕窩這樣的料理，上述幾家中式餐廳也有明爐乳豬、烤鴨、螃蟹粉絲煲等港式、潮州或海鮮料理可以選擇。

中國城銀都酒樓
China Town Scala Shark's Fin Restaurant
🚇別冊P.19,C2 📍483-485, 475-477 Yaowarat Rd., Corner Chalermburi ☎026230183 🕐9:00~1:00

南星燕窩Nam Sing Bird Nest Co.
🚇別冊P.19,C2 📍39-47 Soi Phadung Dao, Yaowarat Rd., Bangkok ☎022226292 🕐8:00~02:00

讓人吮指回味的伴手禮。

小編按讚 👍

🎁 林真香

🚇別冊P.19,B2 🚇龍蓮寺站1號出口步行約5分鐘 📍390 Yaowarat Rd. ☎022245296 🕐8:00~23:00

肉乾、豬肉鬆蛋捲等零嘴，都是超人氣伴手禮。

在便利商店的小老闆海苔和真味魷魚片風行之前，「林真香」店內舉凡超人氣的豬肉鬆蛋捲、肉乾、肉鬆、魷魚乾、蝦餅等零嘴，都是台灣和香港旅行團最愛的伴手禮；這家已有6、70年歷史的老字號，在耀華力路上共有「林真香老舖」和「合記林真香」兩家店鋪，其實都是親戚經營。店內經常有觀光客進出掃貨，甚至整箱團購採買。**除了乾貨零嘴，店家的燻鴨胸也是一絕**，烤製油亮呈現棕褐色的鴨胸肉，吃起來滿嘴鴨肉鮮甜味、不乾柴，咀嚼時帶著一點燻烤的香氣，若有時間帶回飯店品嘗，配上泰國啤酒，保證吮指回味！

這間店總是大排長龍，熱熱的烤麵包超療癒。

小編按讚 👍

🧁 碳烤麵包

Yaowarat Toasted Buns
🚇別冊P.19,C2 🚇龍蓮寺站1號出口步行約5分鐘 📍約在Government Savings Bank前方 ☎0655533635 🕐17:30~24:00 ⓧ週一 f www.facebook.com/ChinatownYaowarat

攤位前擠滿人潮，口味眾多的烤麵包。

泰國人很喜歡吃甜的碳烤吐司麵包當點心，簡單的麵包加上香蘭葉醬、奶油和糖或是椰子醬，就足以讓人滿足。**這家賣烤麵包攤已經開了40多年，攤上現有的8種醬料口味都是老闆研發的**，客人可選擇鬆軟的餐包、單片吐司或烤的香脆的夾吐司等3種麵包。為方便點餐，老闆將價目表放在烤麵包攤前，並附上紙、筆，讓客人自己寫，寫好了遞給店家即可。

T&K海鮮

別冊P.19,C2　龍蓮寺站1號出口步行約5分鐘　49-51 Soi Phadung Dao　022234519　16:00~00:00　www.facebook.com/tkseafood

看眾多人潮就知人氣超旺！像台灣快炒店的路邊海鮮攤。

曼谷中國城最著名的海鮮攤就是「T&K」，位於耀華力路的街巷口，每天傍晚，隨著客人陸續上門，海鮮攤的摺疊桌、塑膠椅也開始向街口延伸，新鮮的海產展示在店門口，煎煮炒炸皆宜，經典泰菜酸辣蝦湯、中式螃蟹粉絲煲、炸魚配辣醬等任君挑選，氣氛很像台灣的快炒店。

T&K海鮮攤是由華裔兩兄弟共同經營，店名取自兩人名字的縮寫，原本路口只有他們一家，但不知何時，對面也來了一家同業，員工穿著紅色制服，很容易和綠色制服的「T&K」區隔。口味誰好，客人喜好各異，但身著紅、綠制服的工作人員忙碌地穿梭在燈火通明的桌邊，倒是成為中國城有意思的景象。

因為生意很好，店外現在還有內用排隊指引和菜單。

陳億粿條
Nai Ek Roll Noodles

別冊P.19,C2　龍蓮寺站1號出口步行約5分鐘　442 Soi 9, Yaowarat Rd.　022264651　8:30~24:00　不可

新鮮食材及濃郁湯頭決勝負，招牌粿條、豬腳飯都很受歡迎。

位於耀華力路上大約中心點的位置，相當靠近9巷口，有一家店名只有泰文，卻又用中文寫著粿汁、豬血湯、豬腳飯、排骨飯、燉竹笙等餐點名稱的麵店，每天從早上營業到半夜，生意隨時都強強滾，它就是已有超過50年歷史的陳億粿條店。小小的店裡沒有冷氣、沒有裝潢，靠的是新鮮的食材和濃郁的湯頭，經得起時間的考驗。

黃炳春魚丸

別冊P.19,B2　龍蓮寺站1號出口步行約5分鐘　438 Phat Sai, Samphanthawong　0817325955　7:00~15:00(賣完為止)

生意興隆的魚丸麵店。

魚丸湯麵是曼谷街頭很常見的路邊小吃，美味與否通常取決於魚丸。黃炳春魚丸隱身在耀華力路上的小騎樓旁，經營60多年，以手工製作魚丸聞名，狹長的店面在中午用餐時間擠滿了周邊鄰里或上班族，好味道也吸引泰國本地雜誌和日文雜誌爭相報導。店員服務很熱情，也會介紹不同的麵條選擇。

店內的魚丸麵常常在中午就賣完，想一嘗這價格平實的好口味，記得及早前往。

香港麵店
Hong Kong Noodle

別冊P.19,B1　龍蓮寺站2號出口步行約2分鐘　136/4 Soi Charoen Krung 16, Samphanthawong　7:00~17:30

菜市場內的香港麵店，燒鴨、雲吞通通有。

熱騰騰的湯鍋就放在店門口，麵攤上掛著燒鴨，湯鍋旁有雲吞和叉燒，店招牌中、英、泰文並列，這幅非常有亞洲小吃風情的圖像，也曾登上泰國航空的機上雜誌。店家湯麵配料選擇多，最熱賣的是烤鴨湯麵，如不想吃麵也有叉燒雲吞湯、鴨肉飯等選擇。生意很好，從用餐時間的人潮看來，也是市場裡人氣店家之一。

和成興大金行

📖 別冊P.19,C2 🚇 龍蓮寺站
1號出口步行約5分鐘 🌐
418-420、401-7 Yaowarat
Rd., Bangkok

曼谷中國城街道上最多的就是金飾店，平時進出交易的客人就不少，一到農曆過年前，更是擠滿了人。和成興大金行不見得是歷史最悠久，但應該**是街上規模最大的金飾店**，總店和分店各據兩個街口，櫃邊一直都有客人圍著，落地玻璃門上手寫的白色數字不是營業時間，而是當日金價。由於中國城是曼谷最早買賣黃金的地方，過去也被據稱為全曼谷最有「價值」的地段，且不論地價是否第一，但中國城金店的品質比較有保障，卻是曼谷人公認的事實。

路邊海鮮攤

> 因為是未經煮熟的海鮮，若腸胃不強者勿試。

📖 別冊P.19,B2 🚇 龍蓮寺站
1號出口步行約5分鐘 🌐
Yawarat Soi 11巷口(旁有7-11) 🕐 約7:00~17:00

泰國料理有一道像極了調酒Tequila Bon的**涼拌生蝦**，將新鮮的蝦肉和辣椒、魚露、大蒜、細蔥等辛香料搭配一起吃，蝦肉的自然鮮甜和微鹹微辣的佐料一起咀嚼入口，堪稱是再完美不過的組合了。在中國城耀華力路的11巷巷口，就有海鮮攤專賣這樣的蝦蟹料理，一大盆醃漬過的抱蛋螃蟹、浸在魚露調醬的蝦蛄或是一整袋血蛤，漂亮的色澤令人食指大動。

熟食市場

📖 別冊P.19,B2 🚇 龍蓮寺站1號出口步行約8分鐘
Charoen Krung Soi 16、Yawarat Soi 14 🕐 約
5:00~18:00(各店不一)

無論從**Yawarat Soi 14或Charoen Krung Soi 16進出**，指的其實都是同一條巷子，**這裡沿路排滿了不同料理的熟食攤、麵店、乾貨食材店或傳統點心攤**，燒賣、發糕、糖炒栗子、醃漬蜜餞等中式點心一應俱全，乾貨店裡的魚鰾、香菇、蓮藕、蓮子、小芋頭也都是相當熟悉的中菜料理食材，等到聽見此起彼落熱絡的泰語叫賣聲，才會回神自己身在曼谷。

☕ Akirart Cafe Studio

📖 別冊P.19,D2　🚇 華藍蓮站3號出口步行約8分鐘，或龍蓮寺站1號出口步行約8分鐘　📍138 Pradu Alley, Pom Prap, Pom Prap Sattru Phai　☎0955030951　🕙10:00~18:00　休週二　f www.facebook.com/AkirartCafe

咖啡廳位於的大樓有些老舊，也沒有明顯的店名招牌，一不小心就會錯過。這其實是一家以「**90年代辦公室**」為主題的人氣打卡咖啡廳，無論是桌椅、櫥櫃、菜單和品項名稱都和辦公室息息相關。一進門就看到由一整排的辦公鐵櫃組成的櫃台，菜單也直接寫在收據上，其中招牌手沖咖啡也取了一個非常應景的名字「Caps Lock Blend」。二樓更是有各種舊電腦、舊電器，甚至把舊電視當作桌子使用！不得不佩服老闆的創意，舊物利用的同時也為咖啡廳設計出獨樹一格的特色。

以磁碟片當作杯墊大概也只有這家咖啡店了吧！

上到2樓時一度以為走錯路，懷疑自己是不是誤闖了別人的辦公室。

🧁 新嘉坡餐室珍多椰奶冰

Lod Chong Singapore

📖 別冊P.19,C2　🚇 龍蓮寺站1號出口步行約5分鐘　📍680-682 Charoen Krung Rd, Samphanthawong　☎022215794　🕙10:30~21:30　休週四

炎熱的天氣來一杯道地的冰品消暑。

這家冰品店是**老牌冰品店**，也是許多當地人**的童年回憶，開業至今已70多年**。Lod chong其實就是馬來西亞和新加坡常見的甜品「煎蕊」(cendol)，做法、賣相也相似，冰塊、糖漿、甜玉米粒、椰奶以及綠色的粉條，但口感不太一樣，泰式的lod chong更有嚼勁。喜歡東南亞甜品的人一定要來試試！

🧁 益生甫記

Ek Teng Phu Ki

📖 別冊P.19,C2　🚇 龍蓮寺站1號出口步行約6分鐘　📍163 Phat Sai, Samphanthawong　☎022214484　🕙05:00~19:00　📷www.instagram.com/ektengphuki

中國城巷弄裡隱藏了許多傳統南洋風咖啡店，益生甫記是其中一家，是**擁有百年歷史的老味道**。店面裝潢是典型的中式風格，**除了常見的南洋烤麵包、飲料，也提供港式點心，像是蝦餃、叉燒包、流沙包等**，而光是烤麵包就有約**10種口味供選擇**。若想要份量飽足一些，益生甫記也全天供應早餐套餐，包含了煎蛋、香腸、培根和火腿。

捷運席隆線▼捷運金線▼捷運蘇坤蔚線▼

地鐵藍線 MRT Blue Line

Sam Yan 曼谷周邊

Sam Yan
山燕站

山燕站周圍有香火鼎盛的華藍蓬寺（Wat Hualamphong）和義德堂，此站毗鄰朱拉隆功大學，2019年開幕的Samyan Mitrtown為曼谷首家部分區域24小時營業的商場，還有一條約120公尺長的「太空隧道」連結山燕站與Samyan Mitrtown，吸引了不少年輕人到這裡打卡。

Creamery Boutique Ice Creams

小蔦按讚👍

原創口味的手工冰淇淋和美式軟餅乾，甜而不膩超好吃！

🏠別冊P.9,C1 🚇山燕站2號出口步行約10分鐘 📍U Centre Chulalongkorn University, Phaya Thai Rd. Soi Chulalongkorn 42 📞0987987098 🕐11:30~21:00 🌐www.facebook.com/creamerybkk

Creamery是一家主打手工冰淇淋的溫馨小店，店內有不少原創口味的冰淇淋，每種口味和名稱都很有特色。招牌甜品是熱鍋餅乾冰淇淋，餅乾內有爆漿內餡，加上手工冰淇淋，吃一口就幸福滿溢；另外像是可以吃到9種冰淇淋的九宮格冰淇淋也很受歡迎。

交通路線&出站資訊

地鐵MRT
◎山燕站Sam Yan→藍線Blue Line
出口1◇義德堂·The Rose Residence·曼谷蘇拉旺萬豪酒店
出口2◇Samyan Mitrtown·Creamery Boutique Ice Creams

義德堂是2004年南亞大海嘯時率先前往普吉島搶救的慈善機構，所以廣為世人所知。

👁 義德堂

🏠別冊P.9,C2 🚇山燕站1號出口，出站即達 📍326 Chao Khamrop Rd., Pom Prap 🕐24小時 💲樂捐 ❌不可

在地鐵山燕站旁邊，有一間很特別的廟，叫做義德堂，裡面供奉著南天三大帝、觀音菩薩、土地公和虎爺，**早年是由當地華僑所發起興建的，旨在幫助一些沒有親人處理的無名屍**。一旦有意外災害發生，義德堂的義工們會身先士卒，到現場幫忙處理善後，而信眾在這裡所捐出的款項，都會作為幫孤魂們買棺材的基金。遊曼谷時如果也想盡一份心力，不妨走訪一趟義德堂，讓自己也有機會幫助某些孤魂好好安息。

H The Rose Residence

📖別冊P.9,D2 🚇山燕站1號出口步行約5分鐘 🏠118 Surawongse Rd. 📞022668268 💲雙人房約1,200B起（房價每日調整）🌐theroseresidence.com

The Rose酒店在曼谷屹立40多年，始終提供客人最頂級的服務。翻新過的套房展現當代亞洲設計風格，處處裝飾當代藝術品。酒店位於帕蓬夜市附近，卻不見噪音，宛若一座都市綠洲。**最大的特色是一座被植物及木造房屋圍繞的室外泳池**，還可在池畔啜飲調酒，享受遺世獨立的寧靜度假氛圍。另外，酒店有健身房、桑拿房、知名餐廳Ruen Urai、洗衣、交通接駁等服務，設備相當完整。

🍴 Ruen Urai

🕐12:00~22:00 🚫週日 🌐www.facebook.com/ruenurai.cuisine

> 古樸建築中的傳統泰菜餐廳，加入多種香料調味。

從鬧區中發現Ruen Urai，必定會被其清幽的環境、古樸的木屋外型吸引，這間位於The Rose Hotel Bangkok飯店內、由柚木打造的餐廳，屋齡據說已有百年，建築於拉瑪五世國王統治時期，目前依然保留著當時的文化風貌。雖然地點隱密，Ruen Urai仍是當地人及遊客心目中極佳的傳統泰菜餐廳，曾獲得泰國最佳餐廳獎，提供創意泰菜、正宗泰國料理，料理中加入多種香料及泰式草藥，美味自然不必多說，也對人體相當有助益。

📖 Neilson Hays Library

> Mario Tamagno也參與設計了舊國會大廈（Ananta Samakhom Throne Hall）。

📖別冊P.9,B3 🚇山燕站2號出口，步行15~20分鐘 🏠195 Surawong Rd 📞022331731 🕐9:30~17:00 🚫週一 💲非會員100B 🌐neilsonhayslibrary.org ❶館內禁止拍照

Neilson Hays Library目前為**泰國最古老的非營利組織**，前身是由13位來自英國和美國的菁英女性於1869年成立的曼谷女士圖書館協會(Bangkok Ladies' Library Association)，其中Jennie Neilson Hays是最活躍的成員之一，並為圖書館投入了25年的心力。

這座圖書館是Jennie Neilson Hays於1920年過世後，其丈夫為了紀念她而建成的，由義大利建築師Mario Tamagno操刀設計，為一棟單層層新古典主義建築。圖書館於1922年6月26日正式營運，由一個完全

由女性組織的管理團隊經營。

Neilson Hays Library目前**藏有22,000本書籍，是曼谷英語館藏量最多的圖書館之一**，提供各類型當代小說、非文學類及童書，每個月也會定時更新館藏。

H 曼谷蘇拉旺萬豪酒店

Bangkok Marriott Hotel The Surawongse

別冊P.9,B2 山燕站2號出口,步行15~20分鐘;定時有接駁車往返於捷運席隆線莎拉當站之間 262 Surawong Road 020885666 雙人房6,000B起(不含早餐,房價每日調整) www.bangkokmarriottsurawongse.com

　　蘇拉旺路是曼谷最有名的街道之一,從昭披耶河一直延伸到拉瑪四世路,前往席隆路商圈、王權瑪哈納功大樓(King Power Mahanakhon)、中國城甚至拷桑路都很方便,可說是今昔文化交織最具代表性的地區,曼谷蘇拉旺萬豪酒店就坐落在這條路上。

　　曼谷蘇拉旺萬豪酒店共有303間客房與套房,分布在32個樓層間,較高樓層皆可眺望浪漫的昭披耶河或是繁華的席隆路。每間房間都以舒緩的大地色系為基調,而套房備有簡易型的廚房和洗衣機,很適合商務旅客、或是準備較長時間逗留的休閒旅客居住。

Praya Kitchen

3F 分機5820 6:00~10:30、12:00~15:00、18:00~22:00 www.prayakitchenbangkok.com

　　Praya Kitchen是酒店裡的主要餐廳,從早餐開始以自助餐的型式服務房客。早餐豐富的食物品項自不待言,晚餐更是泰式、中式、日式、法式、韓式等國際美食齊備,還有新鮮又碩大的生蠔、龍蝦、干貝等海鮮任君挑選,再交由大廚依你喜好的口味現場烹煮。**特定的晚餐buffet(目前是週四至週日)還包含和牛吃到飽及酒精飲料無限暢飲**,豐盛的饗宴保證讓你回味無窮。

🍴 耀餐廳

32F 分機5830 11:30~14:30、18:00~22:00 www.yaobangkok.com

　　耀(Yao)餐廳位於酒店的頂樓,基調是中國粵菜,特別從中國聘請手藝精湛的專業廚師,運用泰國的當令食材創作出既具中國傳統、又具現代特色的美味佳餚,即使是大家習以為常的燒賣、蝦餃等點心,也能因為加入珍貴的食材而有畫龍點睛的展現。

　　耀的酒單也很精彩,除了來自各國的優質美酒外,還有特調的雞尾酒,像是深具中國色彩的「紅燈籠」、泰國特有蝶豆花的「東方紫春風」等,滋味和名稱一樣雋永浪漫。

🍸 頂樓酒吧

33F 分機5830 17:00~24:00

曼谷高人氣空中酒吧!

　　想進入頂樓酒吧,必須從耀餐廳搭乘小電梯更上一層樓,開闊的空間裡點綴著眾多綠色盆栽,宛如一座屋頂花園;四周的牆面則大量運用透明玻璃與鏤空屏風,好讓周圍360度景致能以最清楚的方式盡入眼簾。傍晚時分來到頂樓酒吧,可以把曼谷昭披耶河畔的日景、夕陽、夜色一網打盡,非常過癮。這裡點的餐食和飲料,皆由耀餐廳供應。

🧖 Quan SPA

18F 分機5731 10:00~22:00,需預約

　　曼谷蘇拉旺萬豪酒店的休閒設施,包括一個戶外的無邊際泳池、24小時免費供房客使用的健身中心,還有提供一系列按摩護理的Quan SPA水療中心。

　　Quan SPA的療程眾多,包括各種指壓、油壓按摩、腳底按摩、身體磨砂或裹敷護理、做臉、手腳護理等,運用泰式傳統技藝和先進的芳療配方,為遊客消除疲勞,重新找回能量。

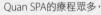

Lumphini

倫披尼站

隨 著桑倫夜市下台一鞠躬、倫披尼泰拳場搬遷，在倫披尼站有新購物商場開幕前，沿著South Sathorn Rd.(Sathorn Tai Rd.)直走，其實除了外國駐泰大使館，還有好幾家五星級飯店、公寓式飯店以及經常得獎的泰式餐廳。若橫越South Sathorn Rd.，也可以從Soi Sala Daeng和Convent Rd.前往席隆區(Silom)。

通路線&出站資訊

地鐵MRT→藍線Blue Line
◎倫披尼站Lumphini
出口1◇Issaya Siamese‧U Sathorn
出口2◇SO/ Bangkok‧東北餐廳‧素可泰飯店‧曼谷悅榕庄‧COMO Metropolitan Bangkok
出口3◇倫披尼公園

餐廳開業後，自2018~2022年都入選米其林指南，評價很好。

守在湖邊，果然等沒幾分鐘，就看到有隻大蜥蜴爬上岸邊，在草叢裡隨興散步。

◎ 倫披尼公園

Lumphini Park

🔵 別冊P.8,F2　🟢 倫披尼站3號出口或席隆站1號出口，出站即達　🕐 Rama 4 Rd.、Wireless Rd.、Ratchadamri Rd.、Sarasin Rd.　⏱
4:30~21:00　💲免費

倫披尼公園位於曼谷市中心的繁華地帶，占地達0.57平方公里，從1920年開放為公園迄今，可說是大都會裡難得還保留著的遼闊碧綠園地。倫披尼位居交通要道，由4條大馬路畫出公園範圍，靠近Silom路的入口，立了一座拉瑪六世的塑像，公園中央有座人工湖，是周邊民眾運動、休憩的納涼地。公園靠近Sarasin路的外圍馬路，不時有路邊攤聚集，一到傍晚用餐時間，相當熱鬧。

倫披尼公園對當地人而言，是休閒好去處，但對遊客最具吸引力的，則是據說人工湖裡有上千隻大蜥蜴逍遙自在，不時會上岸曬曬太陽。

🍴 Issaya Siamese Club

小編按讚

🔵 別冊P.8,H4　🟢 倫披尼站1號出口步行約15分鐘，或地鐵克隆托伊站1號出口步行約10分鐘　🕐 4 Soi Sri Aksorn, Chua Ploeng Rd.　☎026729040　⏱
餐廳11:30~14:30、17:00~22:30　⏱
可 🌐www.issaya.com　❗建議事先預約

入選亞洲最佳50大餐廳，名廚Ian Kittichai的現代泰式料理。

Issaya Siamese Club白色的泰國洋房被香草植物圍繞，餐廳內部裝潢用色大膽，2樓與花園則是酒吧，讓客人可在舒適環境中品嘗講求擺盤、烹飪精心的泰式佳餚。

主廚Ian Kittichai擁有個人烹飪節目、作為泰國「Farm-to-table」的先驅，認他為新鮮的材料才是菜單的核心，所以善加運用市場買來的材料，餐點也多以當季食材為主，要讓客人吃到最新鮮的泰式料理。

🍴 東北餐廳
North East Restaurant

內部裝潢大量運用海報輸出的梵谷畫作，色彩鮮豔，氣氛顯得活潑輕快。

外表不起眼的在地餐廳，卻是價格合理、菜色夠味的好選擇。

📖別冊P.8,F3　🚇倫披尼站2號出口步行約3~5分鐘
🏠1010/12-15 Rama 4 Rd.　📞026338947
🕐11:00~21:30　🚫週日　可　📘www.facebook.com/profile.php?id=100063548204597

　　直線距離So/ Bangkok飯店不遠，位在倫披尼公園對面有一家東北餐廳(North East Restaurant)，外表乍看像是速食店，但其實是廚藝相當不錯的餐廳，**專業烹調出泰國東北地區的特色風味菜**，無論是木瓜沙拉、酸辣蝦湯、炸豬肉、炒魚片等，每道菜都很夠味，服務也很親切，價格合理且不加收服務費。

H SO/ Bangkok

📖別冊P.8,F3　🚇倫披尼站2號出口步行約1~2分鐘　🏠2 North Sathorn Rd.　📞026240000　💲雙人房約5,800B起(房價每日調整)　可　💻www.so-bangkok.com

　　由名設計師Christian Lacroix參與藝術指導的SO/ Bangkok，在硬體設備與軟體服務各方面自不待言，更特別的是整體飯店就像是一件藝術品，融合法式的奢華與泰式的親和力，而且呈現東方「五行」的概念，獨特的創意無所不在。

　　例如237間客房和套房，分別展現金、木、水、土等四種主題，由4位名室內設計師分頭主導，不但有絕佳的景觀、寬敞的空間、高科技的電腦結合電視等聲光設施，而且迷你吧裡的所有飲料、點心完全免費，舒適方便到讓人簡直不想出門了。

🧁 Chocolab

🏠GF　🕐8:00~18:00，下午茶13:00~17:00；巧克力教室週二、週四14：30，週日10:30、14:30（課程1.5小時，每人990B，需3天前預約）

　　Chocolab是SO/ Bangkok特有的甜品創意店，以「實驗室」的概念，發揮天馬行空的想像力，雕塑出五花八門的巧克力點心。透過玻璃牆，即可見識巧克力師傅創作的過程；也有巧克力製作課程，每個人都可以學習動手做巧克力。

🏃 SO/ SPA

🏠11F　🕐10:00~22:00，最後預約到20:00　💲精油按摩60分鐘3,200B、90分鐘4,200B

　　布置成森林般的氛圍，SO/ SPA在提供療程前，都會對消費者作一番詳細的諮詢和解說，然後由經過嚴格訓練的芳療師，運用純熟的手法提供各種專業療程，包括融合五行原理的經典療程、熱石按摩、身體去角質、手足或臉部護理等，選擇眾多；也有土耳其浴、三溫暖等設施。

🍴 紅爐Red Oven

🏠7F　🕐6:00~22:00

世界食物市場的美味饗宴。

　　在全年度熱情如火的曼谷，「火」元素並不適合用來妝點客房，便由餐廳來取代吧。**紅爐(Red Oven)**是飯店的主餐廳，位於房客和非房客電梯交接處的7樓，空間相當寬敞，技巧性地裝潢成數個不同區塊，好讓每桌客人擁有不被干擾的充分空間。餐檯以「世界食物市場」(World Food Market)的概念，分區陳列各國美食，有些區還可清楚看到大廚正在烹調或排盤的過程，無論色香味皆引人垂涎。

素可泰飯店不僅氣氛型塑的高雅，設備用品也絲毫不馬虎。

樓中樓套房提供身心都能盡情放鬆的避風港。

飯店中的Nahm泰菜餐廳，不僅獲選亞洲最佳50大餐廳，也獲得米其林一星評價。

H 素可泰飯店
The Sukhothai

🏠別冊P.8,F4 🚇倫披尼站2號出口步行約8～10分鐘 🏠13/3 South Sathorn Rd. 📞023448888 💲雙人房約6,800B起(房價每日調整) 可 🌐www.sukhothai.com/bangkok/en

　　取泰國素可泰王朝(Sukhothai)為名的素可泰飯店，與阿曼度假飯店為同一位設計師打造。「優雅」該是形容素可泰飯店的絕佳詞彙，極簡的現代風格包裹著濃烈的泰式美學，所有細微的裝飾都考究自素可泰王朝的雕刻與藝術元素。大門入口沒有氣勢磅礴的排場，一渠流水和銅鐘是引領旅人進入城市謐靜處的指標，外觀素雅，各自獨立的住房區與餐廳之間，都有令人驚奇的景觀設計。

　　素可泰飯店不僅氣氛型塑的高雅，設備用品也絲毫不馬虎，**住房所有椅墊織品都出自名揚國際的泰絲品牌Jim Thompson**，所使用的木材也都是泰國上等柚木，以原木和銀灰色為基調，穩重也具時尚感。

H COMO Metropolitan Bangkok

🏠別冊P.8,F4 🚇倫披尼站2號出口步行約10～12分鐘 🏠27 South Sathorn Rd. 📞026253333 💲雙人房約4,500B起(房價每日調整) 🅿可 🌐www.comohotels.com/thailand/como-metropolitan-bangkok

　　這家飯店隸屬以精品設計聞名全球的國際飯店管理集團COMO旗下，飯店以明快的棕色、黑色、白色為統一基調，服務人員清一色穿上世界知名日本設計師山本耀司的服裝與鞋款，襯托出飯店的個性有型。

　　客房中的每個細部都深具巧思，從柚木床座、泰絲靠墊到馬賽克與大理石組合的衛浴空間，皆為清爽且別具風格的設計，而僅有的4個樓中樓套房，還能為經常旅行的頂級商務人士，打造一個讓身心都能夠盡情放鬆享受的避風港。至於**飯店中的Nahm泰菜餐廳，連年獲選亞洲最佳50大餐廳**，獲得很多好評，若欲前往用餐，建議提早訂位。

🍴 Celadon

📞023448888#8652 ✅18:00～23:00 🈲有服裝限制，建議事先預約

　　在素可泰飯店大廳右手邊，就是Celadon泰式餐廳，餐廳以一蓮花池一分為二，透明的落地窗可見蓮花池景，室內長年以白色蓮花為招牌布置，恰如其份地妝點在餐廳每個角落。餐廳連續多年由泰國《Thailand Tailer》雜誌評定為泰國最佳百選餐廳、旅遊雜誌《Condé Nast Traveler》評選為曼谷最佳餐廳，證明了在飯店也可以吃到美味料理。

H U Sathorn

U Sathorn飯店建築風格為浪漫的法式殖民風格，色調以純白與藕色系為主，相當有悠閒的渡假氣息。

ⒶP.8,G5 Ⓗ倫披尼站1號出口步行約13分鐘 Ⓖ105,105/1 Soi Ngam Duphli Ⓣ021194888 Ⓢ雙人房約3,300B起（房價每日調整）ⓌWww.uhotelsresorts.com/usathornbangkok

雖然位在曼谷都會鬧區，鄰近倫披尼公園的U Sathorn飯店卻有著得天獨厚的幽靜位置，最受旅客歡迎的是，無論多晚入住，在U Sathorn可住滿24小時再退房，不必擔心退房時間限制。

U Sathorn大部分房間皆可欣賞到戶外的綠地和泳池，貼心飯店服務及熱心的服務人員都令人印象深刻，入住前可預先選擇喜愛的沖泡茶包及洗手皂的香味；早餐也可請服務人員送到房間或是泳池畔享用，**飯店內的J'AIME by Jean-Michel Lorain為法國米其林三星主廚Jean-Michel Lorain在亞洲開設的分店，將法餐融合亞洲食材風味，創造獨特的味覺饗宴。**

H 曼谷悅榕庄

Banyan Tree Bangkok

ⒶP.8,E4 Ⓗ倫披尼站2號出口步行約10~12分鐘 Ⓖ21/100 South Sathorn Rd. Ⓣ02679 1200 Ⓢ雙人房約3,800B起（房價每日調整）Ⓞ可 ⓌWww.banyantree.com/thailand/bangkok

巧妙運用矩長高聳的摩天建築輪廓，曼谷悅榕庄327間客房都能居高坐擁曼谷風情，不論是城市意象或是河岸景觀，皆能透過整片明亮落地窗，飽覽悉藏。

這裡絕大多數房間以套房的型式打造而成，讓人可以在臥室之外，再享有客廳和商務空間；而所有裝潢皆以現代簡約的風格為架構，並以大地色系整合了布幔、窗簾、地毯和牆面；近年重新打造的雙臥室家庭套房（Two-Bedroom Banyan Suite），則可供家庭成員共享舒適優雅的假期。

🍴 Saffron

Ⓖ52F Ⓒ11:30~14:30、18:00~23:00 ❶有服裝限制

以現代化的泰國美食為主的**Saffron**餐廳，是悅榕庄的招牌餐廳，將菜色保留了最道地傳統的口味，但烹調方式和擺盤陳設卻饒富新意。

🤸 Banyan Tree Spa

Banyan Tree Spa品牌的建立，在東南亞掀起一股花園Spa的風潮。

Ⓖ20~21F Ⓣ026791052 Ⓒ10:00~20:00 ⓈRoyal Banyan 150分鐘9,500B、全身按摩60分鐘3,800B

Banyan Tree Spa品牌的建立，在東南亞掀起一股花園Spa的風潮，即便在大都會如曼谷，仍創造一方謐靜天地提供客人美好的謐靜休憩空間。**Royal Banyan是招牌療程，採用泰國皇家傳統的草本配方，用棉布包起，再以芝麻油熱蒸後用以按摩身體，藉此舒緩疼痛、壓力，甚至有排毒功效。**

曼谷悅榕庄最經典的餐廳，360度眺望城市夜景。

🍸 Vertigo & Moon Bar

Ⓖ61F ❍Vertigo 18:00~22:30；Moon Bar 17:00~1:00 ❶有服裝限制

曼谷悅榕庄最經典的用餐體驗莫過於在**61樓高的露天餐廳──Vertigo & Moon Bar**，當幕色轉濃時，桌邊的燭火一一點亮，揭開了夜晚美好的序曲，同時也讓人可以在絢麗的晚霞落日中，以360°的一覽視野，捕捉這個城市每分每秒的色澤光影，直到夜色模糊了視野，四周只剩下令人心醉的璀璨燈火。

Petchaburi · Phra Ram 9 · Thailand Cultural Centre · Huai Khwang

碧差汶里站·帕藍9站·泰國文化中心站·惠恭王站

🚇 鐵惠恭王站、泰國文化中心所處這一區在舊機場搬遷後，不似過去繁華，但如深夜開幕的象神夜市仍然持續人潮，且疫情後興起的Jodd Fairs夜市是時下最受歡迎的夜市之一。而大約10年前，曼谷年輕人的週末夜，多半在靠近泰國文化中心站附近的Hollywood舞廳或帕藍9站的RCA度過，現在雖然夜店潮流轉移到其他地區，人氣略減，但原本就相當熱門的店家仍維持一定熱度。

通路線&出站資訊

地鐵MRT➡藍線Blue Line
◎碧差汶里站Petchaburi
出口1➡Royal City Avenue
◎帕藍9站Phra Ram 9
出口2➡Central Rama 9·Jodd Fairs夜市

出口3➡Royal City Avenue
◎泰國文化中心站Thailand Cultural Centre
出口1➡Siam Niramit
出口2➡泰國文化中心站夜店
出口3➡The Esplanade·Art in

Paradise·The One Ratchada
◎惠恭王站Huai Khwang
出口3➡建興酒樓·象神夜市
出口4➡24小時象神廟

> 雖然位在拉差達火車夜市原址，不過不知道是不是因為距離市中心稍遠，人潮不如Jodd Fairs。

🛍 The Esplanade

📍別冊P.15,B3 🚇泰國文化中心站3號出口步行約3分鐘
📍99 Ratchadaphisek Rd ☎6422000 🕐10:00~22:00 📱www.facebook.com/Esplanade.Ratchada

Esplanade百貨有不少人氣餐廳，如Jones Salad、Bonchon韓式炸雞店等，還有來自台灣的豪大大雞排。各層樓聚集了不少服飾店和商家，一樓還有整區特賣攤位，不少人都在此逛街挖寶。另外，百貨內還有電影院、保齡球場和Tops超市、Boots藥妝店等，生活機能相當齊全。

> 從Esplanade百貨的四樓停車場可以俯瞰火車夜市，也是大家必拍的景色，喜歡攝影的人不要錯過。

🍴 The One Ratchada

新拉差達火車夜市

📍別冊P.15,B3 🚇地鐵泰國文化中心站3號出口，步行7~10分鐘 📍Din Daeng ☎020066655 🕐17:00~24:00 📱www.facebook.com/theoneratchada

疫情期間，拉差達火車夜市難免受到衝擊，加上租約問題，已於2021年中結束營業。經過重新規劃，新的火車夜市於2022年9月在原址重新開幕，改名為The One Ratchada，同樣占地遼闊，從Esplanade向下望，白色的頂棚整齊畫一，攤位之前的走道也算寬廣，中央點綴著一排椰子樹，頗具文青風。

Central Rama 9 的三樓停車場是拍攝 Jodd Fairs 夜市最佳角度。

夜市中央有規劃座位區，讓人休息、吃東西，還有大螢幕和駐場樂隊，但18:00以後基本就坐滿了。

🍴🛍 **Jodd Fairs夜市**

小編按讚 👍

📍別冊P.15,B4　🚇帕藍9站2號出口步行5分鐘　🏠Rama IX Rd, Huai Khwang　☎0927135599　🕐16:00~24:00　📘www.facebook.com/JoddFairs/

好吃好逛又好買，讓你從此愛上泰國的夜市。

拉差達火車夜市2021年在疫情摧殘下結束營業，原來的管理團隊於2021年11月在帕藍9站重新開幕，號稱**火車夜市2.0**的Jodd Fairs夜市就此誕生！Jodd Fairs夜市同樣位於商場後側的空地，到Central Rama 9的三樓停車場可以俯瞰整個夜市。

Jodd Fairs夜市規模說大不大、說小也不小，一共約700個攤位，大致分為美食和購物兩大類，也有一些理髮和美甲的攤位。看似有點亂，卻亂中有序，不至於整齊得失去夜市的氛圍；更重要的是交通方便，坐地鐵即可到達，所以當地人和觀光客大量湧入，如果週末假日前來，會讓你誤以為全曼谷的人都擠到這裡了。

這裡集結數不清的美食、飲料、啤酒、甜點……甚至還有不少大麻攤位，其中人氣最高的就是夜市開幕後在網路上爆紅的**水果西施和火山排骨**！

🍴 **火山排骨**

火山排骨位於夜市的邊邊，只要聞到讓人想流口水的酸辣香味，表示你找對地方了！每桌都會有一座座的「綠色小山」，別以為那是青蔥香菜等辛香料，那可是青辣椒，而且是辣度不低的小辣椒。份量分為M、L、XL和XXL四種份量，每份180~1000泰銖不等。建議及早來排隊，排隊的人潮越晚只會越長喔！

老闆娘非常親切，即使非常忙碌，面對客人要求合影總是來者不拒、笑容滿滿。

🥤 **水果西施**

水果西施因漂亮的老闆娘在社群媒體爆紅，許多遊客慕名而來。這裡沒有菜單，點餐方式很簡單：攤位上會擺放裝好切片水果的透明塑膠杯，有芒果、哈密瓜、西瓜、蘋果等，點餐時只需指向想要的水果和告知數量即可，每杯果汁都是現點現打。

燉煮好的排骨堆疊成小山後，再淋上滿滿的辣椒和湯汁，難怪越啃越過癮。

Central Rama 9

Ⓐ別冊P.15,B4　Ⓑ帕藍9站2號出口直達商場地下樓　Ⓒ
9/9 Rama 9 Rd., Huay Kwang　Ⓓ021035999　Ⓔ週一
至週五11:00~21:00、週六至週日10:00~22:00　Ⓕ可　Ⓖ
shoppingcenter.centralpattana.co.th/th/branch/
central-rama-9

Central Rama 9是泰國CPN集團旗下一員,其位於
拉瑪九世路(Rama 9 Rd.)和Ratchadaphisek路的交會
口,於2011年12月開幕,而且就在地鐵帕藍9站的旁
邊,是曼谷第一個被准許與地鐵站直通的私人產業。

**Central Rama 9賣場占地廣闊,囊括超過90個
時尚品牌**,無印良品並在這裡開設泰國自家概念店。
此外,這裡還有Robinson百貨、電影城、
Tops超市……而20餘間餐廳和選擇豐
富的美食街,更讓人隨時保持血拚戰
鬥力。

> 來夜市逛街的消費者
> 以本地人為多,商品
> 標價也很在地,成衣
> 只要百元上下,小吃
> 大概也是幾十元起。

[Metro Forest]

曼谷全新打造的綠肺「Metro Forest」,這是泰國
石油公司 PTT 為了曼谷永續發展,將原本的垃圾
場改建成生態園區,入口處以夯土築起二道牆面,
表示人與土壤的關係,而且牆面上展示了各種曼
谷原生植物的種籽。遊客可沿著架高的廊道散步,
步道的終點是高23公尺的景觀台,雖然沒有參天
大樹,卻可看見改造水泥森林的雄心,也是遠眺
Suvarnabhumi 國際機場上飛機起降的好地點。
Ⓐ別冊P.2,H4　Ⓑ可從地鐵碧差汶里站
(Phetchaburi)步行前往機場快線馬卡山站
(Makkasan),搭機場快線至Ladkrabang站,再轉
乘計程車前往　Ⓒ81 Sukhaphiban 2 Rd.　Ⓓ
0613854414　Ⓔ09:00~18:00　Ⓕ週一　Ⓖwww.
facebook.com/
pttmetroforest

👁 24小時象神廟

Ⓐ別冊P.15,B1　Ⓑ惠恭王站4號出口
步行約1分鐘

地鐵惠恭王站旁的這座象神廟
全天候24小時開放,有很多在地
人在傍晚之後,帶著香燭鮮花來
求財、求名;另外要記得跟象神旁
的小老鼠說願望,供奉甜食、摸摸衪請衪先替你轉達
心願;然後可以試提起金老鼠(男生用右手小指、女生
用右手無名指),若一次就成代表願望可以實現。

和四面佛一樣,可以請廟方安排舞蹈表演還願,
或是在夜市裡買一些水果、食物酬神。象神後方的神
檀同樣供奉了另一尊象神和四面佛,旁邊有捐獻箱讓
信眾自由奉獻。

🍴 象神夜市

Ⓐ別冊P.15,B1　Ⓑ惠恭王站
3號出口,出站即達　Ⓒ從
Ratchadapisek Rd.和
Pracharat Bamphem
Rd.交叉口往西一直到Pracha Songkhro
Rd.路口　Ⓔ11:00~22:00

這馬路兩旁綿延約1公里多的夜市白天
是傳統市場和熟食攤,入夜之後,前段攤商
換手,以廉價成衣、生活雜貨為主,加上穿插其中
的小吃攤及後段的水果攤商,形成一區越夜越熱鬧
的市集。

🍴 建興酒樓

Somboon Seafood

Ⓐ別冊P.15,B1　Ⓑ惠恭王站3號出口,出站
即達　Ⓒ167/9-12 Huay-Kwang Intersection,
Ratchadapisek Rd., DinDeang　Ⓓ026926850　Ⓔ
11:00~22:00　Ⓕ可　Ⓖwww.somboonseafood.com

> 建興的咖哩炒
> 蟹是推薦必點
> 的招牌菜。

餐廳的招牌菜咖哩炒蟹,雖然以泰式咖哩烹調但
口味較偏向潮州菜,鹹香湯汁很下飯,此外,肥美的
烤大頭蝦沾上綠辣椒醬也很吸引人,而經典的酸辣
蝦湯(Tom Yum Gung)、泰國中部特有的炸魚料理同
樣值得一試。

捷運席隆線➡捷運金線➡捷運蘇坤蔚線

地鐵藍線 MRT Blue Line

Petchaburi · Phra Ram 9 · Thailand Cultural Centre · Huai Khwang

曼谷周邊

泰國文化中心站夜店區

別冊P.15,B3　Ratchada Soi 4 & Soi 8, Ratchadapisek Rd.

位於曼谷地鐵線(MRT)中心地帶的泰國文化中心站，除了作為地標的泰國文化中心外，鄰近的兩條巷弄中近年成了夜店發展的最愛，尤其是Soi 4，除了幾間大中小型的酒吧外，還有兩三家餐廳、集結一隅的路邊攤等；另外，原先坐落於Soi 8的老字號Hollywood，目前也已搬遷至Soi 4繼續營業。

入夜後即開始聚集人氣，喧鬧到天明。

Snop

別冊P.15,B3　泰國文化中心2號出口步行約3~5分鐘　58 Ratchadaphisek Rd　026122488　19:00~2:00　可

位於Ratchada Soi 4路口附近的Snop，從西元1999年開業至今，是這條巷子最早出現的酒吧，規模也最大。獨立的雙層樓房空間廣闊，裡面的設計非常新潮，像是瓦斯桶桌配高腳椅、透明玻璃桌下有拉風的模型汽車等，座位上還穿插放置一些絨毛娃娃，顯得熱鬧非凡。嫻熟的DJ持續帶動現場氣氛，服務人員美女如雲，難怪十餘年來一直維持人氣不墜。

玩夜店看節氣？！

這倒也不是要你看泰曆才能決定要不要去夜店，更不是在幫你判斷當晚吉凶，只是遇到特殊狀況，還是先確認一下日子才會玩得更盡興。

每年泰曆8月16日是泰國傳統的守夏節(Khao Phansa)，從守夏節之後的3個月，僧侶必須回到寺廟灑掃、禪修，而信眾則多在這一天到廟裡布施、點香燭向神明致意懺悔，接下來3個月，虔誠的信者會禮佛守佛家八戒，有些也會許下茹素或禁酒的淨身願。也因為如此，有些夜店會在當天休業以表尊重，甚至有夜店連休一週，許多地方也超商也會因此不賣酒給客人。所以，若旅途當中遇到宗教節日，建議先去電瞭解一下狀況才不會白跑一趟。

Royal City Avenue(RCA)

別冊P.15,C5　帕藍9站3號出口步行約20~30分鐘，建議搭計程車或嘟嘟車前往　Royal City Avenue Rd.　24小時

RCA是Royal City Avenue這條路的簡稱，熱鬧的情景猶如將泰國帕安島上的月圓之夜搬進曼谷一樣，各店家露天座位區就在馬路上，咚支咚支的音樂震天尬響，好像全曼谷的年輕男女都擠進這條夜店街。雖然這幾年人潮被其他新興夜店區分散了，但還是有一些店家人潮不減，例如「Route 66」的生意就一直很好；整體來說，**RCA仍是一個曼谷年輕人熱門的夜生活好去處。另外，提醒你記得帶護照提供身分查驗。**

Route66

別冊P.15,C5　29/33-48 Soi Sonvijai, Rama 9 Rd.　0613940035　20:00~02:00　入場費300B　可　www.route66club.com

眾所周知，美國66號公路是一條橫貫美國東西兩岸的公路；在RCA大道上放眼望去，占好幾幢建築體的Route66宛如66號公路般橫貫RCA，面積最大、氣勢也最壯觀，曾經是蔡依林拍攝音樂電影「特務」第三部的場景之一。

Roote66酒吧從1995年即已開業，2006年又經過重新整修，至今屹立在RCA，可說是**這條夜店街的龍頭老大**。聲光設備相當豪華，內部分成數個小區，有現場音樂表演，也有DJ播放音樂，並經常舉辦主題演唱會。這裡同時也歡迎包場舉辦生日派對。

Lat Phrao · Phahon Yothin

樂拋站·塔宏猶清站

離開札都甲週末市集，搭地鐵往下1、2站又是另一個購物天堂。距離塔宏猶清站約3~5分鐘路程就有3座購物商場倚天橋相連，包括泰國Central集團旗下連鎖品牌Central Ladprao、隔鄰的The One Park，以及年輕衣飾為主的Union Mall；由此站也可以搭乘計程車前往曼谷當代藝術中心及倫披尼泰拳場的新場館。樂拋站附近沒有什麼知名的景點，但從這裡可以搭計程車前往的CDC和巧克力莊園。

通路線&出站資訊

地鐵MRT→藍線Blue Line
◎樂拋站Lat Phrao
出口4◇Crystal Design Center·巧克力莊園
◎塔宏猶清站Phahon Yothin
出口3◇Central Ladprao
出口4◇曼谷當代藝術館·Baipai Cooking School·倫披尼泰拳場
出口5◇Union Mall

🛍 Union Mall

◎別冊P.12,G2 ◎塔宏猶清站5號出口步行約1分鐘 ◎11:00~22:00 ◎www.facebook.com/unionmallofficial

Union Mall是曼谷年輕人的購物天堂，**商場型式就如同Siam Square的室內版或是放大版Bonanza Mall一樣**，整座購物中心共計8層樓、1,200家店。

商品消費群主打30歲以下的年輕消費群，衣飾價格大約150B以上，還有一些賣二手衣飾鞋包的店家，商品琳瑯滿目，是批貨或尋寶的好去處。

🛍 Central Ladprao

◎別冊P.12,G1 ◎塔宏猶清站3號出口步行約3~5分鐘 ◎1693 Paholyothin Rd., Jatujak ◎027936000 ◎10:00~22:00 ◎可 ◎shoppingcenter.centralpattana.co.th/branch/central-ladprao

即便是同一個品牌，分店開在不同的位置，價格就有可能隨當地的消費狀況調整，這點在泰國最大連鎖百貨品牌也不例外，**據說在市區之外的Central Ladprao部份商品標價就比市區便宜。**

百貨商場連結Centara Grand飯店，以及SFX豪華電影院。和隔鄰The One Park傳統商場之間的通道，傍晚過後有許多路邊攤聚集，整體來說也算是個小小商圈。

曼谷當代藝術館

MOCA Bangkok

🏛️別冊P.12,G1 🚕塔宏猶清站4號出口搭計程車約10~15分鐘 🏠499 Kamphaengphet 6 Road 📞020165666 🕙10:00~18:00 ⊗週一 💲成人250B、學生100B、13歲以下免費 🌐www.mocabangkok.com

　　來到當代藝術館Museum of Contemporary Art (MOCA Bangkok)，讓人驚豔於曼谷的創作能量。建於2012年的MOCA，**館內現代畫作及雕塑藝術品藏量為泰國之冠**，所收藏的畫作豐富多變，現代生活況味、佛教故事寓意、古老民間傳說……全都在這裡展現多彩多姿的藝術魅力，教人心折。

小編按讚

Crystal Design Center (CDC)

🏛️別冊P.12,H2 🚕樂拋站4號出口搭計程車約10~15分鐘 🏠888 Pradit Manutham Rd 📞021015999 🕙10:00~21:00，週末市集週五至週日16:00~21:00 ☺可 🌐www.facebook.com/crystaldesigncenter

不僅有設計家具，人氣餐廳和週末市集都很受歡迎。

　　如果你喜歡時尚設計家具，一定要來這裡一趟！Crystal Design Center由5棟極具設計感的展售中心組成，**每棟展示的設計品牌皆有不同風格，除了知名歐美品牌之外，也可以在這裡找到泰國本土設計師源源不絕的創意和創造力。**每逢週末在廣場更有創意市集擺攤，集結小吃和服飾等商品讓人慢慢挖寶。

DIY Baipai Cooking School

小編按讚

🏛️別冊P.12,H1 🚕塔宏猶清站4號出口搭計程車約10~15分鐘；預約時即可安排來回接駁車 🏠8/91 Ngam Wongwan Road, Soi 54 📞0896606535 🕙上午班09:30~13:00 ⊗週日及假日 💲每人2,200 THB(含來回接駁車費用) ☺可 📘www.facebook.com/baipai.thaicooking ❗採預約制，最少需於24小時前預約

老師有熱忱、服務也貼心，人人都能成為泰菜大廚師。

　　Baipai被CNN選為「曼谷十大烹飪教室」，其建築位於住宅區中，蓊鬱的綠意圍繞傳統木造建築，一旁還有木製鞦韆、翹翹板及木雕，營造出都市中的隱世空間。

　　課程會教授4道料理，可學習的菜餚包括打拋豬肉飯、綠咖哩雞等。教師會先帶學員參觀自家香料園，介紹南薑、香茅、打拋葉及辣椒等香料。緊接著就是烹飪時間，由於每個步驟都清楚、好上手，即使是首次做菜的料理新手也不必擔心，不需幾分鐘，料理就能上桌！

　　Baipai的團隊非常有熱情，一來到這裡，便會被員工的笑容感染。為了讓教學更易懂、不易失敗，這裡所教授的每道料理都經過多次的教學試驗；另外，在料理過程中，員工還會為學員拍照，並在課程後寄送照片電子檔，非常用心。

倫披尼泰拳場
Lumpinee Boxing Stadium

🔖別冊P.12,H1 🚇塔宏猶清站4號出口轉搭計程車前往
📍6 Ram Intra Rd, Anusawaree, Bang Khen ☎
0800459541 🕐週二和週五18:00~22:00，週六
16:00~24:00 💲場邊3,000B、1等席2,500B、2等席
2,000B、3等席1,000B 🌐www.facebook.com/
Lumpineeboxingstaduim

　知名的倫披尼泰拳場原本位於倫披尼站周邊，但
已於2014年搬遷至新場館，由於新場館的位置靠近
廊曼機場，欲觀賞泰拳比賽的人可以由捷運蒙奇站
(Mo Chit)或地鐵塔宏猶清站(Phahon Yothin)轉搭計
程車前往。

　泰拳比賽每場5個回合，比賽前選手像跳舞般的
先向神佛致意，接下來每回合3分鐘，除了禁止張口
咬人，舉凡拳、肘、膝、腿全數均可應戰，畢竟當初這
個激烈的國技是用來陣前殺敵的必殺技，就算現在
不需要打到你死我活，但成功致敵還是選手晉級的
必要條件。

泰拳也有很多種

無論在電影或泰拳場上的拳手們，都一派正經
八百、繃緊神經應戰，但在一些節慶活動時，還是
有些場合會以趣味表演的方式演繹這個嚴肅的國
技。像是在芭達雅水上市場會有水上泰拳(Muay
Talay)，兩方選手坐在水
塘上的獨木橋競技，看誰
先下水；或是某些地區有
盲拳(Muay Dub-jak)，
拳手蒙眼，拳場地上鋪
滿乾燥的椰子葉，選手打
鬥得聽聲辨位。此外，每
年潑水節泰緬邊境開放，
節慶活動之一就是泰拳
比賽，兩國泰拳手以傳統
手纏麻繩的方式對打，一
較高下。

巧克力莊園
Chocolate Ville

小編按讚 👍

大受好評的歐式
主題餐廳，夢幻
造景是拍照取景
絕佳地點！

🔖別冊P.12,H2 🚇樂拋站4號出口搭
計程車約30分鐘 📍Kaseth
nawamin ☎0819212016 🕐週一至
週五15:00~24:00，週六至週日14:00~24:00 💲入場費
100B(可折抵餐點和飲料) 🌐可 www.facebook.
com/chocolateville

　Chocolate Ville與人氣餐廳Wine I Love You屬於同
一餐飲集團，店名源自於老闆以前做過的巧克力盒生
意。這間大型歐式主題餐廳，**總占地7,744坪、擁有超
過20棟多彩的歐式鄉村風格建築，甚至還有運河造
景以及燈塔可遠眺全區**，美輪美奐的景色每每吸引大
量遊客來此拍照。園區最多可同時容納200桌客人，餐
點部分也毫不馬虎，有西式、中式和傳統泰國菜色可
選，客人可自由選擇在建築內外用餐。因為太受歡迎，
每到週末總是擠滿遊客，建議可以提前訂位！

捷運席隆線➡捷運金線➡捷運蘇坤蔚線

地鐵藍線
MRT Blue
Line

Chatuchak Park·Kamphaeng Phet

曼谷周邊

Chatuchak Park·Kamphaeng Phet

札都甲公園站·甘帕安碧站

許多人到札都甲週末市集會選擇在捷運蘇坤蔚線蒙奇站下，但實際上，地鐵MRT甘帕安碧站才是最接近的車站，從2號出口出站便是市集。每個週末，前往週末市集的人潮會將地鐵列車塞滿，大家都備好戰鬥力，好好準備在這個東南亞最大的週末市場大肆血拼。

交通路線&出站資訊

地鐵MRT→藍線Blue Line
◎札都甲公園站Chatuchak Park
出口1❖札都甲公園·札都甲綠色2號夜市·JJ Mall·Mixt Chatuchak
出口2❖札都甲公園
◎甘帕安碧站Kamphaeng Phet
出口2❖札都甲週末市集·札都甲廣場·JJ Mall·Mixt Chatuchak
出口3❖Or Tor Kor Market

🛍🍴 JJ Green 2 Market

札都甲綠色2號夜市

🗺 別冊P.10,G4　🚗 札都甲公園站或捷運蘇坤蔚線蒙奇站搭計程車或計程摩托車，車程15~20分鐘；捷運蘇坤蔚線Sena Nikhom站下車，轉計程車或計程摩托車，車程10~15分鐘　📍61/16 Pracha Chuen Rd, Thung Song Hong, Lak Si　📞0924615951　🕐週四至週日17:00~24:00　🌐www.facebook.com/jjgreen59

之前在札都甲公園旁，開闢了一個從札都甲周末市集走過去很方便的JJ Green Market，亦即札都甲綠

色市集。不過，目前這個市集已經搬遷到更北邊的地區，改名為JJ Green 2 Market。規模不大，因為距離市區遠，**遊客也比其他夜市少，不過還是有機會發現正在發芽的新品牌。**

例如靠近入口處不遠的Dubble You Cee，是一家當地的巧克力工廠，自家種植的可可樹，手工製成巧克力，口感軟糯、甜度適中，滋味相當不錯，也有咖啡、堅果等相關產品。

Or Tor Kor Market

🗺 別冊P.10,G6　🚇 甘帕安碧站3號出口，出站即達　⏱
6:00~18:00

　　這是一個當地的室內傳統市場，不過是以蔬果為主，各攤都將**各式熱帶水果**，如紅毛丹、山竹、榴槤、蛇皮果、芒果成堆成堆擺放，繽紛的色彩讓人想要全部買回家。另外還有一些**泰國特產**，像是榴槤膏、芒果乾。在這裡買水果除了便宜，還有就是新鮮，而且整個市場環境明亮乾淨，**曾被CNN評選為世界十大最乾生鮮市場之一！**市場內還有一個熟食區、美食區，供應各式泰式小吃。

> 熱帶水果成堆擺放，色彩繽紛讓人想大買特買。

JJ Mall

🗺 別冊P.10,G5　🏠 588 Kamphaeng Phet 2 Rd　🚇 甘帕安碧站2號出口步行約5分鐘　⏱ 週一至週五10:00~19:00，週六及週日10:00~20:00　🌐 www.facebook.com/JJMall.Chatuchak

　　JJ Mall就是**室內版的週末市集**，有空調和美食街，逛起來比週末市集舒適許多，**也有免費乾淨的洗手間；而且每天營業**，如果假期無法安排在週末停留曼谷又想逛市集，JJ Mall是不錯的替代選擇。

札都甲廣場

Jatujak Plaza

🗺 別冊P.11,B2C2　🚇 甘帕安碧站2號出口步行約3~5分鐘　⏱ 9:00~20:00

　　札都甲廣場與札都甲周末市集相鄰，內部也是小店、小攤一家接一家開，不過與市集不同的是，**廣場內的店家每天營業，僅部分店面週一或週二休息**，這裡的分區為A、B、C、D等4區，這裡**賣的東西以家居、家飾品及生活雜貨**等商品占大宗，女生喜愛的服飾僅穿雜在部分店面之間。整個廣場規模要較札都甲周末市集小很多。

札都甲公園

Chatuchak Park

🗺 別冊P.10,D5　🚇 札都甲公園站1或2號出口，或捷運蘇坤蔚線蒙奇站1或3號出口，皆出站即達

　　札都甲公園的面積不輸週末市集，**廣大的綠地圍繞著人工水池**，靠近市集入口還有小朋友的遊戲區，很多當地人或住在附近的外國觀光客，會結伴到此野餐或休息，享受悠閒時光。

> 每個週末都湧進大批採購人潮，連本地人都大包小包買不完。

小編按讚 讚

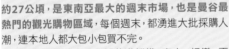

札都甲週末市集

Jatujak Weekend Market

⊙別冊P.10,G6 ⊙甘帕安碧站2號出口，出站即達 ⊙週六及週日9:00~18:00（各店不一）🌐www.chatuchakmarket.org

> 逛到腳痠、買到提不動！每逢週末一定要逛的超大型市集！

札都甲週末市集（Jatujak Weekend Market 或 Chatuchak Weekend Market）簡稱為JJ Market，總面積約27公頃，是東南亞最大的週末市場，也是曼谷最熱門的觀光購物區域，每個週末，都湧進大批採購人潮，連本地人都大包小包買不完。

半開放空間的賣場內部巷道縱橫，直走、拐彎、再回頭，又是不同的店家商區，遊逛起來別有趣味。市場大，商品種類也多，從服飾、手工藝品、陶瓷器皿、家具擺飾、骨董藝術、書籍到二手商品應有盡在，逛累了，商店之間都可找到小吃店。

市集管理中心提供免費地圖和諮詢，但場地實在太大，如果和朋友一同購物卻失散，可以中央醒目的鐘塔或地鐵站為集合地點。如果逛街時想要如廁，到處也都設有公共廁所，唯要收取2B清潔費。

紅寶石剉冰

⊙別冊P.11,B2 ⊙Section26, Room009

逛札都甲，最大的挑戰莫過於頭頂的烈日，熱得讓人隨時都想喝杯飲料或吃一碗冰。這種泰國街頭很常見的剉冰，是把荸薺、包著荸薺的紅色木薯粉圓、椰肉、米糕、粉條等食材放在椰奶裡，然後加上糖漿和剉冰，就是立即解渴的甜點。因為荸薺的份量不少，所以吃起來有爽脆的嚼感；又因為包著荸薺的紅色粉圓晶瑩剔透，宛如紅色的寶石，所以泰國人乾脆叫它作紅寶石(Red Ruby，泰文發音類似Tab Tim Krob)，號稱泰國最受歡迎的在地甜品，路過時不妨坐下來品嘗一下。

> 吃在地冰品消暑氣！

在週末市集抬頭認路

在週末市集如果要找路，記得抬頭看一下市場內巷道出口以及店家門口的店址標示。

如圖示：市集巷口上方都有個方塊，寫著大大的數字加上泰文「Soi」以標示巷道號碼，店家門口標示更清楚，會有區塊代碼(Section)、店家門牌(Address No.)、巷道號碼(Soi)，這樣一來要找出口或是要按本書上的店址找店家，就一目瞭然。

捷運席隆線→捷運金線→捷運蘇坤蔚線

地鐵藍線 MRT Blue Line

Chatuchak Park · Kamphaeng Phet →曼谷周邊

週五半夜也有得逛

札都甲是著名的週末市集，不過其實這裡在週五半夜也有營業，如果半夜捨不得休息，或想見識不同於平時的札都甲市集，就可以來這裡逛逛。

雖然說有營業，其實並不是所有店家都有開，大多是在市集外圍的攤販和店舖，但是衣服、鞋子、包包、帽子還是一應俱全，小吃攤和餐廳也有營業，想買想吃通通有。這個時間營業的小販很多都會標上超低價，有的也直接挑明「Friday Night Price」，不用殺價也便宜。夜市在週五半夜至週六凌晨最熱鬧，不過逛完回家可能就得搭計程車了。

🥤 拉茶攤

🔵 別冊P.11,A2　🔺靠近Section 1

地鐵站前的拉茶攤一直都以大動作吸睛，身著印花長衣的人手持兩個鋼杯，一邊旋轉、一邊流暢地將奶茶「拉」起。據說這個動作並非單純表演，煉乳、牛奶和茶在空氣中藉著快速「拉」的過程，會讓茶與奶製品的乳化作用達到更順、更濃郁的口感，也難怪路過拍照的客人，也會同時買上一杯冰涼香甜的奶茶。

🏆 KARMAKAMET

🔵 別冊P.11,A2　📍Section 2, Soi 3　🟢
可 🌐 www.karmakamet.co.th

> KARMAKAMET現在在曼谷已經有多間分店，店內以中式藥櫃作為主視覺。

本地著名香氛品牌，擷取亞洲各國古法研發配方。

KARMAKAMET創立於2001年，是泰國本地著名的香氛品牌，最初以純粹精油起家，之後才開始研發身體香氛、香膏、蠟燭等室內香氛和身體保養等產品。店經理表示，KRAMA，是印度教或佛教指稱的輪迴；KAMET則是喜馬拉雅山的頂峰，**KARMAKAMET**要強調的就是亞洲人使用天然香氛的智慧，所以，產品素材雖然取自亞洲各國甚至歐洲，但都在泰國製造，企圖以品牌獨有、截取亞洲各國古法所研究出來的配方，製作各項產品，不時有新產品面世，若喜歡泰式淡雅香氛，一定要進來逛逛。

ANYADHARU

📖別冊P.11,B6 🏠Section 3, Soi 43/2(Soi 3), Room 123 🌐www.facebook.com/ANYADHARU

不只是泰國，整個亞洲對於天然花草香氣都有一套運用在生活中的方法，無論是吃、用或是單純聞香。ANYADHARU就是以自然的亞洲草本香氣圖書館自居，創造出各式以天然花草製作的茶、香氛蠟燭、薰香棒、精油等日用商品，即便在週末市集這麼吵雜的環境，店家仍維持其殖民風的格局、裝潢，同時在店內規畫喝茶休憩區，為擁擠的雜貨市場裡帶來一抹優雅。

Hem Aroma

📖別冊P.11,D3 🏠Section4, Room207~208 🌐www.facebook.com/HemAromaJJmarket

泰國的香氛產品相當多，其中不少就是在札都甲發跡，逐漸發展成人氣品牌。目前在札都甲很多處攤位，都會發現Hem Aroma這個品牌，它精心設計的空氣香氛組，是把薰香精油、花朵和蘆葦桿結合在一起，買回去後把花朵和蘆葦桿插在芳香精油裡，不但空氣中會飄散著香氣，花朵和精油也會慢慢地變色，嗅覺和視覺雙重享受。精油沒了可加點水延續香氣，若調整蘆葦桿的數量也能調整香氣的濃淡，是淨化空氣的好幫手。

A-ON Shop

🎁別冊P.11,C2 🏠Section15, Room012 ☎0850744079 🌐www.facebook.com/faaony

手工縫製的布製品，包括娃娃、包包、英文字母等，作品有大有小，頗具巧思創意，可以個別獨立，也可以作為附屬的裝飾，掛在手提包上，或製成鑰匙圈，就可以為原本平凡的物品畫龍點睛，呈現具有個性的另一番面貌。

Viva 8

📖別冊P.11,D3 🏠Section 8, Soi 16巷口旁 🕐週二至週五8:00~17:00、週六至週日8:00~21:00 🚫週一 🌐www.facebook.com/Viva8JJ/

享受好音樂，市集內最有型半露天咖啡座！

這應該是市集裡最有型的半露天咖啡座！以舊木箱當桌子，桌上白磁杯裝著當季草花，簡單雅緻卻不落陽春俗套，而桌邊的皮製摺疊椅則是過往客人最佳歇腳處。櫃檯邊設有DJ台，店家DJ選曲品味不凡，搖滾、Funk、電音或沙發音樂不斷，點杯冷飲、啤酒就可以享受一整個下午的好音樂，是最適合等待瘋狂購物旅伴的集合地點。

捷運席隆線➡捷運金線➡捷運蘇坤蔚府➡

地鐵藍線 MRT Blue Line

Chatuchak Park · Kamphaeng Phet

➡曼谷周邊

如果你喜歡穿T恤，但又不想看起來太平凡，那麼來這裡就對了！

小編按讚 👍

Line Cense

📍別冊P.11,B3　🏠Section3, Room152

🌐www.facebook.com/LineCense

清新可愛的T恤，每件儼然一件藝術作品。

創作者曾經是一位漫畫的畫師，擅長用幽默的筆調把日常生活的一些小確幸訴諸筆端，因此每幅畫背後都有特別的小故事，例如喝杯珍珠奶茶、喝杯清涼的啤酒，幸福的感覺溢於言表。Line Cense的每件T恤都是原創的畫作，清新可愛，很能凸顯穿著者的氣質。

泰國風味小錢包

小編按讚 👍

📍別冊P.11,C3　🏠Section16, Room001

漂亮又便宜，CP值頗高。

這家展售的小錢包，布料的花色都是一看腦海便立即閃過「泰國」兩字的經典樣式，上頭還印著兩隻大象的商標；而且小錢包只要10B、大些的也不過39B，實在便宜得無以復加。雖然沒有店名、連攤位地址都懶得掛上，但是生意興隆，在這個市集裡已存在多年，新冠疫情後也依然存在，可見有經過時間的考驗。

同款花樣的錢包，也有多種色澤可供選擇，偏好泰國傳統特色產品的人，值得考慮。

Birthday Mug

📍別冊P.11,C2　🏠Section13, Room035　📞0622896991

儘管家裡杯子已經夠多了，但看見對自己具有特殊意義日期的馬克杯，還是忍不住心動。

這裡的馬克杯造型一致，每個月有每個月專屬的色彩，上面再印上不同的日期，不論你的生日是哪一天，都可以找到屬於自己的杯子；當然也很適合幫親朋好友挑選；杯蓋可另外加購。雖然有買10送1的優惠，但是易碎品購買前請先想好打包策略。

讓人眼睛一亮的椰殼風鈴。

N.S.T.Coconut Sell

📍別冊P.11,C2　🏠Section13, Room052　📞0898520995　🌐www.facebook.com/profile.php?id=100045701927241

走過N.S.T.Coconut Sell，悠揚的風鈴聲清脆作響，吸引人們的注意；抬頭看見用椰子殼雕飾的燈罩透著溫柔的光，眼睛再度為之一亮。除了風鈴與燈罩，還有大大小小的碗、盤、籃子等器皿，都是利用曬乾的椰子殼手工製成，非常具有泰國在地味。

Mixt Chatuchak

別冊P.11,C2D2 ✎札都甲公園站4號出口，步行8~10分鐘；捷運蘇坤蔚線蒙奇站1號出口，步行8~10分鐘 ⏱8 Kamphaeng Phet 3 Rd, Chatuchak ☎020794888 週一至週四10:00~20:00，週五至週日10:00~22:00 www.mixtchatuchak.com

> 小編按讚
> 不必在迷宮裡人擠人，也不再汗流浹背，舒服！

許久不見，札都甲又有了新的面貌：在原有週末市集的西北邊，出現了一幢全新的大樓Mixt Chatuchak，不但是**室內、有冷氣**，而且更井然有序，三層樓的賣場裡，有方便的電梯、廁所，更有集中的美食區，而且**每天都營業，不再是「週末市集」，觀光客不用特別擠出假日遠道而來和大家一起湊熱鬧。**

Mixt Chatuchak呈長條形，店家羅列在走道兩旁，動線分明，集合了各式各樣的商家，無論衣服、鞋子、香氛、包包、按摩店等，三樓尾端甚至還有相當大型的家具陳列，應有盡有，可以說是濃縮版的札都甲，而且舒適度更是大幅提升。

Copper

⏱2098 ✓可

以「銅」為店名，可見這裡販售各種精緻的銅器，這是一家酒吧設備的經銷商，**商品以銅製的杯子、器皿為大宗，高貴又實用**，常有餐廳、酒吧業者到此選購店內所需的用品。除了銅杯外，還有眾多水晶杯、玻璃杯、錫杯等，精巧亮麗，件件令人愛不釋手。

美食街

⏱3F

Mixt Chatuchak的前段——或許應該說靠南端，有一個美食街，**不但各式各樣的美食齊備，而且價格不貴**，用餐環境也很不錯，明亮、舒適，靠窗的位置可直接俯瞰札都甲市集。

和泰國其他購物中心裡美食街的消費方式類似：店家不收現金，在用餐前需要先買一張這裡專屬的消費卡，點餐的時候從卡裡扣款，卡中剩餘的金額最後再拿回櫃檯退費即可。

Busy Bag

⏱2088 www.facebook.com/Busybagshop

這裡賣的不只是包包，更是量身訂製的專屬感。店裡陳列著多款手工皮製品，包含提包、錢包、護照套、名片夾、鑰匙圈、行李吊牌等，比較特別的是**店員可以現場幫你打造專屬的裝飾**，例如刻一個自己的姓名、或是加一個可愛的圖案，如此一來，平凡的錢包或皮夾便變得獨一無二、與眾不同。

Viet in Thai

⏱2032、2033

布置典雅的**越南咖啡廳兼商店**，店頭陳列著越南常見的冰滴咖啡，相當誘人，便宜的價格教人立刻坐下來喝一杯。除了咖啡外，店裡還陳列著一些造型可愛的吊椅，上面有清楚的標價。

從曼谷出發，再多玩幾天！
Around Bangkok

預計在曼谷停留5、6天以上，想要到周邊城市多玩玩，往東最被旅客所知海灘就是芭達雅(Pattaya)，往北有大城(Ayutthaya)，往南，則可以去泰國皇室最愛度假勝地——華欣(Hua Hin)以及周邊的水上市場。

曼谷Bangkok▶▶華欣Hua Hin   P.270
曼谷Bangkok▶▶芭達雅Pattaya   P.279
曼谷Bangkok▶▶大城Ayuttaya   P.286

捷運席隆線◆捷運金線◆捷運蘇坤蔚線◆地鐵藍線

曼谷周邊 Around Bangkok

Bangkok▶▶Hua Hin
曼谷▶▶華欣

從 曼谷往南方到華欣，沿途經過沙慕薩空府(Samut Sakhon)、沙慕頌堪府(Samut Songkhram)，可以一路玩到華欣，也可以先抵達華欣再安排附近的觀光活動，像是安帕瓦水上市場(Amphawa Floating Market)、丹嫩沙朵水上市場(Damnoen Saduak Floating Market)、美功鐵道市場等，如果再加上華欣的拷汪宮((Khao Wang Palace)、愛與希望之宮(Mrigadayavan Palace)，不算停留曼谷的天數，至少要規畫3天的時間比較足夠。

泰文中「華欣Hua Hin」意指石的開端，海岸線綿延3公里的岩岸就是地名的由來。距離曼谷約

200公里，一直是泰國皇室與貴族的避暑度假勝地。現在沿著海灘有許多度假住宿選擇，比較舒適的玩法是在華欣找一家濱海飯店入住，每天造訪一、兩個景點，晚上再去華欣夜市或飯店的餐廳大啖海鮮，就是很享受的假期了。

Bangkok ▶▶ Hua Hin

從曼谷前往華欣

機場巴士
車程一般約3.5~4小時，假日可能約5~6小時。
🚌曼谷機場1樓8號出口旁，下車處為新華欣巴士站(Roong Reuang Coach Bus Terminal)，近華欣機場。
🕐去程7:30、9:30、10:30、12:00、14:30、16:00、18:00，回程6:00、8:00、10:00、12:00、14:00、16:00、18:00。
💲325B
🌐www.airporthuahinbus.com

迷你小巴Minivan
車程約4小時；人滿才出發，發車時間較不固定。
🚌由曼谷北線巴士總站(Mo Chit Mai)、東線巴士總站(Ekkamai)、舊南線巴士總站(Sai Tai Gao)或南線巴士總站(Sai Tai Mai)都可乘車前往華欣。(各巴士站交通方式請見P.041)目前華欣的主要上落客站已改至新迷你小巴車站(位於Soi 51)。
💲約220B

火車
車程約5小時，從曼谷華藍蓬火車站(Hua Lampong)搭乘南線(Southern Line)。
🚆華欣為大站，一天約有12班。
💲三等車廂44B，依車種及車廂而定。
🌐www.railway.co.th

緬甸 Myanmar (Burma) ●清邁
寮國 Laos
泰國 Thailand
大城 ●曼谷
華欣 ●芭達雅
東埔寨 Cambodia
泰國灣
越南 Vietnam

當地交通
主要飯店大多可安排前往鄰近區域的交通工具，如果僅在市區觀光移動，可以搭乘雙條車或嘟嘟車。

在地遊程
旅行社安排交通
華欣的交通比較不方便，景點距離遠，如果同行有4~6人，除了租車，也可請當地旅行社代為安排交通，攤算下來平均車資也很划算。
◎泰國在台代理旅行社
🌐www.tattpe.org.tw/HowToGo.html?id=13

在地特產
椰子油‧椰糖
安帕瓦(Amphawa)一帶是泰國有名的椰糖和椰子油的產區，手工煮製的椰糖適合煮甜點、泡咖啡添風味，聞起來淡淡甜香、甜度高。椰子油同樣純度高，有的甚至可以生飲，據說可達排毒之效。

景泰藍
泰國中部的華麗瓷器，表面以藏青、赭紅、鵝黃等鮮艷顏色為底，再以金色或銀色勾勒，貴氣十足。在水上市場購買，可以找到比週末市集細緻、比百貨公司優惠價還便宜的售價。

柚子
沙慕頌堪府(Samutsongkram)的柚子品質不輸泰國知名柚子產地佛統，汁多味甜又便宜。

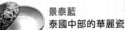

螢火蟲小物
安帕瓦水上市場沿著河道有一區可以看螢火蟲的地方，在水上市場就有很多以螢火蟲為造型的商品，例如午休枕。

每週五六日才有的水上市集，由於多是當地人消費，各攤價位也不高。

丹嫩沙朵水上市場
Damnoen Saduak Floating Market

彩色果凍與輕輕飄浮的氣泡，古典卻又奇幻的咖啡廳氛圍讓人念念不忘。

🔲別冊P.21,A1 🚌從舊南線巴士總站(Sai Tai Gao)或從曼谷南線巴士總站(Sai Tai Ma)搭迷你小巴(Minivan)前往Damnoen Saduak，車程約2小時；或從曼谷參加旅行社行程，價格依旅行社和行程不同 ⏰7:00~16:00(商家多從6點就開始營業，9:00~10:30最熱鬧) 💲船資官方公定價一般船1小時300~400B，當地船家、商家多漫天開價，建議比價、殺價

　距離曼谷80公里的丹嫩沙朵水上市場是最早推廣圍觀光景點的水上市場，也是全球遊客熟知的地點。**水上市場清晨就開市**，由於充滿傳統泰國風情，大受觀光客喜愛，許多商家會配合遊客們營業，所以建議**先別吃早餐，於9:00~10:00時抵達**，這時遊客最多，商家也都全都開門，將泰國水上人家印象表露無遺。

安帕瓦水上市場
Amphawa Floating Market

來見識泰國傳統水上市集！

🔲別冊P.23,C1 🚌從舊南線巴士總站(Sai Tai Gao)或從曼谷南線巴士總站(Sai Tai Mai)搭迷你小巴(Minivan)前往Amphawa；從曼谷參加旅行社行程 ⏰週五至週日約11:00~20:00 💲船資1人約50~60B、包船約600B

　安帕瓦水上市場之所以可以維持傳統水上市集的樣貌，一個是因為當地發展速度慢，20年前才有陸路交通進出，366條自然水道就是在地人的聯外道路。總長約500~600公尺的水上市場，河道兩旁的木造建築已受泰國政府保護、不得任意改建。部份屋主則將內部整修為民宿或商家，**每週五至日的傍晚水上市集是最熱鬧的時候，河道上有許多供應小吃的船家，岸上也有小夜市，供應各式在地美味、傳統工藝品或創意雜貨。**

拉瑪二世紀念公園
King Rama II Memorial Park

🔲別冊P.23,C1 📍位於安帕瓦水上市場旁 ⏰9:00~17:00 💲60B

　拉瑪二世王出生於安帕瓦，園區就此地緣關係蓋了一座紀念公園，除了有大片綠地公園，仿國王出生時期的傳統高腳屋建築，展示了拉瑪二世王鐘愛的音樂、戲曲相關文物，另設有一座安帕瓦歷史博物館**(Amphawa Culture Heritage Museum)**，以靜態圖文和模型，展示安帕瓦基本環境、地理、人文、飲食等資訊，讓人可以對安帕瓦這個地區有更多認識。

🎁 美功鐵道市場

Maeklong Railway Market

小編按讚👍

🔺別冊P.23,D3　🔹從曼谷Wong Wian Yai火車站搭車於Mahachai站下，再轉搭接駁船到Ban Lam，再轉搭火車到Mae Klong站；或從舊南線巴士總站或曼谷南線巴士總站從搭迷你小巴前往；或從曼谷參加旅行社行程

先有市場、再有鐵路，瞧瞧火車駛過菜市場的奇特景象。

　美功鐵道市場其實沒有正式名稱，按照當地導遊的說法，是先有菜市場，後來因為鐵道路線規畫，從美功站(Mae Klong St.)進出的火車必須得穿行市場。

　交通運輸固然重要，但是菜市場的生意也不能不做，於是，善於包容的泰國人想出這樣的生活模式：反正火車進出站的時間固定，在火車出發前3分鐘，各家攤商開始收頂篷、搬貨品，等火車一鳴笛，所有攤商陸續往後退到火車車身寬度外半公尺，待火車急駛後，整個畫面就像拉拉鍊，各店家一一撐起帳篷、搬回貨品，繼續叫賣。

火車穿過市場是遊客紛紛朝聖的奇景。

充滿傳說的醫治之廟。

👁 班良寺

Wat Ban Laem

🔺別冊P.23,C3　🔹從美功鐵道市場步行約5分鐘

　這座廟的歷史可以上溯至600年前，信眾前來正殿禮佛時，不是遠遠跪拜，而是拜完後踏上供佛的基台，雙手合十唸咒並將先前向廟宇購得的金箔貼在佛像上。1.67公尺的立佛怎麼來到小鎮有兩種說法，一是村人在海裡撈到，放在定點後就再也無法移動祂，遂建廟供奉。另一則是說有五兄弟立定志向要全泰國順服佛法，出家成佛後靈魂入了佛像，各自順水流往不同省分，到了定點便浮出水面。

　不管傳說為何，當地人因為幾十年前一場痢疾肆虐，立佛托夢給住持，請他醒來後按著佛像手上的經文去祝念聖水，並分給信眾喝。住持醒來照做，痢疾也隨之消失，因此，在地人都相信這是座醫治之廟，來祈求身體健康者眾。

👁 朱拉曼尼寺

Wat Chulamanee

🔺別冊P.23,D2　🔹從安帕瓦水上市場約10分鐘車程

　全泰國只有這兩座廟的大雄寶殿成十字形，一座是曼谷的大理石寺，一座就是位於安帕瓦運河邊的朱拉曼尼寺。寺廟建於大城時代，殿內的壁畫相當細緻，大門門柱和階梯地磚鋪上巴基斯坦進口的大理石，正門山牆的裝飾精雕細琢，內部也有以珠貝鑲嵌的皇室徽記，整座廟宇就像個精緻的大型藝術品，值得花時間細細欣賞。正殿旁另有一座佛堂，供奉金身不腐的寺廟住持。

🚆 華欣火車站

👍 小編按讚 👍

📍 別冊P.21,D5　🚇 從曼谷搭火車約4小時

堪稱泰國最美的火車站！

> 旅客到華欣最愛留影處。

華欣火車站是泰國最老的火車站之一，擁有悠久的歷史，更有泰國最美的火車站之稱。

這座1911年完成的火車站，從門扇、窗櫺、屋頂到售票口，完全採用柚木打造，並大量運用泰國傳統建築中的鮮豔色彩所構築而成，紅白對比的色彩也讓火車站成為華欣最醒目的地標。基本上火車站並沒有設剪票口，任誰都可以輕鬆入內，也因此成為觀光客來到華欣最愛攝影留念的地方，唯有這站內的皇家候車區有所限制，一般遊客只能在外欣賞。

> Air Space複製了一架萊特兄弟發明的飛行者一號，呼應華欣的飛航文化遺產。

🍴 Air Space Hua Hin

👍 小編按讚 👍

📍 別冊P.21,A3　🚗 從華欣市區搭車約10~15分鐘　🏠 12/399 Hua Dorn, Nong Kae　📞 0639160999　🕐 咖啡館9:00~18:00、餐酒館11:00~21:00　📘 www.facebook.com/airspaceth

> 充滿航空風格，以挑高全景玻璃屋為名的泰式餐廳。

> 有趣的解構拿鐵（Deconstructed Latte）。

Air Space Hua Hin是一間充滿航空風格，以挑高全景玻璃屋為名的泰式餐廳。

這裡的前身，是泰國當地第一個飛行員的訓練場所，現在分設為咖啡廳和餐酒館兩棟建築，而在餐酒館的天花板上，還懸掛了萊特兄弟發明的世界第一台飛機「飛行者一號」的複製品，讓你在用餐的同時，也能做起飛行夢。

靠著別出心裁的空間設計，Air Space Hua Hin曾在2016年，獲得世界設計大獎，而這裡的食物同樣講究，在餐酒館你能享用當代泰式料理佐酒，以每日捕撈的新鮮海產為主要食材，而拜訪咖啡廳時，不妨來杯「解構拿鐵（Deconstructed Latte）」，以香檳杯分裝牛奶、濃縮咖啡、拿鐵，搭配蘇打水和小餅乾，以固定的順序食用，就能品嚐到有趣的風味。

捷運席隆線◆捷運金線◆捷運蘇坤蔚線◆地鐵藍線

曼谷周邊 Around Bangkok

Bangkok ›› Hua Hin

Big Fish & Bar 的露臺，是以華欣海灘佐餐的特等席。

🍴 Big Fish & Bar

🔵別冊P.21,D5 🚶從華欣火車站步行約15分鐘 🏠107/1 Phetkasem Road ☎032904666-4522 ⏰週四至週日17:00~23:00 💳可 **f** www.facebook.com/BigFishHuahin

來到華欣，各式各樣的海鮮料理，自然是不能錯過的最佳選擇。**位在華欣萬豪度假村裡的Big Fish & Bar，讓你可以品嚐到每天新鮮捕撈上岸的大海美味。**

造訪Big Fish & Bar，別錯過由鮮蝦、牡蠣和海鮮沙拉組成的海鮮塔；而套餐也是不錯的選擇，能夠享用到雞尾酒蝦沙拉、泰式酸辣湯、軟殼蟹與主廚特製的甜點。在這裡用餐更能一飽眼福，室內座位有著大片的落地窗，一眼就收進華欣海岸的風景。他們不定期也會把餐桌搬去鄰近的沙灘上，如果挑選在黃昏時分用餐，更可以看到夕陽逐漸沈入海中，讓你一邊欣賞美景，一邊享受海鮮盛宴。

🍴 華欣夜市
Chatchai Night Market

🔵別冊P.21,D5 🚶從華欣火車站步行約8分鐘 🏠華欣市區Dechanuchit沿街一帶 ⏰約16:00~24:00

華欣的夜晚，任何人都可以輕易憑著一張市區地圖，外出逛逛；但想嘗試道地的海鮮料理、美食，那就不能錯過**Dechanuchit和Petchakasem路交叉口，這座華欣著名的夜市。**華欣夜市的規模雖不能和曼谷比擬，但每晚6點之後，平價海鮮攤、泰式按摩、紀念品、特產、衣飾等一攤接著一攤擺設，氣氛熱絡，加上東西價格比大城市便宜，總能吸引許多本地遊客和觀光客造訪；白天在飯店享受悠閒的度假氣氛，晚上就來一趟夜市感受熱鬧的泰國生活吧！

🛍 FN Outlet Hua Hin

🔵別冊P.21,A2 🚶從華欣市區搭車約15分鐘 🏠199/99 Phetkasem (Saitai) Rd. ☎0643017106 ⏰9:00~20:00 🌐www.fnoutlet.com

FN Outlet隸屬於Fly Now集團，華欣的分店就位於華欣喜來正對面，門口大大的恐龍是最醒目的地標，不同彩繪主題的恐龍，配上Outlet內不定期更換的裝置藝術，讓人尚未開始購物就留下深刻印象。

這座Outlet的空間相當寬廣，內部除了有自家品牌，也有像是Zara、Greyhound、Adidas等。除了服飾之外，這裡還有生活居家用品及傢俱等商品，種類款式都很豐富。商場內也有咖啡店，逛街逛累可以到此歇歇腳、喝杯咖啡。

FN Factory Outlet的裝飾令人印象深刻。

夜市中央有一區美食區，肚子餓時也能填填肚子。

色彩繽紛夢幻的法式甜點，使用法國進口的高級原料烘焙。

店內空間古典卻又時尚。

🍴 The' Tea House

☎0626519216 🕐10:00~19:00 ⓕ
www.facebook.com/theteahousehuahin

盡情享受古典情懷。

位於FN Outlet裡的The' Tea House，讓每位初次造訪的客人，都驚訝於它古典卻又時尚的空間。其空間設計融合了英國、印度與中國三大茶文化國家的元素，像是牆紙圖樣為古典鋼筆畫、歐式扶手椅混搭中式木椅，搭配印度的織花毯，交織出東西方的情調。

The' Tea House以**法國巴黎瑪黑兄弟茶**為主，由侍者以銀托盤，送上盛裝茶葉的玻璃盅，每位客人都能找出喜愛的茶香。為了搭配頂級茶，他們也在甜點上花了不少功夫，**邀請來自法國的甜點師，提供蘋果千層捲酥、珍珠糖小泡芙、小紅莓蛋糕等**，盛裝在彩繪瓷盤的點心架上，讓你擁有味覺與視覺上的美妙饗宴。

🛍️ Cicada Market

📖別冊P.21,A3 🚗從華欣市區搭車約5分鐘 📍83/159 Mooban Nhong Kae
☎0996697161 🕐週五至週日 16:00~23:00 🌐www.cicadamarket.com

主打創意與藝術的週末夜市，來華欣不要錯過！

Cicada Market是華欣相當熱門的週末市集，這個夜市的空間寬敞，動線設計也很好，還有一片綠地，環境規劃得很舒適。

夜市主打創意及藝術，不像一般的夜市主要販售批發商品，這裡的商品較有獨特性，可以找到一些由設計師攤主自行設計的包包、玩偶、裝飾品等等，質感也不錯，夜市靠近外側還有一區販售藝術畫作，逛起來感覺實在很有氣質！另外，這裡也有一座露天舞台，提供表演團體於此演出。

H Centara Grand Beach Resort & Villas Hua Hin

🔺別冊P.21,D5　🚶從華欣火車站步行約10~15分鐘　🏠1 Damnernkasem Rd., Hua Hin　☎032512021-38　💲雙人房約4,320B起(房價每日調整)　🌐www.centarahotelsresorts.com/centaragrand/chbr

飯店前身原為1923年,為迎接泰皇拉瑪七世前往度假所建的皇室避暑山莊。

這座白色木造結構、紅色屋頂的優雅建築就坐落在海邊,不僅樣式與華欣拉瑪六世的夏宮相同,尤其雅逸宜人的住宿環境,更像是隔絕塵囂的謐靜之地,也讓許多宿客感受到無與倫比的溫馨氛圍。

不僅建築維持泰、葡混和的殖民風格,就連屋內的擺設,也與其外觀呼應。房內以黃銅製成的半圓照明開關,向左右摺疊的木製落地窗,就連浴室的水龍頭與鏡子也充滿了英式風味。

> 歐式風格的避暑山莊。

H 華欣喜來登度假村

Sheraton Hua Hin Resort & Spa

🔺別冊P.21,A2　🚶從華欣市區搭車約15分鐘　🏠1573 Petchkasem Rd., Cha-am, Hua Hin　☎032708000　💲雙人房約3,399B起(房價每日調整)　🅿️可　🌐www.sheratonhuahin.com

屬於喜來登全球飯店連鎖品牌(Sheraton)旗下一員,Sheraton Hua Hin Resort & Spa承襲該集團精緻的服務品質與環境設計的用心,在七岩(Cham-am)海邊打造一座度假天堂。

擅用地利優勢,站在接待大廳可以順向遠望藍藍海洋,寬闊的綠地旁是倚著客房建築的泳池。**客房空間寬敞、舒適,1樓池畔客房落地窗打開就可以躍入水中,園景房不是面向公共綠地,而是每房都有自己的小陽台、躺椅和一方青草地。如果忘了關落地窗,房內空調自動關閉,是相當聰明的節電設計。**

◎ 拷汪宮

> 小編按讚

Khao Wang Palace

🔺別冊P.21,A2　🚶從華欣市區搭車約50~60分鐘　🏠從華欣往曼谷方向約60公里　☎032425600　🕐8:30~16:00　💲門票外國人200B、纜車來回80B

> 拉瑪四世打造的避暑「山中之城」。

電影《安娜與國王》當中用來大宴賓客的歐式建築場景,正是這座拉瑪四世的夏宮。 泰皇拉瑪四世於1860年在這裡建造夏季避暑行宮,並將這座盤據山丘的宮殿,命名為帕那空奇里(Phra Nakhorn Khiri),也就是「山中之城」。

宮殿包括了皇家大廳、寺院等建築群,泰式傳統風格融合西方古典與中國建築式樣,登上宮殿,穿過羅馬式拱型圓頂迴廊,有一觀景廣場,可俯瞰遠處寺廟尖塔錯落於蓊鬱山林間,每年3、4月花季,宮前山坡開滿雪白的雞蛋花,居高遠望又是另一番風景。

H Anantara Hua Hin Resort & Spa

別冊P.21,D2 　從華欣火車站步行約25分鐘 　43/1 Phetkasem Beach Rd., Hua Hin 　032520250 　豪華園景房約3,294B起(房價每日調整) 　可 　www.anantara.com/en/hua-hin

面對日出東方的Anantara，隸屬於其同名連鎖飯店集團，該集團在各地的度假村都會融合在地特色，並突顯在整體設計和住房裝潢上。

一踏進度假村，先映入眼簾的是茂密的熱帶植物和成排的大象雕塑，呼應了日後飯店成為大象馬球主辦單位的形象。**度假村將200間住房規劃為12個別墅區，包括超過56公頃的景觀花園，以及一座人工湖**，越過庭院往海濱走，建築師刻意將建物和海濱保持距離，從長長的海岸線延伸出去，人的視野也跟著開闊了起來。

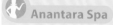

Anantara Spa

032520250-1803 　10:00~19:00

Anantara在佛經中代表著「水」，建築師將度假村裡的Spa設於人工湖畔，建築設計取自泰國傳統色彩和圖騰等元素，內部則以原木鋪地，紅磚混和著自然植物砌牆，室內擺放泰國藝術品作裝飾，但整體空間設計以簡潔的線條為主，極具現代感又不失泰國味。**Anantara Spa提供從頭至腳完整的療程，客人並可選擇在戶外進行傳統泰式按摩。**

H Citin Loft Hua Hin Hotel by Compass Hospitality

別冊P.21,D5 　從華欣火車站步行約5~8分鐘 　120/22 Soi Huahin 78, Petchakasem Rd., Huahin 　032533778 　雙人房約1,000B起(房價每日調整) 　可 　huahinloft.thailandhotels.site/en/

如果不一定要住在海邊，在華欣市區也有不少平價飯店可選擇，Citin Loft Hua Hin Hotel位**於華欣火車站附近，走路到夜市只要10分鐘，地理位置相當方便。**飯店房價包括每天早餐、無線上網服務、免費嘟嘟車接駁至海邊、夜市，算是物超所值住宿之選。

愛與希望之宮

Mrigadayavan Palace

別冊P.21,A2 　從華欣市區搭車約25分鐘 　從華欣前往七岩約20公里的路上，鄰近警察局 　032508444 　關閉整修中，預計2024年5月重新開放。

愛與希望之宮是拉瑪六世及其他皇家成員的度假據點，傳說六世皇當初建宮是為了讓皇后休養，期望能產下皇子，但終究未能償宿願。這座1920年建造的避暑宮殿，建材使用泰國柚木，是以1,080根土柱支撐、16棟採高腳屋方式建造的宮殿，並以一條長廊串起所有的建築群，從陸地延伸到海濱。

宮中格局仍保留著當年皇室書房、國王與皇后寢室、客廳、客房、佛堂等，廳房之間以長形走廊對稱方式隔開，互不干擾，中間園地遍植熱帶花卉，映在素色建築群上，煞是嬌豔。

H Chiva-Som Hua Hin

🔺別冊P.21,A3 🚗從華欣市區搭車約5分鐘 🏠 73/4 Petchkasem Rd., Hua Hin ☎032536536 💲海景套房每晚37,000B起(需預訂至少3個晚上,含療程、每日三餐、按摩、諮詢費用,房價每日變動) 🌐www.chivasom.com

在泰語裡,Chiva-Som意為「生命天堂」,是**全亞洲第一家健康養生的度假飯店,從三餐到療程設計**,將Spa的理念發揮得淋漓盡致。度假村裡所有的課程都從全面體檢開始,每一位住客得先經過專業醫師諮詢,並提供一份健康評估表建議住客所需療程。除了每天的瑜珈、太極、冥想、水上有氧等免費課程,Chiva-Som另有耗資近3千萬美元打造的高科技儀器設備,再搭配針灸、泰式傳統按摩等療程,以及低卡養生料理,都可供住客由內而外的改造自己。

> 飯店萃取城市的寧靜,不僅對外坐擁海灣,於內更盡情環抱水浪,宛若一葉遺世的方舟。

©Let's Sea Hua Hin Al Fresco Resort

H Let's Sea Hua Hin Al Fresco Resort

🔺別冊P.21,A3 🚗從華欣市區搭車約5分鐘 🏠83/188 Soi Huathanon 23 Khaotakieb – Hua Hin Rd. ☎032 900 800 💲雙人房約11,111B起(房價每日調整) 🌐可 www.letussea.com

位於華欣海岸的Let's Sea Hua Hin Al Fresco Resort,**沿120公尺泳池畔夾道築成的旅宿共有40間客房**,房內皆備有30吋LCD電視、多種語言的頻道節目、高速寬頻網路、可以國際直撥的電話等設備。依照樓層分為碼頭與甲板房型:一樓的碼頭房型擁有私人的陽台,且從陽台即可步入度假村的泳池,倘徉沁脾的清涼;二樓的甲板房型則擁有私人的頂樓露臺,可以享受晴空下的日光浴,或是獨覽夜晚的星空。旅宿另設有SPA、蒸氣室、健身房等空間,以及泰式海鮮料理餐廳和入夜後適合小酌的酒吧。

> 穴頂上方白天受光時,由小洞透光進來的光線正好照射於亭子正面,令人嘖嘖稱奇。

👁 穴中廟

Tham Phraya Nakhon

🔺別冊P.21,A3 🚗從華欣往南車程約50~60分鐘,可搭乘小巴或包車前往 🏠三百峰國家公園內 ◐三百峰國家公園 8:00~16:00 ☎032821568 💲國家公園門票200B

位於華欣南方的**三百峰國家公園(Khao Sam Roi Yot National Park)**,泰文原意意思就是「三百峰的高山」,此山靠海,登上頂峰不過600公尺,景像是石灰岩群峰矗立於海面。另外別有洞天的是,**山中暗藏一座穴中廟(Tham Phraya Nakhon)**,內有拉瑪五世建造的佛亭,後來有名高僧埋藏於此,益顯此廟亭的莊嚴與神聖。這個地方由於需爬山才可到達,建議穿著輕鬆的服飾。

©Loligo Resort Hua Hin

©Loligo Resort Hua Hin

H Loligo Resort Hua Hin

🔺別冊P.21,A3 🚗從華欣市區搭車約5分鐘 🏠83/181 Soi Huathanon 23, Hua Hin ☎032900898 💲雙人房約3,079B起(房價每日調整) ◐可 🌐www.loligoresort.com

自Let's Sea Hua Hin Al Fresco Resort步行約兩分鐘後轉過街角,即可看到姊妹店Loligo Resort Hua Hin。**旅宿共有47間客房,房內空間不僅寬敞,且皆有專屬的私人露臺**,陽光自落地窗灑落,簡約風的房間在自然光的映襯下,凸顯了本有的素雅品味;**入住高樓層的客房,還可以從陽台眺望海灣景色。若是12歲以下的兒童與父母共房,並不需要額外的費用**,是適合與小小孩出遊時的好選擇。飯店也有提供SPA預約的服務,讓旅客能在千里迢迢的旅途後,不須多費精力尋覓店家,即可以享受一場身心放鬆的旅程。

Bangkok▶▶Pattaya

曼谷▶▶芭達雅

芭 達雅是距離曼谷最近的觀光海灘，是1960年越戰停火後開始發展的度假地，遊客主要集中在芭達雅海灘一帶，飯店住宿選擇多，平價旅館到高級度假飯店都有，水上活動也相當豐富。

在曼谷國際機場遷至蘇汪納蓬之後，從機場到芭達雅的交通時間較過去縮短45分鐘，所以，如果安排曼谷加芭達雅的遊程，可以直接從機場搭巴士到芭達雅，若先去曼谷玩，亦可從市區搭機場捷運到機場再轉搭巴士，或是在巴士總站搭車，其中雖然3個巴士總站皆可前往芭達雅，但北部及南部巴士總站較難抵達而且車次較少，建議從市區的東部巴士總站搭車較方便。

©Central Pattaya

至於行程時間分配，端視個人對海水沙灘的喜愛程度而定，以整整5天來說，可以是曼谷、芭達雅各停留兩晚；建議至少在芭達雅住一晚，好好享受海灘假期，畢竟交通時間不算短，來回將近4小時的車程，實在不划算。

從曼谷前往芭達雅

機場巴士Airport Pattaya Bus
車程約2小時；到芭達雅共有5站，終點站接近Jomtien Beach，若要前往市區，建議在終點前一、兩站下車。

🏠曼谷國際機場1F Gate 8
⏰去程、回程7:00~21:00，每小時一班。
💲143B
🌐www.airportpattayabus.com

長途巴士
可於下列車站搭乘巴士，車程約2.5~3小時。(各車站交通方式請見P.041)
🌐pattayabus.com
(1)東線巴士總站Ekkamai
⏰6:00~21:00，每小時一班。
💲131B
(2)北部巴士總站Mo Chit Mai
⏰6:00~18:00，每2小時一班。
💲131B
(3)Bangna車站Bus Stop To Pattaya Bang Na
⏰6:00~21:30，每小時一班。
💲131B

迷你小巴Minivan
車程約2.5小時；人滿才出發，發車時間較不固定。
🏠可於東線或北線巴士總站搭車。因為交通方便及班次較多，推薦於

緬甸 Myanmar (Burma) ●清邁
寮國 Laos
泰國 Thailand
大城 ●曼谷
華欣 ●芭達雅 東浦寨 Cambodia
泰國灣 越南 Vietnam

東線巴士總站乘車。
💲約150~200B起跳

Bell Travel Service
提供遊客點對點的交通服務，可選擇接駁地點(機場、飯店或其他)，建議先預約。巴士公司會派車截乘客轉搭巴士，可省去自己轉車的麻煩。
⏰曼谷國際機場到芭達雅08:30、10:30、14:30、16:30、18:00
💲曼谷國際機場到芭達雅300B
🌐www.belltravelservice.com

汽車
車程約3小時；可搭計程車前往，或詢問各大飯店櫃檯的租車服務；

包車從曼谷國際機場到芭達雅約1,100B起，建議事先預約。或可參考KKday或KLOOK推等平台推出的包車服務。
🌐www.pttaxiservice.com

火車
車程約3.5小時，可於60天前先訂票；從曼谷華藍蓬火車站(Hua Lampong)搭乘283號火車。
⏰6:55，一天一班。
💲僅有3等普通車廂，車資31B。
🌐www.railway.co.th

當地交通

雙條車Songthaew
沿Beach Rd.及Pattaya II Rd.來回，建議搭已有乘客的車，以免被誤會要包車；到達目的地時按鈴、付錢下車。
💲車資依距離而定約10~20B、包車約150~300B不等，需與司機議價。

摩托車
可在海灘路上找尋出租店，需要準備國際駕照，部分店家也可能需要約1,000B的押金；若要騎機車，要記得檢查機車況及性能，確保安全、避免店家強索賠償，另外也要遵守交通規則，以免被警察開罰。
💲一天租金300~400B不等

H Mövenpick Siam Hotel Na Jomtien Pattaya

🅐別冊P.21,A6　🚌從芭達雅海邊(約Central Pattaya Rd.處)搭車約20分鐘　🕐55 Moo 2, Na Jomtien　☎033078888　💲雙人房約4,797B起(房價每日調整)　🌐www.movenpick.com/en/asia/thailand/pattaya

> Red Coral Lounge每天下午16:00~17:00的「Chocolate Hour」。

開業於2015年底的Mövenpick Siam Hotel Na Jomtien Pattaya，**坐落於中天海灘，和市區飯店比起來環境相對清靜**，該有的海景、私人沙灘及泳池一點都不少。飯店內不乏休閒活動，舉凡健身房課程、海灘活動和兒童遊樂室，一家大小都能在此消磨時光。另外，**每天下午16:00~17:00的「Chocolate Hour」，也是全球 Mövenpick 飯店的特色**，巧克力噴泉佐糕點、水果和各式巧克力點心，為旅程增添了甜蜜點綴。

🛍 徒步街

Walking Street

🅐別冊P.22,B5　🚶從芭達雅海邊(約Central Pattaya Rd.處)步行約20分鐘

有泰國黃金海岸之稱的芭達雅是由一條長約4公里的海濱道路為中心，沿著這條海灘之路往南，一路上旅館、酒吧、餐廳與購物商場林立，**而底端就是芭達雅最著名的徒步街，同時也是芭達雅的紅燈區**。遊客們可以在這裡找到各種露天酒吧，大啖鮮嫩肥美的海鮮大餐，還有各式辛辣的泰國美食，或是在炎熱氣候下來一杯清涼的冰啤酒，也是不錯的選擇。

🍴 A' La Campagne

🅐別冊P.21,A5　🚌從芭達雅海邊(約Central Pattaya Rd.處)搭車約25分鐘　☎0917838772（新增）　🕐21/2 moo 1, Na Jomtien　🕐週一至週四10:00~20:00、週五至週日10:00~21:00　👍www.facebook.com/alacampagnepattaya

位於芭達雅南端的A' La Campagne，是一間複合式休閒餐廳，**結合供應泰國東北菜餚的Somtum Villa、供應下午茶及點心的Tea Factory & More及酒吧**，還附設自家農場及相關體驗。Somtum Villa環境是古樸的歐風建築及花園，供應道地的泰國東北料理，包括東北烤雞、烤豬頸肉、木瓜沙拉、泰式海鮮酸辣湯等，展現重酸、重辣的美味本質，令人忍不住大快朵頤。Tea Factory & More則發想自斯里蘭卡的老茶廠，這裡有來自斯里蘭卡、台灣等世界各地茶款，也有自製發酵茶，搭配下午茶或輕食，就是個愜意的午後。還有一處三面落地玻璃圍繞的空間，得以引進戶外綠意及光線，是最受歡迎的座位區。

> 供應泰國東北料理的Somtum Villa。

> 可在Tea Factory & More享用輕食下午茶。

> 這裡也是芭達雅的紅燈區，如果不好此道，盡量選擇明亮的餐廳，不然就當體驗一下泰國觀光的另一面。

🛍 Central Pattaya

🏔 別冊P.22,C4 🚶 從芭達雅海邊(約Central Pattaya Rd.處)步行約5分鐘 🏠333/99 Moo 9, Pattaya Beach Road ⏰週一至週五11:00~22:00、週六至週日11:00~23:00 ✅可 📘www.facebook.com/CentralPattayaBeach

當地人氣最旺的複合式休閒購物中心。

　　號稱全泰國東部最大的購物商場，廣達24萬平方公尺的賣場中，Central Pattaya共有多達370個品牌。與曼谷CentralWorld系出同門，並和普吉島巴東海灘的同名購物中心一樣，針對海灘度假的客群，另設置電影院、保齡球場、超市和健身中心，成為當地人氣最旺的複合式休閒購物中心。

Hilton Pattaya 的無邊際泳池。

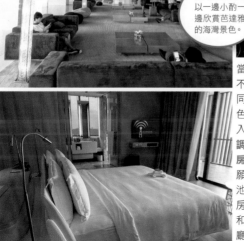

在Horizon可以一邊小酌一邊欣賞芭達雅的海灣景色。

🏨 Hilton Pattaya

🏔 別冊P.22,C4 🚶 從芭達雅海邊(約Central Pattaya Rd.處)步行約5分鐘 ☎038253000 🏠333/101 Moo 9 Nong Prue Banglamung 💲雙人房約5,410B起(房價每日調整) ✅可 🌐www.hilton.com/en/hotels/bkkhphi-hilton-pattaya

　　Hilton Pattaya的位置相當得天獨厚，就位於**Central Pattaya**商場的樓上，不僅交通極為便利、隨時可至商場逛街採買或用餐，同時也因為樓層夠高，可以欣賞芭達雅熱鬧的海灘景色，有著很好的視野。與外面街區的喧鬧不同，一踏入Hilton Pattaya就被悠閒的度假氛圍包圍，**柔和的色調、雅緻的空間設計，從接待大廳一路延伸至寬敞客房，且每間房間內都有面海的陽台**，舒適得令人心甘情願窩在飯店內。飯店內最受歡迎的設施首推無邊際泳池，全家大小都能在此開懷戲水、暢泳，另外也有健身房、SPA中心。餐飲選擇也各有特色，Edge餐廳的早餐和自助餐都頗受好評，而位於頂樓34樓的Horizon餐廳及酒吧也是另一不可錯過，號稱擁有芭達雅市中心最佳景致。

捷運席隆線♦捷運金線♦捷運蘇坤蔚線♦地鐵藍線

曼谷周邊 Around Bangkok

Bangkok ▶▶ Pattaya

皇家花園廣場購物中心
Royal Garden Plaza

別冊P.22,B4　從芭達雅海邊(約Central Pattaya Rd.處)步行約15~20分鐘　218 Beach Rd, Muang Pattaya, Bang Lamung District　11:00~22:00　可　royalgardenplaza.co.th

芭達雅雖小，卻擁有許多高級飯店與購物中心，Royal Garden Plaza就是其中之一。購物商場空間明亮寬敞，如果看上一些泰國的特具小物，可以詢價後再決定；這裡同樣有一些稍具知名度的商品，例如Lacrosse、PUMA、曼谷包NaRaYa等。美食樓層和台灣的百貨公司大同小異，提供多種選擇，而芭達雅著名的信不信由你博物館也同樣設在此。

信不信由你博物館
Ripley's Believe It or Not Museum

3F　0387102948　11:00~22:00　各設施門票不一250B~630B、組合票1,200B起　www.ripleysthailand.com

發源於美國的信不信由你博物館是收集展覽世界各地奇人異事的博物館，這是由一位名為Robert Ripley的冒險家，將自己多年來在全球旅行的記錄公開，在他的旅行歷程中，曾經遇過許多令人難以置信的事件，包括怪異奇聞、珍奇異獸等，這些都會在館中重現世人面前，像是用人皮製成的面具、縮小至僅有3吋大的真人頭顱或是有4隻眼睛的男人……都讓人留下深刻印象。

> 水上樂園必備的造浪池「Mega Wave Pool」設有3塊巨大LED螢幕和杜比環繞音響，形成一個水上戶外影廳。

> 在專業教練的帶領下，體驗乘風破浪的感覺！

Columbia Pictures Aquaverse

小編按讚

別冊P.21,A6　從芭達雅市區約20分鐘車程　888 Moo 8 Najomtien, Chonburi　033004999　10:00~18:00　全票1,590B、半票1,290B(不含園內飲食)，全天置物櫃300B，付費休息區2,000B起；網路購票可享優惠　columbiapicturesaquaverse.com

全球第一座哥倫比亞影業電影主題遊樂園！

全球第一座哥倫比亞影業電影主題遊樂園就在芭達雅！前身為Cartoon Network Amazone的Columbia Pictures Aquaverse，於2022年10月初正式開幕，由8部電影和動畫《野蠻遊戲》、《魔鬼剋星》、《絕地戰警》、《尖叫旅社》、《表情符號電影》、《衝浪季節》、《食破天驚》、《屍樂園》所組成的5.6公頃水上樂園，裡面的水路設施美結合了電影場景和角色，在玩樂的同時也彷彿走進電影之中。「Ghost Trap Adventure」的滑水道就是進出多道《魔鬼剋星》傳送門後再來場垂直110公尺的急流泛舟，結束後還可以和可愛的棉花糖寶寶合影留念；《屍樂園》區的「The Beast」是亞洲最高、最陡峭的水上設施之一，可以挑戰高18公尺高的垂直降落滑水道……在酷熱的天氣裡，不妨就和電影角色們清涼一下吧！

芭達雅公園塔
Pattaya Park Tower

📖別冊P.22,A6 🚗從芭達雅海邊(約Central Pattaya Rd.處)搭車約15~20分鐘 🏠345 Jomtien Beach ☎251201 ⏰9:00~18:00(遊樂設施至17:30);Buffet午餐11:00~15:00、晚餐16:30~22:00 💰滑降400B ⭕可 📘www.facebook.com/PattayaParkBeach

從56層樓高的塔頂一躍而下,挑戰心臟強度。

　芭達雅南方的海岸線稱為中天海灘(Jomtien Beach),來到這裡遠遠就可以看到芭達雅最高的建築物——芭達雅公園塔;事實上,這是一家擁有718間海景房的度假飯店,樓高55層,最高的頂端則為240公尺高。**除了有55樓瞭望台、旋轉餐廳,遊客也可以選擇高空滑降(Tower Jump)或是雙人高速滑行(Speed Shuttle)等活動**,嘗試從56層樓高的塔頂一躍而降,挑戰心臟強度!抑或和親朋好友共同乘坐纜車(Sky Shuttle),從不同角度欣賞芭達雅海灣的美景。

蒂芬妮人妖秀
Tiffany's Show

📖別冊P.22,C3 🚗從芭達雅海邊(約Central Pattaya Rd.處)步行約20分鐘 🏠464 Moo 9 Pattaya 2nd Rd. ☎038421700 ⏰每天3場18:00、19:30、21:00,每場約75分鐘 💰門票1000B起 ⭕可 www.tiffany-show.co.th

　蒂芬妮人妖歌舞劇院成立於1974年,是泰國甚至東南亞首創的人妖秀,一開始以模仿百老匯歌舞劇惟妙惟肖而聲名遠播,被稱為泰國的《麗都秀》,更被世界知名的旅遊雜誌選為世界十大歌舞劇院之一。目前擁有百位以上人妖演員的蒂芬妮秀經常更換劇目,除了歌舞之外,也有頗受好評的模仿秀與令人嘆為觀止的神奇演出,而採用先進燈光音響設備,搭配華麗的舞台設計,跟隨世界潮流的服裝,都讓歌舞劇更加精采。

真理寺
The Sanctuary of Truth

📖別冊P.22,C1 🚗從芭達雅海邊(約Central Pattaya Rd.處)搭車約15分鐘 🏠206/2 Moo 5, Pattaya-Naklua Road, Banglamung ☎038110653 ⏰8:00~17:00 💰門票全票500B、半票250B sanctuaryoftruthmuseum.com

　這座位於芭達雅北方海邊,以純紅木和柚木建造的寺廟,自1981年動工至今尚未完工。真理寺和曼谷的三頭象神博物館、76府縮影的業主為同一人,他希望藉由真理寺傳達人與天地宇宙間的連結,以及泰國精湛的木雕工藝技巧。

　建築高、寬各100公尺,**以亞洲傳統藝術和泰國卻克里王朝的華美風格為主,從樓梯、把手、屋簷、佛塔等乃至於室內各廳堂和天花板,都依方位細細雕刻出佛教、婆羅門教、印度教等神佛和神話人物**,每一個角落都值得駐足欣賞。

捷運席隆線▼捷運金線▼捷運蘇坤蔚線▼地鐵藍線

曼谷周邊　Around Bangkok

Bangkok ▶▶ Pattaya

綠山動物園
Khao Kheow Open Zoo

🔺別冊P.21,B4　🚌從芭達雅海邊(約Central Pattaya Rd.處)搭車約40~50分鐘;或從芭達雅搭園區接駁車,需另付費、預約　🏠235 Moo7, Tambon Bang Phra, Ampur Sriracha　☎038318444　⏰8:00~17:00　💰門票250B、兒童100B　☑可　🌐www.khaokheow.zoothailand.org

　位在芭達雅附近的綠山國家動物公園,是**全亞洲最大開放式動物園,面積約250萬坪,飼養了超過300多種、8,000多隻的動物**,其中包括瀕臨絕種的馬來貘、老虎的種類更占了將近全球的一半左右。

　動物園巧妙地利用地勢和高牆、河流加上矮柵欄,讓遊客和動物保持一定的安全距離,又可以看到白老虎、花豹、鬚狗、山豬……各種動物的原始生活型態;另有可愛動物餵食區。

四方水上市場
Pattaya Floating Market

小編按讚 👍

人工打造大型觀光水上市場,呈現泰國各地特產與商家。

🔺別冊P.21,A5　🚌從芭達雅海邊(約Central Pattaya Rd.處)搭車約15~20分鐘　🏠451/304 Moo 12 Sukhumvit-Pattaya Rd　☎0884447777　⏰9:00~18:00　💰門票200B;另有搭船等服務或活動體驗,價格另計　☑可　🌐www.pattayafloatingmarket.com

占地10萬平方公尺,約14座足球場大小的四方水上市場於2008年11月開幕,**整座人工挖鑿的水上市場,按泰國東、北、中、南部規畫不同的在地特產與商家**,電影《杜拉拉升職記》、《泰囧》都曾在此取景。遊客可以沿著木棧道跨越河道、搭船體驗,甚至可以嘗試溜索滑過水面。整個園區共有120間商店,販售商品琳瑯滿目,從傳統紀念品到創意小物都有;人工湖畔也有仿傳統水上市場叫賣小吃的船家,一杯海底椰汁透心涼,一碗炸魚餅、糯米飯也可以甜嘴飽胃。市場大部份商家以布袋裝衣飾、陶碗盛菜,不僅環保也可以當作一次購物紀念。

芭達雅大象村

Pattaya Elephant Village

🔖別冊P.21,A5 🚍從芭達雅海邊(約Central Pattaya Rd.處)搭車約25~30分鐘 📍48/120, Moo 7, Tambol Nong Prue ☎038249818 🕐10:00~17:00(週四至18:00) 💲Elephant Trekking 1,200B起 🌐www.elephant-village-pattaya.com

1973年開幕的芭達雅大象村的表演就是呈現大象村的真實生活,以及大象和象伕之間的關係。大象村的業主因為不想再看到大象受到人類的奴役凋零生命,而開設芭達雅大象村,提供一個讓大象能夠表演,象伕也能夠溫飽的地方。每天固定表演的大象相當聰明可愛,從搬運木頭、踢足球,甚至簡單的算數……都能依照各種指示演出,此外,觀眾們還可以看到一場重現泰國古代騎著大象戰爭的劇碼,表演完可以選擇乘坐大象遊逛園區。

蘇芭妲果園

Suphattra Land

🔖別冊P.21,B5 🚍位於羅永(Rayong),從芭達雅搭車約1小時 📍70 Moo 10, Tambol Nong Lalok, Ban Kai, Rayong ☎0815881519 🕐8:00~17:00 💲門票450B,其他費用視活動內容而定 🌐www.suphattraland.com

入園通通是吃到飽為止,但不能將水果攜出園區。

羅永(Rayong)是泰國中部重要的水果產地,每年5月榴槤、山竹、紅毛丹等熱帶水果產季,當地都會舉辦水果節以慶祝豐收。總面積約112萬平方公尺的蘇芭妲果園,栽種山竹、紅毛丹、蛇皮果、波羅蜜、羅旺子,以及熱帶地區常見的木瓜、芒果、鳳梨、楊桃、香蕉、百香果、龍眼、葡萄、椰子、火龍果等,若熱愛熱帶水果,在產季造訪,就可大快朵頤最新鮮美味的南洋水果。

格蘭島

Koh Larn

需搭船前往的另一水上天堂。

🔖別冊P.22,A4 🚍從芭達雅觀光港口(Bali Hai Pier)搭交通船約40~45分鐘 ⛴交通船去程7:00~18:30、回程6:30~18:00,約30~60分鐘一班船 💲交通船30B(私家船來回每人150~200B、包船每艘2,000~3,500B) 🌐www.kohlarn.com/index.html

芭達雅的水上活動一直就是遊客們的最愛,相較於發展已久,略受到汙染的芭達雅海灘,距離芭達雅約10公里、需搭船前往的格蘭島才是水上天堂。格蘭島是一個珊瑚礁離島,與鄰近的薩島被稱為雙胞胎島嶼,來到這裡可以從事滑水、衝浪、拖曳傘、水上摩托車、潛水、游泳、香蕉船等水上活動,悠閒地在純白沙灘上享受日光浴,更是一種至高享受。

Bangkok ▶▶ Ayuttaya
曼谷 ▶▶ 大城

距 離曼谷西北約76公里處的大城，在大城王朝（即在曼谷卻克里王朝之前，亦稱艾尤塔雅王朝）417年的統治時間，曾發展出輝煌的文化，帶領泰國走向空前繁榮的時代。

大城古城區已於1991年列入聯合國世界文化遺產，整個古城區遺址便是參觀重點，建議可以早點從曼谷出發，在大城火車站前租車，慢慢騎逛、感受這個古城的典雅風情。由於大城日落後

除了夜間遊船晚餐，沒有其他活動，可規畫當天來回曼谷。若適逢週末，別錯過熱鬧的水上市場，有表演、有吃，也有得逛，相當精采。

從曼谷前往大城

火車
車程80分鐘到邦芭茵、90分鐘到大城。從曼谷華藍蓬火車站(Hua Lampong)搭乘。
- ⏰ 4:15~18:20，一天約11班，車種分為Ordinary和Commuter。
- 💲 Ordinary 二等車廂28、三等車廂12B，Commuter三等車廂12B。
- 🌐 www.railway.co.th

迷你小巴Minivan
車程約1.5小時
- 🏠 從曼谷北線巴士總站(Mo Chit Mai)搭車(車站資訊詳見P.041)
- ⏰ 6:00~17:00，約1小時一班
- 💲 約90~100B

當地交通

雙條車Songthaew・嘟嘟車
從火車站到城內可搭雙條車；在水上市場外，有重新組裝的雙條嘟嘟車，提供市區觀光遊程，若時間長，可和司機議價。
- 💲 雙條車1人5~10B；租雙條車或嘟嘟車一日約300~500B，市區逛古城12個景點1小時約150B~200B、4小時約400~500B。

摩托車・腳踏車
大城火車站對面就有很多提供租賃服務的車行。租車得押證件，記得帶護照和國際駕照。
- 💲 摩托車一日約200~300B，腳踏車一日約50~100B。

緬甸
Myanmar
(Burma)　清邁

寮國
Laos

泰國
Thailand

大城　曼谷　柬埔寨
Cambodia

華欣　芭達雅

泰國灣

越南
Vietnam

蘇梅島

糖絲點心
Roti-Saimai

在水上市場或大城火車站都看得到這種如細絲的點心，那是用糖加上香蘭葉等不同的口味製成。吃的時候用麵餅夾著一起吃，據說是大城特產。

👁 拉嘉布拉納寺
Wat Ratcha Burana

- 📖 別冊P.23,C5 🚶 從瑪哈泰寺步行約5分鐘 ⏰ 約8:00~17:00
- 🎫 門票50B

1424年，因他拉恰提洛王(King Intharachathirat)王去世，他的兩個兒子為了爭奪王位而兄弟相殘，最終兩敗俱傷。第3個兒子召善菩雅(Chao Sam Phraya)，即包若瑪拉嘉二世(King Borommatrailokanat II)，只得從彭世洛南下接掌王位，並蓋了寺廟佛塔埋葬兄父的骨灰。1957年9月，寺廟貴重寶物遭竊，泰國文化藝術廳與聯合國教科文組織開始積極地修復古蹟，在**主塔中又陸續挖出了許多金製的佛像及手工藝品，並且挖了一條階梯，讓遊客可以走下樓梯欣賞塔中的古老壁畫。**

瑪哈泰寺
Wat Mahathat

⊙別冊P.23,C5　🚗從大城火車站搭車約5分鐘　🕐約8:00~17:00　💲門票50B

被偷盜者遺棄的樹中佛頭，堪稱大城遺址的經典畫面。

　　1374年(有一說為1384年)包若瑪拉嘉一世下令建造瑪哈泰寺，直到拉密蘇王(King Ramesuan,1388~1395)在位時才落成。瑪哈泰寺的主塔是**一座高棉式的佛塔**，之後在重修時又增加塔的高度並加強支撐，但仍逃不過緬軍戰火。爾後殘餘的建築傾圮，引來偷盜，直到1956年泰國文化藝術廳接手管理，並陸續挖出由7層聖盒裝著的佛陀舍利

提醒大家，為了顯示尊敬，與樹中佛頭合照時要蹲下，不可比佛頭高喔！

子、金佛、寶石、戒指等等，現在都陳列在昭善菩雅國立博物館(Chao Sam Phraya National Museum)。

園內湖泊上有泰式水上屋建築，漫步木棧道間頗具風情。

昭善菩雅國立博物館
Chao Sam Phraya National Museum

⊙別冊P.23,B5　🚶從瑪哈泰寺步行約15~20分鐘　☎035241587　🕐9:00~16:00　🚫週一　💲150B
📘www.facebook.com/chaosamphraya

　　昭善菩雅國立博物館由民眾捐款於1961年設立，**大城佛寺出土的寶物都陳列於此。**館內展示的文物多為來自瑪哈泰寺和拉嘉布拉納寺的文物，從精雕細琢的皇室器皿和金飾藝品，不難想見阿瑜陀耶王朝往日的繁華。此外來自泰米卡拉寺(Wat Thammikkarat)古老的大佛陀頭像和金身斑駁的銅佛像也是一大看點。

帕席桑碧寺
小編按讚 👍

Wat Phra Si San Phet

> 地位可比曼谷玉佛寺的皇室宗廟。

🔸別冊P.23,B5
🔸從瑪哈泰寺步行約12分鐘 ⏱約8:00~17:00 💵門票50B

寺廟原址為大城的皇宮，直到1448年包若瑪特羅卡納王(King Borommatrailokanat)將皇宮移至他處，才改做為僧院之用。

他的兒子拉瑪提波地二世(King Ramathibodi II)在西元1492年下令建造兩座塔，就是今天看到的3座塔的東邊和中間的兩座，東邊那座存放父親的骨灰，中間那座存放哥哥的骨灰。左邊那座則是西元1532年，拉瑪提波地二世的兒子下令建造以存放父親的骨灰。自此，**帕席桑碧寺就成為皇室宗廟，圍繞著的周圍小塔都是後來的皇族骨灰，所以以本寺的地位可比曼谷的玉佛寺。**

帕蘭寺

Wat Phra Ram

🔸別冊P.23,B5 🔸從瑪哈泰寺步行約12分鐘 ⏱8:00~16:30 💵門票50B

帕蘭寺建於西元1369年，是烏同王火葬之處。裡面有許多塔結合了高棉塔、錫蘭塔、室利佛逝塔等的特徵。主塔上的行走佛或立佛雖然殘破不堪，但隱約可見。

寺前有一座大池塘，在蓮花開放的季節時份外美麗。若沒有眼福看到蓮花，也可以騎騎大象過過癮，寺外有大象騎乘服務。

蒙空博碧寺

Wihan Phra Mongkhon Bophit

🔸別冊P.23,B5 🔸從瑪哈泰寺步行約18分鐘 ⏱約8:30~16:30(假日至17:30) 💵門票免費

> 泰國最大的青銅佛像。

在大城早期，當國王駕崩，就會選擇一處舉行火葬儀式，然後在該處建一座寺廟，只有宋當王(King Songtham)是事先就保留好這塊地，做為死後火葬之用。史籍上記載西元1610年，宋當王命令將一尊高**12.45公尺、寬9.55公尺的巨大坐佛——蒙空博碧佛像(Phra Mongkhon Bophit)**搬來，並且建造一個蒙朵放置佛像。將近半世紀後，寺廟受到雷擊，重建後又在泰緬戰火不斷時，毀於祝融。最近一次的重建工作是在西元1955年，而且在佛像的左手臂上發現了許多佛像。

羅卡雅蘇塔寺

Wat Lokaya Sutha

別冊P.23,B5　從瑪哈泰寺搭車約5~8分鐘　8:00~16:30　門票免費，供奉花和香約20B

目前存留的羅卡雅蘇塔寺應該不能算做寺，因為它已經是一片蔓草，沒有任何建築物存在，除了一座塌了一半的塔以及最著名的大臥佛外，也因為如此，當地人稱羅卡雅蘇塔寺為帕儂寺(Wat Pa No)，即臥佛寺的意思。

羅卡雅蘇塔寺位於古皇宮的後方，約建於大城中期，僅剩的臥佛睡在蓮花座上，很特別的是頭上沒有法鑼，臉部表情安詳且微笑著。

納菩梅汝寺

Wat Na Phra Men

別冊P.23,B4　從瑪哈泰寺搭車約5分鐘　約8:00~17:00　門票約20B

納菩梅汝寺的意思是須彌山寺或火葬台，位於大城城外的北邊，面對著古皇宮，**最早可能是為某位君主舉行火化大典的地方，也是在戰爭中唯一沒有被緬甸軍占領的寺廟**。

雖然納菩梅汝寺曾經荒廢，直到卻克里拉瑪三世才重修，但簇新的大雄寶殿仍是大城王朝最大的大殿，以及最好的建築藝術展示品。大雄寶殿長50公尺、寬16公尺，殿內有兩排繪著蓮花的方柱，每排8根，迴廊中的支柱更高大，很是壯觀。

臥看人世的露天大佛。

若是夜晚來此賞夜間古蹟，多注意身邊是否有蟲、蛇。

柴瓦塔那蘭寺

Wat Chai Watthanaram

別冊P.23,A6　從瑪哈泰寺搭車約12分鐘　約8:00~17:00　門票100B

柴瓦塔那蘭寺的壯麗直逼瑪哈泰寺，尤其是夜晚打上燈光，莊嚴肅穆的氣氛令人凜然。白天的柴瓦塔那蘭寺同樣撼人心神，象徵須彌山的塔群聚集遊客最多的目光焦點。塔群的中間是一座高棉式的大塔，四周有4個小塔，再外圍則有8方更小的塔，全部位於同一座臺基上。柴瓦塔那蘭寺屬於皇室宗廟，所以幾乎每位國王都修過此寺，也都**在此舉行火葬**，大城淪陷後，這裡還曾作為軍營，鬼魅傳說不斷。

壯麗直逼瑪哈泰寺，塔群聚集遊客目光焦點。

雙碑界石＝皇家廟宇
在泰國，有點規模的廟宇多半會有講經殿和大雄寶殿，如果在佛殿外四個方位立有界石，無論基座的型制為何，那座佛殿就是大雄寶殿，寺廟僧侶誦經處。若界石為平行雙碑，就表示這座廟廟是皇家廟宇。

👁 三寶公廟／帕南稱寺

Wat Phanan Choeng

🔺 別冊P.23,C6　🚗 從瑪哈泰寺搭車約10分鐘　🕐 約8:00~17:00　💲 門票約20B

　帕南稱寺約建於1324年，昭披耶河與楠巴沙河(Nam Pasak)交匯處，**是早期華人聚居的地方，所以相傳寺裡供奉的是中國明朝下西洋的三保太監鄭和**，雖然寺中並沒有任何的鄭和塑像，只有一尊高19公尺的巨大坐佛，但是這裡的華僑都認為是三寶公的化身，也被稱為「三寶公廟」。

　穿過間廊可以到另一間較小的佛殿，裡面供奉3尊金佛，最左邊的那一尊是純金打造，有著和曼谷金佛寺一樣，為了怕緬軍奪走而以水泥覆蓋，最後意外泥塊崩落而金佛現形的故事。

👁 崖差蒙空寺

Wat Yai Chaimongkhon

🔺 別冊P.23,D6　🚗 從瑪哈泰寺搭車約10分鐘　🕐 約8:00~17:00　💲 門票約50B

　烏同王於西元1357年建成Wat Pa Kaeo，就是現在的崖差蒙空寺，以迎接一群到錫蘭師事高僧Phra Vanarat Maha Thera而學成歸國的和尚，**西元1592年，拿里遜王為紀念和緬軍的勝戰，而在崖差蒙空寺建了一座大塔**，爬上高塔可以見到塔中四面環有佛像，中間還有一口很深的井，用水來代表原諒征戰失職的軍官，崖差蒙空寺也因為這個塔而得名，在泰文裡，**Yai就是大、Chai就是勝利、Mongkon是吉祥**的意思。

👁 大城水上市場

Ayothaya Floating Market

🔺 別冊P.23,D5　🚗 從瑪哈泰寺搭車約8~10分鐘　📍 65/19 Moo 7 Phra Nakhon Si　☎ 035881733　🕐 9:00~19:00　💲 門票200B

ayothayafloatingmarket.in.th/en/index.php

　面積將近7座足球場的大城水上市場是以人工挖掘一方大水塘，再建城牆城、木造傳統高腳屋、木棧道，而園區300多間店家、工作人員，甚至是停車場的指揮員都穿著傳統服裝，**每間店家無論是賣小吃或是衣飾、紀念品，都少用塑膠袋，用竹筒裝海底椰汁、點心放在陶碗裡**，整個水上市場營造出一種懷舊又活絡的熱鬧氣氛。每個週末在舞台區有舞蹈表演，園區入口處有騎大象體驗，活動多，可以逛買的店家也各有千秋，相當值得一遊。

小編按讚 👍

有得逛也有得吃，營造出懷舊且熱鬧氛圍的水上市場。

特別提醒，水上市場在10月可能因為雨季而停止開放，欲前往請先確認。

H Baan Thai House Ayutthaya

🔲 別冊P.23,D5 🚗 從瑪哈泰寺搭車約8~10分鐘 📍199/19 Moo 4, Moo Baan Sri Krung Villa, Pai Ling, Ayutthaya ☎0804374555 ⏰以公告為主 🌐www.baanthaihouse.com

來到Baan Thai House Ayutthaya,可以盡情享受大城的寂靜平和。**全園只有花園林隆間共12棟獨立的小屋villa,再加上適合家庭入住的泳池villa,即便客滿也絕不嘈雜擁擠**。若選擇在雨季(2月至10月)入住,一棟villa一晚最便宜的價格約2,100B;選在11月至隔年1月入住,每晚價格則約2,400B起。晨起,漫步於園內的湖畔,呼吸空氣中微微的雞蛋花香,或許還能與松鼠或蜥蜴巧遇。

來這裡參觀有服裝規定,需著適當服裝。

👁 邦芭茵夏宮
Bang Pa-In Palace, Summer Palace

🔲 別冊P.23,D6 🚗 從大城古城區搭車約30分鐘;或從曼谷北線巴士總站(Northern Bus Terminal)搭巴士直達 ☎035261044 ⏰8:00~16:00 💲門票100B

邦芭茵夏宮可追訴自大城王朝時,巴薩通王(King Prasat Thong)在這個濱河的小洲上蓋了一座寺廟及夏宮,之後歷任國王都曾來此度過炎熱夏季,西元1782年,泰國的首都遷移到曼谷,荒廢了80年後,卻克里王朝的拉瑪四世又來此地蓋了一個小住所。拉瑪五世朱拉隆功大帝(King Rama V, Chulalongkorn)非常喜歡這裡,每年都會來3次,一連串的整建工程便都完成於此時,行宮中有了各式各樣的建築:泰式涼亭、歐式行館、中國式書房等等。

歷史源自大城王朝時期,也是拉瑪五世喜愛的避暑地。

內部壁飾、玻璃花窗仍是西式風情,但是這裡供奉的是佛祖。

教堂外的佛像。

👁 尼維塔瑪帕瓦寺
Wat Niwet Thammaprawat

🔲 別冊P.23,D6 🚗 同邦芭茵夏宮。從邦芭茵夏宮穿過停車場,搭渡河流籠可達 ⏰週一至週五9:00~17:00、週六至週日8:00~18:00 💲免費 ⚠入內參觀須脫鞋

泰式金碧輝煌融合歐式教堂建築,獨一無二的教堂寺廟千萬別錯過!

參觀過邦芭茵夏宮,一定要穿過停車場,搭上渡河流籠,拜訪尼維塔瑪帕瓦寺。步出流籠,沿著河岸慢行,一幢幢可愛的歐風小屋錯落岸邊,就好像漫步在歐洲鄉間村落。**村落間矗立的粉黃色哥德式教堂,就是尼維塔瑪帕瓦寺,教堂外原應是天使站立的地方改為佛像,裡面供奉的不是聖母瑪麗亞而是佛祖**,泰式的金碧輝煌巧妙融合在這座教堂裡,內部壁飾、玻璃花窗依然是十足十的西式風情,拱門上方以彩繪玻璃裝飾而成的人像,就是廣受泰國人民愛戴的拉瑪五世。五世皇自幼接受西式教育,1868年即位後大力改革,領導泰國走向現代化,這座尼維塔瑪帕瓦寺就是他於1878年建造完成,是全泰國獨一無二的教堂寺廟,周遭的歐風小屋則是和尚的居所。

wagamama no.064

曼谷攻略 完全制霸 2023~2024

作者趙思語．蒙金蘭．墨刻編輯部
攝影趙思語．蒙金蘭．墨刻編輯部
主編趙思語
執行編輯陳亭妃
封面設計羅婕云
美術設計許靜萍(特約)
地圖繪製墨刻編輯部．Nina(特約)

出版公司
墨刻出版股份有限公司
地址：台北市104民生東路二段141號9樓
電話：886-2-2500-7008/傳真：886-2-2500-7796
E-mail：mook_service@hmg.com.tw

發行公司
英屬蓋曼群島商家庭傳媒股份有限公司城邦分公司
城邦讀書花園：www.cite.com.tw
劃撥：1986813/戶名：書虫股份有限公司
香港發行城邦(香港)出版集團有限公司
地址：香港灣仔駱克道193號東超商業中心1樓
電話：852-2508-6231/傳真：852-2578-9337
城邦(馬新)出版集團Cite(M) Sdn Bhd
地址：41, Jalan Radin Anum, Bandar Baru Sri Petaling,
57000 Kuala Lumpur, Malaysia.
電話：(603)90563833/傳真：(603)90576622/
E-mail：services@cite.my

製版．印刷漾格科技股份有限公司
城邦書號KS2064 初版2023年4月 三刷2023年9月
ISBN978-986-289-860-4．978-986-289-861-1(EPUB)
定價450元

MOOK官網www.mook.com.tw
Facebook粉絲團
MOOK墨刻出版www.facebook.com/travelmook
版權所有．翻印必究

國家圖書館出版品預行編目資料

曼谷攻略完全制霸. 2023-2024 / 趙思
語, 蒙金蘭, 墨刻編輯部作. -- 初版. --
臺北市：墨刻出版股份有限公司出版：
英屬蓋曼群島商家庭傳媒股份有限公
司城邦分公司發行, 2023.04
292面；14.8×21公分. -- (wagamama
; 64)
ISBN 978-986-289-860-4(平裝)

1.CST: 旅遊 2.CST: 泰國曼谷

738.2719   112003822

執行長何飛鵬
PCH集團生活旅遊事業總經理暨墨刻出版社長李淑霞

總編輯汪雨菁
資深主編呂宛霖
採訪編輯趙思語．陳楷琪
叢書編輯唐德容．王藝霏
資深美術設計羅婕云
資深美術設計主任李英娟
影音企劃執行邱茗晨

資深業務經理詹顏嘉
業務經理劉玫玟
業務專員程麒
行銷企畫經理呂妙君
行銷專員許立心
行政專員呂瑜珊

印務部經理王竟為